U1014923

国外非能源矿产

杨卉芃　冯安生　主编

北　京
冶金工业出版社
2017

内 容 提 要

本书系统研究了全球18种（铁、锰、镍、铜、铝、铅、锌、钼、锡、钨、锑、稀土、金、银、磷、钾、萤石、石墨）重要非能源矿产的资源储量情况和开发利用现状。重点介绍了各种矿产的矿物类型、矿床类型；主要国家的矿产资源储量、产量；国外主要生产商的矿产资源情况及利用现状；部分国外典型矿山开发利用工艺和指标；概略分析了各矿种百年产量和价格变化规律、资源供给及开发利用技术发展趋势。

本书可以作为矿业管理、矿业勘探、开发、咨询、投资、研究及教学等领域相关从业人员的参考书。

图书在版编目(CIP)数据

国外非能源矿产/杨卉芃，冯安生主编. —北京：冶金工业出版社，2017.10

ISBN 978-7-5024-7682-3

Ⅰ.①国… Ⅱ.①杨… ②冯… Ⅲ.①矿产资源—研究—世界 Ⅳ.①F416.1

中国版本图书馆CIP数据核字（2017）第255367号

出 版 人　谭学余
地　　址　北京市东城区嵩祝院北巷39号　邮编　100009　电话　(010)64027926
网　　址　www.cnmip.com.cn　电子信箱　yjcbs@cnmip.com.cn
责任编辑　徐银河　美术编辑　吕欣童　版式设计　吕欣童　孙跃红
责任校对　李　娜　责任印制　牛晓波
ISBN 978-7-5024-7682-3
冶金工业出版社出版发行；各地新华书店经销；北京博海升彩色印刷有限公司印刷
2017年10月第1版，2017年10月第1次印刷
787mm×1092mm　1/16；30.5印张；741千字；470页
168.00元

冶金工业出版社　投稿电话　(010)64027932　投稿信箱　tougao@cnmip.com.cn
冶金工业出版社营销中心　电话　(010)64044283　传真　(010)64027893
冶金书店　地址　北京市东四西大街46号(100010)　电话　(010)65289081(兼传真)
冶金工业出版社天猫旗舰店　yjgycbs.tmall.com

前　言

矿业是一项高风险、高投入、资金回报周期长的行业，发展有其客观规律。多数矿种的资源储量在全球的地理分布极不平衡，矿产资源开发呈现高度国际化的趋势。全面客观了解全球矿业的发展历史和开发利用现状，掌握矿业发展规律，制定科学的矿业发展战略，促进矿业与环境协调的可持续发展，才能为我国经济长期发展提供可靠的资源保障。

本书尝试以历史和全球视角，结合典型示例，重点介绍世界18种重要非能源矿产的国外资源储量及开发利用情况。这18种矿产包括黑色金属（铁、锰），有色金属（铜、铝、铅、锌、镍、钼、钨、锡、锑、稀土），贵金属（金、银）和非金属（磷、钾、石墨、萤石），在全球经济发展中发挥着重要作用。

本书介绍国外非能源矿产资源及开发利用情况，主要包括以下三个方面：

1. 18个矿种的主要矿物类型和矿床类型、全球资源概况、主要用途、各国储量及产量份额等。

2. 各矿种100年来的全球产量变化及价格变化趋势，从长历史周期观察分析各矿种的生产和价格变化规律。

3. 每个矿种全球主要生产商的矿产资源储量和生产现状，并总结了部分国外典型矿山的开发利用数据，包括矿山的资源储量、品位、工艺流程、产量、回收率等指标。

除此之外，本书选择了一些国外典型矿山，对其地理、地质、资源、采选工艺、发展动向等进行了详尽介绍，对各矿种的开发利用技术发展趋势进行了总结。

本书可以作为矿业管理、咨询、开发和投资、研究和教学的参考资料。

本书由杨卉芃、冯安生主编，张亮、刘红召、王威、高照国、张博、曹飞、张甫等参与编辑与校稿。

本书根据地质调查项目《全国重要矿山“三率”综合调查与评价》的研究成果编写，该研究项目得到了国土资源部储量司、中国地质调查局的指导和大力支持，在此一并致谢！

本书的成果是在收集大量最新的国外公司和矿山资料的基础上，通过综合研究和总结而成的。国外资料主要来源于美国地质调查局、英国地质调查局、国外著名矿业公司、国外矿业研究及咨询公司、国外矿业设备生产商等机构。由于矿产资源储量总是处于动态变化之中，各国储量和资源量的认定标准不一，加之近年全球矿业公司兼并重组时有发生，不同的统计渠道得到的矿产资源储量和产量数据也有所差异，作者多方核实，力图为读者提供准确的信息，但由于国外资料收集难度大，加之作者水平有限，难免存有误差，恳请广大读者指正（邮箱 yhpzzs@163.com）。

作　者

2017 年 7 月

目　录

1 全球矿产资源概况

矿产资源是人类社会生存与发展的重要物质基础，人类对矿产资源的开发利用有力地促进了生产力发展和社会的文明进步。人类文明的发展史与矿产开发利用密切相关，从旧石器时代到新石器时代再到青铜器时代、铁器时代，直到今天的电子信息时代，人类开发利用矿产资源水平的每一次巨大进步，都伴随着一次社会生产力的巨大飞跃。

现代社会发展生产所需的大多数原材料、能源、农业生产资料等都来自于矿产开发。重要工业部门如冶金、化工、电力、建材、机械、轻工、交通等领域的生产，或以矿产品为其燃料和原料，或以矿产品为其主要产品。我们每天都在使用的产品从厨具到手机，从空调到电视，从住宅到桥梁，从汽车、火车到飞机、轮船，还有化肥、催化剂等，都主要来自于矿物原料。全球最大的矿业公司之一——英美黄金阿散蒂公司首席执行官马克 Cutifani 先生 2012 年指出：“全球矿业直接和间接带动的行业对全球 GDP 的贡献率超过了 45%”。

虽然发达国家的人均矿产消费量已趋于稳定，但由于全球人口增长、发展中国家人民生活水平不断提高、新技术产业发展等因素，全球矿产资源的需求不断上升。

展望未来，人类发展对矿产资源的需求进入新的历史时期，以新能源、新材料和信息技术等为代表的新技术产业的发展正在改变并将继续改变人们的生活方式，并深刻影响人类社会未来的发展。作为发展高新技术产业的关键原材料，七大类矿产资源必不可少，这七类矿产包括稀土、稀有金属、稀散金属、铂族金属、轻金属、重金属和非金属。大多数用于新技术产业的矿产品品种目前难以替代。例如广泛应用于电动汽车、风力发电等行业的磁性材料需要的稀土、钴、镍等矿物原料；人们普遍使用的各种移动电子设备以及电动汽车储能材料需要的石墨、锂、钴、萤石、磷灰石等矿物原料；光伏发电需要用到的高纯石英、铟、硒、镓等原料；LED 光源和发光材料需要的镓、稀土等原料；芯片、集成电路、显示器需要的镓、锗、铟、碲、硒、锡等原料；石墨烯需要用到的原油或天然石墨等原料。可以预计，与新技术产业相关的矿产需求将以较快的速度增长。

1.1 全球矿产资源的现状

全球矿产资源的现状主要体现在以下几个方面：

(1) 多数矿种资源储量充足，可以保障世界经济发展的需要。

全球多数重要矿产如铁、铜、铝、镍、锰、磷、钾等资源储备充足，静态保障年限都在 30 年以上。事实上全球矿产资源储量是动态变化的，一方面资源在不断消耗，另一方面新的矿产资源被不断地勘探发现，二者处于动态平衡中。由表 1-1 可知，最近 20 年来，由于勘探技术、矿产资源开发利用技术和综合利用技术的不断进步，使得更多的矿产资源被发现，更低品位的矿产和共（伴）生矿产资源得到回收利用。20 年来，全球主要矿种的资源储量都在不断增加，但是，一些矿种如铁矿、锰矿、镍矿、铅矿、锌矿、锡矿、钨矿、锑矿等矿产资源的消耗速度超过了储量增长速度，静态保障年限比 20 年前有所下降。矿业市场有一个自我调节的机制，一旦出现某种矿产资源紧缺，对该矿种的勘探投入就会增加，资源节约和综合利用技术就会得到更好的发展。尽管矿产资源终将枯竭，但进程会比人们预想的要慢。

表 1-1　全球 18 种主要矿产 20 年储量和静态保障年限变化

矿种	储量单位	2016 年储量	1996 年储量	20 年储量变化率/%	2016 年静态保障年限/年	1996 年静态保障年限/年	20 年静态保障年限增减
铁	亿吨金属	820	830	-1.2	59	83	-24
锰	亿吨金属	6.9	6.8	1.5	43	92	-49
铜	亿吨金属	7.2	3.1	132.3	37	29	8
铝	亿吨矿石	280	230	21.7	107	207	-100
镍	亿吨金属	0.78	0.47	66.0	34	44	-10
锌	亿吨金属	2.2	1.4	57.1	18	19	-1
铅	亿吨金属	0.88	0.69	27.5	18	25	-7
锑	万吨金属	150	240	-37.5	12	19	-7
锡	万吨金属	470	700	-32.9	16	37	-21
钨	万吨金属	310	210	47.6	36	70	-34
钼	万吨金属	1500	550	172.7	65	44	21
稀土	亿吨 REO	1.2	1	20.0	952	1256	-304
银	万吨金属	57	28	103.6	21	19	2
金	万吨金属	5.7	4.6	23.9	18	20	-2
石墨	亿吨矿物	2.5	0.21	1090.5	208	29	179
萤石	亿吨 CaF_2	2.6	2.1	23.8	41	53	-12
钾	亿吨 K_2O	43	38	13.2	110	365	-255
磷	亿吨矿石	680	110	518.2	260	83	177

（2）全球非能源矿产资源年开采量达到前所未有的高度，为社会创造了巨大的财富。

根据多方统计数据估算，2015 年全球铁矿石开采量达到 33.2 亿吨，铜矿石开采量估计超过 25 亿吨，金矿石开采量估计为 14.6 亿吨，银矿石开采量估计达到 6.7 亿吨（全球 2/3 的银产量以共伴生矿产产出，独立银矿石开采量仅占 1/3），铝土矿开采量估计达到 2.9 亿吨。本书介绍的 18 种主要非能源矿产 2015 年的矿石开采总量估计接近 100 亿吨，比 2015 年全球煤炭 78 亿吨的开采量还要多。图 1-1 和表 1-2 显示了全球 18 种主要非能源矿产 2015 年的矿石开采量估算结果。

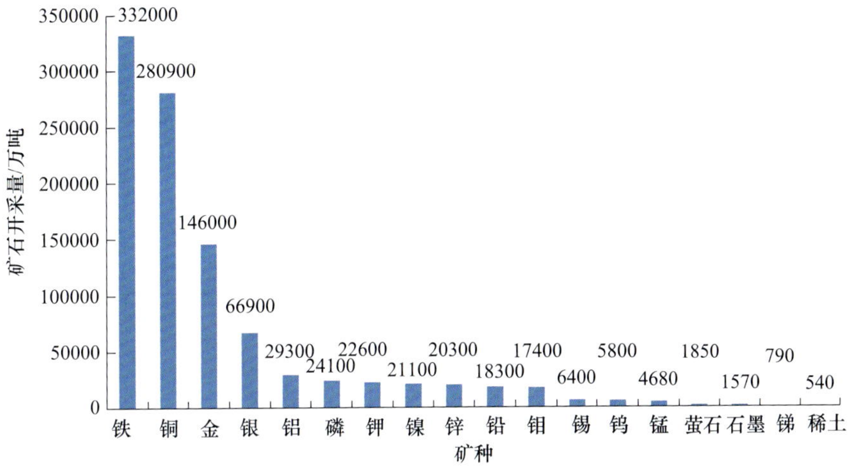

图 1-1　全球 18 种主要非能源矿产 2015 年矿石开采量
（根据各矿种全球产量、品位及回收率指标估算的大致矿石开采量）

表 1-2　全球重要非能源矿产 2015 年矿石估算开采量

矿种	产量/万吨	全球平均品位（估算）/%	矿石开采量/万吨	回收率/%
铁	140000	47	332000	90
铜	1910	0.8	280900	85
铅	495	3	18300	90
锌	1280	7	20300	90
铝	5760	50（Al_2O_3）	29300	85
磷	4370	22（P_2O_5）	24100	80
石墨	119	8	1570	95
锰	1600	38	4680	90
萤石	667	40（CaF_2）	1850	90
镍	228	1.2	21100	90
钾	4070	20（K_2O）	22600	90
金	0.31	2.5g/t	146000	85
银	2.51	50g/t	66900	75
钨	8.94	0.18	5800	85
锡	28.9	0.6	6400	75
钼	23.5	0.15	17400	90
稀土	13	3（REO）	540	80
锑	14.2	2	790	90

非能源矿产的开发满足了社会经济发展的物质需求，同时也创造了巨大的社会财富。2015 年全球铁矿的初级终端产品粗钢的年产值估计达到 4900 亿美元，黄金的初级产品年产值估计达到 1160 亿美元，铝土矿生产的初级产品电解铝年产值估计达 1120 亿美元，铜矿初级产品电解铜年产值估计达 1080 亿美元，锌、镍、钾、锰、磷等初级产品产值都达到数百亿美元，这些资源的开发为全球经济发展作出巨大贡献。全球 18 种矿产初级产品产值估算结果见表 1-3 和图 1-2。

表 1-3　全球 18 种矿产初级产品 2015 年估算产值

矿种	价格/美元·吨$^{-1}$	产量/万吨	初级终端产品产值/亿美元
粗钢	350	140000	4900.00
金	37400000	0.31	1159.40
铝	1940	5750	1115.50
铜	5650	1910	1079.15
锌	2630	1330	349.79
镍	11800	228	269.04
钾（K_2O）	593	4060	240.76
锰	1210	1750	211.75
磷矿	76.4	24100	184.12
铅	2010	495	99.50
锡	16700	29.1	48.60
钼	14500	23.5	34.08
钨	37800	8.94	33.79
萤石	283	667	18.88
稀土	13900	13	18.07
石墨	1250	119	14.88
银	50500	2.51	12.68
锑	7200	14.2	10.22

（3）多种矿产资源品位和开采品位不断下降。

随着开采强度增加、规模增大、采选技术进步，以金、铜、铅、锌、镍为代表的多种矿产，资源品位和开采品位明显下降，如图 1-3~图 1-5 所示。

（4）全球矿产资源分布不均，多数矿种资源储量集中在少数国家。

本书统计的 18 种重要非能源矿产，在全球的地理分布很不均衡。澳大利亚、巴西、俄罗斯三国的铁矿储量之和占到全球铁矿储量的 54%，智利、澳大利亚、秘鲁三国的铜矿储量之和占到全球铜矿储量的 53%，几内亚、澳大利亚、巴西三国的铝土矿储量之和占到

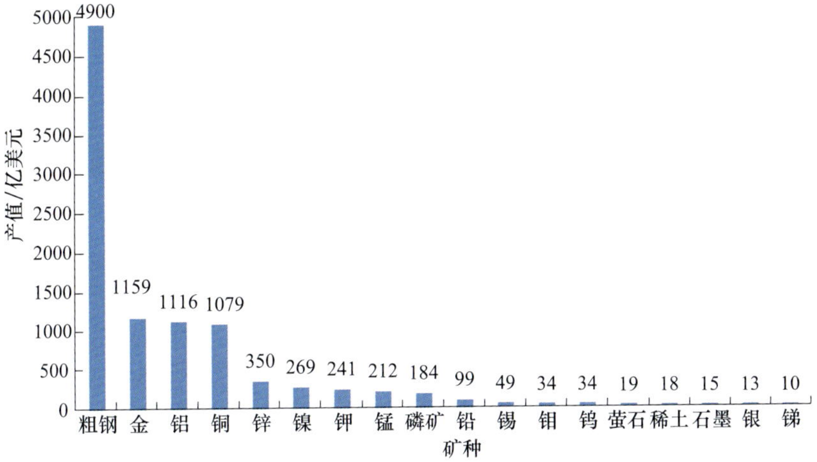

图 1-2　全球 18 种矿产初级产品 2015 年产值

（根据各矿种 2015 年产量及初级产品价格估算的大致产值）

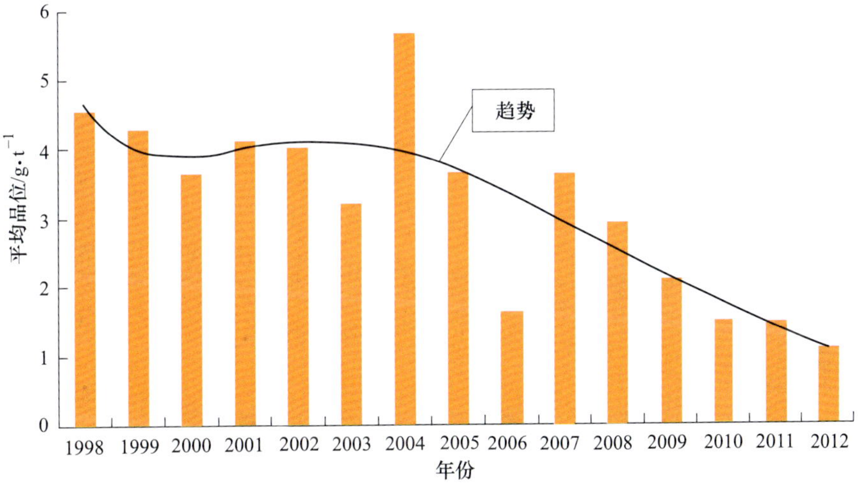

图 1-3　全球十大在采金矿近年平均开采品位变化趋势

（资料来源：http：//www. visualcapitalist. com/category/gold/）

全球铝土矿储量的 58%。世界矿产资源分布不均，决定了矿业国际化发展的必然，矿产生产国与消费国更多的贸易联系，跨国矿业公司不断发展壮大。图 1-6 表示了 18 种矿产资源分布不均衡的情况，不同矿种储量排名前三的国家的储量之和占到全球储量的 41. 25%～94. 3%。

（5）中国因素。

最近 30 年，我国工业化和现代化进程的发展速度举世瞩目，同多数工业化国家经历的过程相似，高速发展的经济需要大量的矿产资源作为基本物质条件，尤其是我国这样一个国土辽阔、全球人口最多的国家。30 年来，我国对主要矿产品的需求成倍增长，大宗矿产产量和消费量占全球的比例达到 40%～50%，有的品种甚至达到 60%～70%。最近 20 年，世界矿产需求增量大部分都来自中国，由此形成了长达十几年的大宗商品超级周期。

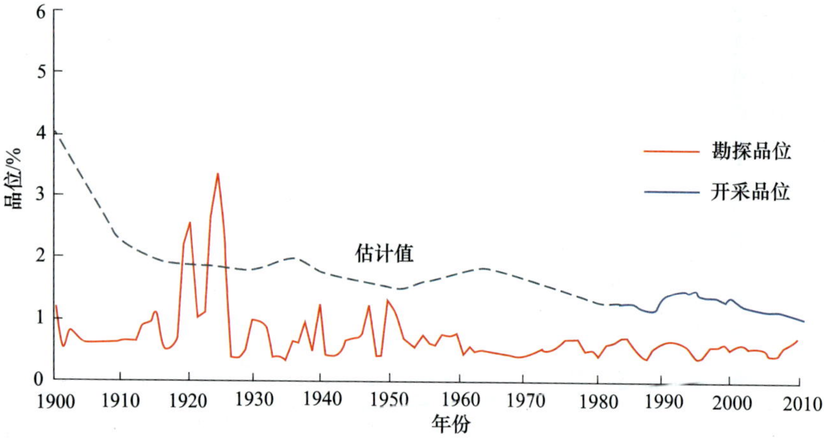

图 1-4　全球铜矿资源品位百年变化趋势

（资料来源：MinEx Consulting 报告）

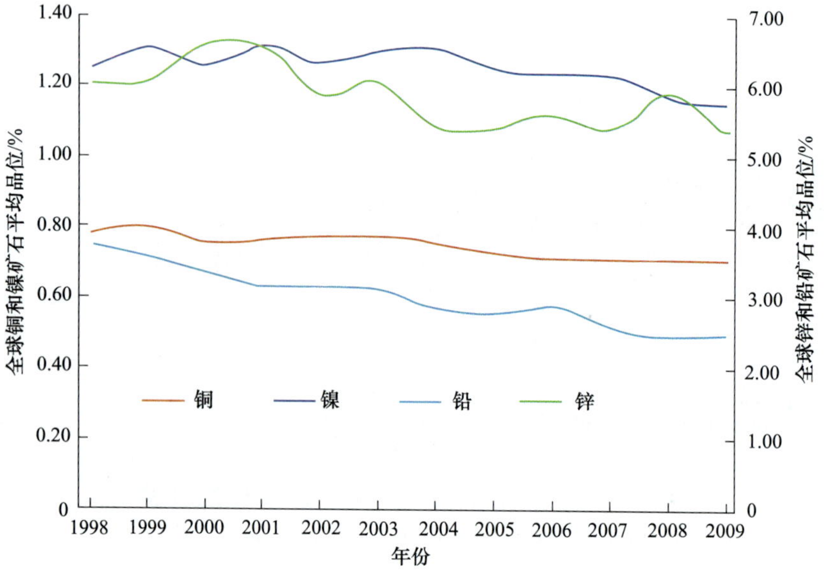

图 1-5　全球铜、镍、铅、锌矿资源品位 20 年变化趋势

（资料来源：ICMM　2012 报告——Trends in the mining and metals industry）

我国已成为主要非能源矿产品消耗量最大的国家，每年不仅进口大量的铁精矿、铜精矿、铝土矿、铅精矿、锌精矿、镍矿，甚至还需要进口相当数量我国传统的优势资源矿种，如锡精矿、钨精矿、锑精矿等，以满足下游加工业的需求。2016 年，我国的铁矿石进口量达到 10.24 亿吨，占到全球铁矿石总产量的 46%，铝土矿进口量达到 5178 万吨，占全球铝土矿总产量的 20%，镍矿进口量达到 3200 万吨，铜精矿进口量达到 1696 万吨，锌精矿进口量达到 200.7 万吨，铅精矿进口量达到 141 万吨，我国对国外矿产资源的依赖日趋严重，中国矿业走出去成为必然。

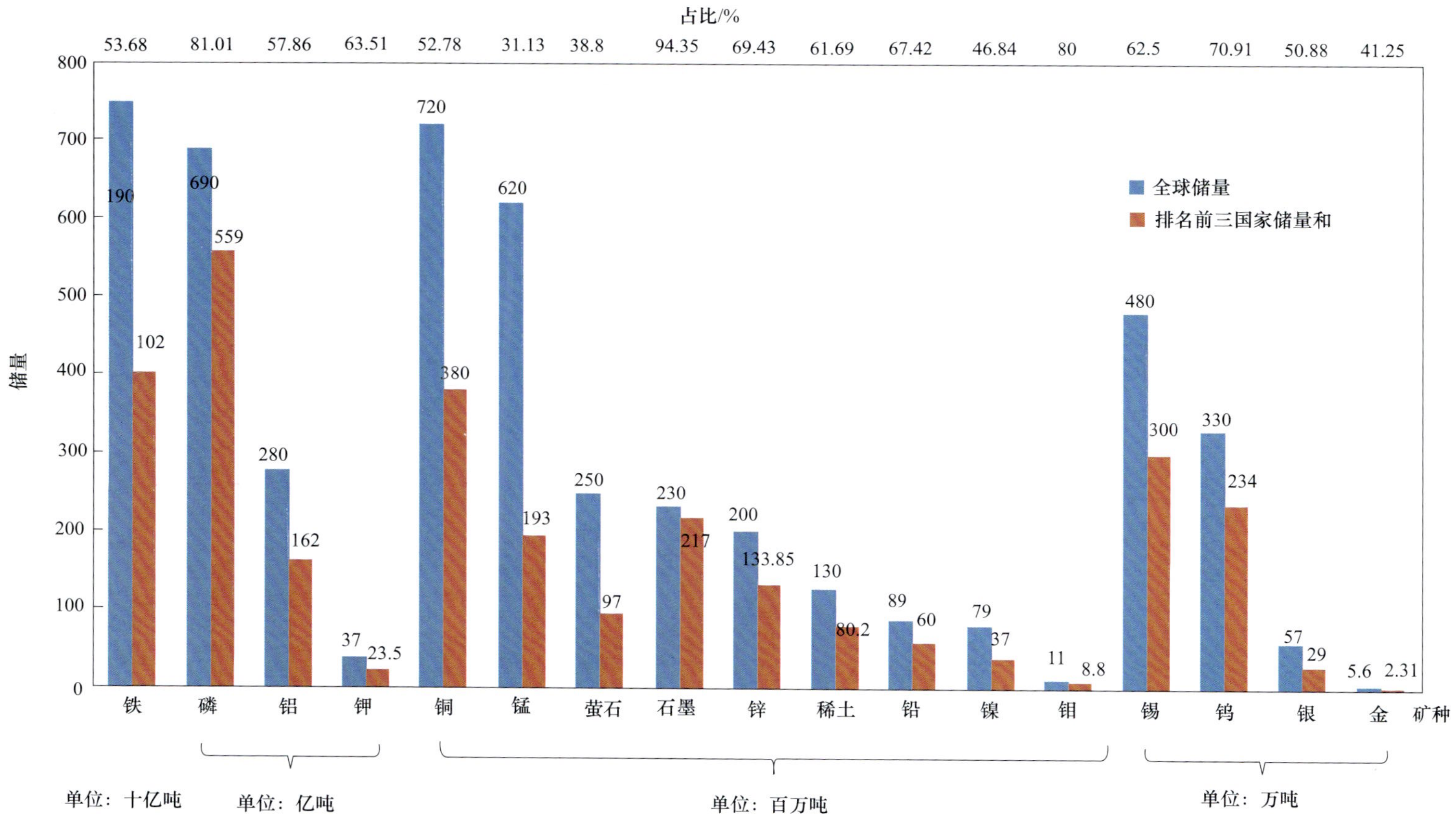

图 1-6　全球 18 个重要矿种 2015 年的储量与排名前三位国家的储量和的对比

（其中，铁、锰、磷、石墨、铝土矿为矿石量，铜、金、银、镍、铅、锌、钼、钨、锡为金属量，钾以 K_2O 计，萤石以 CaF_2 计，稀土以稀土氧化物计）

1.2 全球矿产资源的未来

全球矿产资源的未来发展体现在以下几个方面：

（1）全球矿产资源需求仍将增长。

中国作为全球经济增长的发动机，目前的经济发展进入了新的历史时期，作为全球非能源矿产需求量最大的国家，未来的矿产资源需求增速将放缓，并成为常态，新兴经济体国家和其他人口大国短期内矿产资源的消耗水平难以大幅提高。随着发展中国家人民生活水平的提高，全球矿产资源需求量仍将增长，传统的大宗矿产品铁、铜、铝、镍等矿产品的需求增速将放缓，与新能源、新技术相关的稀土、稀有、稀散和其他矿产的需求增速正在加大。近年来，锂、稀土、钴、石墨等矿产在新技术领域的需求量高速增长，这一趋势仍将持续。

（2）矿产资源不会在短期内枯竭。

显然，地球上的矿产资源是有限的，经济发展必然消耗大量矿产资源，除了汞之外，其他几乎所有矿种的消耗量都在持续增长。如果全球矿产消费持续时间足够长，矿产资源就会慢慢枯竭。然而回顾过去的历史，我们知道矿产资源不会在短期内枯竭。

20 年前，全球很多矿种资源储量的静态保障年限就只有 30~40 年，经过 20 年产量不断增长的开采后，我们发现多数矿种的储量反而有所增加。但是，金属可以再生，矿产资源不可再生，我们终将耗尽矿产资源，二次资源利用、替代资源的开发、新技术的采用将会延缓这一进程的到来。

（3）矿产资源的保障将依靠多种途径。

未来的全球经济发展，矿产资源仍然是重要的物质基础，矿产资源的保障将依靠多种途径：

1）提高二次资源利用率，在全球推广金属和矿产的循环利用技术。

2）扩大矿产勘探区域，寻找更多的勘查靶区，加强传统矿产区 500~3000m 深部区域的勘探开发工作。

3）改进矿产资源勘探技术。利用大数据分析改进地球化学和地球物理找矿方法；研发新的高精度磁、重、电探测仪器，改进钻探工艺设备；发展钻孔结合电法、磁法等物探深部找矿技术。

4）研发矿产资源开发利用新技术，提高矿产资源利用率，扩大矿产资源量。推广 GPS 定位、传感器、视频通信技术结合的精密采矿技术；机器人、遥控设备、自动运输设备结合的自动采矿技术；原地浸出技术；难利用矿产的综合利用技术；低品位矿产的 X 射线和光电选及重磁预选技术；有利于环保和提高开采回采率的充填法采矿技术。应用数字化技术优化采选工艺控制，实现设备大型化和规模化生产，降低生产成本，通过规模化开采，降低开采品位，扩大资源量。

5）开发新类型矿产资源如海底矿产资源、卤水资源，甚至海水资源的勘探和利用技术。

未来，我们应该更好地把握全球矿产资源变化规律，提高矿产资源勘探和开发利用技术水平，拓宽矿产资源供给渠道，立足全球谋划中国矿业布局，为我国经济长期发展提供可靠的资源保障。

参考文献

[1] Mineral Commodity Summaries 2017, USGS.
[2] Data Series 140, Supply-Demand Statistics, USGS.
[3] Recent trends in mineral exploration, Richard Schodde, RMG 8th Annual Mining and Exploration Investment Conference 15th-16th November Stockholm.
[4] The Future of Mineral Resources, Jonathan G. Price, Murray W. Hitzman.
[5] Future Global Mineral Resources, Steven A. Banwart, Liane G. Benning, Janne Blich ert-Toft, Don Canfield, Tim Ell iott, Susan L. S. Stipp, Geochemical Perspectives, Volume 6, number1, April 2017.
[6] The key drivers behind resource growth: an analysis of the copper industry over the last 100 years, Richard Schodde, 2010 MEMS Conference Mineral and Metal Markets over the Long Term Joint Program with the SME annual meeting in Phoenix, 2010, 3.
[7] 闫卫东，孙春强，徐曙光.2017年全球矿业展望 [J]. 中国矿业，2017 (1).
[8] 王高尚，代涛，柳群义. 全球矿产资源需求周期与趋势 [J]. 地球学报，2017 (1).
[9] 于宏源. 战略矿产资源国际体系均衡的政治逻辑 [J]. 欧洲研究，2016 (1).

2 国外铁矿资源及利用现状

2.1 概　述

2.1.1 铁的性质

铁是一种金属元素，原子序数为26，相对原子质量为55.85。纯铁是具有银白色光泽的金属，质地柔软，具有良好的延展性和导热性能，易于磁化和退磁。通常情况下，铁的密度为$7.86g/cm^3$，熔点为1535℃，沸点为2750℃。铁容易与碳、锰、镍、硅等元素形成合金材料，常用的钢铁制品基本上都是铁与碳、硅等元素形成的合金材料。钢铁是人类用量最大的金属材料，钢铁材料具有高熔点、高硬度、高强度和很好的机加工性能，还可以导电。铁的化学性质比较活泼，可以和酸反应置换出氢气，铁在潮湿空气中容易氧化腐蚀。铁也是一种良好的还原剂。

2.1.2 全球铁矿资源概况

铁（Fe）在地壳中的丰度高达4.75%，排在氧、硅和铝之后，位居第四。全球铁矿资源非常丰富，美国地质调查局2016年统计的全球铁矿探明金属储量达到820亿吨，铁矿资源量（金属计）估值为2300亿吨，按目前全球每年14亿吨的消耗速率，全球铁矿探明储量的静态保障年限达到59年，铁矿资源量足够人类开采160年以上。

自然界中的含铁矿物种类高达260多种，人们通常开采利用的铁矿物主要是储量大、铁含量高的赤铁矿、磁铁矿、褐铁矿、菱铁矿、针铁矿等少数几种铁矿物。全球铁矿资源地理分布广泛，各大洲都有铁矿分布（见图2-1），但是铁矿资源储量分布极不均衡，储量大、品位高、易开采的铁矿资源主要分布在澳大利亚、巴西、印度、南非等国，铁矿资源比较丰富的国家还有俄罗斯、中国、美国等国，如图2-2所示。目前，全球共有50多个国家生产铁矿石。

2.1.3 铁的历史

人类使用铁的历史可以追溯到纪元以前，公元前3000年的古埃及人，就开始用原始的方法提炼陨石中的铁来制造工具。大约在公元前1500年，在小亚细亚地区有一个繁荣昌盛的少数民族——赫梯族，垄断了原始的炼铁技术。公元前1200年后的亚西利亚人掌握了这项技术，亚西利亚人从底格里斯·幼发拉底河沿岸到土耳其半岛东部以至埃及，建起了一个大帝国，开始开采铁矿并生产铁制武器和工具。

在人工炼铁以前，世界上许多文明发达的民族，都有过偶尔利用陨铁制器的历史。在古埃及前王朝墓中，发现过陨铁管状小珠；在公元前2000年的埃及第十一王朝墓中，曾出土装以银柄的陨铁制护身符。在两河流域乌尔王墓也出土有陨铁碎片。美洲几个古文化中心都使用过陨铁制的箭头、小刀和工具。我国商代台西遗址和刘家河商墓中，也发现过

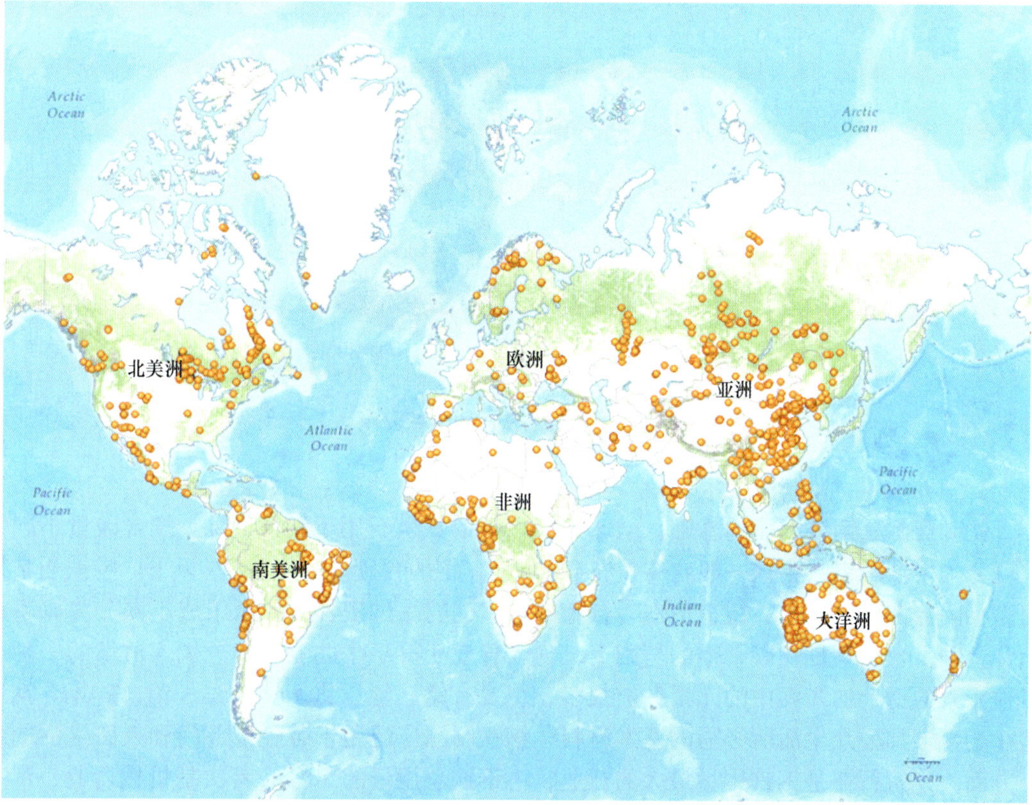

图 2-1　全球铁矿分布示意图
（资料来源：http：//www. oborr. com/）

刃部用陨铁锻制的铜钺。但陨铁是天体陨落的流星铁，与人工炼铁的性质根本不同，陨铁制器与人工炼铁的发明没有必然的联系。

我国的春秋时代晚期（公元前 6 世纪）已炼出可供浇铸的液态生铁，铸成铁器，应用于生产，并发明了铸铁柔化术。这一发明也加快了铁器取代铜器等生产工具的历史进程。公元前 1300~公元前 1100 年，冶铁术传入两河流域和古埃及，欧洲的部分地区于公元前 1000 年左右也进入了铁器时代，到中世纪末（公元 1400 年左右）欧洲发明水力鼓风炉以后，欧洲才出现冶炼生铁。

2.1.4 钢铁的用途

钢铁是促进人类社会和人类文明发展最重要的金属材料，人类使用的金属材料中 90% 以上是钢铁。2016 年全球粗钢产量达到 16 亿吨，金属材料中产量位居第二的铝产量仅为 0.58 亿吨、是钢铁产量的 3.5%，位居第三的铜仅为 0.19 亿吨，是钢铁产量的 1.2%。钢铁材料性质优良，原料丰富，生产成本低，是人类社会应用范围最广的金属材料，钢铁已经渗透到了经济生活中的方方面面。钢铁是国防、工业、农业、交通运输、建筑等国民经济各个领域中应用最广泛和用量最大的一种金属，是现代工业的基础产业，钢铁应用领域如图 2-2 所示。

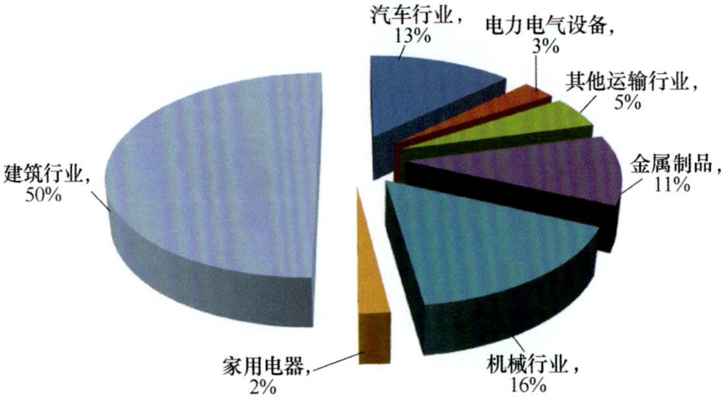

图 2-2 全球钢铁应用领域分布
（资料来源：World Steel Association）

铁矿资源是钢铁工业的基础，全球98%以上的铁矿石用于钢铁冶炼。按含碳量不同钢铁可分为生铁和钢：生铁一般含碳量在2%以上，钢的含碳量一般在2%以下。生铁通常按用途不同分为炼钢生铁、铸造生铁、合金生铁。钢的品种按合金元素组成不同分为碳素钢和合金钢。合金钢是在碳素钢的基础上，为改善或获得某些性能而有意加入适量的一种或多种元素的钢，加入钢中的元素种类很多，主要有铬、锰、钒、钛、镍、钼、硅等。钢铁是社会生产和公众生活所必需的基本材料，钢铁制品广泛用于各经济部门和人民生活的各个方面。建筑行业是钢铁用量最大的行业，占钢铁总用量的50%，其次是机械行业、汽车行业和金属制品行业，分别占16%、13%和11%。

2.2 铁矿物与铁矿床

2.2.1 铁矿物

尽管地球上含铁矿物种类很多，但目前可以经济利用的铁矿物种类并不多，按其矿物成分，主要可分为磁铁矿、赤铁矿、褐铁矿和菱铁矿四大类，见表 2-1。

表 2-1 铁的主要矿物类型

矿物	分子式	理论铁含量	特 性
磁铁矿	Fe_3O_4	72.4%（FeO 含量 31%，Fe_2O_3 含量 69%）	在自然界纯磁铁矿矿石很少遇到，常常由于地表氧化作用使部分磁铁矿氧化转变为半假象赤铁矿和假象赤铁矿。所谓假象赤铁矿就是磁铁矿（Fe_3O_4）氧化成赤铁矿（Fe_2O_3），但它仍保留原来磁铁矿的外形，所以称为假象赤铁矿。磁铁矿具有强磁性，晶体常成八面体，少数为菱形十二面体。集合体常成致密的块状，颜色条痕为铁黑色，半金属光泽，相对密度4.9~5.2g/cm^3，硬度5.5~6，无解理，脉石主要是石英及硅酸盐。还原性差，一般有害杂质硫和磷含量较高

续表 2-3

成因类型		成矿地质特征	矿体形态规模	矿石矿物及结构构造特征	伴生组分	矿床工业价值	矿床实例
受变质沉积铁矿床	受变质铁硅铁矿床	通称“鞍山式”铁矿。矿体一般大而贫，物质组分一般较简单，为铁硅质沉积建造受区域变质的矿床分为三个亚类。（1）铁矿产于以角闪质岩石为主并夹有黑云变粒岩等岩石的岩层中，有时夹有石英岩。（2）铁矿产于以绢云母质绿泥石质千枚岩和片岩为主的岩层中。（3）铁矿产于夹有大理岩的片岩、片麻岩及变粒岩的岩层中，常呈复式褶皱，使矿体重复出现	矿体多呈层状、似层状、延长几百米至几千米，少数可达十余千米，延深数百米至千米以上。铁矿有的是多层，也有一二层的。矿层厚者可达二三百米	矿石矿物一般以磁铁矿为主，有的矿区赤铁矿、假象赤铁矿较多。 矿石中普遍含少量的碳酸铁、硅酸铁。脉石矿物有石英、绿泥石、镁铁闪石、铁铝榴石、黑云母、碳酸盐等。矿石多具条纹条带状构造、花岗变晶、鳞片变晶结构	多数矿区含硅较高。少数矿区产有富矿。硫、磷含量低	探明储量居全国总储量第一位。矿石大多易选。矿石开采量占全国铁产量的52%	弓长岭、南芬、东鞍山、羊鼻山等铁矿床
	受变质碳酸盐铁矿床	产于千枚岩、大理岩、白云质大理岩、板岩等各类岩层之中，或其接触面上，以矿体厚度变化大和富矿占比较大为特征	矿体呈层状、似层状、扁豆状或不规则状	矿石矿物有赤铁矿、菱铁矿、磁铁矿、褐铁矿。脉石矿物有石英、绢云母绿泥石等。矿石构造以块状为主，鲕状、条带状次之			大栗子铁矿床
淋滤型铁矿床		菱铁矿（有的矿区含硫化物）风化淋滤褐铁矿床；金属硫化物风化淋滤褐铁矿床；含铁硫化物矽卡岩风化淋滤褐铁矿；玄武岩风化淋滤富集铁。本类矿床以“铁帽”分布广泛为特征	矿体形态受地形及构造影响，呈不规则或扁豆状，规模一般为小型，也有大型矿床	矿石以疏松多孔褐铁矿为主。脉石为石英、碳酸盐类、黏土矿物等。具块状、蜂窝状、葡萄状或土状构造	常含Pb、Cu、As、Co、Ni、S、Mn、W、Bi等杂质	矿石开采量占全国铁矿产量的2%	观音山、大宝山、大降坪、分宜、临澄等铁矿床

续表 2-3

成因类型	成矿地质特征	矿体形态规模	矿石矿物及结构构造特征	伴生组分	矿床工业价值	矿床实例
其他重要铁矿床	矿区主要为一套浅海相湖相沉积，由砂岩、砂页岩、泥质白云岩、白云岩、白云质灰岩、铁矿所组成，并经受了程度较浅的区域变质和一定的接触变质作用	铁矿体主要赋存于白云岩、白云质结晶灰岩中的透辉石透闪石内，呈层状、似层状产于复式向斜内，主矿体长 2km 以上，宽 400 多米，最大垂深 430m	矿石以含磷片状赤铁矿及石英为主，并含少量磁铁矿石及半假象赤铁矿、铁碧玉等	铁矿体以下有单独的铜钴矿体	开采量占全国铁矿产量的 6%。优质富矿闻名	石碌铁矿
	矿床地层为前寒武纪浅变质的石英岩、板岩、白云岩夹云母片岩	铁矿体产于白云岩中或白云岩与硅质板岩接触处，呈似层状透镜状顺层产出。含矿带东西长为 16000m，南北宽 1000～2000m，主矿体长 1250m，水平厚度 45m，真厚 9.9m，最大延深 970m	铁矿石主要由磁铁矿、赤铁矿组成，含少量至微量的硫化物。脉石矿物有萤石、钠辉石、钠闪石、云母、重晶石、白云石、石英等	与稀有稀土矿共生，有铌铁矿、黄绿石、易解石、钛易解石、铌易解石、铌钙矿、钛铁金红石、包头矿、黄河矿、独居石、氟碳铈矿等。近矿围岩中含有稀有稀土元素，有的可成单独矿体	矿石组分复杂，矿石难选	白云鄂博铁矿

2.3 全球各国铁矿储量和产量

2.3.1 全球各国铁矿探明储量

世界铁矿资源丰富，截至2016年，全球铁矿石探明储量为1700亿吨，铁矿石金属储量为820亿吨，铁矿石资源量估算超过8000亿吨。铁矿石金属储量排名靠前国家为澳大利亚230亿吨，占全球储量的28.17%；俄罗斯140亿吨，占全球储量的17.14%；巴西120亿吨，占全球储量的14.7%；中国72亿吨，占全球铁矿储量的8.82%；印度52亿吨，占全球储量的6.37%；然后是加拿大、乌克兰和瑞典，这8个国家的铁矿储量占到全球铁矿储量的80%以上。

2.3.2 全球各国铁矿产量

2016年全球共生产了22.3亿吨铁矿石，按金属计为13.6亿吨。铁矿石产量按金属计，排名靠前的国家为澳大利亚4.91亿吨，占到全球铁矿石产量的36.1%；巴西2.54亿吨，占全球产量的18.86%；中国2.19亿吨，占全球产量的16.1%。其次是印度0.98亿吨，俄罗斯0.6亿吨，分别占全球产量的7.21%和4.41%。以上这五个国家的铁矿石产量占到全球铁矿石产量的80%以上。

全球铁矿资源储量分布和各国产量分布与份额见表2-4及图2-3和图2-4。

表2-4　2016年全球铁矿资源储量和产量分布

国家	矿石产量/Mt	金属产量/Mt	产量份额/%	矿石储量/Mt	金属储量/Mt	储量分布/%
南非	60	38	2.79	1200	770	0.94
美国	41	26	1.91	3000	790	0.97
加拿大	48	29	2.13	6000	2300	2.82
印度	160	98	7.21	8100	5200	6.37
中国	353	219	16.10	21000	7200	8.82
巴西	391	254	18.68	23000	12000	14.7
俄罗斯	100	60	4.41	25000	14000	17.14
澳大利亚	825	491	36.10	52000	23000	28.17
其他国家	250	148	10.88	33200	16400	20.08
全球总量	2230	1360	100	172500	81660	100.00

2.3.3 全球主要铁矿开采国铁矿资源及铁精矿产品概况

根据Wood Mackenzie矿业咨询公司提供的数据，全球主要铁矿生产国中，以巴西、澳大利亚和南非等国铁矿石质量最好，这些国家铁矿石品位高、杂质少、储量大。我国铁矿石质量较差，平均品位仅为25%。图2-5介绍了易于商业开采的铁矿资源状况和铁精矿产品概况，储量数据反映的是目前易于商业化的铁矿的资源情况，是美国地质调查局统计的各国铁矿资源总储量的一部分。

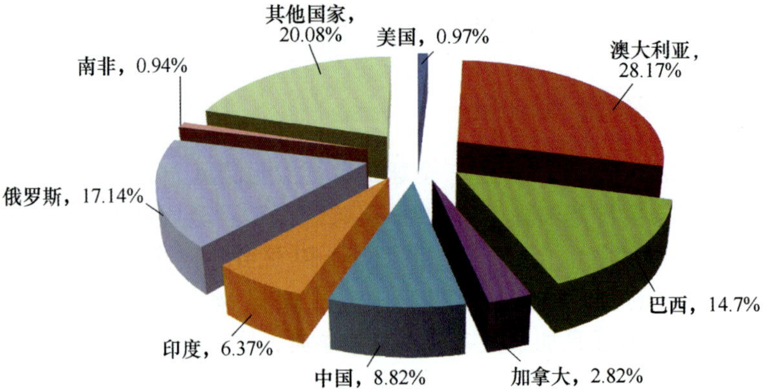

图 2-3　全球铁矿金属储量分布（2016 年）

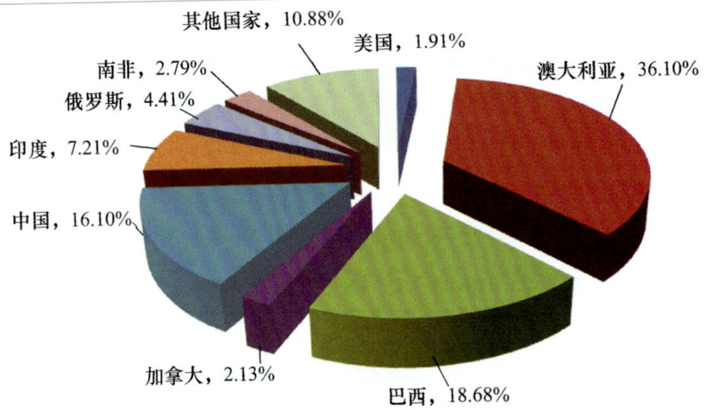

图 2-4　全球各国铁矿石产量份额（2016 年，以金属计）

2.3.4　全球铁矿资源特点

根据美国地质调查局多年的统计结果，全球铁矿资源平均品位在 45%～48%，赤铁矿是全球铁矿资源储量最大的矿石类型，其次是磁铁矿，然后是混合矿类型及褐铁矿、菱铁矿等。目前全球铁矿石生产由高品位赤铁矿资源主导，高品位赤铁矿占全球产量的 60%～70%，磁铁矿的产量占全球产量的 30%左右。

高品位赤铁矿主要生产国为澳大利亚、巴西、南非和印度等，这些国家的铁矿资源原矿平均品位比较高，赤铁矿一般仅需要破碎、筛分、洗涤、脱泥的简单选矿工艺，回收率较高，生产成本较低。

磁铁矿主要生产国是中国、北美、瑞典、俄罗斯等国家和地区，这些国家（地区）的铁矿资源原矿品位通常较低，磁铁矿一般需要破碎、磨矿、磁选、浮选等选矿工艺处理，才能获得高品质的铁精粉产品，生产成本较高。近年来，传统赤铁矿生产国的高品质赤铁矿资源减少，商品级赤铁矿精矿品位呈现下降趋势。全球磁铁矿产量比例有所上升，澳大利亚和北美都在努力扩大磁铁矿产量。

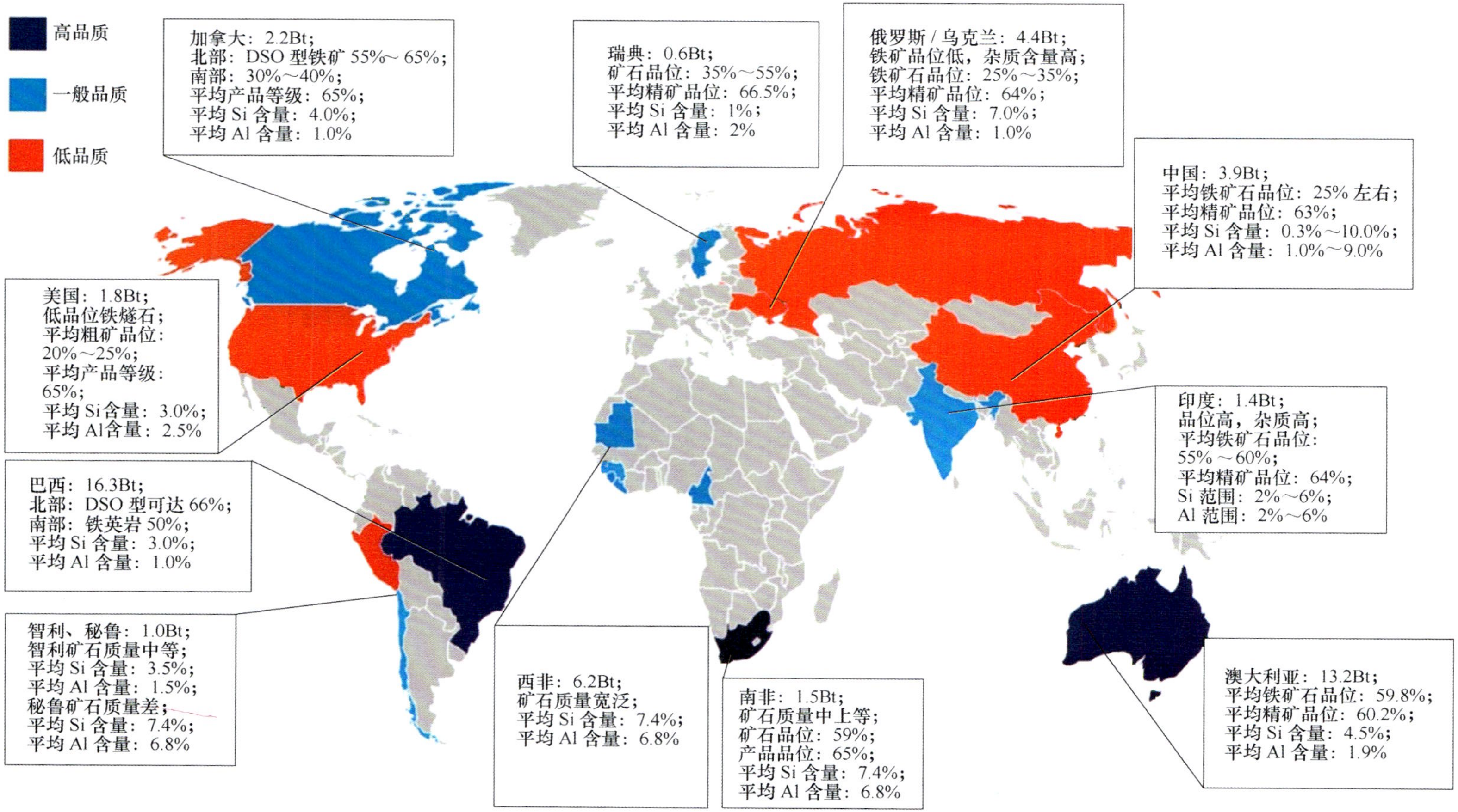

图 2-5　全球铁矿石主要产区资源和产品概况

2.4 国外主要铁矿生产公司

目前的世界铁矿石市场在一定程度上是一个垄断的市场，全球铁矿石生产四大巨头（巴西淡水河谷公司、英国力拓集团、澳大利亚必和必拓集团、澳大利亚 FMG 公司）在铁矿石生产和销售市场中占据统治地位。2016 年四大公司共生产了 10.24 亿吨商品铁矿石，占了全球铁矿石生产量的 46%，这四大公司拥有的铁矿石储量达到 310 亿吨，占全球铁矿石储量的 18%。2016 年全球主要铁矿公司生产和资源概况见表 2-5。

表 2-5　2016 年全球主要铁矿公司生产和资源概况

公司	国家	矿石产量/Mt	资源概况
Vale Group	巴西	348.8	储量 184.4 亿吨，Fe 平均品位 53.6%
Rio Tinto Group	英国	281.32	储量 42 亿吨，Fe 品位 57%~66%
BHP Billiton	澳大利亚	226.96	储量 55 亿吨，Fe 品位 40%~62%
Fortescue Metal Group	澳大利亚	167.4	赤铁矿储量 21.7 亿吨，平均品位 57.2%，磁铁矿 7 亿吨，平均品位 29.6%，产率 27%
ArcelorMittal Group	卢森堡	62.1	储量 42.13 亿吨，平均品位 34.8%
全　球		2230	储量 1725 亿吨，平均品位 47%

加拿大 Cirrelt 研究中心 2016 年 6 月发表的研究报告“Dynamic Determinants in Global Iron Ore Supply Chain”中统计了全球产能排名前 20 的铁矿石生产公司 2014 年的铁矿石产能情况，见表 2-6。从表 2-6 中可以发现，全球铁矿石产能排名前 20 的公司的产能占全球铁矿石产能的 73%，说明全球铁矿石生产比较集中。澳大利亚 FMG 公司近年快速崛起，发展速度惊人，已成为全球铁矿石生产第四巨头。

表 2-6　全球主要的 20 家铁矿公司铁矿石产能（2014 年）

公　司	国家	产能（商品矿）/Mt	产能份额/%
Vale Group	巴西	451.7	17.17
Rio Tinto Group	英国	378.7	14.39
BHP Billiton	澳大利亚	310.3	11.79
Fortescue Metal Group	澳大利亚	118.4	4.50
ArcelorMittal Group	卢森堡	79.6	3.03
AnBen Group	中国	55.7	2.12
Anglo American Group	英国	50.8	1.93
Metalloinvest	俄罗斯	46.8	1.78
Evrazholding Group	俄罗斯	46.4	1.76
LKAB Group	瑞典	45.2	1.72
Metinest Holding Group	乌克兰	44.7	1.70
Cliffs Natural Resource	美国	42.9	1.63

续表 2-6

公　司	国家	产能（商品矿）/Mt	产能份额/%
CVG Group	委内瑞拉	40.7	1.55
Shougang Bejing Group	中国	37.3	1.42
Mining Group	印度	37.2	1.41
NMDC Group	印度	34.1	1.30
Imidro Group	伊朗	32.4	1.23
CSN Group	巴西	29.2	1.11
US Steel Group	美国	24.6	0.94
Poltavsky	乌克兰	24.3	0.92
前 20 公司 合计		1931	73.39
全　球		2631	100

2.4.1　澳大利亚必和必拓公司

必和必拓由两家巨型矿业公司合并而成，现在已经是全球最大的采矿业公司。其中，BHP 公司成立于 1885 年，总部设在墨尔本，是澳大利亚历史最悠久、规模最庞大的公司之一。Billiton 公司是国际采矿业的先驱，曾经以不断创新和集约式运营方式而闻名。2001 年，两家公司合并组成 BHP Billiton 矿业集团，BHP 持股 58%，Billiton 持股 42%。

BHP 公司的矿山位于澳大利亚西部皮尔巴拉地区，分别是纽曼、扬迪和戈德沃斯矿区，这三个矿区的铁矿石探明储量约为 24 亿吨，在亚里南部，还有未开发的 C 采区，保有储量 45 亿吨。

必和必拓公司下属铁矿主要位于西澳大利亚地区。公司持股 50%的合资企业——Samarco 公司，还在巴西拥有铁矿石开采和运输设施。必和必拓集团从澳大利亚出口的铁矿以块矿和粉矿为主，而从巴西 Samarco 公司出口的铁矿以球团矿为主。铁矿石主要出口目的地包括中国、亚洲其他国家、非洲、中东地区、欧洲以及美国。公司的大部分铁矿石是以长期合同的形式出口。必和必拓近年来铁矿生产状况及储量情况见表 2-7 和表 2-8。

表 2-7　2013~2015 年必和必拓铁矿生产状况

矿区（国家）	公司股份	2015 年公司产量/万吨	2014 年公司产量/万吨	2013 年公司产量/万吨
Newman（澳大利亚）	85%	6369.7	5691.5	4462
Yarrie（澳大利亚）	85%	2014 年 5 月停产	83.6	110.6
Area C Joint Venture（澳大利亚）	85%	4999.4	4696	4471.7
Yandi Joint Venture（澳大利亚）	85%	6855.1	6851.8	6005.4
Jimblebar（澳大利亚）	85%	1675.9	886.3	停产扩建
Wheelarra（澳大利亚）	85%	1899.4	1055.3	837.7
WAIO（西澳铁矿公司）小计		21799.5	19264.5	15887.4
Samarco（巴西）	50%	1451.3	1091.9	1098.2
合　计		23250.8	20356.4	16985.6

表 2-8 2014 年必和必拓铁矿储量

下属公司	矿石类型	储量/10^6t	Fe/%	P/%	SiO_2/%	Al_2O_3/%	LOI/%
WAIO 澳大利亚	BKM	2400	62.2	0.12	3.8	2.2	4.6
	BKM Bene	170	61.2	0.12	6.5	2.7	1.7
	CID	740	56.5	0.05	6.2	1.7	10.8
	MM	610	61.2	0.07	3.6	2.0	6.1
Samarco JV 巴西	ROM	2900	39.6	0.05	无数据	无数据	无数据
合　计		6820	必和必拓拥有 WAIO 公司 89%、Samarco JV 公司 50%的储量权益				

必和必拓公司不仅是全球三大铁矿石供应商之一，还生产和出口钢铁行业用冶金煤和动力煤。此外，该集团的产品还包括铜、镍、锰矿、精炼铝、锰铁合金、铬铁合金、石油、天然气、液化天然气（LNG）、钻石、银和钛等。

2.4.2 澳大利亚力拓集团

力拓集团（Rio Tinto）总部在英国，澳洲总部在墨尔本。控股的哈默斯利铁矿有限公司是澳大利亚第二大铁矿石生产公司，在西澳皮尔巴拉地区有五座生产矿山（即汤姆普赖斯铁矿、帕拉布杜铁矿、恰那铁矿、马兰杜铁矿和布诺克曼第二矿区），探明储量约为 21 亿吨，力拓 2014 年铁矿石产量达到 2.95 亿吨，销售量达到 3.03 亿吨，同比分别增长 11%和 17%。力拓 2015 年铁矿石产量为 3.28 亿吨，2016 年铁矿石产量为 3.48 亿吨。力拓公司铁矿资源见表 2-9。

表 2-9 力拓公司铁矿资源

下属公司及矿山（国家）	矿石类型	储量/Mt	品位/%	采矿方法	公司股份/%	公司储量/Mt
Hamersley Iron（澳大利亚）						
Brockman2	BKM	93	62.3	露采	100	93
Brockman4	BKM	465	61.7	露采	100	465
Marandoo	MM	187	63.3	露采	100	187
Mt Tom Price	BKM	44	64.1	露采	100	44
Mt Tom Price	MM	9	60.8	露采	100	9
Nammuldi	MM	170	62.4	露采	100	170
Paraburdoo	BKM	15	62.6	露采	100	15
Silvergrass East	MM	157	61.7	露采	100	157
Western Turner Syncline	BKM	289	62.1	露采	100	289
Yandicoogina	豆状矿	642	58.5	露采	100	642
Channar JV（澳大利亚）						
Brockman ore	BKM	47	61.8	露采	60	28
Eastern Range JV（澳大利亚）						
Brockman ore	BKM	57	61.7	露采	54	31

续表 2-9

下属公司及矿山（国家）	矿石类型	储量/Mt	品位/%	采矿方法	公司股份/%	公司储量/Mt
Hope Downs JV（澳大利亚）						
Hope Downs 1	MM	196	61.6	露采	50	98
Hope Downs 4	BKM	154	63.1	露采	50	77
Robe River JV（澳大利亚）						
Pannawonica	豆状矿	194	56.8	露采	53	103
West Angelas	MM	209	61.4	露采	53	111
Iron Ore Company of Canada（加拿大）	磁铁矿赤铁矿混合矿	575	65.0	露采	58.7	337
新建矿山项目						
Koodaideri（澳大利亚）	BKM	452	61.8	露采	100	452
Turee Central（澳大利亚）	BKM	78	61.9	露采	100	78
Simandou（几内亚）	赤铁矿及少量针铁矿	1844	65.5	露采	46.6	859

力拓矿业集团是全球第二大采矿业集团，仅次于必和必拓公司。公司总资产按地区来划分，89%集中在澳大利亚和北美。公司营业收入来源情况按地区划分，分别为北美占25%，欧洲占22%，日本占18%，澳大利亚和新西兰占8%，其他亚洲国家为22%，其他地区占5%。

力拓矿业集团不仅是全球最大的资源开采和矿产品供应商之一，而且也是世界三大铁矿石供应商之一。力拓集团作为全球最大的资源开采和矿产品供应商，不仅向全球提供铁矿石，还提供包括铝、铜、钻石、能源产品、黄金、工业矿物等产品。该集团业务遍及全球，尤其以澳大利亚和北美洲为重。中国是其仅次于北美、欧洲和日本之后的第四大市场，中国也是集团目前业务增长最迅速的市场。

2.4.3 巴西淡水河谷公司

淡水河谷公司（Vale）拥有巴西丰富的铁矿资源，为世界第一大铁矿石生产和出口商，也是美洲大陆最大的采矿业公司，除经营铁矿砂外，还生产锰矿砂、铝矿、金矿等矿产品及纸浆，经营港口、铁路和能源等行业。2000 年年初，淡水河谷不仅收购了 SOCOIMEX 公司，还收购了萨米特里矿业公司的全部股份。

目前，淡水河谷公司的铁矿石产量占巴西全国铁矿石总产量的 80%。其铁矿资源集中在“铁四角”地区和巴西北部的巴拉州，公司拥有挺博佩贝铁矿、卡潘尼马铁矿、卡拉加斯铁矿等，2014 年保有铁矿储量约 210 亿吨，Fe 平均品位为 52%，2015 年调整储量为 175 亿吨，Fe 平均品位为 53.8%，公司 2014 年铁矿产量达 3.32 亿吨，2015 年铁矿产量达到 3.46 亿吨。公司 2014 年的铁矿资源和生产状况见表 2-10。

表 2-10　2014 年淡水河谷铁矿资源和生产状况

矿区	矿山	储量/Mt	Fe 品位/%	产量/Mt	矿石性质和采选工艺	平均选矿回收率/%
Southeastern System	Itabira	800.3	47.9~48.9	35.5	赤铁矿、铁英岩露采破碎、分级、磨矿、反浮选	57
	Minas Centrais	1123.1	42.8~56.3	33.1		71
	Mariana	3216.7	40.6~47.1	38.9		54
	小计	5140.1	46.5	107.5		
Southern System	Minas Itabirito	2931.2	40.8~44.3	33.0	赤铁矿、铁英岩露采破碎、分级、磨矿、反浮选	48
	Vargem	2479.4	40.5~49	25.1		49
	Paraopeba	171.1	60.7~64.9	28.2		91
	小计	5581.7	44.4	86.3		
Midwestern System	Corumb'a	339.7	62.2	5.8	赤铁矿露采破碎、分级	82
Northern System	Serra Norte		66.0~67.3	117.5	赤铁矿露采破碎、筛分、水力旋流器分级、过滤	100
	Serra Leste		65.2~66.7	2.2		100
	小计	7080.7	66.7	119.7		100
Samarco	Alegria Germano	2909.7	39.6	13.1	铁英岩露采破碎磨矿、反浮选	55.1
合　计		21051.9	52	332.4		

淡水河谷公司矿产开采、开发规划着眼全球，其中包括：在委内瑞拉开采煤、铝矾土、铜、铁和钻石；在秘鲁开采铝和铜；在智利开采铝和铜；阿根廷开采钾、铝和铜；在加蓬开采锰；在莫桑比克开采煤、铝和铜；在安哥拉开采钻石、铝、铜、钾和铁；在巴西开采铝、铜、镍、白金族矿、锰、钻石、高岭土和铝矾土；在蒙古开采铝、铜和煤；在中国开采煤、铜、铝和铝矾土。

2.4.4　澳大利亚 FMG 公司

FMG 公司（Fortescue Metal Group）是全球第四大铁矿石生产商，公司成立于 2003 年，是奇切斯特山脉和哈默斯利山脉铁矿带的所有者和经营者，2016 年公司探明的铁矿石资源储量达到 29 亿吨。自成立以来，凭借 300 亿澳元的市值及成功运作而不断扩大的声誉，以其惊人的发展速度，成为澳大利亚矿业出口中新的重量级公司。

公司立足于自身在皮尔巴拉地区拥有的最大探矿领地（35000km^2），进行扩大生产。FMG 公司基础设施建设控制预算为 19.2 亿澳元，涵盖 260km 长的对外开放式铁路系统以及位于黑德兰港区多泊位码头，所有关键建设合同已在预算范围内签订。FMG 公司于 2006 年 8 月及 2007 年 7 月两次完成 37 亿澳元的项目融资，其中发行 10 亿澳元股票。2006 年 8 月的融资为亚太区最大的单笔高收益债券交易。如今，FMG 公司已成为澳大利亚证券交易所标准普尔 50 强之一。FMG 公司项目一期工程年产 5500 万吨，并会按市场需求进行扩产。一期工程产量及扩建工程的 5000 万吨/年的产量已签订长期协议。FMG 公司在澳洲皮尔巴拉地区拥有最大的探矿领地，在其 50000km^2（总面积 15%不到）的地域发现并拥有 45 亿吨铁矿石资源量，其中还有 11 亿吨达到储量标准，目前还在进一步进行勘探和可行性研究工作。2008 年 5 月 15 日，FMG 公司驶出第一船矿石，到 2014 年铁矿石产量 1.119 亿吨，发货量 1.242 亿吨；2015 年产量 1.614 亿吨，发货量 1.654 亿吨（见表 2-11）。

表 2-11　2015 年 FMG 公司铁矿资源和生产情况

矿山	矿石类型	储量/Mt	Fe/%	SiO_2/%	Al_2O_3/%	P/%	产能/Mt
ChichesterHub 矿区	位于澳大利亚西部的 ChichesterHub 矿区包含 Cloudbreak 和 Christmas Creek 两座矿山						
Cloudbreak	赤铁矿	533	57.2	5.12	2.84	0.052	不详
Christmas Creek	赤铁矿	1076	57.8	5.20	2.74	0.047	不详
矿区小计	赤铁矿	1609	57.6	5.17	2.77	0.049	90
Solomon Hub	位于澳大利亚西部的 Solomon Hub 矿区包含 Firetail 和 Solomon Hub 两座矿山						
Firetail	赤铁矿	141	58.6	6.35	2.58	0.115	不详
Kings and Queens	赤铁矿	650	56.3	7.11	2.73	0.064	不详
矿区小计	赤铁矿	792	56.7	6.97	2.70	0.073	70
合计（赤铁矿）	赤铁矿	2400	57.3	5.77	2.75	0.057	160
Iron Bridge 矿区	位于澳大利亚西部地区黑德兰港附近的 Iron Bridge 矿区包含 North Star 和 Glacier Valley 以及 West Star 三座矿山，北极星矿储量已探明，Glacier Valley 矿和 West Star 矿还在勘探阶段						
North Star（60.72%股份）	磁铁矿	705	29.6	41.5	0.25	0.098	未投产
Glacier Valley（60.72%股份）	磁铁矿	不详	不详	不详	不详	不详	不详
West Star（60.72%新兴）	磁铁矿	不详	不详	不详	不详	不详	不详
矿区小计	磁铁矿	705	67.2	5.5	0.25		
合计（磁铁矿）	7.05 亿吨磁铁矿原矿，对应的产率为 27.2%，铁精矿产品 Fe 含量可达 67.2%，SiO_2 含量 5.5%，Al_2O_3 含量 0.25%						
FMG 公司铁精矿产量	2014 产量 1.119 亿吨，发货量 1.242 亿吨；2015 年产量 1.614 亿吨，发货量 1.654 亿吨						

2.4.5　南非主要铁矿生产公司

昆巴（Kumba）铁矿石公司、阿斯芒（Assmang）铁矿公司、彩虹矿业公司是南非铁矿石的主要生产商。其中昆巴铁矿石公司与阿斯芒铁矿公司铁矿石产量占南非总产量约 88%，两家公司基本垄断了南非的铁矿生产。2020 年，南非铁矿石产量预计将增至 1.2 亿~1.24 亿吨。其中，昆巴铁矿石年产量将从 2010 年的 4100 万吨增至 7000 万~7300 万吨，Assmang 公司产量将增至 2000 万吨，约 2500 万吨产量来自新铁矿商。目前，南非铁矿石年产量为 4800 万~5000 万吨，约 70%产自昆巴。2008 年两矿山产量 3669.9 万吨，约占全国产量的 75%，其中 Sishen 矿产量为 3403.9 万吨。

昆巴铁矿石公司是南非最大的铁矿石生产商和出口商，在北开普省经营赛申（Sishen）矿山，在林波波省经营塔巴钦比（Thabazimbi）矿。Sishen 铁矿位于南非北开普省，是一个较大的露天铁矿，铁矿石品位高达 66%~68%，储量 9 亿吨左右，产品有 80%~90%出口。Thabazimbi 铁矿储量近 5 亿吨，矿石以内销为主。

昆巴铁矿石公司下属最大的铁矿石公司就是 Sishen 铁矿石公司（SIOC），昆巴公司在 Sishen 铁矿石公司中持有 74%的控股权。

2008 年昆巴铁矿石公司共出口铁矿石 3420 万吨，占南非铁矿石出口总量的 85.5%。2010 年铁矿石产量 4500 万吨，2013 年扩大至 5300 万吨，到 2019 年扩大到 7000 万吨。

2.4.6 利比里亚铁矿

利比里亚铁矿石资源丰富，铁矿石储量达到 40 亿~65 亿吨（铁含量 30%~67%），是非洲最大的铁矿资源国之一，与南非铁矿资源量相当。利比里亚的铁矿资源主要有两种类型，即高品位铁矿（铁含量大于 60%），主要由赤铁矿组成；低品位铁矿（铁含量 30%~40%），主要由磁铁矿组成。利比里亚现有的铁矿储量集中在博米希尔斯、宁巴山、巴诺河、宁巴山 Gibhum 山和 Webo 山等地。

铁矿石出口曾经是利比里亚经济的支柱，其出口值占全国出口总值的 64%，占国内生产总值的 25%以上。过去的生产主要来自 5 个矿山，博米希尔斯、巴诺河、南宁巴山、Tokadeh 和邦矿山。自从 1951 年在博米希尔斯第一个矿山生产以来，总计生产了铁矿石 5 亿吨。但后来由于内战等原因，1989 年铁矿石开采停滞。目前利比里亚资源公司正在评估利比里亚的铁矿石潜力，目的是尽快恢复这一产业。最有希望的矿区是几内亚的 Pierre-Richaud 矿体，它正好穿过几内亚与利比里亚的边界。PierreRichaud 是目前唯一已知的大规模高品位矿体（矿石储量 4 亿吨，品位 65%）。由于在利比里亚境内有现成的基础设施，因此其资本投资是最低的。宁巴到布南坎只需 14km 长的铁路线，PierreRichaud 项目的实施还需要一些时间。

2.5 国外典型铁矿山

2.5.1 部分国外典型铁矿开发利用指标

表 2-12 收集了国外部分典型的铁矿和铁矿项目的开发利用指标，这些指标包括铁矿的矿石性质、品位、储量、产量、开采回采率、选矿回收率、精矿品位、采选工艺等开发利用指标，对铁矿资源的评价和开发利用具有借鉴意义。

2.5.2 国外典型铁矿山

本节主要介绍国外著名的巴西卡拉加斯铁矿、澳大利亚哈默斯利铁矿、加拿大卡罗尔铁矿、俄罗斯库尔斯克铁矿、美国苏必利尔湖铁矿的矿床类型及特点、采选工艺及矿山的发展趋势。这些矿山的矿石包含了赤铁矿、磁铁矿、赤铁矿和磁铁矿混合矿等不同类型的铁矿石。

2.5.2.1 巴西卡拉加斯矿

卡拉加斯矿（Carajás Mine）是全球上最大的铁矿床，卡拉加斯地区也是全球铁矿分布最集中和铁矿品位最富的地区。卡拉加斯矿属于变质型铁矿经风化富集后形成的富铁矿床，矿层风化厚度为 100~150m，条带状磁铁矿氧化厚度最高达到 500m。80%的储量由地表松软的褐铁矿和其下厚约 300m 的赤铁矿层组成。赤铁矿很富，但其中也包含硬度较大

矿石类型主要有赤铁矿、水赤铁矿及褐铁矿，绝大部分为富铁矿，含铁品位普遍在50%以上，矿区内的赤铁矿、针铁矿矿石含铁54%~62%，褐铁矿矿石含铁50%~54%。该区域含铁54%~64%的铁矿资源量估计有249亿吨，另有铁含量大于30%的碧玉铁质岩，潜在资源量可达6.4万亿吨，并可露天开采，但是碧玉铁质岩目前不具备开采经济价值。

哈默斯利铁矿区主要的铁矿呈层状产于古元古界哈默斯利群碧玉铁质建造中，为元古宙苏必利尔湖型铁矿床。以中组铁矿最多、最大、最富，富矿体含铁50%~62%。铁矿由假象赤铁矿条带和石英相间排列成条带状或层纹状构造，有时含少量的碳酸盐矿物和黑硬绿泥石。矿石常呈现出由构造作用而形成的复杂的小褶曲。已知富铁矿有三种：(1) 块状坚硬蓝黑色赤铁矿矿石，平均含铁64%~66%，二氧化硅4.4%，磷0.05%；(2) 富矿为海绵状，含水淡褐色赤铁矿、针铁矿，平均含铁58%~62%，硫、磷含量低；(3) 铁矿是由碧玉铁质岩，在原地或在碎屑沉积中，主要由次生脱硅作用使铁质相对富集而成。

矿区铁矿石的生产矿山主要有帕拉伯杜（Paraburdoo）铁矿、恰那（Channar）铁矿、汤姆普莱斯（TomPrice）铁矿、布鲁克曼铁矿（Brockman No.21 Detrital）、马兰杜（Marandoo）铁矿和扬迪铁矿。哈默斯利铁矿公司的破碎与筛分厂是二段或三段闭路筛分流程。帕拉伯杜、汤姆普莱斯和扬迪铁矿是采用三段一闭路流程；马兰杜和布鲁克曼铁矿是采用二段闭路破碎流程。其破碎设备的选型是根据其处理的矿石性质、处理量的大小及对产品粒度的要求来选择的。对矿石硬度大、处理量大的破碎与筛分厂，一段采用旋回破碎机。所有选厂的二段破碎（除扬迪矿外）均采用标准圆锥破碎机。马兰杜铁矿在设备选型上考虑到马兰杜铁矿的矿石性质，选用了具有高破碎比的二次标准圆锥破碎机，并在二次破碎前设了缓冲矿仓和可调速的带式给矿机。扬迪矿是哈默斯利铁矿公司正在建设中的新矿山，其二段破碎选用了冲击式破碎机，该设备在澳大利亚的煤矿选矿厂和碎石厂获得了广泛的应用，其主要特点之一是选择性较强。恰那铁矿使用的一段旋回破碎机是日本进口的KOBE1520/200型，生产能力为6000t/h，二段标准圆锥破碎机是澳产的SYMONS ϕ2100，生产能力为1160t/h。哈默斯利铁矿公司所有矿山的破碎筛分厂的筛分设备，除汤姆普莱斯铁矿外，都设计采用或改用了香蕉型振动筛。这种设备的筛分面积大、筛分效率较高，筛面设计合理，使用效果好。哈默斯利铁矿公司的丹皮尔港口的筛分厂也正考虑改用这种振动筛。选矿工艺流程为破碎、筛分、细粒部分通过旋流器分级、重介质选矿和磁选。哈默斯利矿山采矿设备及矿石传送带如图2-11所示；矿山运出的矿石如图2-12所示。

图2-11 哈默斯利矿山采矿设备及矿石传送带

2.5.2.3　加拿大卡罗尔铁矿山

图 2-12　哈默斯利矿山运出的矿石

加拿大铁矿公司卡罗尔湖铁矿位于拉布拉多北极圈内。矿床赋存于高出邻近湖面以上 150~305m 的丘陵之中。储量为 20 亿吨，生产能力为 4900 万吨/年。矿石为磁铁矿与镜铁矿，平均品位（Fe）为 39%，磁铁矿含量为 19%，重量回收率为 46%（重量回收率系根据矿石岩心样品选冶试验数据得出）。矿山依据重量回收率作为判定矿石的标准。重量回收率小于 34%的定为废石；34%~38%的定为边界矿石，即可配用矿石；大于 38%的为好矿。为反映选矿厂和球团厂生产过程的要求，还制定了一种更严密的分类法。其中规定：0~12%磁铁矿的矿石为低磁铁矿石；含 12%~20%磁铁矿的矿石为中磁铁矿石；含 20%以上磁铁矿的矿石为高磁铁矿石。

卡罗尔湖铁矿系世界上最大的露天矿之一。该矿矿体长而狭，适合采用大规模爆破，采用大型设备，曾经是世界单次爆破量最大的矿山之一，一次可爆破达 400 万吨的矿岩。选矿工艺流程为重选—磁选联合流程，卡罗尔（Carol）选矿厂处理镜铁矿和磁铁矿混合铁矿石，原矿含铁 38%（含镜铁矿铁 21%，磁铁矿铁 17%），用汉弗莱型螺旋选矿机和单筒永磁磁选机进行先重选、后磁选，获得精矿含铁 65.7%，铁回收率 72%。卡罗尔选矿厂细筛再磨流程以处理重选尾矿为主，在二段磨矿安置了水力旋流器，溢流先经磁选，然后给细筛，如图 2-13 所示。

2.5.2.4　俄罗斯库尔斯克磁异常区铁矿

俄罗斯是世界上铁矿石资源较为丰富的国家之一，主要分布在中部地区，储量占俄罗斯铁矿石总储量的 57.4%。该地区的库尔斯克磁异常区（KMA）拥有世界超大储量的铁矿藏，属于超大型铁矿，是变质沉积铁矿床，位于俄罗斯的西南部，面积近 15 万平方千米，地处俄罗斯地台的中部，工业富矿分布于次级向斜轴部含铁石英岩的古风化壳中，是古代红土化风化壳的残积产物。呈面形和线形分布，面形富矿分布广，呈层状、钟状，产在含铁石英岩的顶部，沿走向呈带状，储量规模大；线形富矿分布有限，呈陡倾层状和楔形矿体，规模较小（见图 2-14 和图 2-15）。该矿所有权为列别金、米哈依洛夫、斯托依连公司拥有，库尔斯克地磁异常地区蕴藏有丰富的磁铁矿和铁磁石英岩（超过 400 亿吨）。该区铁矿石储量高达 640 亿吨，主要矿石类型有磁铁矿、赤铁矿、假象赤铁矿，少量针铁矿、褐铁矿。铁品位为 30%~50%，平均品位为 45.9%，富矿铁品位为 56%~62%。

由于库尔斯克磁力异常区铁矿床埋藏深、品位高且松软，经多年的试验研究，深孔水力采矿法成为最有效的采矿方法。

采出的磁铁石英岩选矿工艺采用三至四段破碎至 25~15mm，或经一段破碎到 350~250mm，通过自磨与球磨（砾磨）结合，实施三段细磨，进入多段磁选。磁铁矿石英岩选矿的工艺特点是采取阶段磨矿和阶段磁选的流程，及时排出单体脉石，减少下一阶段的磨

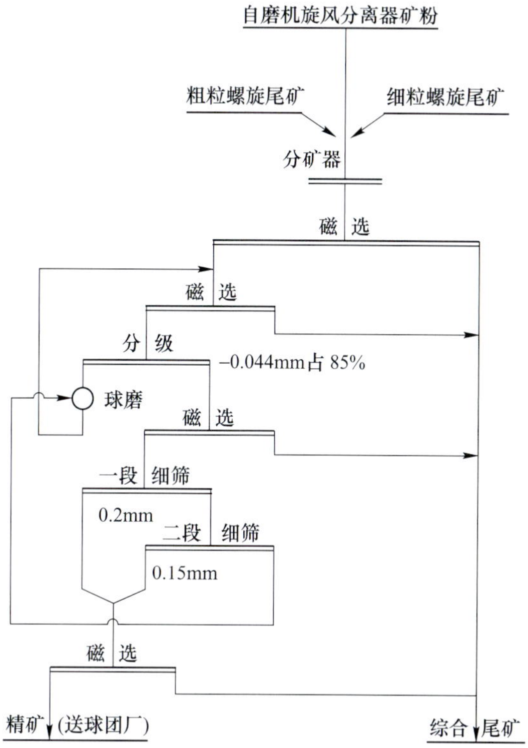

图 2-13 加拿大卡罗尔选矿厂细筛再磨流程

图 2-14 库尔斯克磁异常区铁矿矿区

矿量。

2.5.2.5 美国苏必利尔湖铁矿

苏必利尔湖铁矿属区域变质沉积铁矿床。分布于美国和加拿大之间苏必利尔湖地区。主要铁矿产于 18 亿~22 亿年前的古元古界中，由石英岩、铁质岩、片岩组成。成分以石英、赤铁矿为主，其次为磁铁矿、假象赤铁矿和少量针铁矿。铁质岩（或铁英岩）铁含量

图 2-15 库尔斯克磁异常区矿坑

略高于20%，富矿含铁50%~62%。1998年全区探明储量在美国境内有100亿吨、加拿大境内有170亿吨。全区铁矿远景储量约600多亿吨。矿山权益归属明塔克公司、帝国铁矿、希宾公司、带尔登公司。

该矿采用低分段带假顶的分段崩落采矿法。为使铁矿物充分解离需要磨细至-0.1mm。矿石经四段开路破碎，细碎后用水磁筒干式磁选机预选抛尾，所得粗精矿给入棒磨机进行开路磨矿，磨矿产品进行湿式磁选。精矿经水力旋流器分级，沉砂给球磨机，最终磨矿粒度为-0.044mm占90%。磨矿产品返回粗选磁选机。旋流器溢流经浓缩后给入细筛，筛下产品再进行磁选精选，筛上产品返回进行球磨。磁选精矿经反浮选可得到品位为68%、回收率为70%的优质铁精矿。反浮选使用胺或双胺为捕收剂，MIBC为起泡剂。

2.6 全球铁矿产业发展趋势

2.6.1 全球铁矿资源的供给变化趋势

铁矿石是钢铁工业最主要的原料，钢铁是国防、工业、农业、交通运输、建筑等国民经济各个领域中应用最广泛和用量最大的一种金属，是构建国家工业的基础材料。铁矿石还可以用于制作合成氨的催化剂、重选介质、天然矿物颜料（赤铁矿、镜铁矿、褐铁矿）、饲料添加剂（磁铁矿、赤铁矿、褐铁矿）和名贵药石（磁石）等。

近百年来全球铁矿产量的变化趋势主要经历了由缓慢增长到稳步增长，然后逐渐趋于稳定的阶段。2000年后，我国经济的高速发展，带动了我国钢铁产业的快速发展，刺激了世界铁矿产量高速增长，2011年后随着我国经济发展速度放缓，全球铁矿产量增长速度回落。全球铁矿石产量百年变化趋势如图2-16所示；全球铁矿石产量不同阶段增长率变化和中国的影响因素如图2-17所示。

从整体上看，全球铁矿资源储备丰富，铁矿扩产和新建项目众多，铁矿在未来几年供应充沛。近十多年来，铁矿石产量以前所未有的速度增长。2001年全球铁矿石产量仅为10.56亿吨，此后一直到2008年，铁矿石产量均呈逐年攀升的态势。2009年，受金融危

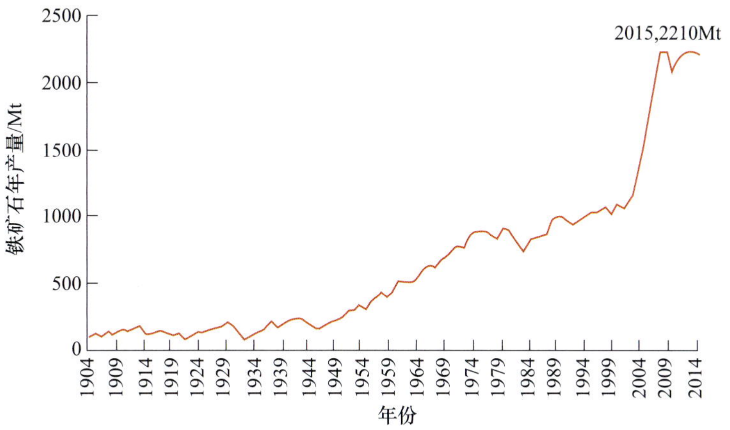

图 2-16 全球铁矿石年产量百年变化趋势

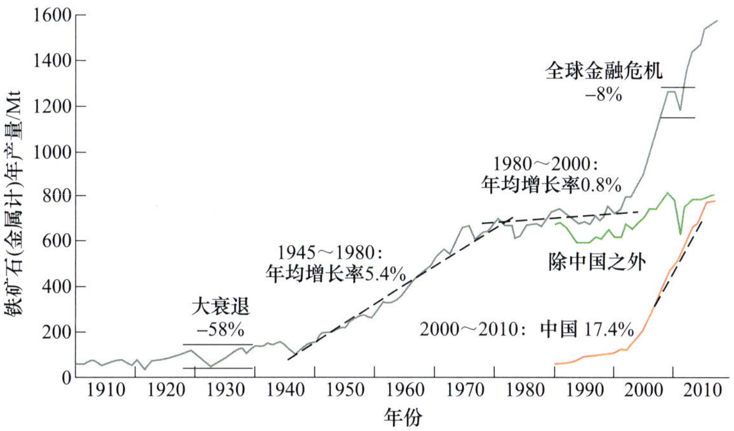

图 2-17 全球铁矿石产量不同阶段增长率变化和中国的影响因素

机的影响，全球铁矿石产量出现了连续 7 年增长后的首次下降，同比下降 6.2%至 15.88 亿吨。除澳大利亚和南非等少数国家外，大部分国家铁矿石产量均出现下滑。2010 年之后随着经济的逐步复苏，全球铁矿石产量恢复上涨。2015 年全球铁矿石产量达 22.1 亿吨，近年来则维持上涨的态势，不过随着中国经济放缓，全球铁矿产量增速出现明显下降。

2.6.2 全球铁矿资源的需求与价格变化趋势

全球铁矿石价格在最近几年波动较大，而铁矿石需求则比较稳定。中国是全球最大的铁矿石消耗国，由于中国的需求，2011 年铁矿石价格甚至达到 180 美元/吨，此后，受中国需求锐减影响，铁矿石价格一路狂跌，持续低迷。2013 年全球铁矿石价格在 100～140 美元/吨之间，2014 年下跌至 80 美元/吨以下，2015 年下跌到 40～50 美元/吨。2016 年，中国钢铁产量缓慢恢复增长，由于近年的铁矿价格低迷，中国等国的高成本铁矿退出市场，世界市场铁矿价格得以恢复，62%的铁矿石普氏指数则由 2016 年初每吨 42 美元涨至年底的 80 美元，2017 年 2 月铁矿石价格进一步上涨至 95 美元/吨，由于中国的钢铁需求持续放缓，铁矿库存增加，2017 年 5 月 62%的铁矿石普氏指数回落到 62 美元/吨。

图 2-18 反映了百年来美国铁矿石价格变化趋势。由于铁矿石的价格在过去没有统一标准，美国国内铁矿价格一般低于国际市场的交易价格，但其变化趋势与全球铁矿市场价格变化规律基本一致。图 2-19 反映了中国近 30 年来进口铁矿石价格变化趋势。2016 年我国的铁矿石进口量达到 10. 24 亿吨，占到全球铁矿石总产量的 46%，未来这一比例可能还将增加，我国已成为全球铁矿石市场最主要的消费国。受制于宏观经济继续下行以及我国对钢铁等重污染行业的治理，预计中国市场钢铁产量增速将进一步下降，加上世界几大铁矿石生产巨头扩产计划的实施，世界市场铁矿石供大于求的现状未来难以改变，预计未来几年，铁矿石价格将持续疲软。

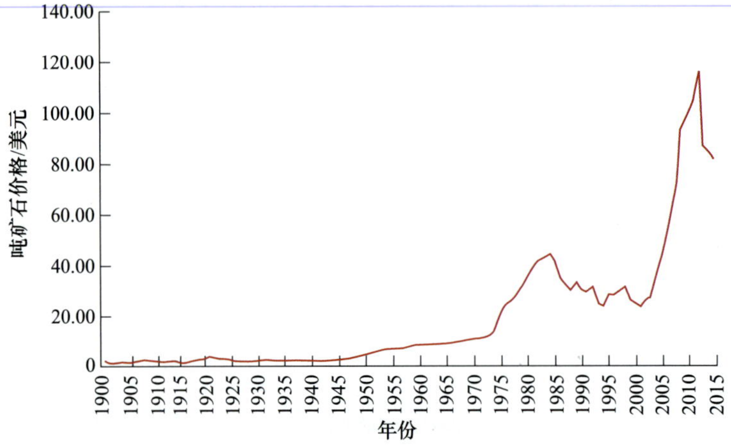

图 2-18　美国铁矿石价格百年变化趋势

（资料来源：USGS）

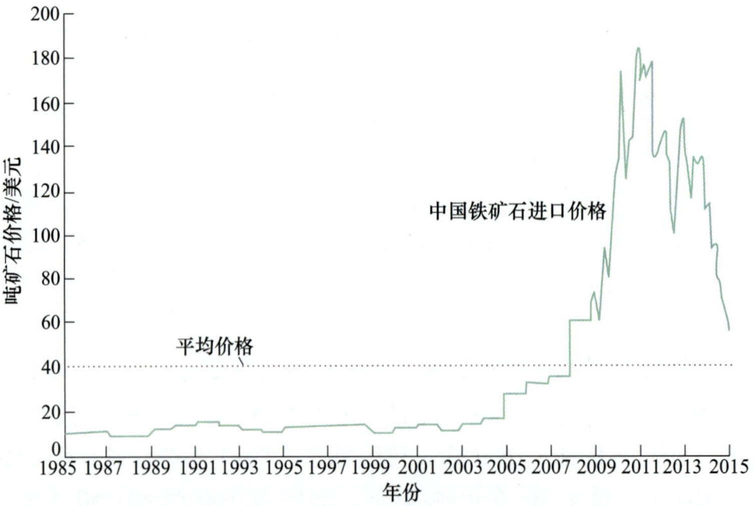

图 2-19　我国近 30 年来进口铁矿石价格变化趋势

全球铁矿石的消费地区主要为钢铁的集中生产地，主要为中国、其他亚洲国家（日本、印度等)、欧盟、美国以及俄罗斯等。从图 2-20 和图 2-21 可以看出各国 2004~2014 年粗钢产量和消费量的对比，十年间我国的粗钢产量和消费量所占的市场份额都有了明显的提高，由原来的 1/4 提高到近 1/2。

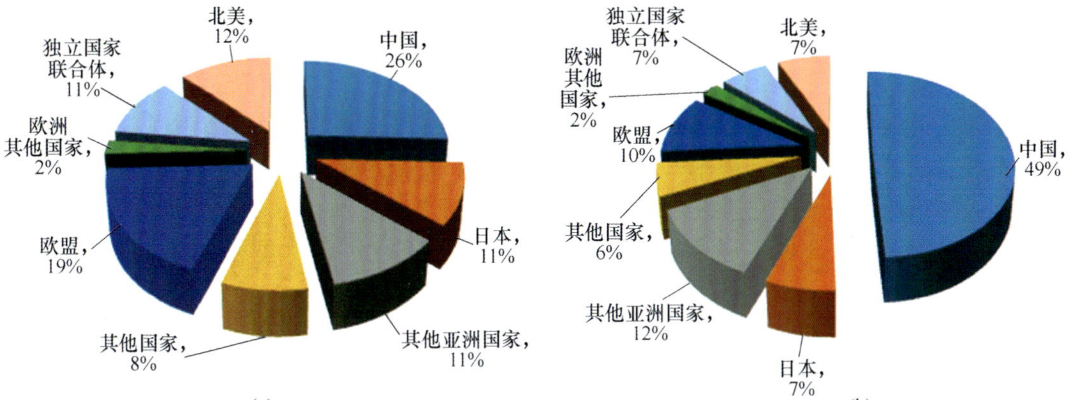

(a) (b)

图 2-20 全球各国粗钢产量份额近十年变化趋势

(a) 2004 年度；(b) 2014 年度

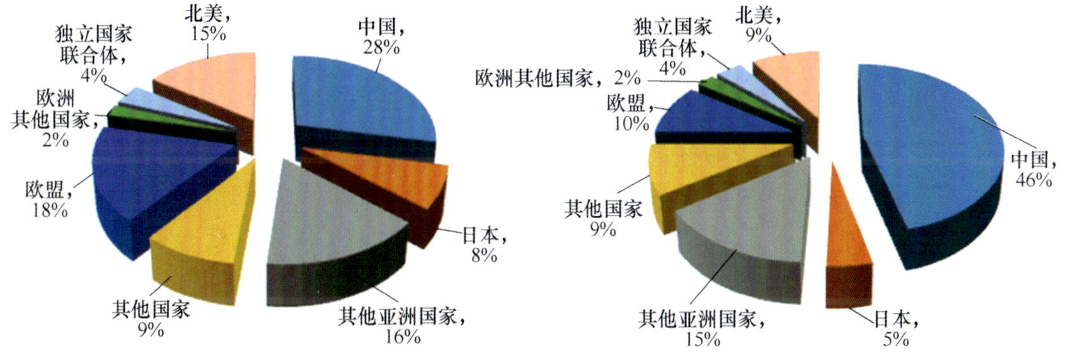

(a) (b)

图 2-21 全球各国粗钢消费量份额近十年变化趋势

(a) 2004 年度；(b) 2014 年度

随着全球经济从 2010 年逐步回升，以中国、印度等为代表的新兴经济体仍将会保持较快的发展速度，对铁矿石的需求呈增长态势。但是从近年世界经济的表现情况来看，发达经济体特别是欧洲和日本经济复苏和增长迟缓，对铁矿石需求的恢复和增长并不明显，而美国经济增长较为稳健，但对铁矿石需求的增长幅度比较有限。总体而言，全球铁矿石需求整体上保持了一个温和的上涨趋势。

2.6.3 全球铁矿资源开发利用技术发展趋势

全球铁矿资源主要分为赤铁矿和磁铁矿。目前全球铁矿石生产以高品位赤铁矿为主，但全球铁矿资源的平均品位仅为 47.6%，高品位赤铁矿大约占全球产量的 50%~

60%，磁铁矿的产量占全球产量的 30%~40%。高品位赤铁矿一般仅需要破碎、筛分、洗涤、脱泥的简单选矿工艺，回收率普遍较高，全球主要生产国为澳大利亚、巴西、南非和印度。全球磁铁矿资源一般品位较低，选矿工艺比较复杂，主要生产国家和地区是中国、北美和瑞典，近年来全球磁铁矿产量比例有所上升，澳大利亚和北美都在扩大磁铁矿产量。

2.6.3.1 选矿工艺

由于国外铁矿资源利用以富矿为主，因此其选矿加工工艺相对简单，其关注的焦点是高效大型选矿装备的开发与应用，并将高效大型选矿装备的应用作为矿山选矿厂节能减排的主要技术措施之一。先后发展了高频振动细筛、高压辊磨机、高压浓密机、ISM 磨机等新型高效节能装备，不断推进浮选机、破碎机、球磨机等装备的大型化，通过高效大型设备的应用，节能减排效果显著，主要体现在以下几个方面。

（1）磁选铁精矿反浮选技术的开发应用。北美钢铁工业对使用磁性铁燧岩的选矿技术进行了进一步研究，以开发本国的低质量铁矿，尽可能地改善球团矿质量以及物理特性。美国铁燧岩选矿为了可以获取含铁量高、含硅量低的矿石，选矿厂的工艺早已经有了很大的变化，逐步在磁选流程之中加入了细筛以及阳离子反浮选这一步骤。经过实践证明，磁性铁燧岩精矿在粉碎至 89%~90%的时候，因为矿石中存在硅与铁的共生物质，所以在精矿之中仍旧会存在少量的二氧化硅，在之后对精矿进行重复的弱磁选以及依靠细筛选依旧无法完全去掉这种杂质，使用阳离子反浮选可以将这种杂质与磁铁矿分离，这种方法可以使铁矿之中的二氧化硅含量低于 4%，使矿石达到冶炼标准。

（2）铁精矿反浮选中浮选柱的使用。浮选柱应用在反浮选脱硅之中比应用在传统浮选机分选的时候所表现出来的性能更优越，因为浮选柱的几何形状是既定且较为特殊的，一个单位体积容量的浮选柱不需要占据很大的面积，且产生出的泡沫密度很高，泡沫的高度可以达到 1m 以上，在使用水冲洗泡沫的时候，不仅仅可以进一步地降低硅的含量，还可以最大程度地避免铁精矿中铁的浪费，提炼之后的尾矿铁的含量很低。使用空气发生泡沫，这样可以人工调节气泡的大小以及气泡的充气速率；浮选所使用的回路并不复杂，也并不需要很大量的投资；运营过程所需要的花费较为低廉。因此最近几年在铁矿石反浮选工艺中已经得到了十分广泛的使用。巴西境内第一家使用浮选柱的为名为萨马尔库（SAMARCO）的一家矿业公司，他们在 1990 年开始使用浮选柱，进而提升自身的生产力，在这之后这家公司为了尽可能地降低浮选尾矿品位，先后又安装了十数台浮选柱。在印度境内的库德雷穆克（KIOCL）铁矿有限公司使用弱磁选-重选（螺旋选矿机）这一方法来完成选矿的环节，从原本铁含量为 38%的原矿石中，经选矿得到铁含量为 67%的矿石。

（3）磁重选矿机。磁选精矿之中单体磁铁矿粒度大小很不平均，硅铁连生体所产出的绝大多数是粗粒级别的，这两者从磁性上讲并没有很大的区别，可是从质量上说差距还是比较大的，由俄罗斯所研制磁-重选矿机可以准确地筛选出粗粒级别的硅铁连生体。而这一设备的工作原理是依靠磁场，使用 4~16kA/m 的电磁场施加在规定处在流体力学状态之下的悬浮体下半部分。这一筛选方法最大的特点就是，通过悬浮体进行给料的铁磁颗粒共同拼接而成的铁磁颗粒区处于不停更新的状态，选矿作业可以在悬浮体内自行完成。

（4）高效碎磨技术。高压辊磨机作为一种矿石超细粉碎设备，具有单位破碎能耗低、处理能力强、破碎产品粒度均匀等特点；与传统破碎设备相比，高压辊磨机粉碎产品颗粒内部微裂纹明显增多、细粒级含量高、矿物解离性好。高压辊磨技术在铁矿中应用，形成了高压辊磨机粉碎-预选技术，以最大限度地实现"多碎少磨，磨前抛尾"，降低了选矿成本。

2.6.3.2 钢铁冶炼

钢铁冶炼的技术发展趋势集中在节能减排和智能化两个方面。日本的预还原金属化球团技术、欧盟的高炉煤气脱 CO_2 循环利用技术、德国的转炉煤气回收、热能回收负能炼钢技术都可以有效降低钢铁冶炼能耗、减少 CO_2 的排放。钢铁冶炼和轧制全过程系统化智能控制和机器人应用也成为钢铁冶炼技术发展的重要方向。

高炉炼铁是钢铁最主要的生产工艺（其流程见图 2-22），也是目前主流的炼铁工艺。直接还原炼铁-电炉炼钢工艺节能环保，发展速度很快，但受制于原料和生产地能源种类限制，在钢铁冶炼工艺中所占比重较小，2014 年全球直接还原炼铁产量仅占生铁产量的 6%。

高炉冶炼是把铁矿石还原成生铁的连续生产过程。高炉冶炼的目的是将矿石中的铁元素提取出来，生产出来的主要产品为铁水。副产品有水渣、矿渣棉和高炉煤气等。

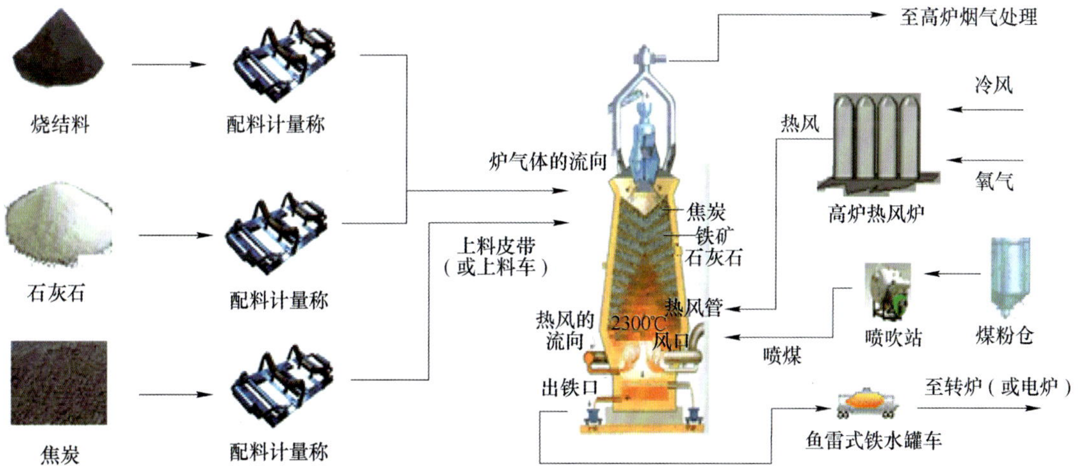

图 2-22 高炉冶炼工艺流程

2.6.3.3 炼钢技术

现行炼钢生产主要有转炉炼钢和电炉炼钢两种工艺（见图 2-23）。

转炉炼钢是当今的主要炼钢技术，它是以铁水的物理热、铁水各组分与氧进行化学反应热为热源。其造渣料为石灰、白云石等，冷却剂为废钢、生铁块、矿石。该技术的主要优点有生产效率高、钢水质量好、适合多品种和高品质钢种的生产、可大幅度节省能耗并可回收煤气、物料消耗低、生产成本低、经济效益好。

电炉炼钢是以电为主要热源，以废钢为原料冶炼合金钢和特殊钢的工艺。

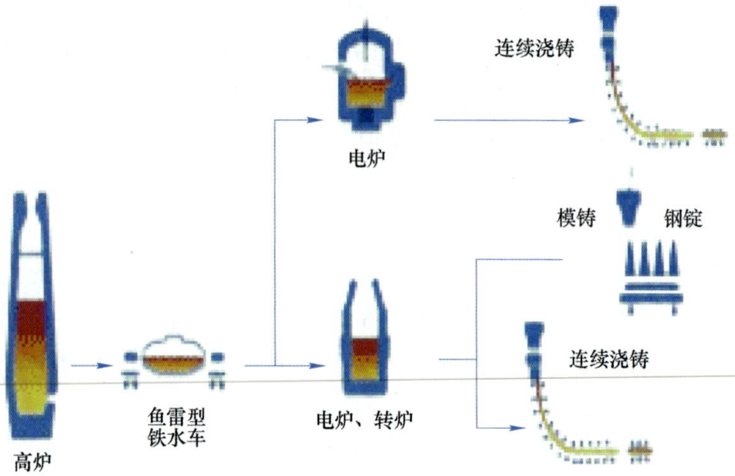

图 2-23　炼钢生产工艺示意图

参 考 文 献

[1] Mineral. Commodity Summaries 2015, 2016, 2017, USGS.

[2] 2014 Minerals Yearbook Iron Ore , USGS.

[3] Global Iron Ore Resources-Current Status & Market Outlook, Wood Mackenzie 2015 Report By Matthew Warder.

[4] World Steel in Figures 2015, World Steel Association.

[5] Globalize or Customize Finding the Right Balance EY Global Steel 2015-2016 Report.

[6] VALE Annual Report Form 20-F 2014; Form 20-F 2015.

[7] Vale's Performance in 2015, February 25, 2016.

[8] Rio Tinto Annual Report 2014; Annual Report 2015.

[9] BHP Billiton Annual Report 2015.

[10] Fortescue Annual Report 2015.

[11] ArcelorMittal Annual Report 2015.

[12] Lkab's Strategy for Sustainable Development 2013-2020, Lkab.

[13] Mineral Resource Estimate for the Pellivuoma Iron Deposit, Sweden, By SRK.

[14] Technical Review of the Kaunisvaara Iron Project Sweden, By SRK.

[15] Shymanivske Deposit in Ukraine Technical Report NI 43-101, Black Iron Inc.

[16] Anglo Ferrous Metals-Minas Rio Project Investor Presentation, 7 October 2009.

[17] Feasibility Study of the Rose Deposit and Resource Estimate for the Millslake Deposit, Alderon Iron Ore Corp.

[18] Shymanivske Iron Ore Depositni 43-101 Technical Report December 14, 2011, Black Iron Inc.

[19] 姚春彦，姚仲友，徐鸣，高卫华，等．澳大利亚西部哈默斯利铁成矽省 BIF 富铁矿的成矿特征与控矿因素［J］. 地质通报，2014（Z1）．

[20] 巫宇翔，澳大利亚铁矿资源现状及新项目分析［J］. 现代矿业，2016（06）．

3 国外锰矿资源及利用现状

3.1 概　　述

3.1.1 锰的性质

锰是ⅦB族金属元素，在元素周期表中的原子序数为25，相对原子量为54.59。纯锰是一种银白色金属，密度为7.44g/cm^3，熔点为1244℃，沸点为1962℃，质地坚硬而脆。锰可以和多种金属形成性质优良的合金。锰作为合金元素可以提高钢的强度、淬透性、硬度和耐磨性，在低合金钢中加入0.8%~1.7%的锰，钢的强度就能比普通碳钢提高20%~30%，因而锰是钢铁工业中不可缺少的重要合金原料。金属锰化学性质活泼，易溶于酸，在潮湿空气中易氧化，生成褐色的氧化物覆盖层，在升温时也容易被氧化，形成层状氧化锈皮。锰是人类所必需的微量元素之一，对人体健康有着重要作用。

3.1.2 全球锰矿资源概况

世界锰矿资源比较丰富，锰元素在地壳的丰度达到0.1%，在所有元素中排名第12位，在重金属中，锰的丰度仅次于铁而居第二位。已发现的锰矿物多达150多种，其中具有工业价值的主要有12种。全球锰矿资源不仅丰富，而且分布广泛，五大洲四大洋均有锰矿床存在，各个不同时代的地层都有锰矿床分布，然而全球锰矿资源的分布很不均衡，陆地锰矿床主要集中在南非、乌克兰、澳大利亚、巴西和印度5个国家，这5个国家的锰矿探明储量占到全球储量的87%。截至2016年，全球陆地探明锰矿金属储量达到6.9亿吨，按目前每年1600万吨左右的消耗量计，全球探明的锰矿储量静态保障年限达43年。按2009年美国地调局统计数据，全球具有经济意义的锰矿基础储量达到52亿吨以上。此外，全球海洋底部锰结核资源量非常丰富，仅太平洋Clarion-Clipperton地区的锰结核中的锰资源量就达到60亿吨以上，但由于技术和经济原因暂未大量开采。全球陆地锰矿资源储量丰富，海底锰结核资源潜力巨大，完全可以满足全球经济社会长期发展的需求。全球主要锰矿床分布如图3-1所示。

3.1.3 锰的历史

锰的氧化物色彩丰富，人类使用锰的历史久远，早在石器时代，人类便开始使用锰氧化物。考古发现，17000年前人类使用软锰矿作为颜料涂在洞穴的壁画上；古希腊的斯巴达人则在使用的武器中加入了锰；古埃及人和古罗马人则使用锰矿给玻璃脱色或染色。虽然锰的化合物在很早便被人类使用了，但直到1774年，金属锰才第一次被瑞典科学家Johan Gottlieb用碳还原锰氧化物分离出来。

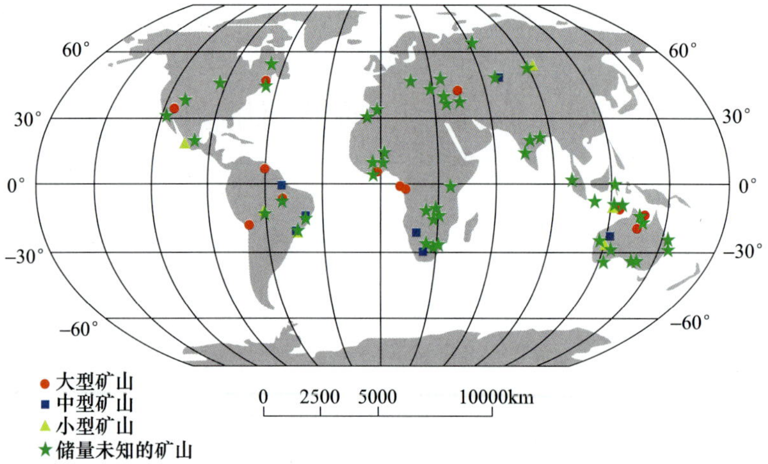

图 3-1 全球部分重要锰矿山概略分布图

（资料来源：境外锰矿资源分布现状与中资企业勘查开发建议 2015）

19 世纪初期，英国和法国的科学家开始研究锰在钢铁制造中的应用，并分别于 1799 年和 1808 年在英国获得了认可。1816 年，一位德国研究者发现锰能够增强铁的硬度，却不会降低铁的延展性和韧性。1826 年，德国的皮埃格在坩埚中制造出含锰量为 80%的锰钢。1840 年，英国开始生产金属锰。1860 年，锰的应用有了重大突破，贝塞麦炼钢法开始使用锰控制钢水中的硫，标志着早期工业革命的“铁时代”向“钢时代”的演变，这在冶金发展史上具有划时代的意义。1866 年，威廉·西门子在炼钢过程中使用锰铁控制磷和硫的含量，并将该方法申请了专利。1875 年以后，欧洲各国开始用高炉生产含锰 15%~30%的镜铁和含锰达 80%的锰铁。1890 年电炉生产锰铁的工艺诞生，1898 年铝热法生产金属锰的方法出现，电炉脱硅精炼法也被用于生产低碳锰铁，1939 年开始用电解法工业化生产金属锰。随着技术的不断改进，金属锰的产量也在不断增加。

1868 年，勒克朗谢制造出第一块干电池，后经改进，该电池使用二氧化锰作为干电池的阴极去极化剂，锰在电池领域的应用推动了二氧化锰需求的增长。

2016 年全球锰矿金属产量约为 1600 万吨。锰的消费领域也不断扩大，除了 90%左右用于钢铁领域外，锰还被广泛用于电池、化工、电子、农业、医学等领域。

3.1.4 锰的用途

锰产品种类众多，用途非常广泛，几乎涉及人类生产生活的方方面面。全球每年生产的锰矿石，约 90%用于钢铁工业，其余 10%用于有色冶金、化工、电子、电池、农业等部门。

（1）钢铁工业。钢铁工业是使用锰的最主要行业，高炉冶炼生铁的过程中，加入少量的锰不但能够改善高炉在冶炼过程中的操作性能，而且还能改善生铁的性能。在炼钢过程中锰合金的主要作用是脱氧、脱硫和作为合金元素强化铁素体和细化珠光体，提高钢的强度、淬透性、硬度和耐磨性，改善钢的性能。例如，在低合金钢中加入 0.8%~1.7%的锰，钢的强度就能比普通碳钢提高 20%~30%。

（2）有色冶金。锰在有色冶金工业中主要有两种用途：一种是在铜、锌、镉、铀等有色金属的湿法冶炼过程以二氧化锰或高锰酸钾形式用作氧化剂；另一种是以金属锰或锰合金的形式与铜、铝、镁等构成性能优异的合金，如黄铜、青铜、白铜、铝锰合金、镁锰合金等，锰可以提高这些合金的强度、耐磨性和耐腐蚀性，如在镁中加入1.3%～1.5%的锰形成的合金具有更好的耐蚀性和耐温性能，被广泛应用于航空工业中。

（3）电池。锌-锰电池使用方便，价格低廉，至今仍是使用最广、产量最大的一种电池。二氧化锰是制造此类电池正极的主要原料。随着技术的进步、人们生活水平的提高以及环保意识的日益加强，传统的糊式锌-锰电池正在被使用高纯电解二氧化锰的无汞锌-锰电池取代。

（4）电子工业。电子工业的基础材料是磁性材料，尤其是软磁材料，而软磁材料中又以锰锌铁氧体为主，因其具有狭窄的剩磁感应曲线，可以反复磁化，在高频作用下具有高磁导率、高电阻率、低损耗等特点，同时又价格低廉，来源广泛，在软磁材料中占到了80%以上。例如，用锰锌铁氧体磁芯制成的各种电感器件、变压器、线圈、扼流圈等，在通讯设备、家电产品、计算机产品、工业自动化设备等方面都得到了广泛应用。

（5）医药。锰在医学领域主要是用作消毒剂、制药氧化剂、催化剂等。如高锰酸钾是医药上最常用的消毒剂之一，因为它是一种很强的氧化剂，配成0.1%的高锰酸钾溶液就能起到消毒杀菌的作用。二氧化锰除了在镇静剂芬那露生产过程中被用作中间氧化剂外，还被当作催化剂用于生产解热镇痛剂非那西丁。

（6）化工。在化工行业中常用二氧化锰作催化剂，如将二氧化锰加入双氧水中分解氧气，制皂工业广泛采用高锰酸钾或二氧化锰作催化剂。二氧化锰可以在印染工业中作氧化剂制备印染颜料，可以作为油漆干燥剂，也可用来制造黑色的装饰玻璃以及装饰用砖和陶器上釉的颜色，还可以用作氧化剂来制取电影胶片、照相底片的显影剂。锰也被用作玻璃生产过程中的褪色、着色和澄清剂等。

（7）环保。锰主要以二氧化锰等氧化剂的形式被应用到污水、废气的处理以及天然饮用水的净化中。如二氧化锰可以氧化水中的铁，使水中可溶性二价铁氧化成不溶于水的三价铁的氢氧化物而除去。此外，二氧化锰还可用于净化废水中的砷，净化废气中的硫化氢、二氧化硫和汞等。

（8）农业。锰是植物正常生长不可缺少的微量元素之一，它能促进叶绿素的合成和碳水化合物的运转。锰常被添加在肥料中用于农业生产，如含硫酸锰的锰肥被用作种子催芽剂。除了用作肥料之外，锰在农业上还被用作杀菌剂（如乙撑双二硫代氨基甲酸锰）和饲料添加剂等。

锰的主要应用领域分布如图3-2所示。锰矿的主要用途分布如图3-3所示。

3.2 锰矿物和锰矿床

3.2.1 锰矿物种类

自然界中已发现的锰矿物众多，有135种以上，分别属氧化物类、碳酸盐类、硅酸盐类、硫化物类、硼酸盐类、钨酸盐类、磷酸盐类等，但含锰量高、具有较高经济价值的矿

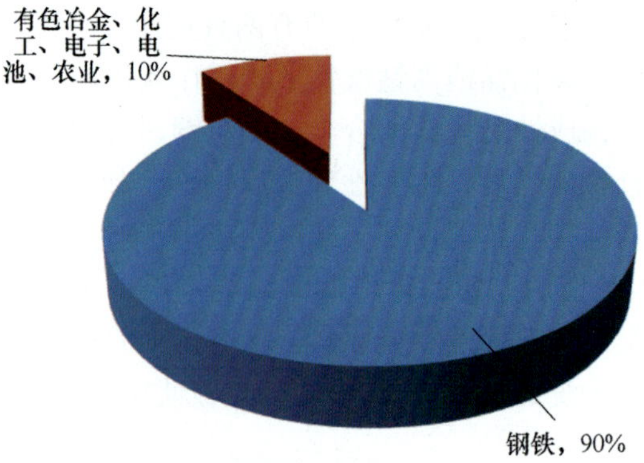

图 3-2　锰的主要应用领域分布

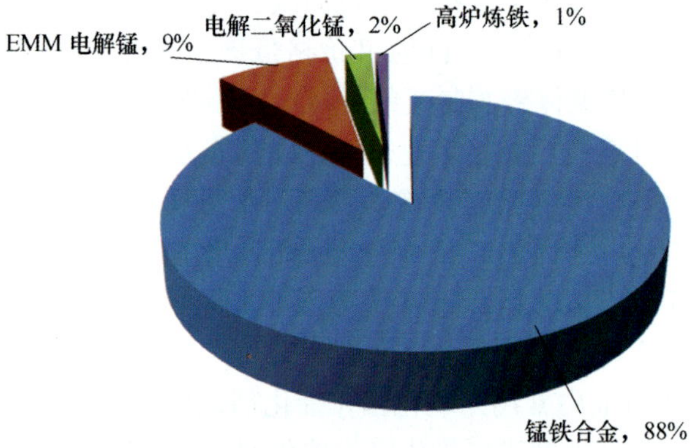

图 3-3　锰矿的主要用途分布

物只有十几种，较为常见的包括软锰矿、硬锰矿、水锰矿、黑锰矿、褐锰矿、菱锰矿、硫锰矿等。

软锰矿（MnO_2）：主体为二氧化锰，四方晶系，晶体呈细柱状或针状，通常呈块状、粉末状集合体。颜色和条痕均为黑色。光泽和硬度视其结晶粗细和形态而异，结晶好者呈半金属光泽，硬度较高，而隐晶质块体和粉末状者，光泽暗淡，硬度低，极易污手。密度在 5g/cm^3 左右。软锰矿主要由沉积作用形成，为沉积锰矿的主要成分之一。在锰矿床的氧化带部分，所有原生低价锰矿物也可氧化成软锰矿。软锰矿在锰矿石中是很常见的矿物，是炼锰的重要矿物原料。

硬锰矿（$BaMn_2+Mn_{94}+O_{20}\cdot 3H_2O$）：是钡和锰的氧化物。与很多在地下形成的矿物不同，硬锰矿是在地表条件下形成的次生矿物，它们原来一般是锰的碳酸盐或硅酸盐矿物，后来在某种条件下又变成了现在这种矿物。硬锰矿色泽从深灰到黑色，表面光滑，半金属光泽，葡萄或钟乳状块体。属单斜晶系，晶体比较少见，硬度为 4～6，密度为 4.4～4.7g/cm^3。

硬锰矿主要是外生成因，见于锰矿床的氧化带和沉积锰矿床中（褐锰矿、黑锰矿以及含锰碳酸岩和硅酸盐风化的产物），亦是锰矿石中很常见的锰矿物，是炼锰的重要矿物原料。

水锰矿［$MnO_2\cdot Mn(OH)_2$ MnOOH，MnO40.4%，$MnO_2$49.4%，H_2O10.2%］：单斜晶系，晶体呈柱状，柱面具纵纹。在某些含锰热液矿脉的晶洞中常呈晶簇产出，在沉积锰矿床中多呈隐晶块体，或呈鲕状、钟乳状集合体等。矿物颜色为黑色，条痕呈褐色，半金属光泽。硬度为3~4，密度为4.2~4.3g/cm^3。水锰矿既见于内生成因的某些热液矿床，也见于外生成因的沉积锰矿床，是炼锰的矿物原料之一。

水锰矿是碱性的锰氧化物矿物，是次于软锰矿和硬锰矿的可以用来提炼锰的矿石。水锰矿呈暗灰色到黑色，它一般为一束束平行排列的晶束状或纤维状块体，也有呈粒状或钟乳状的。

黑锰矿（$MnMn_2O_4$）：又称四氧化三锰，四方晶系，晶体呈四方双锥，通常为粒状集合体。颜色为黑色，条痕呈棕橙或红褐。半金属光泽。硬度为5.5，密度为4.84g/cm^3。黑锰矿由内生作用或变质作用而形成，见于某些接触交代矿床、热液矿床和沉积变质锰矿床中，与褐锰矿等共生，亦是炼锰的矿物原料之一。

褐锰矿（Mn_2O_3）：又称三氧化二锰，四方晶系，晶体呈双锥状，也呈粒状和块状集合体产出。矿物呈黑色，条痕为褐黑色，半金属光泽。硬度为6，密度为4.7~5.0g/cm^3。其他特征与黑锰矿相同。

菱锰矿（$MnCO_3$）：又称碳酸锰，三方晶系，晶体呈菱面体，通常为粒状、块状或结核状。矿物呈玫瑰色，容易氧化而转变成褐黑色，玻璃光泽。硬度为3.5~4.5，密度为3.6~3.7g/cm^3。由内生作用形成的菱锰矿多见于某些热液矿床和接触交代矿床；由外生作用形成的菱锰矿大量分布于沉积锰矿床中。菱锰矿是炼锰的重要矿物原料。

硫锰矿（MnS）：又称硫化锰，等轴晶系，常见单形有立方体（六面体）、八面体、菱形十二面体等，集合体为粒状或块状。颜色钢灰至铁黑色，风化后变为褐色，条痕呈暗绿色，半金属光泽。硬度为3.5~4，密度为3.9~4.1g/cm^3，性脆。硫锰矿大量出现在沉积变质锰矿床中，是炼锰的矿物原料之一。

按矿物的自然类型和所含伴生元素，锰矿物分为碳酸锰矿石、氧化锰矿石、混合型矿石及多金属锰矿石。碳酸锰矿石，是指矿石中以各种碳酸锰矿物形态存在的锰，其含量占矿石中锰总含量的85%以上者。氧化锰矿石，是指矿石中以各种氧化锰矿物形态存在的锰，其含量占矿石中含锰总量的85%以上者。混合锰矿石，是指矿石中，以各种碳酸锰或各种氧化锰矿物形态存在的锰，其含量占矿石总含量均小于85%以下者。多金属锰矿石，对锰矿矿物类型而言无异于前三种锰矿类型，其主要特点是矿石中除了锰矿物外还有其他金属和非金属矿物。

锰的主要矿物及特点见表3-1。

表3-1 锰的主要矿物及特点

类别	矿物名称	分子式	密度/g·cm^{-3}	硬度	矿物颜色及结构
氧化矿物	软锰矿	MnO_2	4.3~5	2~5	钢-灰黑色；放射状叶片状、粒状、网状
	硬锰矿	$m MnO \cdot MnO_2 \cdot n H_2O$	3.7~4.7	4~6	黑-灰黑色；胶状环带状、粒状、结核状
	偏锰矿	$MnO_2 \cdot n H_2O$	2.3~3	2~3	黑褐色；非晶质胶状、疏松块状
	水锰矿	$Mn_2O_3 \cdot H_2O$	4.2~4.4	3.5~4	钢灰色鲕状、柱状块状隐晶状
	褐锰矿	Mn_2O_3	4.7~5	6~6.5	灰黑色；粒状，隐晶质集合体
	黑锰矿	Mn_3O_4	4.7~4.9	5~5.5	黑色；粒状

续表 3-1

类别	矿物名称	分子式	密度/g·cm^{-3}	硬度	矿物颜色及结构
碳酸盐矿物	菱锰矿	$MnCO_3$	3.3~3.7	3.5~4.6	粉红至白色；块状、鲕状、肾状、粒状
	锰方解石	$(Ca, Mn)CO_3$	2.7~3.8	3.5~4.5	白至粉色粒状致密块状、鲕状
	锰菱铁矿	$(Mn, Fe)CO_3$	3.5~3.7	3.5~4.5	灰至白色粒状致密块状
硫化矿物	硫锰矿	MnS	3.9~4.1	3.1~4.1	深绿钢灰色；粒状致密块状
	褐硫锰矿	MnS_2	3.4~3.5	3.4~3.5	浅灰黑
硅酸盐矿物	蔷薇辉石	$MnO \cdot SiO_2$	3.4~3.7	5~5.5	粉红色致密状粒状
	钙蔷薇辉石	$(Ca, Mn)SiO_2$	3.1~3.4	5.5~6	白浅粉色粒状放射柱状
	锰橄榄石	$2MnO \cdot SiO_2$	3.9~4.1	5.5~6	灰浅红色
	锰石榴子石	$3MnO \cdot Al_2O_3 \cdot 3SiO_2$			黄、深红色
硼酸盐矿物	锰方硼石	$Mn_3(B_7O_{12})OCl$	3.48~3.49		白灰淡红色；变鲕状变豆状集合体

3.2.2 锰矿床类型

世界锰矿资源丰富，分陆地上的和海底的两大部分，全球陆地锰矿矿床类型划分没有统一的标准，《矿产资源综合利用手册》将全球具有工业价值的锰矿床依据其成因总结为五种类型：沉积型、变质型、火山型、热液型和风化型。这些类型中还有很多细分类型，不一一列举，五种矿床类型的主要特点具体见表 3-2。在全球锰矿探明储量中，变质型矿床所占储量比重最大，其次是沉积型矿床。据不完全统计，在全球主要锰矿生产国的 186 个锰矿床中，沉积型矿床数量最多，达到 83 个，数量占到矿床总数的 44.6%；其次是变质型锰矿床，为 28 个，占到矿床总数的 15.1%；火山型 22 个，占 11.8%；热液型 34 个，占 18.3%；风化型 19 个，占 10.2%。

表 3-2 全球锰矿床类型及特点

矿床类型	岩系及围岩	矿体形态	矿石矿物	一般锰品位/%	常见规模
沉积型	陆源碎屑产于海侵岩系底部，砂泥质围岩	层状、透镜状，矿体厚 1~30m	软锰矿、硬锰矿、锰方解石、菱锰矿等	20~50	一般中型以上，个别特大型矿床
	碳酸盐陆源岩系和灰岩白云岩系，灰岩白云岩围岩为主	层状、透镜状	菱锰矿、锰方解石为主，有的矿床为软锰矿、硬锰矿、蔷薇辉石	15~30	规模中等，有的低品位矿床可形成大型、特大型
变质型	绿片岩相，角闪岩相变质岩或含火山岩变质岩，锰榴石英岩、石英岩、千枚岩、片岩碳酸盐类围岩	层状、透镜状	菱锰矿、锰方解石、褐铁矿、方铁锰矿、硬锰矿、锰铝榴石、蔷薇辉石、软锰矿、隐钾锰矿	>30	中型以上
	绿片岩相变质岩系，含铁层、白云岩、硅化角砾岩，页类围岩	层状、透镜状	褐铁矿、方铁锰矿、黑锰矿、锰尖晶石、软锰矿，有的矿区有锰碳酸盐	21~54	特大型，大型

续表 3-2

矿床类型	岩系及围岩	矿体形态	矿石矿物	一般锰品位/%	常见规模
火山型	产于酸基性火山熔岩凝灰岩及伴生的硅质页岩和碳酸盐岩中，基性火山岩多变为绿岩	层状、透镜状、囊状，有的为脉状	褐铁矿、黑锰矿、锰尖晶石、蜡硅锰矿、水锰辉石、菱锰矿、锰方解石、硬锰矿、软锰矿	20~30	小型居多，个别达中型和大型
热液型（层控铅锌铁锰类型锰矿床）	常产于比较固定的层位，常见的围岩蚀变有白云石化、铁锰碳酸盐化等	层状、透镜状	方铅矿、菱锰矿、硫锰矿、磁铁矿、闪锌矿、锰菱铁矿、软锰矿、硬锰矿、褐铁矿	15~30	大、中、小型都有，中小型为主
风化型	以上各种原生锰矿床或含锰岩系，在湿热气候、有利的构造、岩性及丘陵地貌等条件下，经风化、淋滤、富集而形成	斗篷状、似层状、透镜状、脉状、囊状	硬锰矿、软锰矿、偏锰酸矿、水锰矿、铅硬锰矿、黑锌锰矿、水锌锰矿、黑银锰矿	15~45	大、中、小型都有，中小型为主

大型和特大型锰矿床在全球锰矿资源中占据着主导地位，在世界十大锰矿床中，属沉积型矿床的有五个，它们是乌克兰的大托马克、尼科波尔锰矿床，格鲁吉亚的恰图拉锰矿床，澳大利亚的格鲁特锰矿床及保加利亚的瓦尔纳锰矿床；属于受变质矿床的有四个，南非的卡拉哈里-波斯特马斯堡、巴西的乌鲁库姆及印度的中央邦和马哈拉施特拉邦锰矿床；属火山型的为加蓬的莫安达锰矿矿床。根据世界主要锰矿床的矿床类型、成矿年代、地质条件等因素统计分析，可将锰矿床的主要特征归纳如下：从成矿年代来看，从前寒武纪到第四纪各个不同时代的地层都有锰矿床分布，具有一定的连续性；主要成矿年代为前寒武纪和新生代两个时代，这两个时代的锰矿床占世界陆地锰矿床总量的85%左右；风化型锰矿床数量和储量虽然不大，但禀赋较好，品位高、杂质低，便于开采。多数国家锰矿床锰平均品位较高，锰矿石产品锰含量可达35%以上，甚至40%~50%，乌克兰、加纳、中国的锰矿床锰平均品位较低。

3.3 全球各国锰矿储量和产量

截至2016年年底，全球探明锰矿金属储量为6.9亿吨。全球锰矿储量最多的国家为南非，占全球储量的29.15%，其次为乌克兰占20.41%、巴西占16.91%、澳大利亚占13.27%、印度占7.58%。这五个国家的锰矿储量占到全球锰矿储量的87.3%，中国的锰矿储量排名第六，占全球储量的6.27%。2016年全球锰矿产量（金属计）为1631万吨，产量第一的国家为南非，占全球产量的28.82%，其次为中国占全球产量的18.39%、澳大利亚15.33%、加蓬12.26%、巴西6.74%、印度5.82%。这六个国家的产量占全球锰矿产量的87.36%，可以看出全球锰矿的储量分布很不均衡，资源集中在少数国家，生产也集中在少数国家，中国和加蓬相对于其储量而言，生产强度过大，乌克兰由于资源禀赋较差和外部政治原因，锰矿生产萎缩。

全球各国锰矿储量和产量见表3-3，全球锰矿储量分布如图3-4所示，2016年全球各国锰矿产量份额如图3-5所示。

表 3-3　2016 年全球各国锰矿储量和产量（均以金属计）

国家	储量/万吨	品位/%	储量分布/%	产量/万吨	产量占比/%
南非	20000	39. 1	29. 15	470	28. 82
乌克兰	14000	32. 7	20. 41	32	1. 96
巴西	11600	39. 9	16. 91	110	6. 74
澳大利亚	9100	39. 9	13. 27	250	15. 33
印度	5200	36	7. 58	95	5. 82
中国	4300	20	6. 27	300	18. 39
加蓬	2200	45. 8	3. 21	200	12. 26
加纳	1200	27. 9	1. 75	48	2. 94
其他国家	1000	27	1. 46	126	7. 73
全球总量	68600		100. 00	1631	100

资料来源：USGS2016 和 2013 锰年报。

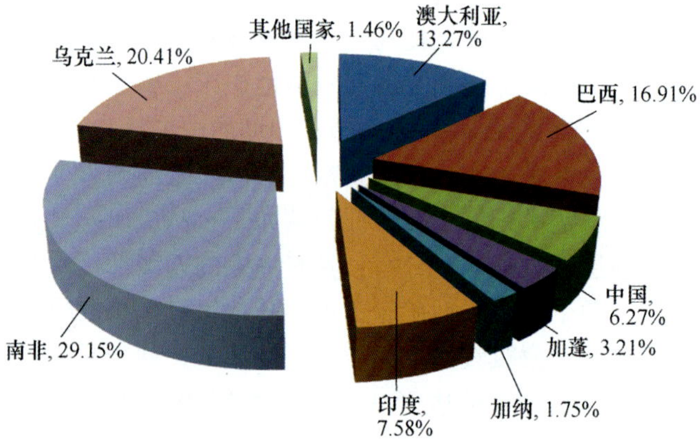

图 3-4　全球锰矿储量分布（2016 年）

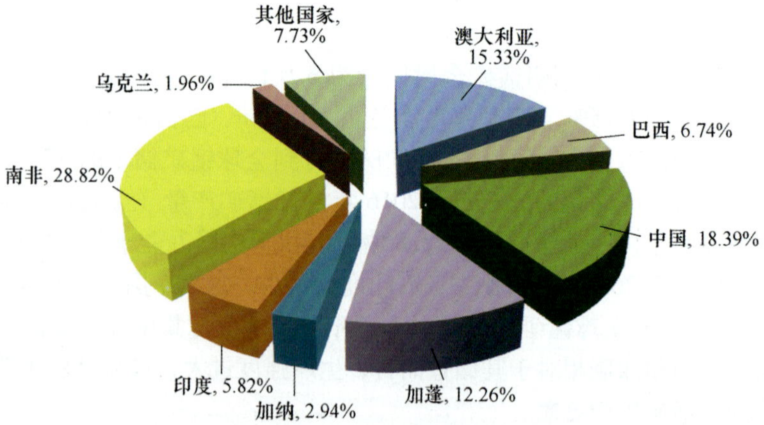

图 3-5　全球各国锰矿产量份额（2016 年）

3.4　国外主要锰矿生产公司及锰行业组织

3.4.1　全球主要的锰业公司

全球锰行业可分为锰矿石开采、锰合金生产和钢铁生产三个层次。锰矿石开采业主要由约占全球锰矿产量2/3的高品位矿石生产商和约占全球锰矿产量1/3的中低品位锰矿生产商构成。锰矿产业集中度比较高，全球锰矿石产量的50%左右、锰合金产量的48%左右由全球最大的六家锰矿公司生产。这六大公司拥有丰富的锰矿资源储量和潜在的锰矿资源量，在产矿山寿命普遍达十年到几十年。世界六大锰矿公司为澳大利亚South32公司、法国埃拉蒙特公司（Eramet）、南非阿斯芒公司（Assmange）、英国联合矿物公司（Consolidated Minerals）、巴西淡水河谷公司（Vale）和澳大利亚的OM公司。最近几年锰矿市场低迷、价格下跌，造成了世界部分锰矿开采公司减产和临时停产，如注册在英国的Consolidated Minerals公司2016年暂停了其在澳大利亚的Woodie Woodie锰矿的开采活动，澳大利亚的OM公司2015年暂停了其在澳大利亚著名的Bootu Creek锰矿的开采活动。全球主要锰矿公司锰矿资源储量和产量情况见表3-4。

表3-4　全球主要锰矿公司2015年锰矿资源储量和产量情况

公司（国家）	矿山（国家）	矿石储量/万吨	品位/%	矿石产量/万吨	补充说明
South32（澳大利亚）	GEMCO（澳大利亚） Wessels（南非） Mamatwan（南非） 合计	8960 9000 6210 24170	44.39 42.2 36.7 41.6	490.3（294.2） 60（26.6） 318.8（141.5） 869.1（462）	澳大利亚GEMCO矿股份为60%，南非Wessel、Mamatwan矿股份为44.4%，归属公司产量462万吨
Eramet-Comilog（法国）	Bangombé（加蓬） Moulili（加蓬） 合计	3270 424 3694	44.59 45.2 44.7	395	两矿区锰矿资源量为2.59亿吨，Mn品位达43%，可采40年以上
Assmange（南非）	Gloria（南非） Nchwaning（南非） 合计	9262 22274 31536	36.8 41.74 40.29	61 248 309	公司两大矿区探明锰矿资源量达5.808亿吨
Consolidated Minerals（英国）	Nsuta（加纳） Woodie Woodie（澳大利亚） 合计	4130 2180 6310	28.2 30.2 29.4	147.8 128.5 276.3	公司在加纳和澳大利亚的两矿区资源量达1.535亿吨
Vale（巴西）	Azul（巴西） Urucum（巴西） Morro da Mina（巴西） 合计	4360 1120 860 6340	29.3 46.4 30.6 32.6	170.6 73.5 244.1	Azul和Morro矿区为露采，Urucum矿为地采，成本高（公司2015年报未统计Urucum矿储量，该表使用2014年数据）
OM（澳大利亚）	Bootu Creek（澳大利亚）	900	20.0	89（Mn36%）	Bootu Creek矿2015年暂时停产，数据为2014年，资源量为2040万吨Mn品位为22.3%
合计				2182	含Mn44%左右
全球				1800（金属计）	含Mn100%
五公司占比				53%	

资料来源：各公司报告。

3.4.2 澳大利亚 South32 公司

South32 公司是由必和必拓公司 2015 年拆分出来的矿业公司，South32 公司继承了必和必拓公司在南半球的金属矿产和煤炭业务，作为一个多元化的全球性矿业公司，South32 公司在澳大利亚、非洲南部和南美从事金属矿产和煤炭的勘探、开采、加工和销售业务，公司的主要产品包括铝矾土、氧化铝、金属铝、煤炭、锰矿石及锰合金产品、镍、银、铅、锌矿产及相关产品等。

South32 公司总部设在澳大利亚珀斯，在珀斯和约翰内斯堡还设有区域中心，在新加坡设有营销管理总部，在伦敦设有办事处。South32 非洲和澳大利亚的矿业开发工作有 80 多年的历史，在南美的矿业开发工作有近 30 多年的历史。公司的锰矿业务主要集中在澳大利亚和南非。

South32 公司拥有澳大利亚北部的 Gemco 露天锰矿，该矿是全球最大的低成本锰矿之一。该矿的选矿工艺包括破碎、筛选、水洗、重介质分选，年产能达到 480 万吨商品级锰矿，产能还在扩大和优化过程中。公司还在塔斯马尼亚拥有锰合金厂，利用当地丰富的水电资源生产高碳铁锰合金、硅锰合金（硅锰）和锰烧结矿。Gemco 锰矿的矿山储量寿命达 10 年，资源量寿命达 20 年。

South32 公司在南非北开普省 Kalahari 盆地富锰矿带拥有 Wessels 锰矿和 Mamatwan 锰矿，分别采用地采和露天采矿方法采取高品位锰矿和中品位锰矿。Wessels 矿的设计寿命为 49 年，Mamatwan 矿的矿山设计寿命为 17 年，公司在这一地区拥有的锰矿资源量达到 2.42 亿吨。公司还拥有南非 Metalloys 锰合金厂，该厂是全球最大的锰合金厂之一，主要生产高锰铁合金和中锰铁合金，综合产能达到 100 万吨/年。

3.4.3 法国埃赫曼公司

法国埃赫曼公司（Eramet-Comilog）的前身是于 1880 年开始勘探新喀里多尼亚镍矿的 Société Le Nickel（SLN）公司，目前公司总部设在巴黎。通过百年发展，埃赫曼公司已成为一家在全球具有行业领导地位的采矿和冶炼公司。埃赫曼公司的核心工作领域包括三个部分：锰矿资源的勘探开采和冶炼；镍矿资源的勘探、开采及冶炼；高品质合金冶炼。埃赫曼公司还很重视高增长潜力的新兴业务领域，已在全球开展二氧化钛、锆石、锂、铌、稀土矿产及二次资源循环回收项目的开发和研究工作，公司业务分布在全球 20 个国家，雇员达到 14000 人。

埃赫曼公司的主要业务包括在加蓬的锰矿开采和冶炼、新喀里多尼亚的红土镍矿开采及镍铁冶炼、塞内加尔的钛铁矿和锆石开采和加工、欧洲的高速钢冶炼、金属镍冶炼、金属粉末生产、超级合金冶炼、氯化镍生产、多个国家的锰合金生产和锰化学品生产等。

埃赫曼公司拥有加蓬 Moanda 锰矿，品位高、储量大，可采资源量达 1.54 亿吨，Mn 品位达到 45.4%，矿山开采寿命达 40 年以上，埃赫曼公司 2015 年的锰矿产量为 395 万吨，是全球第二大的锰矿生产商。Moanda 锰矿采用露天采矿，破碎、擦洗、分级，细粒产品经过重介质选矿和强磁选将品位从 35%提高到 50%，部分销售，部分生产锰烧结矿，烧结厂的产能为 60 万吨/年。

埃赫曼公司是全球第二大的锰铁合金生产商，在全球拥有七座锰合金厂，分布在欧洲、美国、中国、加蓬等，生产低碳、中碳、高碳锰铁合金、硅锰合金及低碳硅锰合金和金属锰。埃赫曼公司也是全球最大的锰化学品制造商，在比利时、中国、墨西哥、美国拥有五座锰化学品生产厂，生产电解二氧化锰、锰氧化物、锰盐、硫酸锰等。

3.4.4 南非阿斯芒公司

南非阿斯芒公司（Assmange）是一家历史悠久的南非矿业公司，于1935年在南非注册成立，总部位于约翰内斯堡，公司的主营业务包括锰矿、铁矿、铬矿勘探开采，锰合金和铬铁合金生产等。公司的主要产品包括锰矿石、铁矿石、铬矿石、锰合金、铬合金等，这些产品大部分生产出口到远东、欧洲、印度、美国和美洲等国家和地区。

阿斯芒公司是全球五大锰矿生产商之一，公司拥有的锰矿资源位于南非北开普省的Kalahari盆地锰成矿带，该成矿带是全球锰矿资源品质最高、储量最大的地区。公司拥有两大锰矿，分别为生产Nchwaning锰矿产中品位碳酸锰矿Gloria锰矿和生产高品位氧化锰矿石Nchwaning锰矿。Gloria锰矿和Nchwaning锰矿均采用地下采矿方式开采，采出的矿石在地下经过一段破碎，运输到选厂进行二段破碎、擦洗、筛分，去除小于1mm的细泥得到商业级锰矿产品。Nchwaning锰矿生产商品规格为含Mn42%~46%的块状和粉状锰矿；Gloria锰矿生产商品规格为含Mn36%的块状和粉状锰矿。

阿斯芒公司还在南非拥有Cato Ridge铁锰合金厂，产能达到19.5万吨，主要产品为高碳锰铁和中碳锰铁。公司还拥有产能为17万吨的马来西亚Sarawak锰铁合金厂54%的股份，马来西亚Sarawak锰铁合金厂主要产品为高碳锰铁合金和硅锰合金。

阿斯芒公司拥有大量的锰矿资源，归属公司的锰矿储量达3.15亿吨，锰矿资源量达到5.8亿吨，由于市场低迷，2015年公司锰矿产量为309万吨，低于2014年的336万吨。从2014年公司开始推进Black Rock矿区锰矿扩产计划，目前该计划正在推进，按照计划2020年公司商品锰矿产能将从目前的320万吨/年提高到460万吨/年。

3.4.5 英国联合矿物公司

英国联合矿物公司（Consolidated Mineral）主要从事矿产资源勘探、开采、选矿和销售工作，公司的前身是1969年成立于澳大利亚的Consolidated Mineral公司，2007年该公司并购了加纳GMC锰业公司，2010年公司将公司总部设在英国Jersey岛。

Consolidated Mineral公司通过并购不断扩大业务范围。目前公司的主要业务是锰矿开采和销售，已成为全球最大的五家锰矿生产商之一。公司的锰矿开采业务集中在澳大利亚皮尔巴拉地区和加纳的Nsuta地区，公司在这两个国家拥有的锰矿储量达到6310万吨，资源量达到15355万吨，平均Mn品位在26%~30%。2015年公司商品锰矿石产量为276.3万吨，平均品位36.26%。由于市场低迷，2015年产量比2014年下降了13%，2016年2月公司位于澳大利亚的Woodie Woodie锰矿暂时停产。

3.4.6 巴西淡水河谷公司

巴西淡水河谷公司（Vale）成立于1942年，总部设在巴西，在全球38个国家有经营活动，员工总人数超过12.6万人。2006年公司收购了加拿大国际镍业公司，2007年改名为淡水河谷公司。

淡水河谷公司是全球最大的金属和采矿公司之一，也是美洲大陆最大的矿业公司。作为全球最大的铁矿石及铁矿石球团生产商和全球最大的镍矿产品生产商，公司还开采和生产锰矿石、煤炭、镍、铜、铂族金属、金、银、钴、铁合金、磷肥、钾肥等。公司目前在六个国家进行矿产资源勘探和开采工作，为了配合采矿业务，还在多国拥有铁路、码头、港口和物流中心等配套设施。

淡水河谷的锰矿石及铁合金业务主要通过公司旗下巴西附属公司进行。公司在巴西三个州拥有三大锰矿床，分别是：帕拉州的 Azul 锰矿，露天开采，破碎、筛分、擦洗工艺生产 Mn 品位大于 40%的商品锰块矿和粉矿；米纳斯吉拉斯州的 Morro da Mina 锰矿，露天开采，破碎、筛分、擦洗重介质选矿处理 Mn 品位 24%左右的原矿，生产商品级锰块矿和粉矿；马托格罗索州的 Urucum 锰矿，原矿 Mn 品位大于 40%，地下开采，破碎、筛分分级工艺生产商品级锰块矿和粉矿。三大矿山的年合计产量多年保持在 240 万吨左右，由于近年锰矿价格低迷，2015 年公司暂停了 Morro da Mina 锰矿的生产。

淡水河谷公司的锰矿资源储量合计达到 6340 万吨，三大矿山主要生产三种锰矿产品，即主要用于生产锰合金的冶金级锰矿石，用于生产电池级锰矿和用于化肥、颜料、饲料杀虫剂水处理等行业的化学级锰矿石。公司的商品锰矿主要用于出口，少部分用于公司的锰合金生产。公司位于米纳斯吉拉斯的铁合金厂，生产多种锰系铁合金包括高碳锰铁、中碳锰铁硅锰合金等。

3.4.7 澳大利亚 OM 公司

澳大利亚 OM 集团，是一个综合性的金属矿产公司，主要从事黑色金属的采矿、冶炼和贸易业务。

OM 公司成立于 1994 年，总部设在新加坡，1998 年在澳大利亚股票交易所上市。公司的矿业贸易主要由公司位于新加坡的子公司 OMS 经营，公司的锰矿业务主要由其位于澳大利亚的子公司 OMM 经营。公司经销的主要产品包括锰矿石、铁矿石、铬矿、锰合金、铬铁合金、硅铁合金等，产品的主要销售市场在东亚，交易网络延伸到欧洲、美国、东南亚和中东等国家和地区。

OM 公司的锰业务主要是公司拥有的澳大利亚 Bootu Creek 锰矿，该矿的储量为 900 万吨，资源量为 2040 万吨，平均 Mn 品位为 22.3%，2014 年产量为 89 万吨，商品锰矿品位为 35.84%。2015 年由于市场低迷，暂时停产。Bootu Creek 锰矿采用露天采矿工艺，选矿工艺为破碎、筛分、擦洗，细粒部分用重介质选矿富集得到锰精矿。OM 公司通过投资拥有南非 Tshipi 锰矿 13%的股份，Tshipi 锰矿位于南非世界级的 Kalahari Manganese 锰矿带，资源量达到 1.64 亿吨，产能为 240 万吨/年，产品为 33%~36%的高品质碳酸锰精矿。OM 公司还在中国全资拥有锰合金产能 8 万吨/年、锰烧结矿产能 30 万吨/年的钦州冶炼厂；在马来西亚拥有硅铁产能 30.8 万吨/年、锰铁和硅锰合金产能达 18.2 万吨/年的 Sarawak 铁合金厂 80%的股份。

3.4.8 国际锰业协会

国际锰业协会（International Manganese Institute，IMnI）是全球锰行业影响力最大、代

表性最强的国际组织，成立于1975年，总部位于法国巴黎。国际锰业协会的90多家成员分布在全球30个国家，包括锰矿生产企业、锰铁合金生产企业、锰化合物生产企业、锰电解产品生产企业、锰产品贸易商、锰产品下游应用企业、工业服务供应商，涉及锰业务发展的公司、大学和研究机构等。国际锰协强调锰行业的社会责任，倡导经济、社会和环境的可持续发展，为会员提供锰行业的前景、现状和发展趋势等方面的资讯，并为其下一步发展作出指导。

国际锰业协会通过发布月度报告、年度报告、举办会议、协调行业发展为行业会员服务，促进锰行业的健康发展，定期发布的月度报告包括锰矿、锰合金等锰产品的产销量、产能利用率、库存、单耗、供需平衡等信息。

3.5 国外典型矿山

3.5.1 国外部分典型锰矿开发利用指标

表3-5收集了国外部分典型锰矿山的开发利用指标，包括矿山的资源概况，采、选工艺和指标等内容，供读者参考。

表3-5 国外典型锰矿开发利用指标

矿山名称（国家）	所属公司	矿石储量/万吨	品位/%	产量（产能）/万吨·年$^{-1}$	矿床	采矿方式	选矿工艺	选矿回收率/%
Gemco（澳大利亚）	South32	8960	44.39	490（47.7%精矿）	沉积型	露采	破碎、筛分、擦洗、重介	58
Wessels（南非）	South32	9000	42.2	60（41.4%精矿）	变质型	地采	破碎、筛分	88
Mamatwan（南非）	South32	6210	36.7	230（41.4%精矿）	变质型	露采	破碎、洗矿、筛分	96
Azul（巴西）	Vale	4360	29.3	170.6（40%精矿）	沉积型 风化型	露采	破碎、筛分、擦洗	54
Morro da Mina（巴西）	Vale	860	30.6	25（40%精矿）	沉积型	露采	破碎、筛分、洗矿、重介	58
Urucum（巴西）	Vale	1120	46.4	73.5（48%精矿）	沉积型	地采	破碎、筛分、擦洗	83
Matthews Ridge（圭亚那）	Reunion Gold Corporation	2630	14.2	75（36%~40%精矿）	沉积型 红土型	露采	破碎、擦洗、筛分、跳汰	73
Woodie Woodie（澳大利亚）	Consolidated Minerals	2180	30.2	128.5（40%精矿）	沉积型	露采	破碎、筛分、擦洗、重介	76
Tshipi Borwa（南非）	Tshipi é Ntle Manganese Mining Pty Ltd.	6200	37.9	240（33%~36%）精矿	沉积型 碳酸锰	露采	破碎、筛分、擦洗	97
Woodstock（加拿大）	Canadian Manganese Company Inc.	4477	9.85	66.6（15.6%精矿）	变质型 碳酸锰	露采	破碎、筛分、擦洗、重介、高梯度磁选	86

续表 3-5

矿山名称（国家）	所属公司	矿石储量/万吨	品位/%	产量（产能）/万吨·年$^{-1}$	矿床	采矿方式	选矿工艺	选矿回收率/%
Oakover（澳大利亚）	Brumby Resources	6400	10	（33.7%精矿）	沉积型	露采	破碎、筛分、擦洗、重介	82
Nikopol（乌克兰）	NA	105600	20~27	228（30%~44%精矿）	沉积型	露采	破碎、擦洗、跳汰、磁选	75~85

3.5.2 国外典型锰矿山简介

3.5.2.1 乌克兰大托克马克锰矿山

大托克马克锰矿是超大型锰矿床，属沉积型矿床。位于乌克兰扎波罗热州境内，产于乌克兰地盾古近系砂质黏土沉积中，是尼科波尔矿床的延续。探明锰矿石储量 11.1 亿吨，氧化锰矿有 888 万吨，次生氧化锰矿有 333 万吨，碳酸锰矿石有 10.08 万吨，该矿区主要是碳酸锰矿石。平均含锰 24.5%，原生氧化锰 34.3%，曾经年产量为 250 万吨。开采条件较差，采用崩落法地下开采，选矿工艺为破碎、自磨、筛分、高梯度磁选。

3.5.2.2 乌克兰尼科波尔锰矿山

尼科波尔锰矿属沉积锰矿床。探明锰矿石储量为 10.56 亿吨，仅次于大托马克，矿区的锰矿石主要是碳酸锰矿和氧化-碳酸锰矿，氧化锰矿较少。矿石埋藏不深，大部分适于大规模露天开采。平均 Mn 品位为 34%，年产量为 600 万吨。处理氧化锰矿的流程是：原矿经破碎水洗后，25~3mm 粒级跳汰选别，3~0mm 强磁选选别，矿泥和中矿磨至 0.15mm 以下用浮选方法回收，即采用“洗矿—跳汰—强磁选—浮选”联合流程。选矿厂入选品位 25%~30%，生产的综合精矿含锰可达 35%~50%，回收率 75%~85%。

3.5.2.3 格鲁吉亚恰图拉锰矿山

恰图拉锰矿区位于恰图拉市，该矿区的锰矿石主要是碳酸锰矿和氧化-碳酸锰矿，氧化锰矿较少，其产量约占苏联锰矿石总产量的 25%，探明储量为 2.2 亿吨，其中原生氧化矿石约 0.4 亿吨，大部分为碳酸锰矿石。矿床中部和西部的绝大部分是原生氧化锰矿石和碳酸锰矿石。

恰图拉锰矿区以地下开采为主，露天开采为辅。处理碳酸锰矿的选矿原则流程是：破碎洗矿后，15~3mm 用重介质旋流器处理，3~0mm 进行强磁选、跳汰，中矿磨至 0.1mm 以下进行浮选，一般可提高品位 10%左右。

处理氧化矿石的选矿工艺流程为：原矿破碎到 12~20mm，擦洗、筛分成几个窄级别，每一级别单独进行跳汰重选、磨矿到 3~5mm、磁选。洗矿的矿泥进行浮选，提高回收率。

3.5.2.4 加蓬莫安达锰矿山

莫安达锰矿是加蓬最大的锰矿，位于加蓬莫安达地区，奥果韦河流域的上游，接近赤道密林地带，属火山型矿床。矿石类型为氧化矿，主要锰矿物有软锰矿、黝锰矿、硬锰矿、斜方锰矿、黑锰矿、隐钾锰矿等。莫安达锰矿储量达 2 亿吨，矿石 Mn 品位高达 53%，是全球最大锰矿之一，锰矿石年产量达 400 万吨。该锰矿石的选矿加工也比较简单，主要是破碎、筛分和洗矿。原矿经破碎到 125mm 以下，送入 ϕ3.5m×8.5m 圆筒洗矿机洗矿，

近年来国外不少锰矿公司开展了一些锰矿勘探项目和扩建项目（见表3-6），这些项目在2020年前可以增加锰矿产能231万吨，不过由于2011年以后锰矿供应过剩，价格低迷，包括中国、澳大利亚、南非、加蓬、格鲁吉亚等国的公司宣布从2015年开始陆续削减锰矿（原矿）产能1110万吨，从而逐步恢复市场供需平衡。长期而言，全球锰矿资源充足，供应有可靠保障。

表3-6 近期全球新增产能和勘探项目进展情况

国家	项目	产能/万吨·年$^{-1}$	矿石储量/Mt	阶段
澳大利亚	Groot Eylandt Expansion	50	NA	计划2016年投产
巴西	HC8	12	NA	计划2016年投产
印度	Rungta Moil Ukwa Moil Kandri Bankura Moil parsoda Joda	16.1 10.5 5.7 33（烧结矿） 4 5（烧结矿）	NA	计划2016年投产 计划2019年投产 计划2018年投产 未定 计划2016年投产 计划2016年投产
马来西亚	Pertama	20（烧结矿）	NA	计划2016年投产
南非	Kudumane	50	NA	计划2017年投产
多哥	Nayega	25	NA	计划2016年投产
合计		231.3		
印度尼西亚	Big George West Timor	大型	300	可研
南非	Avontuur	大型	162	可研
美国	Maggie Canyon	大型	154	晚期勘探
加拿大	Woodstock	大型	135	晚期勘探
南非	Kongoni	大型	85	预可研、选址
澳大利亚	Oakover	大型	64	勘探
加蓬	Franceville	大型	43	可研
圭亚那	Cuyuni/Barima	大型	38	晚期勘探
智利	Los Pumas	大型	24	可研
南非	Emang	中型	17	晚期勘探
澳大利亚	South woodie woodie	中型	11	晚期勘探
巴西	Xianglan	中型	8	晚期勘探
巴西	Serra do Navio	中型	3	矿山建设

注：NA为未得到数据。

资料来源：SNL 2015，IMnI 2015。

3.6.2 全球锰矿的需求和价格变化趋势

锰的应用市场与现代工业关系密切，在所有金属中，锰的消费量位于钢铁、铝、铜之后的第四位。锰的用途非常广泛，涉及人类生产生活的方方面面。如前所述，钢铁工业对锰的消费量达到全球锰消费的90%，其余10%用于有色冶金、化工、电子、电池、农业等部门。全球钢材平均锰使用量达到0.85%以上，近年来钢铁平均锰含量有继续上升的趋势（见图3-9），钢铁行业的发展决定着锰矿未来的市场需求量。

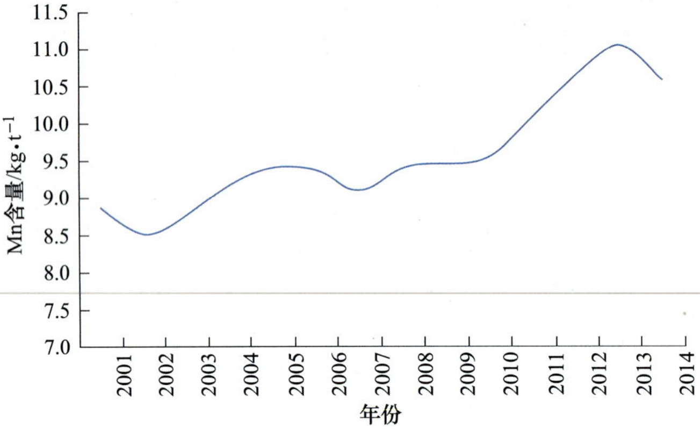

图3-9　全球粗钢产品平均锰含量变化趋势

（资料来源：WSA，IMnI）

亚洲地区主导着全球锰矿的消费量，2014年亚洲的锰矿需求量占到全球锰矿需求量的82%，其次是独联体、欧洲、美洲及非洲和中东地区（见图3-10）。我国的锰矿需求量占到全球锰矿需求量的50%以上，近十年，我国锰矿进口比例不断增加，进口量已占国内总需求量的60%以上（见图3-11）。最近几年印度经济高速发展，钢铁产量不断提升，印度已成为全球锰矿需求增长最快的国家。我国加强环保要求、钢铁行业去产能，对锰矿的需求量增长缓慢，IMnI预计2020年前，全球锰矿需求增长率仅为0.5%左右。

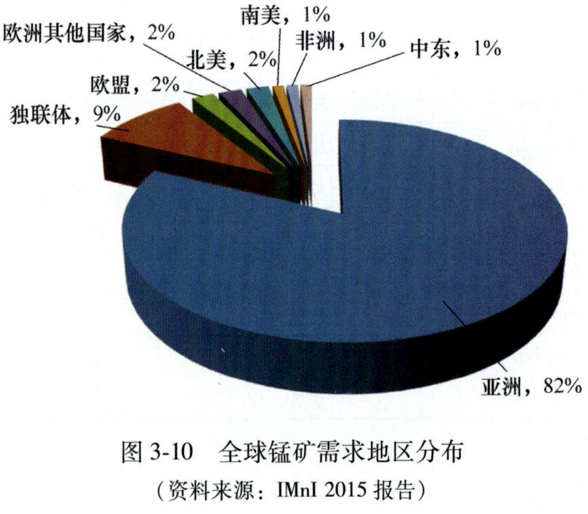

图3-10　全球锰矿需求地区分布

（资料来源：IMnI 2015报告）

在过去的100年里，以美元计价的金属锰的价格在震荡中不断上涨，锰矿价格的波动主要取决于市场供应量、库存量和锰需求量的平衡，百年锰矿价格变化趋势如图3-12所示。以98美元购买力指数调整后的数据可以更真实地反应锰矿价格的变化趋势（见图3-13）。

2005年后，我国需求的快速增长刺激锰矿价格在2008年达到惊人的18美元/吨度，

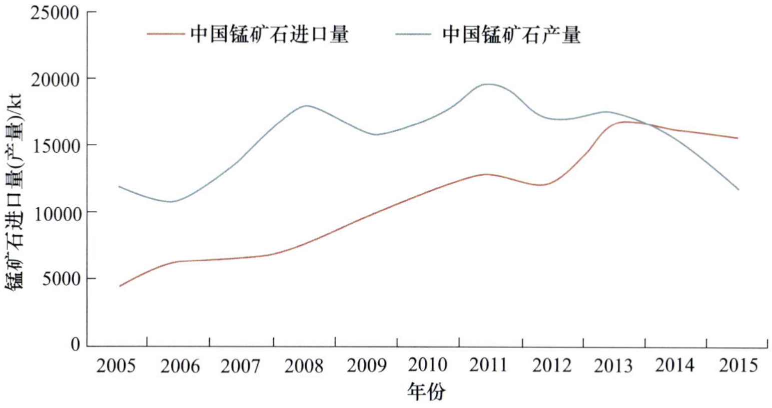

图 3-11 我国锰矿石产量与锰矿石进口量变化趋势
（资料来源：GTIS、IMnI）

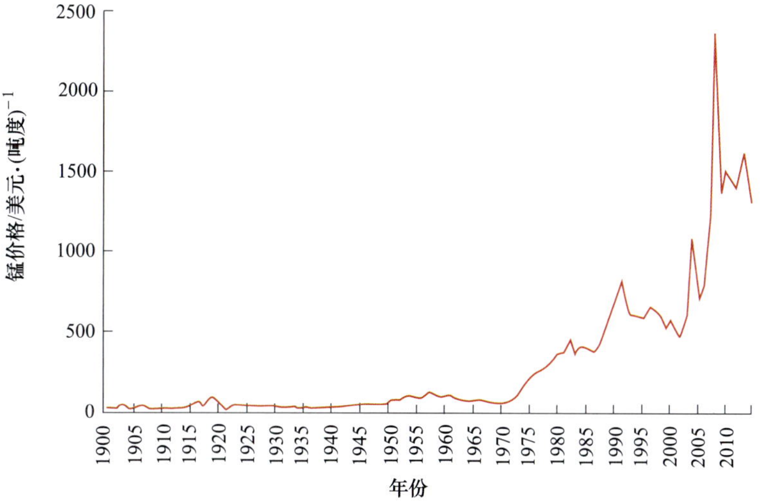

图 3-12 过去 100 年全球锰价格变化趋势

锰矿价格创造了历史新高，随后几年，由于供应过剩，锰矿价格在波动中不断下降，在 2016 年 1 月跌破 2 美元/吨度，一度跌破 20 年新低，随后锰矿价格快速反弹到 6 美元/吨度。过去 10 年全球锰矿价格变化趋势如图 3-14 所示。预计未来一段时间锰矿价格将在5~7 美元/吨度波动，未来锰矿价格变化取决于供应商重启矿山和新开矿山项目的锰矿产量增加情况。

3.6.3 全球锰矿资源开发利用技术发展趋势

全球锰矿床以沉积型和沉积变质型为主，多数埋藏不深，可以采用传统的露天开采方式，也有部分矿床埋藏较深，根据矿床的赋存条件、矿体产状和厚度、矿床规模等条件采用传统的地下开采方式。与其他矿种相比，锰矿的选矿工艺也比较简单，一般采用破碎、擦洗、筛分、重选、磁选工艺。

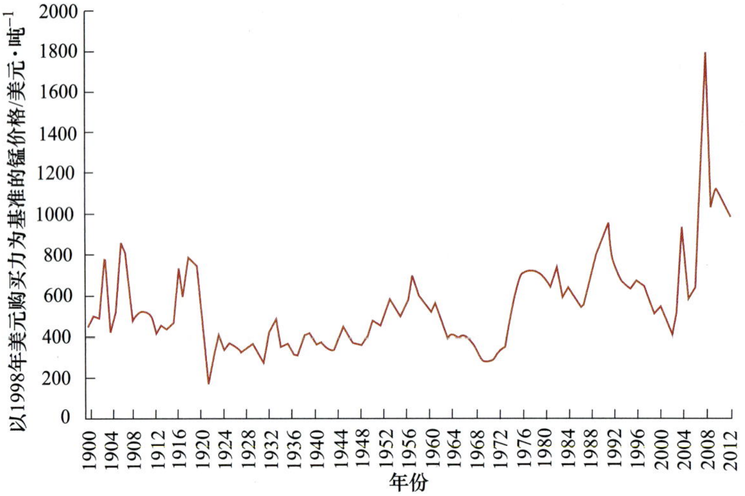

图 3-13　以 1998 年美元购买力为基准的 100 年全球锰价格变化趋势

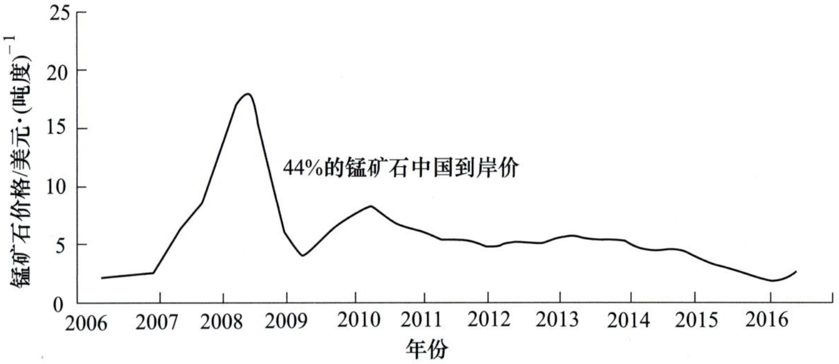

图 3-14　过去 10 年全球锰矿石价格变化趋势

3.6.3.1　锰矿采矿工艺技术发展趋势

与其他大宗矿产开采一样，全球锰矿开采技术发展正向着节能、高效、安全、环保方向发展。采掘设备大型化、连续化、自动化、信息化以及采矿辅助作业自动化和信息化协调管理成为发展趋势。一些节能高效的设备如 Boart Longyear 液压钻机、Atlas Copco 多头钻机、Wagner 铲运机等采掘和运输设备得到广泛应用，远程操控无人采矿机械也已开始在复杂地质条件下锰矿的开采中得到使用。

3.6.3.2　锰矿选矿工艺技术发展趋势

国外多数锰矿品位高，选矿工艺简单。节水、节能、高效、高回收率、环保、选厂自动化信息化控制成为锰矿选矿工艺发展的方向。高效节能的破碎设备、高效的跳汰设备和重介质旋流器得到广泛应用，为了提高锰矿资源利用率和锰矿产品品质，部分矿山增加了磁选工艺，进一步回收洗矿和筛分细泥中的细粒锰矿。一些专门针对锰矿选别的磁选设备正在逐步推广应用，提高分选精度的分级分选工艺被普遍采用。

参考文献

[1] Mineral Commodity Summaries 2016, 2017, USGS.
[2] Minerals Yearbook Manganese 2014, USGS.
[3] South32 Annual Report 2015, 2016.
[4] South32 Presentation 2016, Bank of America Merrill Lynch Global Metals, Mining & Steel Conference.
[5] Erametannual Report 2015.
[6] Eramet Registration Document 2015.
[7] Eramet: A Global Leader in Mining and Metallurgy, Morgan Stanley Industrials & Natural Resources Summit-08 & 09 September 2016.
[8] Assmange Annual Report 2013.
[9] ARM Ferrous Integrated Annual Report 2015.
[10] Mineral resources and reserves report 2015, Joint Venture Entity-Assmange.
[11] Consolidated Minerals Annual Report 2015.
[12] Vale 2015 Form 20-F Report.
[13] Vale's Production in 4Q15.
[14] OM Annual Report 2014, 2015.
[15] Manganese-The Need for a Sustainable Future by Graham Kerr, South32, February 2016.
[16] 刘陟娜，等．境外锰矿资源分布现状与中资企业勘查开发建议［J］．中国矿业，2015，4（8）．
[17] 锰矿床．中国人民武装警察部队黄金地质研究所，2007（12）．
[18] Manganese 101, UBS Investment Research, 2013.

4 国外铜矿资源及利用现状

4.1 概　　述

4.1.1 铜的性质

铜（Cu）的原子序数为29，相对原子质量为63.54，在元素周期表中为ⅠB族金属。常温下铜为紫红色金属，在空气中可以被氧化为绿色的铜绿（碱式碳酸铜），铜的熔点为1083.4℃，沸点为2595℃，密度为8.9g/cm^3。铜具有优良的导电性和导热性，在所有金属中，其导电性能仅次于银。金属铜还有良好的机械强度、可塑性、延展性和优良的耐腐蚀性能。铜可以和锌、锡、钴、镍、铍、锰等多种金属和非金属元素组成高性能合金。

4.1.2 全球铜矿资源概况

铜在地壳中的丰度约为0.01%，全球铜矿资源丰富，分布较为广泛。自然界中的铜多数以铜的化合物（例如黄铜矿、辉铜矿、斑铜矿、赤铜矿和孔雀石等）的形式存在，也有极少量的铜以单质铜的形式存在。全球铜矿资源主要分布在环太平洋成矿带、特提斯成矿带、中亚成矿带、非洲成矿带四大成矿区。智利、澳大利亚、秘鲁、美国、俄罗斯是铜矿储量最多的国家。一般铜矿床的铜品位为0.3%~3%，目前全球铜矿资源的平均品位小于1%。截至2014年，全球铜矿探明铜资源量约为21亿吨，其中18亿吨为斑岩型铜矿，铜矿储量为7亿吨。截至2016年，全球铜矿探明储量增长为7.2亿吨，按目前2000万吨/年的消耗速度，铜矿探明储量的静态保障年限达到36年。

4.1.3 铜的历史

铜是人类通过冶炼矿石得到的第一种金属，早在史前时代，就开始采掘露天铜矿并逐步探索铜的冶炼技术，人类使用铜的历史至少有11000年，在伊拉克北部就发现了产于公元前8700年的铜挂件。考古证据表明，人类使用金属的历史为天然黄金、陨铁、天然的金属铜，之后人类在公元前7500年的新石器时期发明了铜的冶炼技术，并逐步发展、完善冶炼工艺，到公元前4000年，人类开始大量生产和使用铜器，开创了人类文明的新时代——青铜时代。17世纪，瑞典的大铜山铜矿满足了欧洲2/3的铜需求，1949年奥托昆普公司发明了铜的闪速熔炼技术并应用于芬兰哈尔亚瓦尔塔冶炼厂，开启了现代铜冶金的新篇章。

4.1.4 铜的用途

铜具有非常优良的工艺性质，包括导电性、导热性、抗腐蚀性等，这些性能被广泛地应用于电气、轻工、机械制造、建筑工业、国防工业等领域。在所有的有色金属材料中，铜的消费量仅次于铝。建筑、电气以及电子制造，这三大行业合起来占据了超过 50%的铜市场需求，其余主要用于工业机械制造、运输、日常消费品等一些其他行业，全球铜应用领域分布如图 4-1 所示。根据铜的性能划分的应用领域分布如图 4-2 所示。

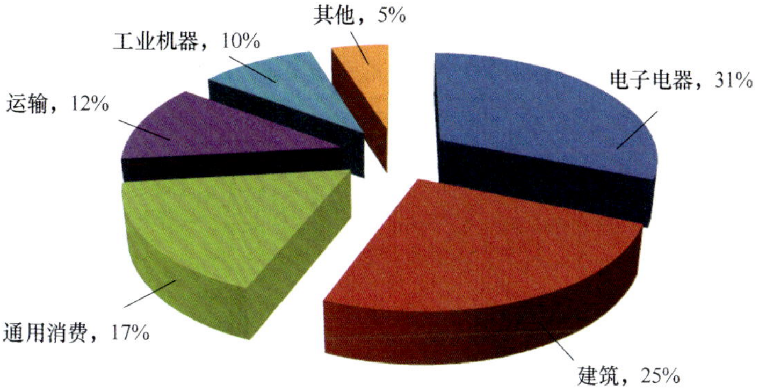

图 4-1　全球铜应用行业分布
（资料来源：CRU 报告）

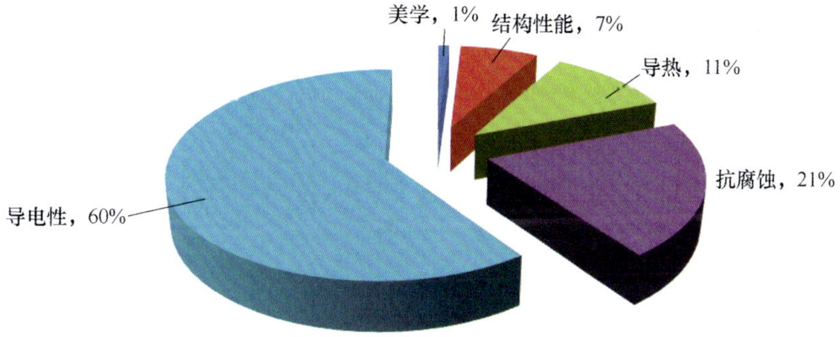

图 4-2　根据铜的性能划分的应用领域分布

铜优良的导电导热性能和力学性能使铜在众多领域被广泛应用。例如，通常使用的导电和导热部件、电力和电子工业、电子计算机的集成线路、印刷线路板等，此外，铜还可做成各种各样的铜合金，依照传统分类方法可分为紫铜、黄铜（铜锌合金）、白铜（铜镍合金）和青铜（铜锡合金）四大类，主要用于导电、导热、弹性、耐蚀、装饰造币等方面。铜有多种化合物，但其用量很少，仅占铜消费量的 1%左右，主要用于化工、医药、农药、冶金等。如硫酸铜（$CuSO_4 \cdot 5H_2O$）主要用于电镀工业镀铜及各种铜盐生产的原料、化工催化剂、选矿浮选的活化剂、医药及农药的消毒、杀虫剂、动物饲料添加剂等。此外，一些新兴行业如铜抗菌触摸板、高科技铜线、导热装置等对铜的需求增大也将是一个不可忽视因素。

4.2　铜矿物和铜矿床

4.2.1　铜矿物

在自然界中已知的铜矿物约有 170 种，但具有工业应用价值的仅有 20 多种（见表

4-1)。铜具有强烈的亲硫性，铜的矿物以硫化矿物占绝大多数。按铜矿物的生成条件和化学成分不同，铜矿物可分为原生硫化铜矿物（如黄铜矿）、次生硫化铜矿物（如辉铜矿）、氧化铜矿物（如孔雀石）、自然铜等。其中，原生硫化铜矿物在铜矿床中分布最广，其次是斑铜矿和辉铜矿等，氧化铜矿物约为10%。

表 4-1　自然界中常见的有经济价值的铜矿物

类别	矿物名称	化学组成	理论含铜量 /%	密度 /g·cm^{-3}	颜色	晶系
自然铜	自然铜	Cu	100	8.5~8.9	铜红色	等轴
硫化物	黄铜矿	$CuFeS_2$	34.56	4.1~4.3	青铜色	正方
	斑铜矿	Cu_3FeS_3	55.50	4.5~5.2		等轴
	辉铜矿	Cu_2S	79.80	5.5~5.8	浅黑色	斜方
	铜蓝	CuS	66.44	4.5~4.6	靛蓝黑色、浅蓝	六方
	黝铜矿	Cu_3SbS_3	46.70	4.4~5.1	灰白色	等轴
	砷黝铜矿	Cu_3AsS	52.70	4.4~4.5	灰白色	等轴
	硫砷铜矿	Cu_3AsS_4	48.40	4.4	淡灰黑或铁黑	斜方
氧化物	赤铜矿	Cu_2O	88.8	6.0	红色至黑色	等轴
	黑铜矿	CuO	79.85	6.0	黑色	单斜
	孔雀石	$CuCO_3 \cdot Cu(OH)_2$	57.5	3.9~4.1	翠绿色至黑绿	单斜
	蓝铜矿	$2CuCO_3 \cdot Cu(OH)_2$	69.20	3.8	天蓝至深蓝	单斜
	硅孔雀石	$CuSiO_3 \cdot 2H_2O$	36.20	2.1	绿色	非晶系
	胆矾	$CuSO_4 \cdot 5H_2O$	25.5	2.3	蓝色至天蓝	三斜
	水胆矾	$CuSO_4 \cdot 3Cu(OH)_2$	56.2	3.9	翠绿色	斜方
	氯铜矿	$CuCl_2 \cdot 3\ Cu(OH)_2$	61.0	3.7~3.8	翠绿黑绿	斜方
	铜绿矾	$(Cu、Fe)\ SO_4 \cdot 7H_2O$	10~18	2.15	蓝色	

4.2.2　铜矿床类型

铜矿床的工业类型较多，分类的方法也各不相同。根据矿床形成的地质条件和成矿模式，铜矿的主要工业类型可分为斑岩型、矽卡岩型、砂页岩型、铜镍硫化物型以及热液脉型等（见表4-2)。其中，前四种类型拥有的铜金属储量约占世界铜矿山总的铜金属储量的90%以上，而斑岩型铜矿床拥有的铜金属量又居其他类型之首，为最重要的铜矿床工业类型。

从地区分布看，全球铜矿床蕴藏量最丰富的地区共有五个（见图4-3)：（1）南美洲秘鲁和智利境内的安第斯山脉西麓；（2）美国西部的洛杉矶和大怦谷地区；（3）非洲的刚果和赞比亚；（4）哈萨克斯坦共和国；（5）加拿大东中部。其中最重要的铜的工业矿床类型斑岩型铜矿主要分布在环太平洋成矿带、阿尔卑斯-喜马拉雅成矿带、中亚-蒙古成矿带上，位于这些成矿带上的国家（如智利、美国、秘鲁等）铜矿资源都非常丰富。全球重要铜矿床分布如图4-3所示。

表 4-2 铜矿床主要工业类型

矿床类型	矿床特征		一般工业品位		
	成因	矿物成分	Cu 品位/%	伴生组分	矿床规模
斑岩型	产于中酸性斑岩顶部和围岩	金属矿物以黄铜矿为主，次生富集带以辉铜矿为主，脉石矿物以石英、绢云母为主	原生带：0.4~1.0 次生富集带：1.0~2.0 氧化带 1.0	黄铁矿、Au、Ag、Mo、Bi	大型或巨大型
矽卡岩型矿	产于中酸或酸性火成岩和碳酸盐的接触带中	黄铜矿、黄铁矿、斑铜矿、磁黄铁矿、磁铁矿	1~3.0	黄铁矿、Pb、Zn、Co、Au、Ag、Mo、Fe	中小型、个别大型
层状铜矿（包括变质岩和砂页岩）	白云岩、白云质灰岩、红层中浅色砂岩、页岩	辉铜矿、斑铜矿、黄铜矿	2~3.0	Co、Mo、Au、Ag	大型
铜-镍硫化物型	辉长岩、苏长岩、橄榄灰岩（蛇纹石化）	磁黄铁矿、镍黄铁矿、黄铁矿、黄铜矿、含锆矿物和铂族元素	Cu：0.5~2.5 Ni：2~4	Co、铂族元素	大、中型
脉状铜矿	产于火山岩、古老变质岩和其他各类岩石中	黄铜矿、辉铜矿、斑铜矿、石英	平均 1.0		中、小型

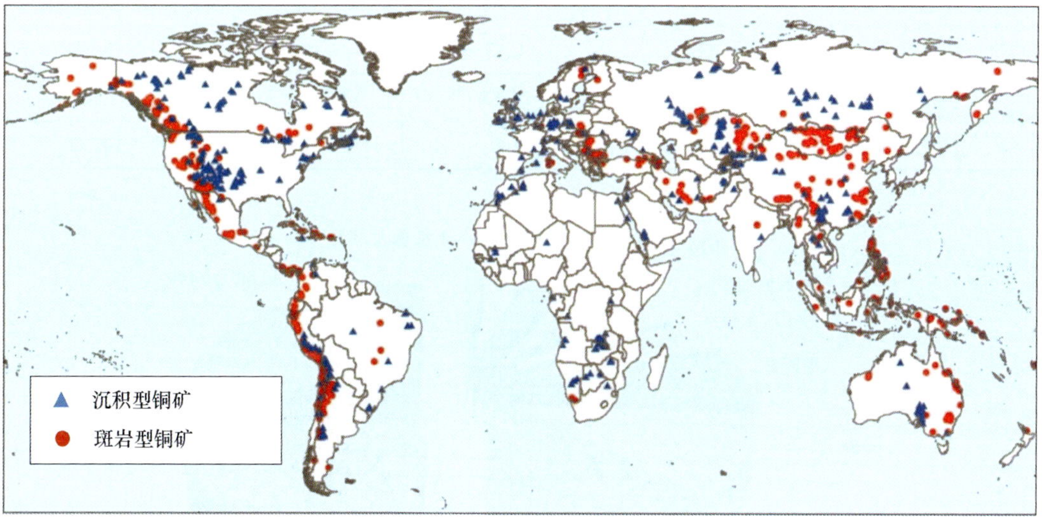

图 4-3 世界重要铜矿山分布示意图

4.3 全球各国铜矿储量和铜矿产量

世界铜矿资源较为丰富。从国家分布看，世界铜矿资源主要集中在智利、美国、中国、秘鲁、赞比亚、俄罗斯、印度尼西亚、波兰、墨西哥、澳大利亚和加拿大等国家。根据美国地质调查局的统计数据，截至 2016 年，全球铜矿金属储量为 7.2 亿吨，铜矿储量排名前三的国家为：智利，占全球铜矿储量的 29.17%；澳大利亚，占全球铜矿储量的 12.36%；秘鲁，占全球铜矿储量的 11.25%。中国铜矿储量占全球铜矿储量的 3.89%，排名第七。2016 年全球铜矿产量为 1942 万吨（以金属计），比 2015 年的 1910 万吨增加了 30 万吨。铜矿产量排名前三的国家为：智利，占全球铜矿产量的 28.32%；秘鲁，占全球铜矿产量的 11.84%；中国，占全球产量的 8.96%。具体见表 4-3，如图 4-4 和图 4-5 所示。

表 4-3　2016 年全球各国铜矿储量产量

国家	储量/万吨	储量分布/%	产量/万吨	份额/%
智利	21000	29.17	550	28.32
澳大利亚	8900	12.36	97	4.99
秘鲁	8100	11.25	230	11.84
墨西哥	4600	6.39	62	3.19
美国	3500	4.86	141	7.26
俄罗斯	3000	4.17	71	3.66
中国	2800	3.89	174	8.96
刚果	2000	2.78	91	4.69
赞比亚	2000	2.78	74	3.81
加拿大	1100	1.53	72	3.71
其他国家	15000	20.83	380	19.57
全球总量	72000	100	1942	100.00

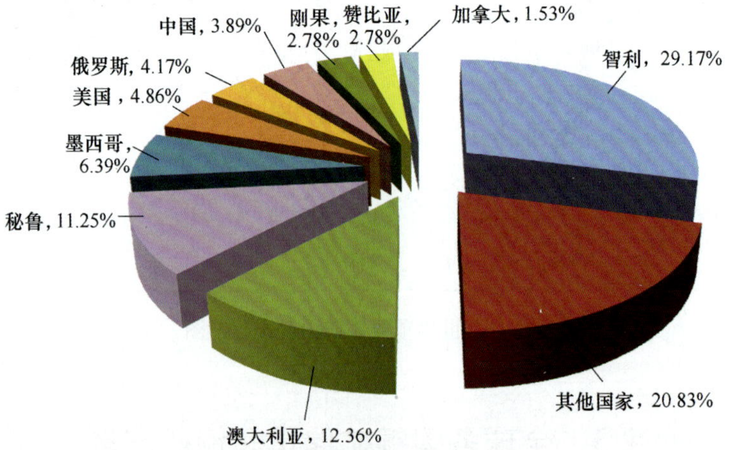

图 4-4　2016 年全球铜矿资源储量分布

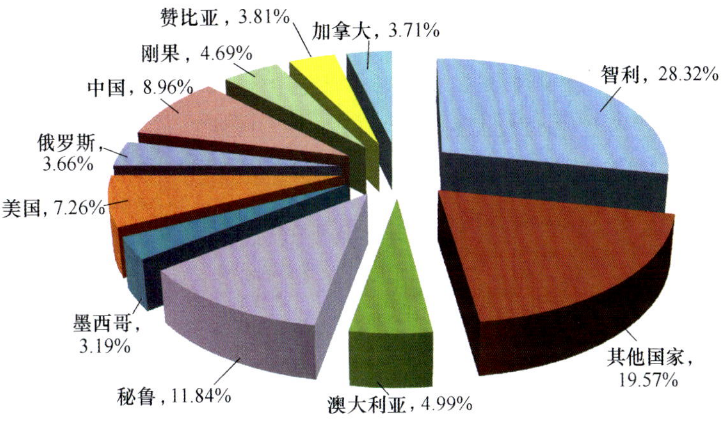

图 4-5　2016 年全球各国铜矿产量份额

4.4　全球主要铜矿公司及行业组织

世界铜矿资源主要集中在智利、美国、中国、秘鲁、赞比亚、俄罗斯、澳大利亚等国，全球铜矿产业相对比较集中。根据 CRU 和公司年报的统计结果，2015 年全球最大的十家铜矿业公司控制了全球铜矿资源约 54%的储量，生产的铜矿产量占到全球铜矿产量 51%以上。

4.4.1　全球主要铜矿企业资源及生产概况

全球最大的铜矿公司包括智利国家铜业公司（Codelco）、美国自由港麦克莫兰公司（Freeport-McMoRan）、澳大利亚必和必拓公司（BHP）、英国嘉能可-斯特拉塔公司（Glencore Xstrata）、力拓集团（Rio Tinto）、墨西哥铜业集团（Grupo Mexico）、英国英美资源公司（Anglo American）、智利安托法加斯塔集团（Antofagasta）、波兰铜业集团（KGHM）、加拿大第一量子矿业公司（First Quantum Minerals）、俄罗斯诺里斯克镍业公司（MMC Norilsk Nicke）等。

这些公司拥有的铜矿资源类型丰富，矿石品质多样，多数公司历史悠久，开采技术先进，引领全球铜矿开采业的发展。全球十大铜矿业公司铜矿资源和铜矿生产现状见表 4-4。

表 4-4　全球主要铜矿企业资源及生产概况

公司	国家	铜矿产量（金属计）/万吨·年$^{-1}$	全球产量份额/%	铜矿金属储量/万吨	平均品位（Cu）/%	概　况
Codelco	智利	189.14	10.11	5100	0.67	产量全球第一，在智利拥有 7 大铜矿及 EL ABRA 矿和 Anglo American Sur S.A 公司铜矿股份。露采为主，浮选、堆浸工艺

续表 4-4

公司	国家	铜矿产量（金属计）/万吨·年$^{-1}$	全球产量份额/%	铜矿金属储量/万吨	平均品位（Cu）/%	概况
Freeport-Mc MoRan	美国	151.23	8.09	6213（未剔除其他公司股份份额）	0.44	在美国、巴拿马、智利、秘鲁、印度尼西亚、刚果拥有16处铜矿资源。露采为主，浮选、浸出、堆浸—萃取—电积工艺
Glencore Xstrata Plc	英国	150.6（含镍和锌系统副产铜14.9万吨）	8.05	4810	0.88	在阿根廷、澳大利亚、加拿大、智利、刚果、秘鲁、菲律宾、赞比亚8国拥有19个铜矿项目，露采、地采、浮选、浸出—萃取
BHP Billiton Ltd	澳大利亚	170.83（归属公司）（111.56）	5.97	4382	0.7	在智利、秘鲁、澳大利亚3个国家共拥有在产矿山7座，露采、地采、浮选、浸出—萃取—电积
Grupo Mexico	墨西哥	90.57	4.84	6630	0.34	开采墨西哥、秘鲁、美国、智利7个铜矿区，地采、浮选为主，浸出—萃取—电积工艺占产量25%
Anglo American Plc	英国	71.12	3.80	3534	0.73	开采智利5个铜矿区，露采，硫化矿浮选为主，氧化矿采用堆浸—萃取—电积
Antofagasta Plc	智利	63.03	3.37	2237	0.49	在智利开采6座矿山，露采，1座浮选，其余浸出—萃取—电积
Rio Tinto Group	英国	50.44	2.70	3130	0.69	在美国、智利、印度尼西亚、蒙古开采4个铜矿区，均为斑岩铜矿，露采为主，多采用浮选工艺。少量堆浸和原地浸出萃取—电积
KGHM Polska Miedz SA	波兰	42.5	2.27	2141	1.02	在波兰、加拿大、美国、智利、德国共有13个铜矿项目，2015年在产铜矿山9座，主力矿山位于波兰，地采为主，浮选
First Quantum Minerals	加拿大	42.8	2.29	1190	0.66	赞比亚、西班牙、毛里塔尼亚、芬兰、土耳其7个在产铜矿项目，铜硫化矿和氧化矿及铜锌多金属矿，露采、地采、浮选、浸出—萃取—电积
合计		962.99	51.50	39367		
全球		1870	100	72000		

续表 4-7

铜矿山（国家）	产品	产量/万吨	工　艺
大洋洲			
Mount IsaEmest Henry Townsville（澳大利亚）	金属铜 金 银	Cu：20.56（不含外购 8.31） Au：2.8t（不含外购 1.77t） Ag：38.16t（不含外购 28.39t）	地采、浮选、冶炼
Cobar（澳大利亚）	铜精矿 伴生银	Cu：5.08 Ag：1.54t	地采、浮选
小计		Cu：25.64	
合计		Cu：135.72	

资料来源：嘉能可公司报告等。

嘉能可公司拥有全球最好的铜矿资源，其铜矿储量达到 4810 万吨，平均品位达到 0.88%。丰富的铜矿资源储备，可满足公司按现有规模开采 30 年。嘉能可公司拥有的铜矿资源情况见表 4-8。

嘉能可公司在阿根廷、澳大利亚、加拿大、智利、刚果、秘鲁、菲律宾、赞比亚 8 个国家开展 19 项铜矿勘探、开采、选矿和冶炼业务，2015 年在刚果、秘鲁、智利、赞比亚、澳大利亚开采了 13 座矿山。采矿主要采用露采工艺，公司在澳大利亚的铜矿为地采工艺，硫化矿采用浮选工艺，氧化矿采用浸出—溶剂萃取—电积工艺。

表 4-8　2015 年嘉能可公司铜矿资源储量概况

铜矿山（国家）	矿石储量/Mt	有用组分	品位/%	Cu 金属储量/万吨
非　洲				
Katanga（刚果）	99	Cu Co	3.91 0.48	387.09
Mutanda（刚果）	157	Cu Co	2.04 0.81	320.28
Mopani（赞比亚）	144	Cu Co	1.9 0.08	273.6
小　计	400	Cu	2.45	980.97
南美洲				
Collahuasi（智利，44%股份）	3123	Cu Mo	0.85 0.02	2654.55
Antamina（秘鲁，33.8%股份）	598	Cu Zn Ag Mo	0.95 0.97 10.6g/t 0.023	568.1
Other South America 其他南美项目	1230	Cu Au Ag	0.37 0.06g/t 0.6g/t	455.1
大洋洲				
澳大利亚地区矿山	93	Cu Au Ag	1.63 0.34 1.1g/t	151.59
合　计	5444	Cu	0.88	4810.31

4.4.5 必和必拓公司

必和必拓公司（BHP Billiton Ltd）是以经营石油和矿产为主的著名跨国公司，总部设在墨尔本。BHP 于 1885 年在墨尔本成立，Billiton 于 1860 年成立。2001 年 6 月，两公司合并，成为全球最大的矿业集团公司之一。作为矿业巨头，必和必拓在全球 20 多个国家开展业务，开采加工石油、天然气、煤、钾盐、铁矿、铝土矿、锰矿、铜矿、镍矿、铅矿、锌矿、金矿、银矿、钼矿、铀矿等多种矿产资源。

必和必拓公司的铜矿资源开采集中在智利、秘鲁、澳大利亚三个国家，公司 2015 年共有在产矿山 7 座，配套有选矿厂和冶炼厂，铜产品主要有电解铜和铜精矿，2015 年铜产量达 170.83 万吨，其中铜精矿占 60%，见表 4-9。

必和必拓公司的铜矿资源储量达到 4381.74 万吨，铜的平均品位为 0.7%，具体见表 4-10。必和必拓公司的铜矿资源以铜硫化矿、铜锌多金属硫化矿及铜铀多金属硫化矿为主，公司在智利和澳大利亚也有氧化铜矿资源。公司在智利和秘鲁采用露采工艺，在澳大利亚采用地采工艺，硫化矿多采用浮选工艺，氧化矿采用堆浸—萃取—电积工艺生产铜产品。

表 4-9　2015 年必和必拓公司铜矿生产情况

BHP 铜产业	股份/%	位置	产品	产量/万吨	工　艺
Escondida 两座矿山三个选厂	57.5	智利	铜精矿	91.61	露采、硫化矿浮选 硫化矿氧化矿浸出—萃取—电积
			电解铜	31.04	
归属公司铜产量				70.52	
Pampa Norte 两座矿山和选厂	100	智利	电解铜	24.96	露采、氧化矿浸出—萃取—电积
Antamina 一座矿山和选厂	33.75	秘鲁	铜精矿	10.77	矽卡岩型多金属硫化矿、露采、浮选
			锌精矿	6.64	
归属公司铜产量				3.63	
Olympic Dam 1 座矿山和选厂及冶炼厂	100	澳大利亚	电解铜	12.45	地采、铜铀金银多金属硫化矿浮选、硫化矿氧化矿浸出—萃取—电积
			氧化铀	0.31	
合　计				170.83	
归属公司铜产量				111.56	

资料来源：必和必拓公司 2015 年生产报告。

表 4-10　必和必拓公司铜矿资源储量概况

铜矿山（国家）	矿石性质	铜矿石储量/Mt	Cu 品位/%	Cu 金属储量/万吨	可采年限/年
Escondida （智利，57.5%股份）	氧化矿	147	0.76	111.72	54
	硫化矿	5610	0.67	3758.9	
	浸出硫化矿	2640	0.46	1214.4	

续表 4-10

铜矿山（国家）	矿石性质	铜矿石储量 /Mt	Cu 品位 /%	Cu 金属储量 /万吨	可采年限 /年
小计		8397	0.61	5085.02（BHP：2923.89）	
Cerro Colorado（智利）	氧化矿	99	0.56	55.44	7.9
	硫化矿	54	0.63	34.02	
小　计		153	0.58	89.46	
Spence（智利）	氧化矿	41	0.68	27.88	8.9
	低可溶氧化矿	26	0.73	18.98	
	表生硫化矿	135	0.86	116.10	
	贫矿	55	0.37	20.35	
小　计		257	0.71	183.31	
Olympic Dam（澳大利亚）	硫化矿	484	1.95（U_3O_8：0.59kg/t）	943.8	48
	贫矿	44	0.99（U_3O_8：0.37kg/t）	43.5	
小　计		528	Cu 1.87	987.3	
Antamina（秘鲁，33.75%股份）	铜硫化矿	352	1.0（Zn：0.17）	352	12
	铜锌硫化矿	262	0.88（Zn：2.11）	230.6	
小　计		614	0.95	582.6（BHP：197.78）	
合　计		9949	0.70	6927.87	
归属公司储量				4381.74	

4.4.6 墨西哥铜业集团

墨西哥铜业集团（Grupo Mexico）有 70 多年的历史，是墨西哥最重要的股份公司之一，公司的主要业务范围包括矿产勘探、矿物开采、矿物加工提纯、冶金、多式联运铁路运输服务以及基础设施建设等。

墨西哥铜业集团于 1978 年在墨西哥证券交易所上市，总部设在墨西哥城。是目前世界最大的铜矿生产公司之一。公司的矿业开采加工业务主要集中在墨西哥、秘鲁、美国三个国家，生产的矿产品主要包括铜精矿、电解铜、钼精矿、锌精矿、银精矿、锌锭、银锭、伴生金精矿等。

墨西哥铜业集团在墨西哥、秘鲁、美国、智利、厄瓜多尔和阿根廷拥有 14 个铜矿开采和勘探项目，2015 年在产矿山 7 个，共生产铜矿产品 90 万吨（金属计）。公司的在产铜矿山以露采、浮选工艺为主，浮选铜精矿产量占铜总产量的 73%，浸出—萃取—电积铜产量占公司铜总产量的27%。

墨西哥铜业集团是全球拥有铜矿资源储量最多的公司之一，截至2015年，公司控制的铜矿储量达到6630万吨。其中适合浮选的铜矿资源占85%，Cu平均品位0.41%，适宜堆浸—萃取—电积的资源占15%，Cu平均品位0.17%，墨西哥铜业集团铜矿资源和生产概况见表4-11。

表4-11 墨西哥铜业集团铜矿资源和生产概况

矿 区	矿石储量/Mt	Cu/%	铜储量/Mt	2014年矿石处理量/万吨	2014年铜产量/万吨	2015年铜产量/万吨
浮选						
La Caridad	3570.5	0.23	8.03	3442.7	10.11	10.38
Buenavista del Cobre	4904.1	0.43	21.28	2727.8	13.29	14.2
Underground Mines	45.9	0.48	0.22	247.1	0.52	0.56
小计（墨西哥）	8520.5	0.35	29.54	6417.6	23.92	25.14
Toquepala	2502	0.52	13.10	1994.2	11.48	11.17
Cuajone	2062.2	0.49	10.10	3055.5	17.83	17.82
小计（秘鲁）	4564.2	0.51	23.20	5049.7	29.31	28.99
Mission	319.1	0.39	1.24	1745	6.08	6.08
Ray	496.8	0.5	2.48	1285.1	6.25	6.25
小计（美国）	815.9	0.46	3.72	3030.1	12.33	12.33
合 计	13900.6	0.41	56.46	14497.4	65.56	66.46
浸出—萃取						
La Caridad	618.1	0.19	1.14	3116.4	2.52	2.51
Buenavista del Cobre	2840.5	0.16	4.49	14228.8	9.34	14.32
Toquepala	1699.7	0.17	2.8	3793.9	2.57	2.55
Cuajone	4.9	0.59	0.03	189.8		
Ray	390.9	0.21	0.81	2808.6	2.81	2.82
Silver Bell	203.8	0.28	0.57	841.4	1.94	1.91
合 计	5757.9	0.17	9.84	24978.9	19.18	24.11
总 计	19658.5	0.34	66.3	39475.8	84.74	90.57

资料来源：墨西哥铜业集团公司年报。

4.4.7 英美资源公司

英美资源公司（Anglo American Plc）是全球矿业和自然资源开发领域的知名公司，历史悠久，成立于1917年，总部位于英国，也是伦敦股票交易所的上市公司，全球《财富》500强企业。近百年以来，英美资源公司始终致力于开采各类矿产以满足社会发展和繁荣的需求。作为全球最大的采矿公司之一，英美资源公司的产品涵盖了铁矿石、锰矿石、冶金煤和动力煤、铜、镍、铌和磷酸盐等，在铂族金属和钻石开采加工领域处于全球领先地位。

英美资源公司在矿业领域的业务包括勘探、规划、开采、选矿、冶金、加工、运输和营销全产业链的各项工作。英美资源公司主要在非洲、欧洲、南美洲、北美洲和大洋洲从事矿业开发活动，并在世界各地都设立有办事机构。

英美资源公司的铜矿开采主要集中在智利和秘鲁两国，公司控股的四大铜矿资源包括智利的 Collahuasi 铜矿（44%股份）、El Soldado 铜矿（50.1%股份）、Los Bronces（50.1%股份）及在建的秘鲁 Quellaveco 铜矿（81.9%股份）。这四大铜矿矿区均为大型斑岩型铜矿，都采用露采工艺，选矿工艺主要为浮选，部分氧化矿和低品位硫化矿采用堆浸—萃取—电积工艺生产电解铜。

2015 年归属英美资源公司的铜产量为 71.12 万吨，排名全球第六，见表 4-12。英美资源公司拥有的铜矿储量大、品位较高，公司四大矿区铜矿储量达到 4302.9 万吨，铜的平均品位达 0.7%，见表 4-13。

表 4-12　2015 年英美资源公司铜矿生产情况

矿区	矿石性质	矿石处理量/万吨	Cu 品位/%	2015 年铜产量/万吨	产品
智利 Collahuasi（44%股份）	氧化矿	465.39	0.63	2.22	电解铜
	硫化矿	4379.06	1.15	43.31	铜精矿
	合计			45.53	
归属公司产量				20.3	
智利 Los Bronces	硫化矿	4539.69	0.92	40.17	铜精矿 电解铜
智利 El Soldado	硫化矿	596.54	0.77	3.6	铜精矿 电解铜
智利 Mantos Blancos	硫化矿	283.55	0.76	3.85	铜精矿 电解铜
智利 Mantoverde	氧化矿	660.53	0.52	3.23	电解铜
	贫矿	594.48	0.21		
归属公司产量				71.12	

资料来源：英美资源公司 2015 年生产年报。

表 4-13　2015 年英美资源公司铜矿资源储量情况

在产矿山	矿石性质（选矿工艺）	矿石储量/Mt	Cu 品位/%	Cu 金属储量/万吨	可采年限/年
智利 Collahuasi（44%股份）	氧化矿混合矿（破碎—堆浸）	30	0.68	20.4	70（露采）
	硫化矿（浮选）	1965.2	1.05	2056.9	
	低品位硫化矿（浮选）	1127.6	0.49	556.3	

续表 4-13

在产矿山	矿石性质（选矿工艺）	矿石储量/Mt	Cu 品位/%	Cu 金属储量/万吨	可采年限/年
智利 El Soldado（50.1%股份）	硫化矿（浮选）	89	0.82	72.8	12（露采）
智利 Los Bronces（50.1%股份）	硫化矿（浮选）	1210.1	0.58	700.6	25（露采）
	硫化矿（堆浸）	387.5	0.33	127.2	
小 计		4808.8	0.73	3534.2	
秘鲁 Quellaveco（在建矿山 81.9%股份）	硫化矿（浮选）	1332.0	0.58	768.7	29（露采）
合 计		6140.8	0.70	4302.9	

资料来源：英美资源公司 2015 年公司年报。

4.4.8 安托法加斯塔集团

安托法加斯塔集团（Antofagasta Plc）是智利本土最大的私营铜矿公司。公司成立于 1888 年，主要经营铁路、港口，后来转型成为智利铜矿开采业的著名公司，该公司目前控股并运营位于智利的六个铜矿区，主要生产铜精矿、电解铜，副产钼精矿及共（伴）生的金、银矿产品。

安托法加斯塔集团 2015 年铜产量（金属计）达到 63 万吨，归属公司的铜矿资源金属储量为 2237 万吨，平均品位（Cu）为 0.49%，其中适宜浮选的硫化矿储量占到 72%，平均品位（Cu）为 0.51%，并伴生 Mo 达 0.015%，公司铜矿资源储备充足。2015 年公司购买了 Zaldívar 铜矿 50%的股份，2016 年预计为公司增加 5 万吨/年的产能，公司的矿山均采用露采采矿工艺，硫化矿基本采用浮选工艺，氧化矿和混合矿采用堆浸—萃取—电积工艺。安托法加斯塔集团铜矿生产和资源储量概况见表 4-14 和表 4-15。

表 4-14　2015 年 Antofagasta 公司铜矿生产概况

矿 区	所在地	产品	2015 年铜产量/万吨	采选工艺
Los Pelambres	智利	铜精矿 钼精矿	36.32 （Mo：1.01）	露采、浮选 （2015 年铜平均入选品位为 0.58%）
Centinela	智利	铜精矿	14.52	露采、浮选
El Tesoro	智利	电解铜	7.59	露采、堆浸—萃取—电积
Michilla	智利	电解铜	2.94	露采、堆浸—萃取—电积
Antucoya	智利	电解铜	1.22	露采、堆浸—萃取—电积
Zaldívar	智利	电解铜	0.44	露采、堆浸—萃取—电积
合 计			63.03	

资料来源：Antofagasta 公司报告。

表 4-15　2015 年 Antofagasta 公司铜矿储量

矿区	位置	矿石储量 /Mt	矿石工艺性质	Cu 品位 /%	铜金属储量 /万吨
Los Pelambres	智利	1308.7	浮选	0.61 （Mo：0.019）	798.3 （Mo：24.86）
Centinela	智利	1840.4	浮选	0.44 （Mo：0.012）	809.6 （Mo：22.08）
El Tesoro	智利	188.5	浸出	0.44	82.9
Antucoya	智利	686.6	浸出	0.34	233.4
Zaldívar	智利	455.3	浸出	0.55	250.4
Encuentro	智利	115.6	浸出	0.54	62.4
浮选合计		3149.1		0.51	1607.9
合　计		4595.1		0.49	2237

注：1. 适宜采用浮选工艺的铜矿资源占总储量 72%，适宜采用堆浸—萃取—电积工艺的铜矿资源占总储量 28%；
2. 资料来源：Antofagasta 公司报告。

4.4.9　力拓集团

力拓集团（Rio Tinto Group）是全球最大的资源开采和矿产品供应商之一，成立于 1873 年，集团总部设在英国。从 1962 年起，力拓开始兼并全球多家有影响力的矿业公司，逐渐发展成全球矿产资源勘探、开采和加工方面的佼佼者。

力拓公司的经营范围主要包括煤、铁、铜、黄金、钻石、铝、能源、工业矿物等矿产的勘探、开采和加工业务。力拓公司是全球第二大的铁矿石生产商，也是全球最大的铝土矿生产商之一。力拓公司在全球拥有众多矿山，煤炭、铀矿主要在澳大利亚；铁矿石主要在澳大利亚西部、新西兰以及印度；铜矿主要在美国、智利、秘鲁、印度尼西亚及蒙古；铝土矿主要在澳大利亚北部、巴西、圭亚那；铅矿主要分布在美国、澳大利亚北部等地。金刚石矿分布较广，主要在澳大利亚北部、巴西、加拿大、俄罗斯以及南非北部等地。

2015 年，力拓在美国、智利、印度尼西亚、蒙古四个国家开采四座铜矿，根据力拓与自由港麦克莫兰公司的协议，全球最大的印度尼西亚 Grasberg 铜金矿 2015 年的产量没有计入力拓公司的铜产量份额，力拓公司正在加快蒙古国 Oyu Tolgoi 铜矿的扩建工程，并在秘鲁进行铜矿资源勘探工作。力拓公司已投资 6.6 亿美元对美国盐湖城宾汉姆（Bingham Canyon）铜矿进行改造，以便将其寿命延长至 2029 年，预计 2017 年完成矿山改造，并在科珀顿（Copperton）选矿厂安装第 5 套磨矿设备，同时完成尾矿坝扩容和发电设备升级工作。通过这些投资，预计改造完成后，从 2019~2029 年，矿山产能可达到铜 18 万吨，金 18.5 万盎司，钼 1.38 万吨。

力拓公司开采的四座铜矿均为斑岩型铜硫化矿。铜矿的运营活动包括矿山露天开采、地下开采，选矿厂浮选，堆浸—萃取—电积，粗铜冶炼，电解精炼，铜矿副产品回收等。2015 年，归属力拓公司的铜矿产量为 50.44 万吨，公司拥有铜矿资源储量达 3129.57 万吨，铜的平均品位为 0.69%。力拓公司铜矿资源储量和 2015 年生产概况见表 4-16。

表 4-16　力拓公司铜矿资源储量和 2015 年生产概况

<table>
<tr><th colspan="2">矿区（股份）</th><th>矿石储量
/Mt</th><th>品位
/%</th><th>铜金属储量
/万吨</th><th>回收率
/%</th><th>2015 年
产量/万吨</th><th>采选方式</th></tr>
<tr><td colspan="2">美国
Bingham Canyon
（100%）</td><td>690</td><td>Cu：0.45
Mo：0.034</td><td>Cu：310.5
Mo：24.36</td><td>Cu：88
Mo：65</td><td>Cu：9.2（9.2）
Mo：0.76（0.76）</td><td>露采、浮选</td></tr>
<tr><td colspan="2">智利 Escondida
（30%）</td><td>硫化矿选：5604
硫化矿浸：2622
氧化矿浸：125</td><td>0.67
0.44
0.75</td><td>3754.68
1153.68
93.75</td><td>82
31
65</td><td>114.88
（34.47）</td><td>露采、浮选、
堆浸</td></tr>
<tr><td colspan="2">小　计</td><td>8351
（2505）</td><td>0.59</td><td>5002.11
（1500.6）</td><td></td><td></td><td>露采、浮选</td></tr>
<tr><td colspan="2">印度尼西亚 Grasberg
（40%）</td><td>2130
（852）</td><td>1.05</td><td>2236.5
（894.6）</td><td>89</td><td></td><td>露-地采、
浮选</td></tr>
<tr><td colspan="2">蒙古 Oyu Tolgoi
（33.5%）</td><td>951
堆料 35</td><td>0.45
0.42</td><td>427.95
14.7</td><td>78
85</td><td>20.22
（6.78）</td><td>露采、浮选</td></tr>
<tr><td colspan="2">小　计</td><td>986
（330）</td><td>0.44</td><td>442.65
（148.3）</td><td></td><td></td><td></td></tr>
<tr><td rowspan="2">在建蒙古
Oyu Tolgoi
（33.5%）</td><td>HugoDummett
North</td><td>464</td><td>1.66</td><td>770.24</td><td>92</td><td></td><td rowspan="2">地采、浮选</td></tr>
<tr><td>HugoDummett
North
（延伸）</td><td>35</td><td>1.59</td><td>55.65</td><td>92</td><td></td></tr>
<tr><td colspan="2">小　计</td><td>499
（167）</td><td>1.66</td><td>825.89
（276.67）</td><td></td><td></td><td></td></tr>
<tr><td colspan="2">合　计
（归属公司）</td><td>12656
（4544）</td><td>0.67
0.69</td><td>8507.65
（3129.57）</td><td></td><td>144.3
（50.44）</td><td></td></tr>
</table>

资料来源：力拓公司报告。

4.4.10　波兰铜业集团

波兰铜业集团（KGHM Polska Miedz SA）的前身是波兰采矿与冶金联合体，1961 年开始使用“KGHM”的公司名称。公司目前是欧洲第二大铜矿公司，在波兰上市，总部位于波兰 lubin 市。波兰铜业集团通过开采和冶炼波兰国内著名的 Lubin、Rudna 和 Polkowice-Sieroszowice 铜矿资源，逐步发展成为全球知名的铜、银矿产开采加工国际化企业，公司铜开采业务已扩展到加拿大、美国、智利、德国。截至 2016 年，公司在上述五个国家共有八个铜矿项目。

KGHM 公司的生产基地主要是位于波兰的世界级长寿命、高品位矿体（预计还可开采 30~40 年），公司近期收购控股的智利 Sierra Gorda 铜矿的设计矿山寿命为 19 年，并有通过进一步勘探工作增加储量，延长矿山寿命至 40 年的潜力。

2015 年 KGHM 公司共有 7 座矿山在产，共生产电解铜 57 万吨，其中自产铜精矿生产的电解铜为 42 万吨。公司拥有的铜矿储量（金属计）为 2141 万吨，铜的平均品位达到 1.02%。KGHM 公司 2014~2015 年铜矿资源储量和生产情况见表 4-17。

表 4-17 2014~2015 年 KGHM 公司铜矿资源储量和生产情况

公司矿区	矿石储量/Mt	Cu 品位/%	铜储量/Mt	2014 年采矿量(金属计)/万吨	2014 年 Cu 入选品位/%
波兰 Polkowice-Sieroszowice	430.54	Cu：1.83 Ag：45.1 g/t	Cu：7.89 Ag：1.94 万吨	Cu：20.2 Ag：451t	1.79
波兰 Rudna	378.75	Cu：1.68 Ag：51.2g/t	Cu：6.37 Ag：1.94 万吨	Cu：20.2 Ag：694t	1.77
波兰 Lubin	339.13	Cu：0.95 Ag：40.5g/t	Cu：3.22 Ag：1.36 万吨	Cu：6.7 Ag：373t	0.91
加拿大 MorrisonMcCreed	0.49	Cu：7.92 Ni：1.49% Au：1.01g/t Pt：2.27g/t Pd：4.91g/t	Cu：0.04 Ni：0.72 万吨 Au：0.49t Pt：1.1t Pd：2.38t	Cu：1.69 Ni：0.45 Au、Pt、Pd 0.13t	8.28 Ni：1.4
美国 Robinson	119.37	Cu：0.41 Au：0.15g/t	Cu：0.49 Au：18t	Cu：3.9 Au：0.78t	0.43
智利 Sierra Gorda （55%股份）	799.8	Cu：0.4 Au：0.06g/t Mo：0.02%	Cu：3.22 Au：4.99t Mo：1.79 万吨		
智利 Frank	18.95	Cu：0.86	0.16	1.9	0.7
美国 Carlota （资源量）	4.89	Cu：0.45	0.02	NA	NA
合　计	2091.92	Cu：1.02	Cu：21.41	54.6	Cu：1.53 Ag：44.6g/t
生产情况	2014 年生产电解铜 57.7 万吨，其中 42 万吨为公司矿山精矿生产，15.7 万吨为外购原料生产，副产品银 1256t； 2015 年生产电解铜 57.4 万吨，其中 42.5 万吨为公司矿山精矿生产 Sierra Gorda2015 试产 8.4 万吨铜未计入公司产量				

注：NA 为未得到数据。

资料来源：KGHM 公司报告。

4.4.11 第一量子矿业公司

第一量子矿业公司（First Quantum Minerals）是一家总部位于加拿大的金属矿业公司，成立于 1983 年。公司主要生产铜、镍、锌、金和铂族元素。公司的矿业项目位于赞比亚、西班牙、毛里塔尼亚、芬兰、土耳其、巴拿马、阿根廷和秘鲁。公司拥有地理上分散的铜矿资源和配套的铜选矿厂和冶炼厂以及专业的运营管理团队。公司计划五年内铜产能达到 130 万吨/年，成为全球最大的铜生产商之一。

2015 年，第一量子公司在五个国家共有七座矿山产生铜矿产品，生产了 42.8 万吨铜，6.96t 黄金，3.5 万吨镍，4.1 万吨锌。公司拥有的铜矿资源储量达 1190 万吨，Cu 平均品位为 0.66%，矿石类型包括铜硫化矿、铜氧化矿和铜锌多金属矿等。公司还在积极扩张铜矿业务，通过并购和增加勘探投入等措施扩大公司的铜矿资源，在秘鲁 Haquira 矿区的勘探工作和赞比亚 Sentinel 矿区的选矿厂调试都取得良好进展。2015 年第一量子矿业公司的铜矿生产概况和资源储量见表 4-18 和表 4-19。

表 4-18　2015 年第一量子矿业公司铜矿生产概况

矿区（国家）	矿石类型	处理量 /Mt	Cu 品位 /%	回收率 /%	产品	产量 /万吨	工艺
Kansanshi（赞比亚）	硫化矿	8.30	0.8	91	铜精矿	16.04	露采、硫化矿浮选、氧化矿浮选—尾矿浸出—萃取—电积
	混合矿	10.95	1.1	72	电解铜	6.63	
	氧化矿	6.80	1.5	80	小计	22.67	
Guelb Moghrein（毛里塔尼亚）	硫化矿	4.02	1.2	92	铜精矿	4.50	
Çayeli（土耳其）	铜锌硫化矿	1.23	Cu：2.5 Zn：3.0	81 54	铜精矿 锌精矿	2.43 1.98	地采、充填法、浮选
Las Cruces（西班牙）	氧化矿	1.5	5.2	90	电解铜	7.00	露采、浸出—萃取—电积
Pyhäsalmi（芬兰）	铜锌硫化矿	1.38	Cu：0.9 （Zn：1.7）	97 91	铜精矿 锌精矿 黄铁矿	1.20 2.13 83.97	地采、浮选
Sentinel（赞比亚）	硫化矿	调试	0.51	调试		3.3	露采、浮选
Kevitsa（芬兰）	硫化铜镍矿	6.67	Cu：0.3 （Ni：0.2）	89 67	铜精矿 镍精矿	1.72 0.88	露采、浮选
合　计						42.82	

资料来源：第一量子矿业公司报告和公司网站。

表 4-19　2015 年第一量子矿业公司铜矿资源储量概况

矿区（公司股份）		所在地	矿石工艺性质	矿石储量 /Mt	Cu 品位/%	铜金属储量 /万吨
Kansanshi（80%）		赞比亚	铜金硫化矿为主，伴有氧化矿和混合矿	755.2	Cu：0.74 Au：0.13g/t	558.8
Guelb Moghrein（100%）		毛里塔尼亚	铜金硫化矿	31.3	Cu：0.92 Au：0.69g/t	28.8
Çayeli（100%）		土耳其	铜锌硫化矿地采	7.08	Cu：3.06 Zn：3.64 Au：0.39g/t	21.6
Las Cruces（100%）		西班牙	氧化矿	14.13	5.44	76.8
Pyhäsalmi（100%）		芬兰	铜锌硫化矿地采	8.48	Cu：1.07 Zn：1.85 Au：0.4g/t	9.1
在建项目	Sentinel	赞比亚	硫化矿	988.2	0.5	494.1
	Cobre Panama（80%）	巴拿马		3.06	Cu：0.38 Au：0.07g/t	1.18
	Haquira	秘鲁	铜金硫化矿、铜氧化矿	探明资源量370万吨铜	0.47	
合　计				1807.45	0.66	1190.38

资料来源：第一量子矿业公司报告和网站。

4.4.12 国际铜行业协会

国际铜业协会（ICA）是全球最主要的推广合理并有效使用铜的非营利性国际组织。目前拥有覆盖了铜产业价值链的42家会员，包括代表世界主要精铜产量的铜矿企业、冶炼厂以及全球前十大铜及铜合金加工企业。其总部设于美国纽约，在全球六大洲的24个国家通过31个地区代表处开展市场推广。国际铜业协会向各国的政府部门提供制定有关铜和铜合金的政策及法规的相关依据和建议。

4.4.13 国际铜业研究组

国际铜研究组（International Copper Study Group，ICSG）是一个政府间商品组织，其职权范围作为国际条约存放于联合国。国际铜研究组（ICSG）是唯一致力于解决影响铜生产、使用及贸易问题的多边机构。其活动、项目及出版刊物涵盖众多议题，集中关注市场透明度、市场准入和可持续发展。该组织始建于1992年，总部设于葡萄牙里斯本。

该组织成员对所有参与铜生产、使用或国际贸易的国家开放。目前成员有澳大利亚、比利时、智利、中国、芬兰、法国、德国、希腊、印度、意大利、伊朗、日本、卢森堡、墨西哥、秘鲁、波兰、葡萄牙、俄罗斯、塞尔维亚、美国、欧盟委员会以及赞比亚共和国。该组织的主要委任职能有：促进国际合作，寻找机遇，进一步加强在铜业相关事务上的国际合作，并促使形成一个可针对铜业事务开展政府咨询的论坛；提供全球论坛，为所有市场参与者（生产者和消费者）提供了一个论坛，以便检查其存在的共同问题，积极开展开放式对话，并自由地进行信息交流；增加市场透明度，通过提供更多完整可靠的最新统计数据，同时开展各种专门调查、研究和检查来提高市场透明度。

4.5 国外典型铜矿

4.5.1 国外部分典型铜矿开发利用指标

表4-20收集了国外部分典型铜矿山的铜矿资源开发利用指标，包括资源储量、品位、矿石性质、采选回收率等，方便读者了解国外铜矿的开发利用情况。国外典型铜矿山开发利用指标对铜矿资源勘探、评价和开发利用工作具有借鉴意义。

表4-20 国外典型铜矿利用指标

矿山	所属公司	铜金属储量/Mt	Cu品位/%	产量（金属计）/t·a^{-1}	矿石性质	采矿方式	选矿工艺	回收率/%
Mauritanian Copper Mines（毛里塔尼亚）	第一量子公司	0.287	1.4	8543		露采	浮选	94
Kansanshi mine（赞比亚）	第一量子公司	5.59	0.8(硫化矿) 2.2(氧化矿) 1.2(混合矿)	270724	硫化矿	露采	浮选	92(硫化矿) 86(氧化矿) 71(混合矿)

续表 4-20

矿山	所属公司	铜金属储量/Mt	Cu 品位/%	产量（金属计）/t·a^{-1}	矿石性质	采矿方式	选矿工艺	回收率/%
Kevitsa（芬兰）	第一量子公司	0.644	0.3	14775	硫化矿、氧化矿	露采	浮选	83
Çayeli mine（土耳其）	第一量子公司	0.216	3.1	31510	硫化矿	地采	浮选	77
The Las Cruces mine（西班牙）	第一量子公司	0.768	6.2	69304	硫化矿	露采	浸出	89
The Pyhäsalmi mine（芬兰）	第一量子公司	0.091	1.1	14854	硫化矿	地采	浮选	97
Neves-Corvo（葡萄牙）	Lundin Mining	0.707	2.6	56544	硫化矿	地采	浮选	84.5
Zinkgruvan（瑞典）	Lundin Mining	0.075	1.7	3460	硫化矿	地采	浮选	89.8
Aguablanca（西班牙）	Lundin Mining	0.005	0.4	6242	硫化矿	露采	浮选	93.8
Andina Division（智利）	Codelco	18.5	0.72	236715	硫化矿	露/地采	浮选	82.6
Tenke-Fungurume（刚果）	Freeport-McMoRan		2.6	113400	氧化矿	露采	浸出	85
Cerro Verde（秘鲁）	Freeport-McMoRan 53%	2.26	0.49	181440	硫化矿	露采	浮选	90
Collahuasi（智利）	Xstrata Plc Anglo American	18.04	0.82	539000	硫化矿、氧化矿	露采	浮选/堆浸	76~85（浮选）

4.5.2 国外典型铜矿山介绍

本书选择了全球著名的三个铜矿山：智利的科亚瓦西铜矿（斑岩型）、智利的丘基卡马塔铜矿（斑岩型）和澳大利亚的奥林匹克坝铜-铀-金矿（奥林匹克坝型），重点为读者介绍这三个大型铜矿的矿床类型、矿石特点、采选工艺及矿山的发展计划。

4.5.2.1 智利科亚瓦西铜矿山

智利拥有全球最大的铜矿资源储量（占全球储量的29.17%），同时智利也是全球铜矿产量第一的国家（2016年占全球产量的28.32%）。科亚瓦西（Collahuasi）铜矿山是智利四大铜矿之一，为世界第6大铜矿床。其位置和外景如图4-6和图4-7所示。

Collahuasi铜矿是一个典型的低品位斑岩型铜矿，包括三个成矿带：Ujina主成矿带、Rosario混合矿富集带和Huinquintipa氧化矿富集带。主要有用矿物为辉铜矿、黄铜矿、斑铜矿、孔雀石、胆矾、自然铜、铜铁锰氧化物和氢氧化物。

Collahuasi铜矿位于智利北部的安第斯山脉，矿山主要隶属于嘉能可公司（44%股份）和英美资源公司（44%股份）。矿山主要产品为铜精矿、电解铜以及钼精矿。该矿山的矿

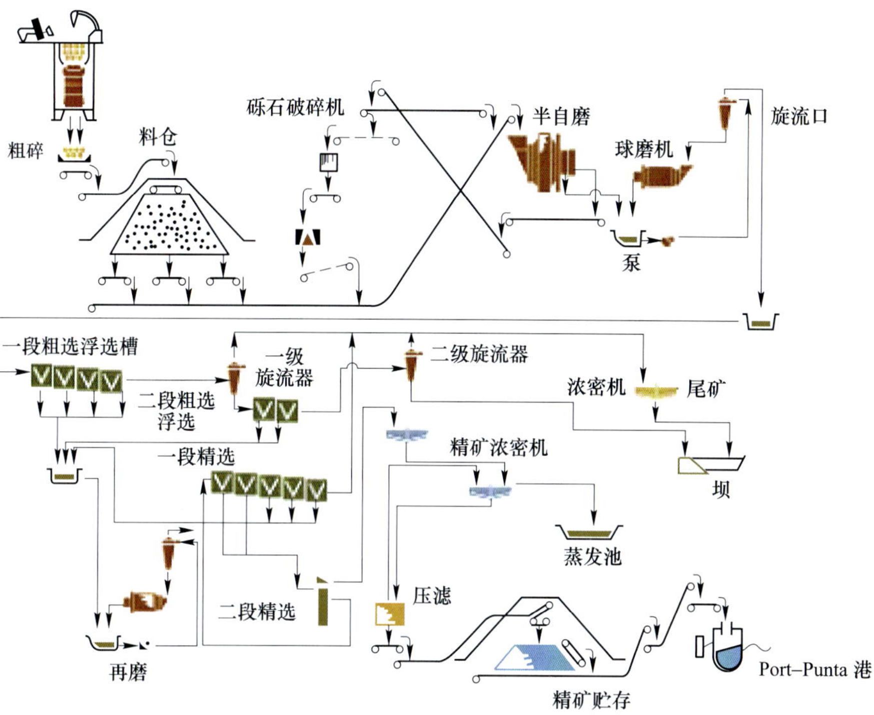

图 4-14　科亚瓦西矿山硫化物矿石选矿工艺流程

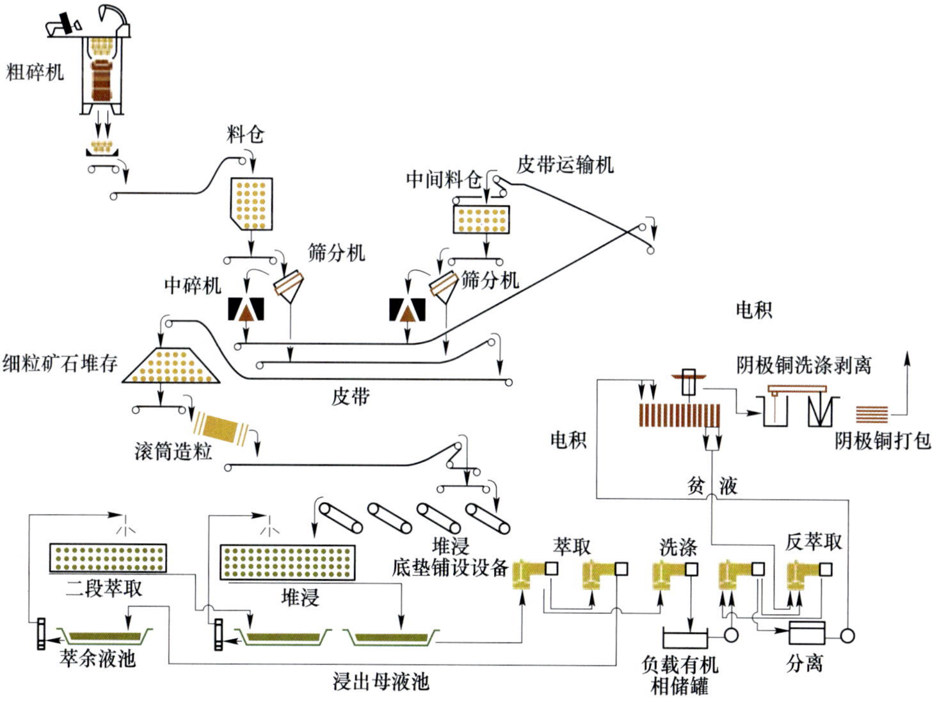

图 4-15　科亚瓦西矿山氧化矿堆浸—萃取—电积工艺流程

图 4-16　丘基卡马塔矿山采坑

图 4-17　丘基卡马塔矿山鸟瞰图

矿床和矿石特点：丘基卡马塔矿山为世界上最大的斑岩型铜矿山，位于智利北部的 Loa 峡谷的断裂带上，分为丘基卡马塔、丘基南矿、丘基北矿体，其中最大的丘基卡马塔铜-钼矿体赋存于古近纪的二长岩岩体内，是世界上最大的斑岩铜-钼矿之一，具细脉浸染状结构。矿体南北长 3600m，东西宽约 1200m，控制深度在 1000m 以上。矿体现有储量 10000Mt 矿石，共控制铜金属量约 60Mt，具体为上部（深 400 多米）矿石储量 1200Mt，平均含铜 1%；下部控制深在 800m，有矿石储量 8000Mt，平均含铜 0.6%。原生硫化物矿石带位于次生富集带下部，是斑岩铜矿体的主要部分。矿石矿物主要有黄铜矿、斑铜矿、黄铁矿、硫砷铜矿、辉钼矿等。在矿体中心部位绢云母化蚀变强烈的地方有辉钼矿富集，钼平均品位为 0.032%。丘基北矿为一个独立的斑岩铜矿床，已探明矿石储量 500Mt，平均含铜 0.7%~0.9%，尚未开发。丘基南矿全为氧化矿，已探明矿石储量 170Mt，平均含铜 1.5%。丘基卡马塔矿山矿石如图 4-18 所示。

采、选流程：丘基卡马塔矿采用露天开采，是目前世界最大的露天铜矿或露天铜-钼矿。日采剥总量达 320kt，采剥比为（2.6~2.7）：1。采矿量为 84kt/d。配矿中品位控制为 $w(Cu) \geq 1.9\%$，$w(Mo) \geq 0.05\%$，$w(As) \leq 0.08\%$。选厂由铜-钼矿混合浮选、铜-钼分离和钼精矿浸出脱铜三段组成。

铜-钼混合浮选：入选矿浆浓度38%、细度-0.074mm（-200目）占60%，浮选获得的混合精矿组成为铜40.13%、铁17.58%、钼0.87%、酸不溶物6.98%、砷0.71%。钼的回收率为65%~75%。

图4-18 丘基卡马塔矿山矿石

铜-钼分离：用浮钼抑铜、一次再磨精选的工艺，抑制剂为Anamol-D。据《加拿大矿冶学会冶金学会第16次年会会议集》中克劳德介绍，丘基卡马塔新建选厂处理混精能力为3200t/d，工艺流程用二段再磨（比上述在精Ⅰ与精Ⅲ间多一次），而在应用Anamol-D一年后改为蒸煮-亚铁氰化法，降低了生产费用。两方法对照，亚铁氰化物法生产成本只有Anamol-D法生产成本的80%。选矿流程如图4-19和图4-20所示。

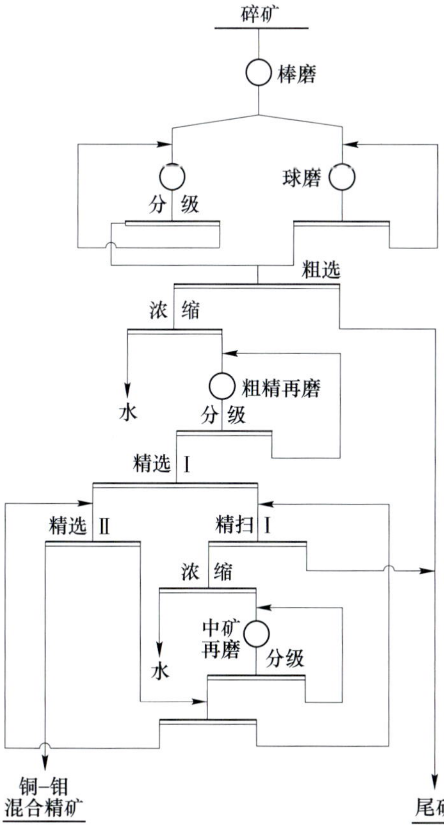

图4-19 丘基卡马塔矿山铜-钼混合浮选

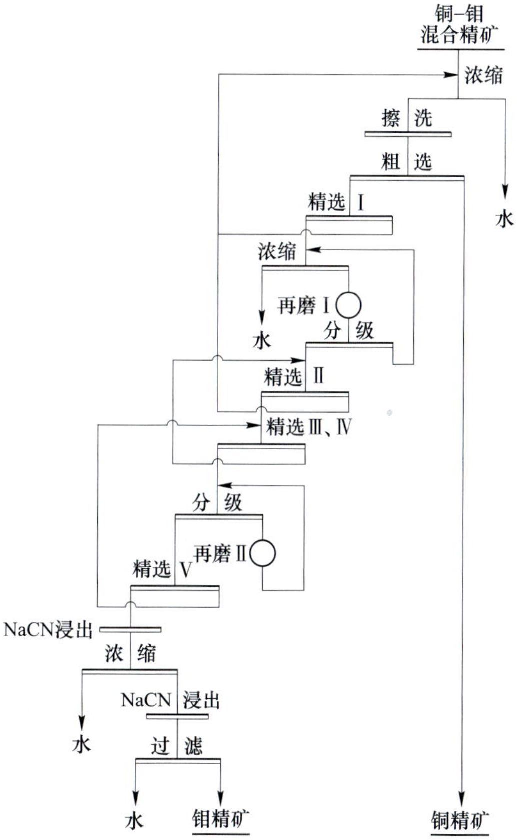

图4-20 丘基卡马塔矿山铜-钼分选流程

浮选出的钼精矿中的铜矿物主要为辉铜矿，使用氰化钠溶解辉铜矿，使最终钼精矿中铜的含量不大于0.1%。

选矿指标：原矿品位 2.1%、Mo 0.05%，处理量 70kt/d。粗精矿成分为 Cu 39%~43%、Mo 0.8%~1.2%、不溶物 5%~8%、Fe 16%~18%、As 0.7%。铜最终精矿平均品位（Cu）为 40%~42%，铜回收率为 90%。钼精矿平均品位（Mo）为 51%~53%，含 Cu 1%~3%。钼精矿（浸后）品位（Mo）54%~56%，含 Cu 0.05%~0.2%。铜-钼分选作业钼回收率为85%~91%。铜-钼分选各作业产品：粗选精矿含 Mo 7%~15%、Cu 40%~45%；一精精矿含 Mo 22%~30%、Cu 23%~28%；二精精矿含 Mo 34%~37%、Cu 16%~20%；三精精矿含 Mo 39%~42%、Cu 8%~12.7%；四精精矿含 Mo 45%~48%、Cu 3%~6%；五精精矿含 Mo 51%~53%、Cu 1%~3%。

主体设备：破碎为三段一闭路。粗碎用 ϕ1.5m 圆锥破碎机 1 台（处理 70kt/d），ϕ1.37m 旋回破碎机 1 台（处理 4kt/d，备用）；中碎用 5 台 ϕ2135mm 标准圆锥破碎机；细碎用 10 台 ϕ2135mm 短头圆锥破碎机；筛分用 10 台 F-600 双层振动筛。

铜-钼混选：12 个磨浮系列。磨矿：每系列 ϕ3.0m×4.3m 棒磨机 1 台，ϕ3.0m×3.7m 球磨机 2 台，每台球磨机再与一组（4 台）ϕ510mm 旋流器闭路。粗选：9 个系列，每系统 64 槽 1.1m^3 浮选机；两个系列为每系统 14 槽 A-120（8.9m^3）浮选机；另一系列为 6 槽 B-120 型，7 槽丹佛（容积 8.5m^3）浮选机。铜-钼分选：一段再磨用 ϕ1.2m×2.4m 马西磨矿机 2 台与 ϕ150mm 旋流器 8 台闭路。二段再磨 ϕ1.2m×2.4m 马西磨矿机 2 台，与 ϕ100mm 旋流器 8 台闭路。集中浸出用 2.4m×2.4m 搅拌槽 2 台串用。分批浸出用 4.8m×6.1m 搅拌槽 4 台（源于李忠烈报告，2012）。丘基卡马塔铜矿采坑和运输现场及开采现场如图 4-21 和图 4-22 所示。

图 4-21　丘基卡马塔铜矿采坑和运输现场

图 4-22　丘基卡马塔铜矿开采现场

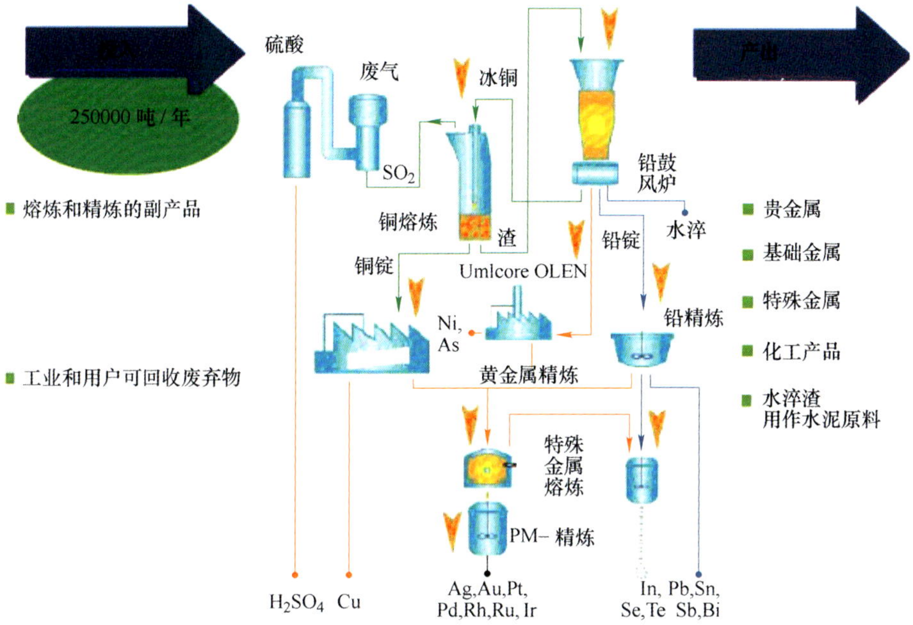

图 4-41 霍博肯冶炼厂再生铜冶炼工艺流程

参 考 文 献

[1] Mineral Commodity Summaries, 2016, 2017, USGS.

[2] Minerals Yearbook Copper 2014, USGS.

[3] The World Copper Factdook 2015, ICSG.

[4] The key drivers behind resource growth: an analysis of the copper industry over the last 100 years, MinEx Consulting by Richard Schodde.

[5] Codelco Annual report 2015.

[6] Freeport-McMoRan Annual Report 2015.

[7] Glencore Xstrata Plc Annual Report 2015.

[8] BHP Billiton Annual Report 2015.

[9] Grupo Mexico Annual Report Form-10K 2014, Annual Report Form-10K 2015.

[10] Grupo Mexico Annual Report 2015.

[11] Anglo American Plc Annual Report 2015.

[12] Anglo American Copper Business Sustainable Development Report 2014 9.

[13] Antofagasta Plc Annual Report and Financial Statements 2015.

[14] Rio Tinto Group Annual Report 2015.

[15] KGHM Polska Group results for 2015.

[16] KGHM Polska Miedź S. A. Integrated Report for 2014.

[17] First Quantum Minerals Annual Report 2015.

[18] Trends in the Mining and Metals Industry, ICMM October 2012.

[19] 李长根. 澳大利亚奥林匹克坝铜-铀矿山 [J]. 矿产综合利用, 2012 (4).

[20] 李忠烈. 丘基卡马塔铜矿, 2012.

5 国外铝土矿资源及利用现状

5.1 概　　述

5.1.1 铝的性质

铝是一种金属元素，原子序数为 13，相对原子质量为 27。纯铝为有光泽的银白色金属，质地较软而坚韧，密度小，有延展性。密度 2.702g/cm^3，熔点 660.37℃，沸点 2467.0℃，莫氏硬度 2.75。铝的导电、导热性良好，导电率相当于国际标准退火铜的 65%，导热率比铁大 3 倍。铝可以和多种金属形成性能优异的合金材料，某些铝合金的机械强度可以超过结构钢；铝具有良好的力学性能，比强度（强度与质量之比）高，延展性好，可以轧成薄板和箔，拉成细丝，挤压成各种复杂形状的型材。铝具有良好的抗蚀性能，在空气中能与氧迅速化合，生成一层致密而坚硬的氧化铝薄膜，阻止其继续被氧化。铝是两性元素，化学性质活泼，可以与酸碱反应。

5.1.2 全球铝土矿资源概况

铝元素在地壳中的丰度为 8.13%，仅次于氧和硅，居第三位，是地壳中含量最丰富的金属元素。地球上已知的含铝矿物有 270 多种，目前只有铝土矿是商业化生产氧化铝和电解铝的适宜原料。由于经济原因，其他含铝矿物如霞石、明矾石、高岭土、页岩、矸石、高铝粉煤灰等生产氧化铝、金属铝或铝盐的份额微不足道。

全球铝土矿资源丰富，分布区域广泛（见图 5-1），截至 2016 年年底，全球铝土矿探明储量 280 亿吨，资源量估算为 550 亿～750 亿吨。按目前每年约 3 亿吨的消耗速率，全球铝土矿探明储量的静态保障年限达到 90 年以上，铝土矿资源量可满足全球 300 年之需。铝是可重复回收利用的金属，根据国际铝业研究所的报告，截至 2014 年，全球再生铝已占全球铝总产量的 1/3，预计未来全球的铝重复回收利用率还将进一步提高。尽管全球铝土矿资源丰富、分布广泛，但是还存在供需市场地域不平衡的问题，中国、美国和欧盟都需要大量进口铝土矿以满足其铝工业的需求。

5.1.3 铝的历史

德国化学家维勒 1827 年在实验室制备出了铝，1886 年，美国的大学生霍尔和法国的大学生埃罗各自独立地研究出电解制铝法，开创了人类大规模工业化生产铝和应用铝的历史，这一方法一直沿用至今。

人类使用金属铝的历史较为短暂，仅有 100 多年，但铝资源的开发利用发展迅猛，世界的铝产量从 1956 年开始超过铜，从此一直居有色金属之首。全球铝的产量和用量仅次

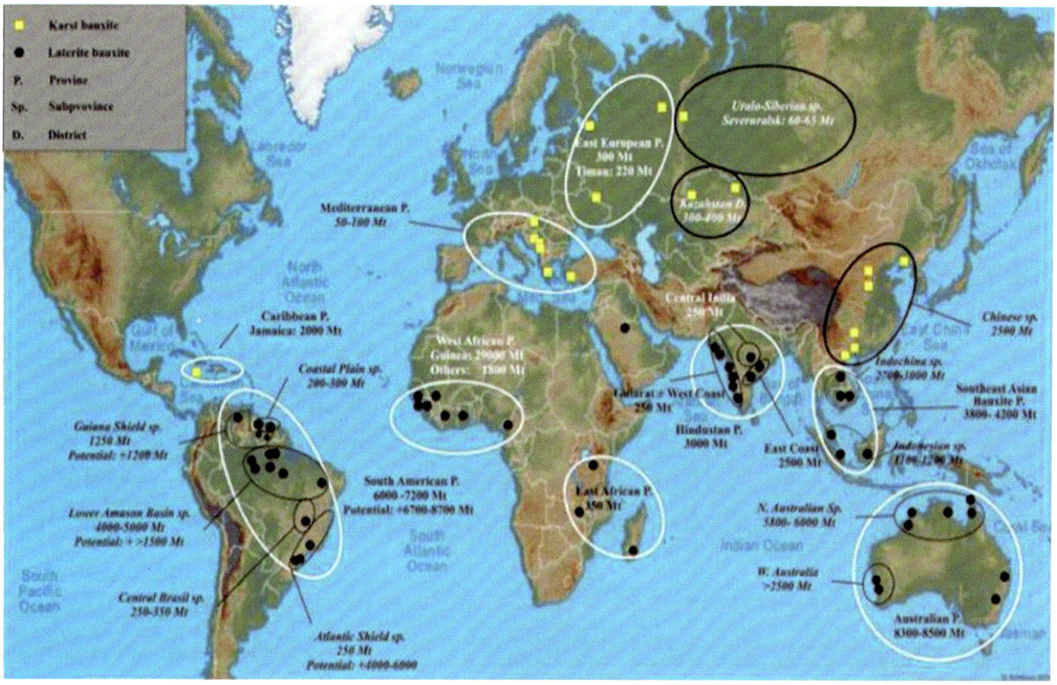

图 5-1　全球铝土矿分布区域

（黄色为岩溶型，黑色为红土型。资料来源：Bauxite-Alumina-Aluminium Vicky Vassiliadou Laboratory and Quality Manager Aluminium S. A.）

于钢铁，是铜的两倍多。在人类使用的金属中，铝用量居第二位。铝及铝合金性能优异，是目前人类所应用的材料中用途最广泛、最经济、最环保的材料之一。

5.1.4　铝的应用

金属铝的密度仅为 2.7g/cm^3，表面易形成致密氧化膜。质量轻和耐腐蚀是铝及其合金金属性能中的两大突出特点，除此之外，铝还有优良的导电性、导热性和优良的力学性能以及光反射性能、隔音性能等，铝还可与众多金属形成各种高性能合金，这些性能决定了铝有其广泛的应用领域。铝在各行业领域的用量占比如图 5-2 所示。

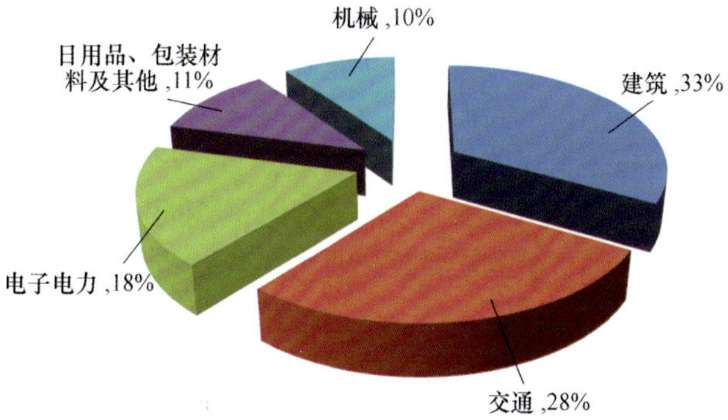

图 5-2　铝在各行业应用量分布

（资料来源：IAI 2015）

铝最主要的应用领域包括建筑、交通运输、电力、机械、耐用消费品及包装材料等方面，具体如下：

（1）建筑：铝可用于制作建筑物铝合金骨架、铝合金梁、空心铝壁板、铝合金门窗以及各种铝制构件。铝具有吸音性能，音响效果也较好，所以广播室、现代化大型建筑室内的天花板等也常采用铝质材料。

（2）交通：铝密度小，虽然比较软，但可制成各种高强度铝合金，如硬铝、超硬铝、防锈铝、铸铝等。这些铝合金广泛应用于飞机、汽车、火车、船舶等制造业，可降低交通工具的质量，实现减重、节能。火箭、航天飞机、人造卫星也大量使用铝及其合金。例如，一架超音速飞机约由70%的铝及其合金构成，一艘大型客船的用铝量常达几千吨。家用汽车的铝合金材料使用比例也在不断增加，以降低油耗，改善性能。

（3）电力电子：在金属中，铝的导电性仅次于银、铜和金，虽然它的导电率只有铜的2/3，但密度是铜的1/3，所以输送同量的电，铝线的质量只有铜线的一半。铝表面的氧化膜不仅有耐腐蚀的能力，而且有一定的绝缘性，所以铝在电器制造业、输电线缆和电子工业中有广泛的应用。

（4）机械：铝合金材料种类众多，质量较轻而强度较高，加工和铸造性能好，多种铝合金强度超过了合金钢。铝合金是优质的结构材料，常用于机械部件的制造，如发动机机体、车辆轮毂等。铝是热的良导体，它的导热能力比铁大3倍，工业上用铝制造各种热交换器、散热材料和炊具等。铝因其表面有致密的氧化物保护膜，不易受到腐蚀，常被用来制造化学反应器、医疗器械、冷冻装置、石油精炼装置、石油和天然气管道等。铝在温度低时，强度反而增加，且无脆性，因此它是理想的低温装置材料，如冷藏库、冷库、雪上车辆、氧化氢的生产装置等。

（5）包装材料和日用品：铝有较好的延展性（仅次于金和银），在100~150 ℃时可制成薄于0.01mm的铝箔，还可制成铝丝、铝条。这些材料可广泛用于方便食品、饮料、香烟和日用品的包装。铝良好的力学性能和导热性使其广泛用于厨具、器皿、家用电器散热器等日用品。

（6）涂料和反光材料：铝粉具有银白色光泽，常用来做涂料，俗称银粉、银漆，以保护铁制品不被腐蚀，而且美观。铝板对光的反射性能很好，其反射紫外线的能力比银高，因此常用来制造高质量的反射镜、太阳灶等。

5.2 铝矿物和铝矿床

全球已知的含铝矿物超过270种，就技术角度而言，很多含铝矿物和岩石如铝土矿、黏土、明矾石、霞石正长岩、斜长岩、页岩、煤矸石、粉煤灰等都可以作为提取铝的原料，但是到目前为止，只有铝土矿被证明是商业化提取铝资源的合适原料，其他原料提取铝在经济性方面还需要进一步地证明。

铝土矿是以三水铝石、一水软铝石或一水硬铝石为主要矿物，赤铁矿、针铁矿、高岭土、蛋白石、石英、金红石、锐钛矿等为次要矿物所组成的复杂矿物集合体，产状多为无光泽、无解理的土状、鲕状、豆状、碎屑状、致密状的集合体，硬度中等，颜色有白色、灰色、灰黄、黄绿、浅绿、蔷薇、砖红等，常以核状、豆状或土状出现。

5.2.1 铝土矿矿物类型

通常所指的铝土矿矿物有三种类型，即三水铝石型、一水硬铝石型和一水软铝石型。三种类型的差别主要体现在化学结构和化学成分上，在铝的提取冶金工艺中，不同的矿物类型需要的工艺技术参数不同。铝土矿矿物类型和性质见表 5-1。

表 5-1 铝土矿矿物类型和性质

矿物类型	化学成分	Al_2O_3 含量/%	晶型	密度/g·cm^{-3}	莫氏硬度
三水铝石（Gipsite）	$Al_2O_3 \cdot 3H_2O$（γ 型）	65.35	单斜	2.3~2.4	2.2~3.5
一水硬铝石（Diaspore）	$Al_2O_3 \cdot H_2O$（α 型）	84.98	斜方	3.3~3.5	6.5~7.0
一水软铝石（Boehmite）	$Al_2O_3 \cdot H_2O$（γ 型）	84.98	斜方	3.01~3.06	3.5~5.0

铝土矿的应用主要包含铝冶金和非金属两个领域，全球铝土矿总产量的 90%以上用于铝冶金行业，其余用于非金属领域。在非金属领域，铝土矿主要用于生产耐火材料、磨料、高铝水泥、铝化学品、焊料、脱色剂、阻燃剂等。

5.2.2 铝土矿矿床类型

铝土矿矿床的成因理论和假说有很多种，国内外学者对铝土矿矿床成因类型划分先后提出了各种各样的分类方案，目前较为一致的看法是将其分为两大类，即沉积型和红土型。我国学者添加了产于地台区碳酸盐岩侵蚀面上的硬水铝石铝土矿床——堆积型，这一具重要意义的典型矿床。铝土矿矿床类型和特征见表 5-2。

表 5-2 铝土矿矿床类型和特征

矿床类型		地质特征	矿体常见特征	矿石特征		
				结构颜色	矿物组成	化学成分/%
沉积型（岩溶型）	产于碳酸盐侵蚀面	矿层覆于碳酸盐侵蚀面	层状、透镜状、漏斗状，长数百米至两千米，厚度不稳，大中型为主	土状、鲕状、豆状、碎屑状。白、红、灰、浅绿等色	一水硬铝石、高岭石、水云母、绿泥石、褐铁矿、赤铁矿、针铁矿、一水软铝石等	Al_2O_3：40~75 SiO_2：4~18 Fe_2O_3：2~20 铝硅比：3~12
	产于其他岩石侵蚀面	矿层覆盖于砂岩、页岩、泥灰岩、玄武岩等岩石侵蚀面	层状、透镜状、长度百米至千米，厚度 1~4m，以中小型为主	致密状、角砾状、鲕状、豆状、碎屑状。灰、青、紫红、浅绿等色	一水硬铝石、高岭石、蒙脱石、埃洛石、绿泥石、菱铁矿、褐铁矿、黄铁矿等	Al_2O_3：40~70 SiO_2：8~20 Fe_2O_3：2~20 铝硅比：2.6~9

续表 5-2

矿床类型	地质特征	矿体常见特征	矿石特征		
			结构颜色	矿物组成	化学成分/%
红土型	玄武岩、辉长岩风化淋滤而成	层状、斗篷状、不规则状，产状平缓，厚 0.5～20m，面积 0.5～50km^2，大中型为主	黄褐色、紫红色、杂色	三水铝石、赤铁矿、针铁矿、高岭石、石英、一水软铝石、锐钛矿、金红石	Al_2O_3：30～60 SiO_2：2～10 Fe_2O_3：1～18 铝硅比：6～20
堆积型		形态复杂不规则状、长度数百米至两千米，厚 0.5～10m，中小型为主	土状、鲕状、碎屑状，灰、褐红、杂色等色	一水硬铝石、高岭石、针铁矿、赤铁矿、三水铝石等	Al_2O_3：40～65 SiO_2：2～12 Fe_2O_3：16～25 铝硅比：4～5

资料来源：储量委员 1984 年颁发的铝土矿床类型、近年专家研究成果及国外红土型矿床数据。

（1）红土型铝土矿床：由下伏铝硅酸盐岩（如玄武岩、花岗岩、粒玄岩、长石砂岩、麻粒岩等），在热带和亚热带气候条件下，经深度化学风化（即红土化）作用而形成的与基岩呈渐变过渡关系的残积矿床（包括就近搬移沉积的铝土矿）。全球红土型铝土矿主要分布于南、北纬 30°间的热带、亚热带地区，有 8 个大的成矿带。储量规模大于 10 亿吨的六大红土型铝土矿区分布于澳大利亚、几内亚、巴西、喀麦隆、越南和印度，均为易采的露天矿。红土型铝土矿储量占全球储量的 88%左右。

（2）沉积型铝土矿床：原来的红土型铝土矿，被地表通流长距离（30～40km）搬运、沉积于滨海、泻湖、沼泽等岩溶地形环境中的矿床，矿床基底以碳酸盐岩为主，少量基底为泥质岩、碎屑岩和玄武岩。此矿床与基岩呈不整合或假整合关系。全球沉积型铝土矿主要分布于北纬 30°～60°附近的温带地区，主要分布于北半球，有 6 个大的成矿带，此类型矿床储量占世界总储量的 11%左右。

（3）堆积型铝土矿床：专指原生的沉积铝土矿（如广西平果等地的层状高硫铝土矿），由于构造变动暴露地表，后经剥蚀、搬运、堆积（包括坡积、坠积等），在其附近的岩溶洼地、坡地中，再风化淋滤而成的矿床。

5.2.3 全球铝土矿分布

全球红土型铝土矿主要分布于南、北纬 30°线间热带、亚热带范围内大陆边缘的近海平原、中低高地、台地和岛屿上（见图 5-3）。据 G·巴尔多西观点，全世界红土型铝土矿床有 8 个大的成矿带：南美地台成矿带、巴西东南部成矿带、西非成矿省、东南非成矿带、印度成矿省、东南亚成矿带、西北澳成矿带、东南澳成矿带。储量规模大于 10 亿吨的六大红土型铝土矿区分布于澳大利亚、几内亚、巴西、喀麦隆、越南和印度，且均为易采的露天矿。

全球沉积型铝土矿主要分布于北纬 30°～60°附近的温带地区，我国的大部分铝土矿床属于此类。全世界沉积型铝土矿床主要分布于北半球，有 6 个大的成矿带：地中海成矿带、乌拉尔-西伯利亚-中亚成矿带、伊朗-喜马拉雅成矿带、东亚成矿带、加勒比海成矿带、北美洲成矿带。而赤道以南仅有所罗门、洛亚尔提、汤加和斐济群岛等少数几个岩溶型铝土矿床分布。

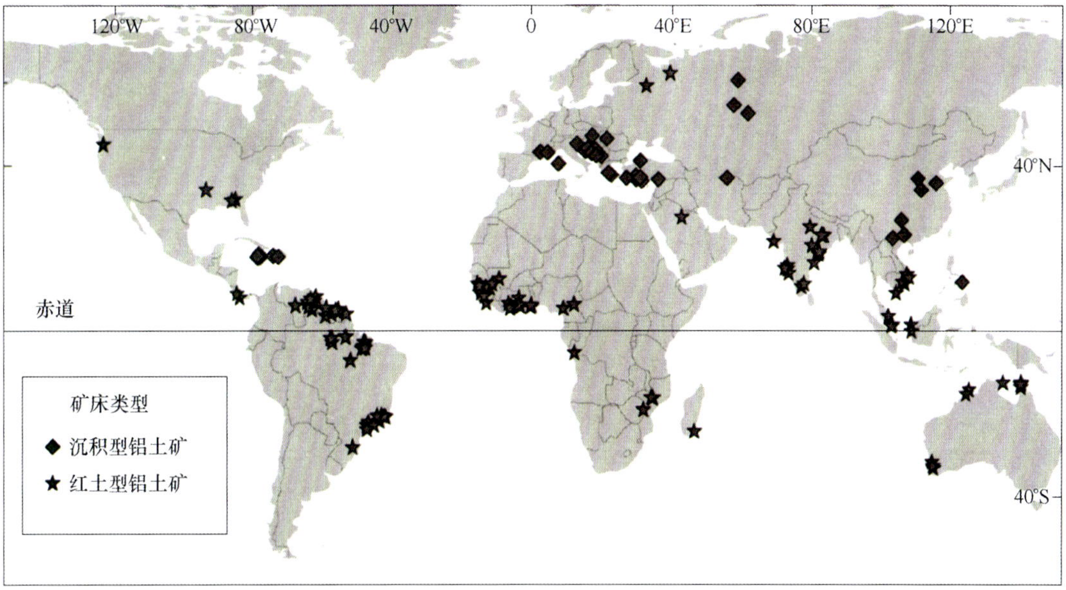

图 5-3 全球铝土矿床分布

（资料来源：Availability of Bauxite Reserves F. M. Meyer. Natural Resources Research，Vol. 13，No. 3，September 2004）

5.2.4 铝土矿矿石类型

从工业应用角度来看，铝土矿矿石类型分为单一型和混合型两种。

（1）单一型：主要包括三水铝石型、一水软铝石型和一水硬铝石型；

（2）混合型：主要包括三水铝石-一水软铝石型和一水软铝石-一水硬铝石型。

红土型铝土矿床主要产出三水铝石或三水铝石-一水软铝石混合型矿石，以高铁、中铝、低硅、高铝硅比为特征，是铝工业易采易溶的优质原料。适宜采用流程简单、能耗低的拜耳法生产氧化铝。

沉积型铝土矿床，因成矿时代和地域不同，矿石类型呈多样性，如我国古岩溶铝土矿床以一水硬铝石型为主，矿石以高铝、高硅、低铁、中等铝硅比为特征；而地中海和加勒比海地区的岩溶型铝土矿床，既有中生代一水软铝石型，又有新生代三水铝石型及各种混合型，多为良好的铝工业原料。

红土型和岩溶型铝土矿床中的三水铝石型和三水铝石-一水软铝石混合型铝土矿这类冶炼能耗较低的资源合计储量占世界总储量的 90%以上。

5.2.5 铝土矿矿石的质量要求

氧化铝生产的工艺方法主要有三种，可以适应不同品质的矿石。氧化铝生产工艺方法对铝土矿石质量的一般要求见表 5-3。

表 5-3 氧化铝生产工艺方法对铝土矿石质量的一般要求

工艺方法	拜耳法	烧结法	联合法
矿石质量一般要求	Al_2O_3：40%~60% SiO_2：<5%~7% 铝硅比：>7~10	$w(Al_2O_3)$>55% 铝硅比大于 3.5 $w(Fe_2O_3)$>10	$w(Al_2O_3)$>55% 铝硅比大于 4.5 $w(Fe_2O_3)$>10
工艺特点	工艺简单，成本低，但对矿石质量要求高	可处理低品位矿石，能耗高	资源利用率高，工艺复杂，能耗高

不同类型的铝土矿石矿物组成类型不同，用拜耳法生产氧化铝的工业浸出条件有较大差别，三水铝石型铝土矿最易冶炼，常压条件下即可浸出提取铝，其次为一水软铝石型铝土矿，在中温中压条件下浸出；一水硬铝石型铝土矿较难冶炼，需在高温高压下浸出。拜耳法处理不同类型铝土矿的常用浸出条件见表 5-4。

表 5-4 不同类型铝土矿石的拜耳法浸出条件

矿石类型	浸出条件	
	浸出压力/MPa	浸出温度/℃
三水铝石	0.1（常压）~0.5	100~150
一水软铝石	1.6~3.4	200~240
一水硬铝石	3.7~6.5	245~280
三水铝石—一水软铝石混合型	1.3~1.8	190~205
一水软铝石—一水硬铝石混合型	3.7~6.5	245~280

5.3 各国铝土矿资源和铝工业概况

5.3.1 全球各国铝土矿储量

全球铝土矿成矿带主要分布在非洲、大洋洲、南美及加勒比地区和亚洲。据美国地质调查局统计，全球铝土矿资源量（估值）为 750 亿吨，其中非洲占 32%，大洋洲占 23%，南美国和加勒比占 21%，亚洲占 18%，其他地方占 6%。

2016 年全球铝土矿探明储量接近 280 亿吨，全球铝土矿资源分布集中，几内亚为全球铝土矿储量最多的国家，占全球铝土矿探明储量的 26.59%。澳大利亚位居第二，占 22.28%，其次是巴西占 9.34%、越南占 7.55%、牙买加占 7.19%，印度尼西亚占 3.59%，这六个国家的铝土矿储量之和占到全球铝土矿储量的 77%。中国、美国等国的自有铝土矿资源不足，难以满足本国铝工业长期发展的需求，需要进口铝土矿。

2010 年全球铝土矿产量为 2.39 亿吨，2016 年增长到 2.64 亿吨。澳大利亚连续多年保持全球铝土矿生产第一大国的地位，2016 年年产量达到 8200 万吨，占全球产量的 31.24%，中国排名第二、占全球产量的 24.77%，排名第三至第六位的为：巴西占 13.14%、印度占 9.53%、马来西亚占 7.75%，几内亚占 6.47%，这六个国家的铝土矿产量占到全球铝土矿产量的 89.4%。几内亚的铝土矿资源储量巨大，近年来多个国际铝业巨头竞相投资，铝土矿产量增长潜力巨大。全球各国铝土矿储量和产量及份额见表 5-5、图 5-4 和图 5-5。

表 5-5　2016 年全球各国铝土矿储量及产量

国家	储量/万吨	储量分布/%	产量/万吨	产量份额/%
几内亚	740000	26. 59	1970	7. 51
澳大利亚	620000	22. 28	8200	31. 24
巴西	260000	9. 34	3450	13. 14
越南	210000	7. 55	150	0. 57
牙买加	200000	7. 19	850	3. 24
印度尼西亚	100000	3. 59	100	0. 38
中国	98000	3. 52	6500	24. 77
圭亚那	85000	3. 05	160	0. 61
印度	59000	2. 12	2500	9. 53
俄罗斯	20000	0. 72	540	2. 06
其他国家	391000	14. 05	1826	6. 96
全球总量	2783000	100	26246	100

资料来源：USGS。

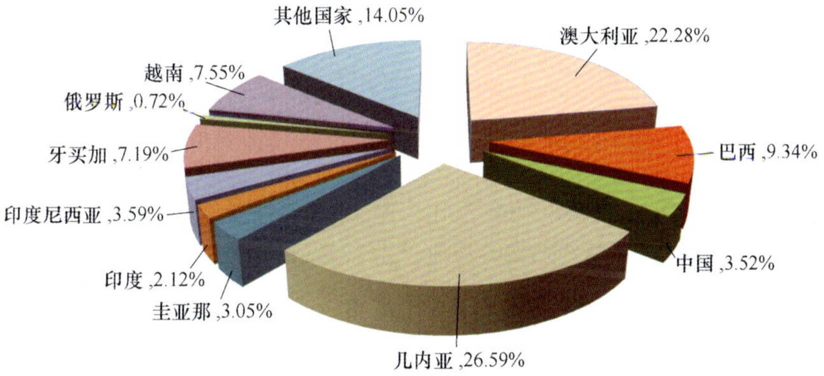

图 5-4　2016 年全球铝土矿储量分布情况

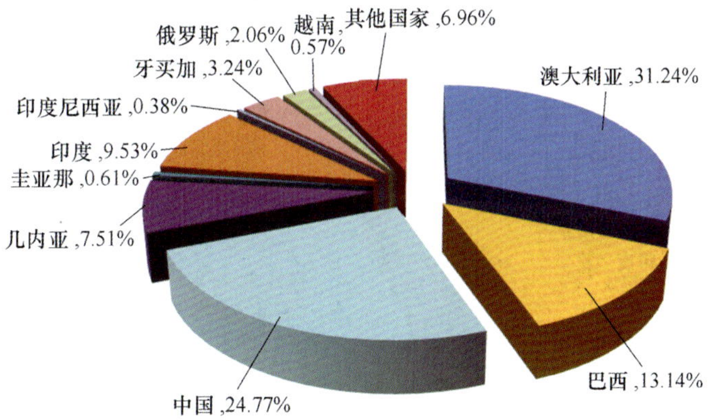

图 5-5　2016 年全球各国铝土矿产量份额

5.3.2 全球各国铝土矿及氧化铝和电解铝产量

氧化铝是铝土矿生产金属铝的中间产品，全球氧化铝产量决定了全球原铝（不含再生铝）产量。全球氧化铝产量在2016年达到1.18亿吨，我国是全球氧化铝生产第一大国，2016年的产量达到5850万吨，占全球产量的49.46%。巴西（占17.59%）、澳大利亚（占17.5%）、印度（占4.95%）、俄罗斯（占2.28%）、美国（占2.11%）产量分列第二到第六位。我国氧化铝产能过剩明显。全球氧化铝主要生产国产量份额如图5-6所示。

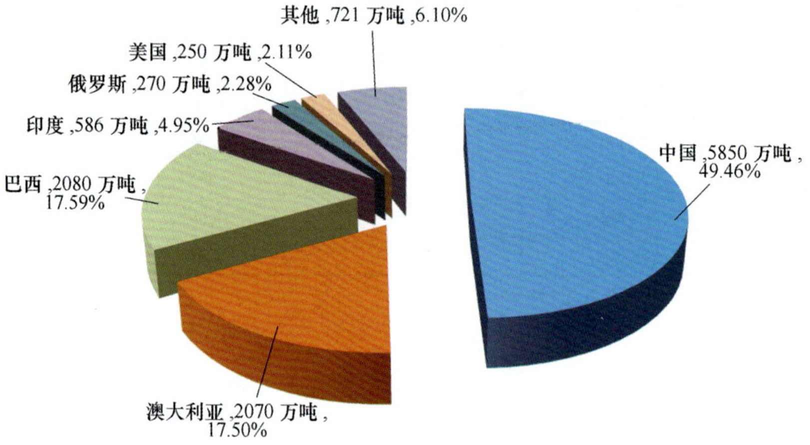

图5-6　2016年全球氧化铝主要生产国产量份额

全球原铝产量在2016年达到5760万吨，比2015年增长了10万吨。我国是全球原铝生产第一大国，2016年产量达到3100万吨，占全球原铝产量的53.82%；俄罗斯排名第二，生产原铝358万吨，占全球产量的6.22%；加拿大排第三，生产原铝325万吨，占全球产量的5.64%；其次是印度275万吨，占4.77%；阿联酋240万吨，占4.17%；澳大利亚168万吨，占2.92%，排名分列第四到第六位。我国原铝产能已呈现明显过剩。全球电解铝主要生产国产量份额如图5-7所示。

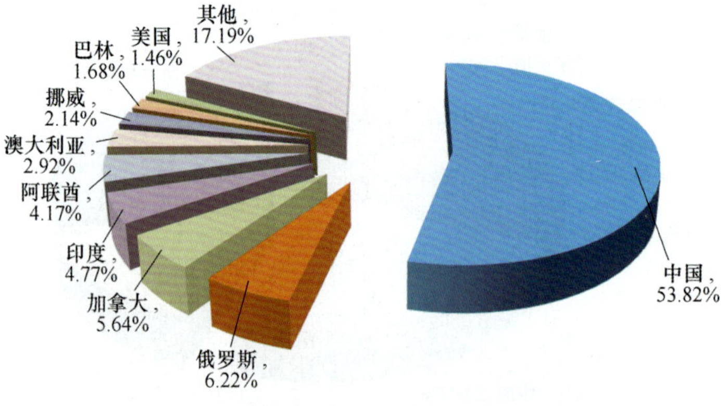

图5-7　2016年全球电解铝主要生产国产量份额

5.3.3 各国铝土矿资源特点

国外多数铝土矿石以三水铝石型及三水铝石-一水软铝石混合型为主，矿石质量较好，以高铁、低硅、高铝硅比为特点，是铝工业的优质原料，适于流程简单、能耗低、碱耗低、生产成本低的拜耳法生产氧化铝。我国的铝土矿资源基本都是一水硬铝石型铝土矿，以高铝、高硅、低铁为特点，作为铝冶炼原料，能耗高，但由于其氧化铝含量高，生产氧化铝的矿石消耗量低。我国的一水硬铝石型铝土矿含铁低、耐火度高、收缩性小，除作为铝工业良好原料外，还可作为优质耐火材料在国际市场上具有得天独厚的优势。全球主要铝土矿资源大国矿石性质概况见表 5-6。

表 5-6 全球主要铝土矿资源大国矿石性质概况

国家	化学成分/%					矿物类型
	Al_2O_3	SiO_2	Fe_2O_3	TiO_2	LOI	
澳大利亚	25~58	0.5~38	5~37	1~6	15~28	三水铝石、一水软铝石
几内亚	40~60.2	0.8~6	6.4~30	1.4~3.8	20~32	三水铝石、一水软铝石
巴西	32~60	0.95~25.7	1~58.1	0.6~4.7	8.1~32	三水铝石
中国	50~70	9~15	1~13	2~3	13~15	一水硬铝石
越南	44.4~53.2	1.6~5.1	17.1~22.3	2.6~3.7	24.5~25.3	三水铝石、一水硬铝石
牙买加	45~50	0.5~2	16~25	2.4~2.7	25~27	三水铝石、一水软铝石
印度	40~80	0.3~18	0.5~25	1~11	20~30	三水铝石
圭亚那	50~60	0.5~17	9~31	1~8	25~32	三水铝石
希腊	35~65	7.5~30	7.5~30	1.3~3.2	13~16	一水硬铝石、一水软铝石
苏里南	37.3~61.7	1.6~3.5	2.8~19.7	2.8~4.9	29~31.3	三水铝石、一水软铝石
匈牙利	50~60	1~8	15~20	2~3	13~20	三水铝石、一水软铝石
委内瑞拉	35.5~60	0.9~9.3	7~40	1.2~3.1	19.3~27.3	三水铝石
俄罗斯	36~65	1~32	8~45	1.4~3.2	10~14	一水软铝石、一水硬铝石、三水铝石
美国	31~57	5~24	2~35	1.6~6	16~28	三水铝石、一水铝石
法国	50~55	5~6	4~25	2~3.6	12~16	一水硬铝石、一水软铝石
印度尼西亚	38.1~59.7	1.5~13.9	2.8~20	0.1~2.6	不详	三水铝石
加纳	41~62	0.2~3.1	15~30	不详	不详	三水铝石
塞拉利昂	47~55	2.5~30	不详	不详	不详	三水铝石

资料来源：《世界铝土矿资源综述》，刘中凡，2001 年第 5 期《轻金属》。

5.4 国外主要铝业公司

铝行业是一个资本密集、竞争激烈、产业高度集中的行业，为了提高竞争力，铝行业并购重组时常发生。2014 年全球原铝产量达到 5050t，全球十大铝业公司的铝产量占到全球铝产量的 50%以上。十大铝生产企业原铝产量见表 5-7 和图 5-8，需要指出的是，2016 年全球原铝产量增长到 5760 万吨，由于并购等因素，排名又发生了变化，十大原铝生产商依次成为中国宏桥、俄罗斯铝业、力拓、信发集团、中国铝业、阿联酋全球铝业、美国铝业、中电投、东方希望和挪威海德鲁。

表 5-7　全球十大铝生产企业 2014 年原铝产量

公司名称	原铝产量/万吨	占全球份额/%	在十大公司中的产量占比/%
俄铝（UCRusal）	360.1	6.7	13.2
中铝（Chalco）	338	6.2	12.4
力拓（Rio Tinto）	336.1	6.2	12.3
宏桥集团（Hongqiaog Group）	315.8	5.8	11.6
美铝（Alcoa）	312.5	5.8	11.4
中电投集团（CPI）	266.9	4.9	9.8
阿联酋铝业（EGA）	234.1	4.3	8.6
信发集团（Xinfa Group）	230.6	4.3	8.4
挪威海鲁德（Norsk Hydro）	195.8	3.6	7.2
东方希望（East Hope）	139.5	2.6	5.1
合　计	2729.4	50.4	100

资料来源：俄铝 CUR company data。

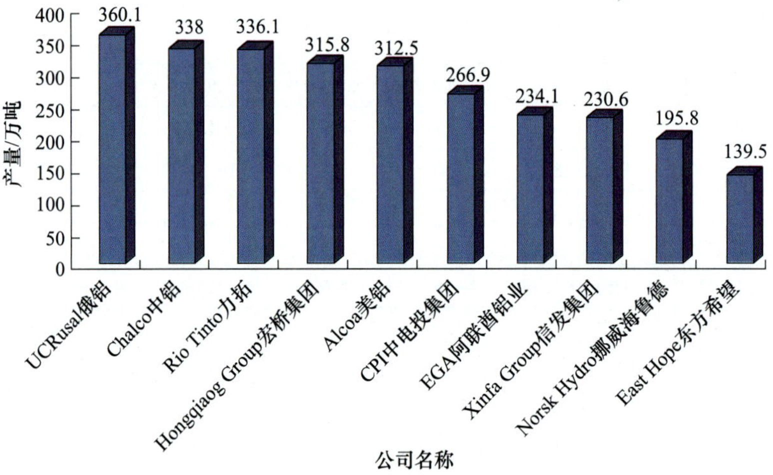

图 5-8　2014 年全球十大铝生产商原铝产量

5.4.1　俄罗斯铝业联合公司

5.4.1.1　概况

俄罗斯铝业联合公司（UCRusal）是全球最大的铝及氧化铝生产商之一。公司成立于

续表 5-11

氧化铝厂（位置）	所属子公司及股份	年额定产能/万吨	归属公司年产能/万吨
Suralco（苏里南）	LLC（Suralco）（55%） N. V. Alcoa Minerals of Suriname（AMS）（45%）	220.7	220.7
Point Comfort, TX（美国）	AWA LLC（100%）	230.5	230.5
合 计		1888.1	1727.1

5.4.3 力拓集团

5.4.3.1 概况

力拓集团（Rio Tinto）是当今世界最主要的采矿和金属公司之一，有超过 140 年的历史。力拓的主要产品有铝、铜、钻石、黄金、工业矿物（硼砂、钛白粉、盐）、铁矿石、煤和铀。公司业务遍布六大洲 40 多个国家，公司雇员超过 6 万人。在力拓集团组织架构下，设有四个产业集团，即铝业集团、铜与煤业集团、钻石与工业矿物集团、铁矿石集团，均由公司勘探和技术创新集团提供技术支持。

力拓在 20 世纪 50 年代中期与澳大利亚联邦铝业（Comalco）公司合作开始涉足铝行业，在 2000 年完成了对 Comalco 公司的并购，并在 2006 年年底将公司改名为 Rio Tinto Aluminium，2007 年 10 月，力拓与加拿大铝业（Alcan）达成了 381 亿美元的收购协议。两公司合并完成后，力拓成为世界上最大的铝业公司之一。

加拿大铝业（Comalco）曾是加拿大最重要的公司之一，在全球铝行业有重要地位，1928 年由美国铝业公司（Alcoa）分离出来，并入力拓后更名为 Rio Tinto Alcan Inc.，大大增强了力拓在铝行业的竞争力。

力拓在铝行业的资产遍布全球，包括铝土矿、铝冶炼厂、发电厂、港口、碳素厂、冰晶石厂、勘探服务、铝冶炼技术服务、工程、贸易等机构。力拓作为铝行业的引领者之一，主要工作领域包括铝土矿勘探、开采、加工和贸易等。主要为全球市场提供以下产品：高品质铝土矿、氧化铝、电解铝、铝合金等，还提供铝热轧板材、铝挤压坯、锻坯、铝杆、高纯铝锭、铝线材、铝金属基复合材料等各种铝材。

5.4.3.2 发展趋势

力拓集团在铝行业拥有铝土矿资源的质量优势和储量优势，公司在铝土矿资源勘探开发方面不断投入，确保其铝土矿的资源优势。

力拓非常注重节能减排，公司拥有 10 座发电厂，电力产能超过 4100MW/a。在原铝生产中，力拓公司使用的电力能源是行业中最洁净的，原铝生产所用电力的 97%来自于水电，不仅减少了碳排放，而且也使其成为全球原铝生产成本最低的企业。

力拓致力于氧化铝精炼技术和电解铝冶炼技术的提升，主要目标是提高铝的生产率，减少铝业生产对环境的影响。公司的研发网络包括三个世界级的研发中心：加拿大阿尔维达研究与发展中心（ARDC）、法国 LRF 研究中心、澳大利亚昆士兰研究发展中心（QRDC）。这三个研究机构主要进行铝土矿开发、氧化铝、电解铝、碳素、铝合金、铝材料等方面的技术创新和研发工作。

力拓研发的 AP 铝电解技术为铝电解工艺在可靠性、生产效率、能源效率、可持续发展方面提供了优秀的解决方案。力拓认为作为清洁冶炼技术和最低的碳排放代表的 AP 铝电解技术可以作为全球铝电解能源消耗和环境保护指标的标杆。

5.4.3.3 铝土矿资源和开发利用概况

力拓集团拥有的铝土矿资源分布于澳大利亚、巴西和几内亚三个铝土矿资源大国，包含四座矿山。截至 2014 年年底，力拓拥有的铝土矿探明储量达到 20.03 亿吨。资源量达到 81.12 亿吨，2014 年公司的铝土矿产量达到 4187.1 万吨，2015 年产量达到 4368 万吨，2016 年产量达到 4770 万吨，产量连续增长，成为业内最大的铝土矿生产公司。力拓所拥有的铝土矿矿山储量大、品质好，具体情况见表 5-12。

表 5-12 2014 年力拓公司铝土矿资源概况

矿 山	所在国	公司股份 /%	储量（力拓份额）/Mt	品位（Al_2O_3）/%	年产量（力拓份额）/万吨	开采方式
Gove	澳大利亚	100	146	49.4	652.8	露采
Porto Trombetas	巴西	12	94	49.5	196.5	露采
Sangaredi	几内亚	23	278	49.4	711.1	露采
Weipa	澳大利亚	100	1485	52.5	2626.6	露采
力拓近三年铝土矿产量	4187.1 万吨（2014 年）、4368 万吨（2015 年）、4770 万吨（2016 年）					

资料来源：力拓公司年报。

2015 年力拓集团投资 19 亿美元，开发澳大利亚昆士兰地区的 Amrun 铝土矿项目，预计 2019 年投产，产能达到 2280 万吨/年并可扩大到 5000 万吨/年，逐渐取代 Weipa 矿区产能，主要满足力拓 Yarwun 氧化铝精炼厂和昆士兰氧化铝精炼厂的需求，并满足中国市场对铝土矿资源的需求。

力拓集团拥有四座氧化铝精炼厂，位于澳大利亚、巴西、加拿大三个国家，2014 年氧化铝产量为 813.4 万吨，2015 年产量为 778.8 万吨，连续四年下降，2016 年有所恢复，氧化铝产量达到 819.2 万吨，力拓集团 2014 年氧化铝生产状况见表 5-13。

表 5-13 2014 年力拓氧化铝生产概况

氧化铝厂	所在国	力拓股份 /%	产量 /万吨	产量（力拓份额）/万吨
onquière（Vaudreuil）	加拿大	100	144.4	144.4
Queensland Alumina	澳大利亚	80	356.8	285.4
São Luis（Alumar）	巴西	10	363.9	36.4
Yarwun	澳大利亚	100	268.8	268.8
Jonquière（Vaudreuil）specialty plant	加拿大	100	10.8	10.8
Gove refinery	澳大利亚	100	67.6	67.6
力拓近 3 年氧化铝产量	813.4 万吨（2014 年）、778.8 万吨（2015 年）、819.2 万吨（2016 年）			

力拓集团拥有 19 座冶炼厂，分布在全球 9 个国家，力拓在加拿大和澳大利亚冶炼厂产能较大，2014 年力拓原铝产量达到 336. 1 万吨，2015 年下降到 332. 2 万吨，2016 年增长到 364. 6 万吨。2014 年力拓金属铝生产情况见表 5-14。

表 5-14　2014 年力拓金属铝生产情况

金属铝冶炼厂	所在国	力拓股份/%	产量/万吨	产量（力拓份额）/万吨
Alma	加拿大	100. 0	45. 5	45. 5
Alouette (Sept-Îles)	加拿大	40. 0	58. 3	23. 3
Alucam (Edéa)	喀麦隆	46. 7	9. 3	4. 3
Arvida	加拿大	100. 0	17. 3	17. 3
Arvida AP60	加拿大	100. 0	59	5. 9
Bécancour	加拿大	25. 1	44. 6	11. 2
Bell Bay	澳大利亚	100	18. 8	18. 8
Boyne Island	澳大利亚	59. 4	55. 3	32. 8
Dunkerque	法国	100	27. 0	27
Grande-Baie	加拿大	100	22. 2	22. 2
ISAL (Reykjavik)	爱尔兰	100	20. 6	20. 6
Kitimat	加拿大	100	12. 5	12. 5
Laterrière	加拿大	100	24. 4	24. 4
Lochaber	英国	100	4. 2	4. 2
Shawinigan	加拿大	100	停产	停产
Sohar (Oman)	阿曼	20. 0	36. 4	7. 3
SØRAL (Husnes)	挪威	50	7. 6	3. 8
Tiwai Point	新西兰	79. 4	32. 7	26
Tomago	澳大利亚	51. 6	56. 1	28. 9
力拓近三年金属铝产量	336. 1 万吨（2014 年）、332. 2 万吨（2015 年）、364. 6 万吨（2016 年）			

5. 5　国外典型铝土矿化学成分及开发利用概况

国外多数铝土矿床储量规模大，矿石以三水铝石型及三水铝石−一水软铝石混合型为主，矿石质量较好，这类铝土矿 Al_2O_3 含量不高，但一般可反应，SiO_2 也低，适于流程简单、能耗低、碱耗低、生产成本低的拜耳法生产氧化铝。国外典型的铝土矿化学成分见表 5-15，国外部分典型铝土矿矿山的资源开发利用指标见表 5-16，这些指标可以反映国外铝土矿开发利用技术水平，可以作为评价国外铝土矿资源的参考依据。

表 5-15 国外典型铝土矿化学成分

矿区（国家）	矿区矿石主要化学成分平均值/%				
	Al_2O_3	SiO_2	Fe_2O_3	TiO_2	烧失率
DarlingRange（澳大利亚）	37	26.5	16.4	1.1	19.3
Weipa（澳大利亚）	58	4.5	6.9	2.5	26.8
Trombetas（巴西）	52	5.1	13.9	1.2	28.1
France Southern Districts（法国）	57	4.6	22.6	2.9	15.1
Mackenzie（圭亚那）	59	4.9	2.9	2.4	30.4
Friguia（几内亚）	49	6.1	14.2	1.6	28.1
Boke（几内亚）	56	1.5	7.9	3.7	30.1
Halimba（匈牙利）	52	6.6	23.5	2.9	18.1
Orissa（印度）	46	2.7	22.4	1.1	24.2
Bintan（印度尼西亚）	53.5	3.9	12.1	1.6	29.2
Clarendon（牙买加）	47.8	2.6	17.6	2.3	27.3
Onverdacht（苏里南）	59	4.3	3.1	2.5	30.9
Surinam Moengo（苏里南）	54	4.2	10.4	2.8	28.9
Arkansas（美国）	51	11.2	6.6	2.2	28.4
Severouralsk（俄罗斯）	54	6.2	14.8	2.4	15.7
Mostar（波黑）	52	3.9	21.2	2.7	16.2
算术平均值	52.75	4.55	14.05	2.4	27.7

资料来源：Ullman's Aluminum Oxides, 2005 Wiley-VCH Verlag GmbH & Co. KGaA, Weinheim, p. 8；厄尔曼的铝氧化物，2005 威利-VCH 出版社有限股份公司，Weinheim，p. 8。

表 5-16　国外部分典型铝土矿矿山资源开发利用指标

矿山（国家）	所属公司	储量/Mt	化学成分/%						矿石性质	年产能/万吨	备注
			Al_2O_3	SiO_2	A/S	Fe_2O_3	TiO_2	Avl/Rx			
Weipa（澳大利亚）	Rio Tinto Alcan	1485（2014 年）	52.5	4.5	11.7	6.9	2.5	16	三水铝石 55%，一水软铝石 14%	2600	露采，矿体平均厚度 2.1m
Gove（澳大利亚）	Rio Tinto Alcan	146（2014 年）	49.4	3.7	13.4	17	3.1	14.8	三水铝石，一水软铝石	820	露采，矿体平均厚度 3.7m
Sangaredi（几内亚）	CBG，Rio Tinto Alcan	278（2014 年）	49.4（$AvAl_2O_3$ 39.1%）	2.1（$RxSiO_2$ 1.1%）	23.5	25.1	不详	35.5	三水铝石，一水软铝石	1400	露采，矿体平均厚度 25m
Darling Range mines（澳大利亚）	Alcoa	164.4（2013 年）	37（$AvAl_2O_3$ 33.1%）	26.5（$RxSiO_2$ 0.91%）	不详	16.4	1.1	36.4	三水铝石，一水软铝石	3140	露采
Juruti（巴西）	Alcoa	46.3（2013 年）	$AvAl_2O_3$ 48.1%	$RxSiO_2$ 4.3%	不详	不详	不详	11.2	三水铝石，一水软铝石	390	露采
Boké（几内亚）	Alcoa CBG	68.5（2013 年）	50.7	1.7	29.8	7.5	3.7	不详	三水铝石，一水软铝石	340	露采
Al Baitha（沙特）	Alcoa Maaden Company	55.2（2013 年）	56（$AvAl_2O_3$ 47.2%）	9.8	5.7	10.6	不详	不详	三水铝石，一水软铝石	400	露采

续表 5-16

矿山（国家）	所属公司	储量/Mt	化学成分/%						矿石性质	年产能/万吨	备注
			Al_2O_3	SiO_2	A/S	Fe_2O_3	TiO_2	Avl/Rx			
Boddington（澳大利亚）	South32	400（2004 年）	37（$AvAl_2O_3$ 31.9%）	4.4（$RxSiO_2$ 2.3%）	8.4	20~30	3	13.86	三水铝石	1660	露采
Paragominas（巴西）	Hydro	881.4（2014 年）	55（$AvAl_2O_3$ 50%）	7.7（$RxSiO_2$ 4%）	7.1	8.9	2.1	12.5	三水铝石	990	露采，矿体平均厚度 2.2m
Panchpatmali（印度）	NALCO	314（2009 年）	46	2.32	19.8	不详	不详	不详	三水铝石	680	露采，矿体厚度 3.3~31m
Bel Air（几内亚）	Alufer Mining Limited	146	44（$AvAl_2O_3$ 38%）	$RxSiO_2$ 1.7	不详	不详	不详	22.4	三水铝石	预计 1030	露采，计划 2016 年投产
Koumbia（几内亚）	Alliance Mining	305	$AvAl_2O_3$ 48.1	$RxSiO_2$ 1.7	不详	不详	不详	28.2	三水铝石	预计 1000	露采，矿体厚度大于 10m，资源量 22 亿吨
Inverelln. NSW（澳大利亚）	AUSTRALIAN BAUXITE LIMITED	38	40.2（$AvAl_2O_3$ 31.8%）	4.7（$RxSiO_2$ 4.1%）	8.6	27.3	4.2	7.8	三水铝石，一水软铝石	不详	露采，矿体厚度大于 4.8m
Bonasika（圭亚那）		11.1	57.7	8.9	6.48	1.2	2.3	不详	三水铝石，一水软铝石	21	露采，矿体厚度 2~11m 烧失率 29.1%，耐火级

注：A/S 为铝硅比；Avl/Rx 为可溶出铝/可反应硅。

资料来源：各公司年报及公司项目可行性报告。

5.6 全球铝土矿资源开发利用趋势

铝行业的产业链包括铝土矿、氧化铝、金属铝、铝制品加工等，该行业的通常运作模式是全产业链运作，公司将原料（铝土矿）到产品（氧化铝、金属铝、铝制品）的过程集成在一个统一的组织下运营，或者公司通过合资或特定的长期承购协议来保障铝土矿资源的供给。全球大型铝业公司一般都以垂直整合的模式运作，公司有自己的铝土矿矿山、氧化铝厂和电解铝厂及铝材加工厂。垂直整合模式的优势是其独立性，可以保证公司原材料供应，以应对市场的价格波动。铝土矿资源丰富、开采成本低、售价较低，一般不足以支持独立矿山运作。近年来，这种情况出现了改变，我国铝产量急剧扩张，很多氧化铝精炼厂依赖铝土矿进口，造就了独立运营的专业生产铝土矿的第三方铝土矿公司。

全球的铝土矿储量主要集中在热带和亚热带地区，包括南亚、拉丁美洲、非洲以及澳大利亚等地，因此全球氧化铝生产设施也多设立在这些地区。

5.6.1 全球铝生产与市场需求发展趋势

150 年前，铝是一种非常昂贵的金属，1890 年前全球共生产了不到 200t 的铝，现在全球铝的消费量在所有金属中仅次于钢铁，位居第二。在未来的几十年内，人类对铝的需求将持续增长。铝在生产过程中消耗大量的能源，但铝的很多优异性能，如密度小、强度高、加工性能好、耐腐蚀、可重复利用等，这使其在汽车、飞机、轮船、智能建筑、电子电力等领域广泛应用。使用铝材可使交通工具轻量化，能极大地节省能源、减少碳排放，目前使用铝材可使汽车减重 15%，每升汽油可行驶里程增加 10%。铝可重复回收利用，已成为现代社会实现可持续发展的重要工业材料。自 21 世纪以来，工业化和城市化的发展极大地推动了人类对铝的需求，铝正在成为最重要的结构材料。人均铝消费量高低被经济学家认为是衡量一个经济体是否强大和发达的显著指标之一，在这方面领先的是美国、欧盟、日本等发达经济体。

铝电解生产工艺的工业化改变了人类使用金属的历史。1890~1899 年，全球铝产量达到 2.8 万吨，1900~1930 年，全球铝产量增加了 10 倍，达到 27 万吨，相当于现今一个电解铝厂的年产量（全球平均）。20 世纪中期，全球铝产量达到 100 万吨，到 1973 年全球铝产量达到 1000 万吨。在接下来的几十年中，这些产量增加的趋势持续存在，到 2016 年全球原铝产量达 5760 万吨。全球铝产量百年变化情况如图 5-9 所示，全球近 70 年铝需求增长变化如图 5-10 所示。

1945~1972 年，全球铝市场需求量年复合增长率达到 9.8%，超过了全球 GDP 的增长速度，主要是由于铝在建筑、电缆、铝箔材料、飞机及后来的饮料罐和食品包装材料等方面的应用不断扩大导致的。1975~2015 年，全球铝市场需求平均年复合增长率超过 3%，最近 10 年全球铝市场需求量复合增长率超过 5%，一方面是由于铝在汽车、航空、航海及结构材料等领域应用不断扩大，另一方面是世界人口第一大国中国的工业化和城市化进程对铝材料的需求快速增长。

展望未来，新兴经济体国家的经济发展、工业化、城市化将是原铝需求增长最大的推动力。世界铝业协会预计，如果世界没有大的经济危机发生，在未来 20 年，原铝消费将

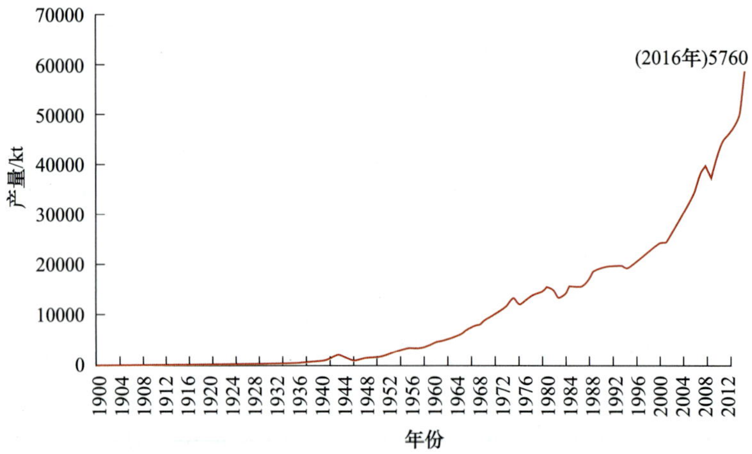

图 5-9　全球铝产量百年变化趋势

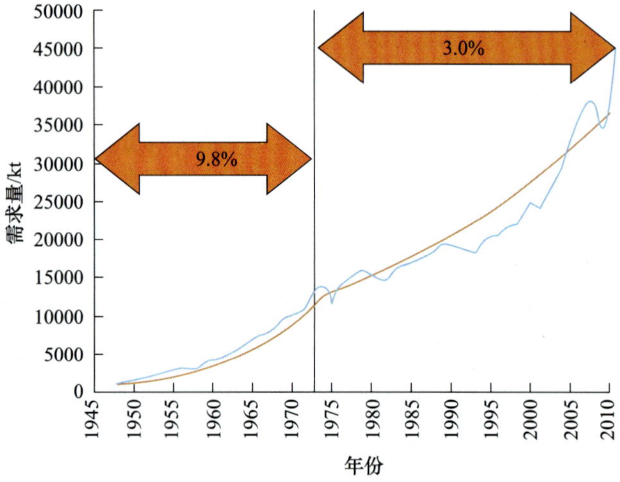

图 5-10　全球最近 70 年铝需求增长变化

以每年约 4%的复合增长率增长。

全球近 60 年来人均铝消费量如图 5-11 所示。2010 年以来，成熟经济体如德国、韩国、日本和美国的铝人均消费量已经稳定在大约 20kg，但是印度只有 2kg，巴西和泰国约 5kg、土耳其 8kg、马来西亚和中国略高于 10kg，如果这些国家的发展模式与成熟经济体的模式相同，原铝消费量应该在未来 20 年增加一倍，值得注意的是，到 2016 年，中国的人均铝消费量已达到 22kg。

5.6.2　铝价格变化趋势

表面上看来，100 年来铝的价格一直在波动中上涨。实际上，国际铝业协会 IAI 按照消费物价指数调整后，铝的价格是下降的，这主要是由于铝行业技术进步和产业规模化大大降低了铝的生产成本。

1972 年以前铝的价格相对稳定，此后铝的价格波动加大，尤其在伦敦金属交易所

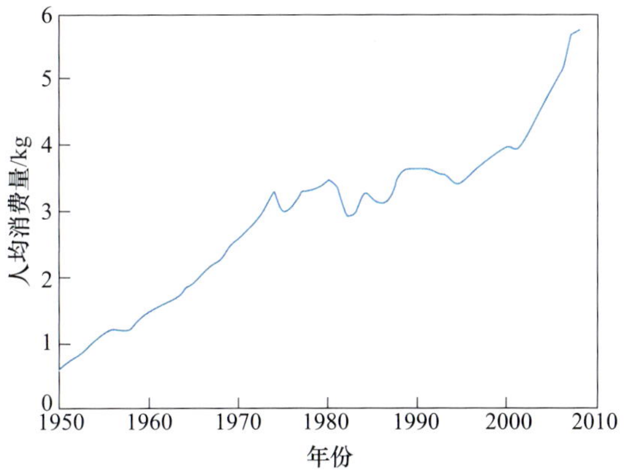

图 5-11　全球近 60 年来人均铝消费量变化趋势

1978 年推出铝期货贸易之后，铝期货交易在一定程度上表现出金融属性。通常铝生产成本的 70%与能源消耗有关，1972 年后，全球能源价格波动加大直接推动了铝价的波动，铝的价格主要取决于市场供需关系、能源价格、美元指数。近年来，随着我国经济增速放缓，铝业产能过快增长，全球铝市场需求增速下降，能源价格下降，铝价也不断下跌。综合分析，预计未来全球铝需求增长较稳定，原铝的供应增长在逐步下降，供需缺口逐步缩小，预计未来铝价格会逐步反弹。2016 年年底到 2017 年 5 月，电解铝价格已出现明显反弹。全球铝价百年变化趋势如图 5-12 所示。

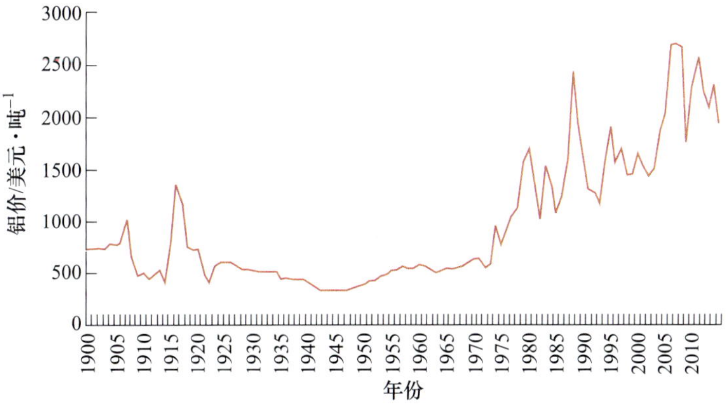

图 5-12　全球铝价百年变化趋势

5.6.3　铝行业生产发展变迁

当今铝土矿生产主要集中在澳大利亚、中国、巴西、几内亚、印度等国，这 5 个国家的铝土矿产量占到全球产量的 85%，未来铝土矿资源供给增加的潜力仍然将集中在铝土矿资源丰富的澳大利亚、几内亚、巴西、牙买加、印度尼西亚、越南和其他东南亚国家。我国铝土矿资源的需求增长对全球铝土矿市场的影响巨大，2014 年由于印度尼西亚禁止原矿出口，澳大利亚、几内亚、马来西亚等国积极扩产，填补缺口，满足中国市场对铝土矿的需求。图 5-13 显示了由挪威海德鲁铝业公司所做的近年来中国铝土矿产量及进口量统计和预测趋势。

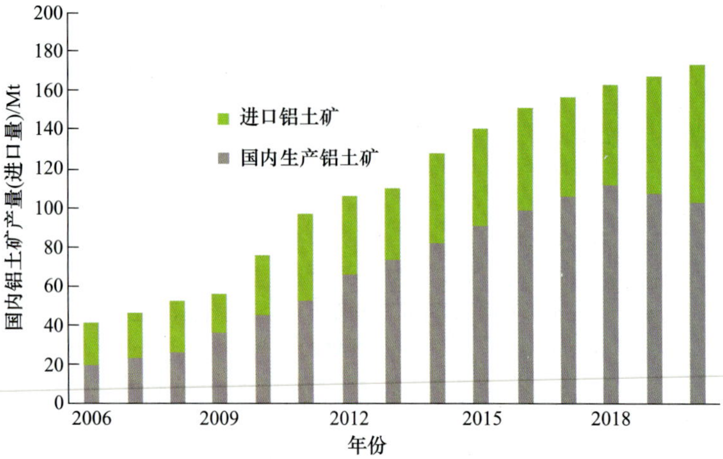

图 5-13 近年中国铝土矿产量、进口量及未来预测

氧化铝生产厂的位置主要由铝土矿价格和当地环境保护要求、原材料供给等条件所决定，全球多数氧化铝生产厂靠近铝土矿产地。电解铝厂的位置主要由能源价格所决定，全球电解铝厂一般集中于能源价格低的地区，如水电丰富的加拿大、挪威、冰岛地区，煤炭、水电资源资源丰富的我国西部地区，油气资源丰富的中东等能源价格相对低廉的地区。

全球原铝生产和消费中心正在由传统的工业化国家美国、日本、挪威、德国、法国等国向新兴经济体国家如中国、印度、俄罗斯、巴西、南非及澳大利亚、加拿大等国转移。据美国地质调查局统计，2015 年我国原铝产能占到全球原铝产能的 53%，形成产能过剩，主要是由于近年来，我国市场需求强劲，部分地区有相对廉价的能源和矿产资源，同时也因为汇率和贸易政策等因素的影响，使得我国铝产能过快增长。欧洲除了挪威和冰岛外，其他国家原铝产能都在下降，美国和日本也是同样呈现原铝产能下降趋势（见图 5-14）。

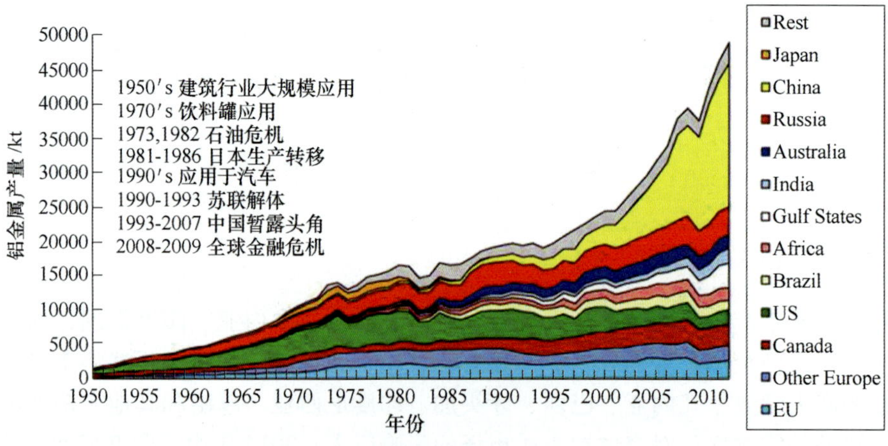

图 5-14 1950~2012 年全球主要原铝生产国产量变迁历史

（资料来源：希腊铝报告）

5.6.4 铝产业技术发展趋势

采选：全球铝土矿生产以传统的露天采矿方法为主，采取钻孔爆破或挖掘机械直接开采的方式，采出的矿石混料后直接运输到氧化铝厂，或者经过破碎、筛分、水洗、脱泥、分级等简单的加工工艺加工后输送到氧化铝厂。

氧化铝生产：拜耳法生产氧化铝在全球占到70%以上。拜耳法适合铝硅比高的铝土矿资源，铝硅比低的铝土矿资源宜采用能耗高的烧结法。铝业生产的技术进步主要围绕着节能、环保、效率展开。2010 年世界铝业协会发布了修订版的《氧化铝技术指南》，该指南明确了氧化铝生产技术的发展方向主要有以下七个方面。

（1）节水循环技术。

（2）减少水、灰尘、碱、可挥发性气体以及金属等废弃物排放的减排技术。

（3）提高能源梯级使用效率、废热回收效率及提高换热器效能等方面的节能技术。

（4）减少温室气体排放的节能技术和二氧化碳捕获及储存技术。

（5）提高设备运转效率，降低运营成本的技术。例如减少氧化铝生产过程结疤的技术，提高铝浸出率、减少材料消耗的技术。

（6）工艺的自动化技术和在线监测控制技术及可根据不同类型铝土矿原料灵活调整工艺和参数的生产技术。

（7）可改进氧化铝产品质量，利于提高后续铝电解过程能量效率，产出高品质电解铝的技术。如美铝成功实施的生物法去除草酸盐技术、中铝的铝土矿选矿技术、脱硅及各种除杂技术等。

电解铝技术趋势：电解铝技术围绕着高效、节能、环保的方向发展，该技术的核心是电解槽设计和精确控制。铝电解的生产成本主要由电耗成本所决定，降低电耗、提高效率、减少有害气体产生、防止它们排入大气是铝电解行业追求的目标。近年来力拓加铝、挪威海德鲁铝业集团、俄铝等铝业巨头都在电解铝技术持续投入，推动了铝电解技术的发展。

海德鲁从 2008 年开始试验运行了 HAL4e 电解槽，多年运行表明该电解槽具有低投资成本、低能源消耗和突出的环境保护性能，各项运营指标优异（见图 5-15）。

图 5-15　挪威海德鲁 HAL4e 电解槽

力拓研发了 AP 系列铝电解槽和铝电解控制技术，根据改进的磁流体力学模型设计保障了良好的磁场平衡，电解槽可以在低极距下运行，具有高可靠性、高生产效率、高能源效率，该公司认为作为清洁冶炼技术和最低的碳排放代表的 AP 铝电解技术可以作为全球铝电解技术的标杆（见图 5-16）。

图 5-16　力拓 AP60 电解槽

俄铝正在开发革命性的新型惰性阳极技术，可确保冶炼过程环保。新电解槽所衍生的唯一副产品是纯氧气。一个采用惰性阳极技术的单一电解槽可生产的氧气量，相当于 70 公顷森林的总释放量。此外，俄铝正在着手研究如何改造电解槽的结构，研发垂直阳极构造的电解槽以改善生产空间，并减少能源消耗量。另一个研发项目通过改造电解槽底部以提高能源效益。

参 考 文 献

[1] Mineral Commodity Summaries 2016, 2017, USGS.

[2] Minerals Yearbook Bauxite and Alumina 2014, USGS.

[3] Opportunities & Challenges in Developing a New Bauxite Project 4th Asian Bauxite Alumina Conference Presentation by Bauxite Resource limited.

[4] Near-Term Production of DSO Bauxite for Supply to Asian Markets Investor Presentation October 2015 QBL. ASX.

[5] High-margin-weipa-bauxite, GMP research Report, 2015.

[6] Bauxite Hills Project, Metro Ming Limited investor Report, May 2016.

[7] Guinea Bauxite resources to supply the world? By Bob Adam, AMC Bauxite Koumbia Bauxite Project, Guinea.

[8] Rio Tinto 2016 Annual Report.

[9] Birsok Bauxite Project-Cameroon, Canyon resource, January 2014.

[10] Bauxite Vincent G. Hill and Errol D. Sehnke.

[11] RUSAL Annual Report 2014.

[12] HYDRO Annual Report 2014.

[13] Alcoa Annual Report 2014.

[14] Hydro Technology by Johannes Aalbu 2015-01-1.

[15] http://cratel.wichita.edu/gtglci/wp-content/uploads/2010/10/Exec Sum_V4_bauxite-mining_UID Bauxite At Mine_2010-09-25_2010-09-25_13-09.pdf.

[16] Bauxite- Alumina-Aluminium By Vicky Vassiliadou.

[17] 刘中凡．世界铝土矿资源综述［J］．轻金属，2001，5.

[18] 许国栋，敖宏，佘元冠．可持续发展背景下世界铝工业发展现状、趋势及我国的对策［J］．中国有色金属学报，V22（7）.

6 国外锌矿资源及利用现状

6.1 概　　述

6.1.1 锌的性质

锌（Zn）是一种金属元素，原子序数为30，相对原子质量为65.38。纯锌是一种银白色略带淡蓝色的金属，性较脆，在空气中，锌的表面易氧化生成一层薄而致密的碱式碳酸锌膜，可阻止内部进一步氧化。锌的密度为7.14g/cm^3，熔点较低为419.53℃，沸点也比较低为907℃。锌的莫氏硬度为2.5，与铝（2~2.9）接近。锌能与多种有色金属形成各种性能优异的合金。

6.1.2 全球锌矿资源概况

锌元素在地壳中的丰度为75×10^{-6}，居所有元素的第25位，比铜在地壳中的丰度（50×10^{-6}）略高。自然条件下基本不存在单一的锌金属矿床，锌矿通常情况下与铅、铜、金、银等金属矿物以共（伴）生矿的形式存在。常见的锌工业矿物有闪锌矿、纤维锌矿、菱锌矿、异极矿、硅锌矿、水锌矿，其中以闪锌矿最为重要，全球锌资源的90%以上以闪锌矿形式存在。

全球锌矿资源较为丰富，分布也很广泛。全球锌矿主要有七大成矿区：北美成矿区、欧洲成矿区、澳大利亚成矿区、地中海成矿区、环太平洋成矿带、乌拉尔及哈萨克斯坦成矿区和印度成矿区。据美国地质调查局统计数据，截至2016年，全球锌矿金属储量为2.2亿吨，全球锌矿资源量（金属计）达19亿吨。澳大利亚锌矿储量6300万吨，排名全球第一；中国锌矿储量4000万吨，排名全球第二；秘鲁2500万吨，排名全球第三。

2016年，全球锌矿产量（金属计）为1190万吨，比2015年的1280万吨减少了90万吨。主要原因是一些大型锌矿山资源枯竭，澳大利亚和爱尔兰部分锌矿山开始减产和关闭，印度的锌矿开始由露采转为地采造成减产。2016年我国锌矿产量（金属计）450万吨，居世界第一；秘鲁锌矿产量130万吨，排名第二；澳大利亚锌矿金属产量85万吨，居全球第三位。由于近年全球没有新发现大型锌矿床，从长远角度来看，全球锌矿后备资源显现不足，全球锌矿储量的静态保障年限仅为18年，难以满足全球经济长期发展的需求。

6.1.3 锌的历史

人类使用锌的历史远远早于人类冶炼锌的历史，锌的使用历史可以追溯到人类对黄铜合金的使用。大约在3000~3500年前，古犹太人生产的黄铜制品中含有23%的锌，2800

年前，生产黄铜的技术传播到古希腊，古希腊人生产出了锌含量达 80%～90%的锌、锑、铁和其他金属混合物合金。公元 1025～1280 年，印度发明了锌的冶炼方法，在公元 12～16 世纪，印度生产了约 60000t 金属锌。1800 年左右，锌冶炼方法和冶炼炉在比利时等欧洲国家推广，同时锌铜电池的发现和应用大大推进了锌矿开采和冶炼工业的发展。目前，锌已成为人类使用量第四大的金属，排在钢铁、铝和铜之后。锌是人体必需的微量元素之一，在人体生长发育、生殖遗传、免疫、内分泌等重要生理过程中起着极其重要的作用。

6.1.4 锌的用途

锌具有良好的金属性能（压延性、耐磨性和抗腐性），并且能与多种金属制成物理与化学性能优良的合金，因此其消费量在有色金属中仅次于铜和铝。目前锌的主要用途有：镀锌（52%）、制造铜合金材（如黄铜，约占 17%）、铸造锌合金（16%）、锌的半成品（6%）、化学制品（6%），如图 6-1 所示。

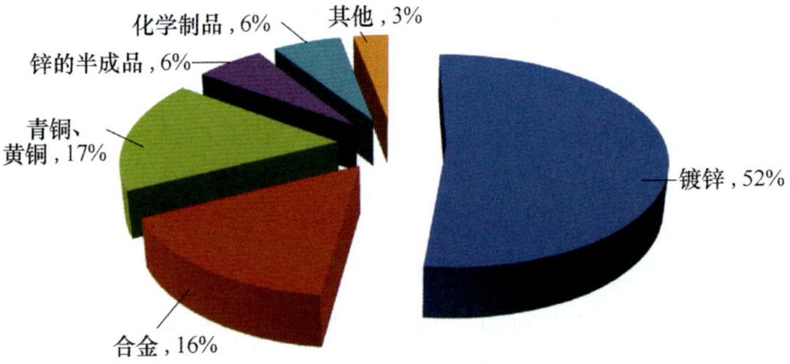

图 6-1　锌的工业用途比例

（资料来源：ILZSG）

（1）镀锌。锌因具有优良的抗大气腐蚀性能，因而主要用于钢材和钢结构件的表面镀层。电镀和热镀锌合金表面氧化后会形成一层均匀细密的碱式碳酸锌氧化膜保护层，该氧化膜保护层还有防止霉菌生长的作用。电镀和热镀锌材料板广泛用于汽车、建筑、船舶、轻工等行业，全球镀锌行业用锌量约占全球锌总用量的 52%。

（2）青铜黄铜合金。以纯铜为基础金属，在其中加入适量锌、锡等合金元素后形成黄铜合金和青铜合金，其强度和硬度均大为提高，耐磨性能、切削性能、铸造性能、耐腐蚀性等都可以提升。青铜、黄铜合金广泛用于管件、机械部件、轴承、齿轮、螺杆等，在机械制造，轻工、交通工具等很多行业广泛应用，全球铜锌合金使用的锌量约占全球锌用量的 17%。

（3）锌合金。锌金属本身的强度和硬度不高，在锌金属中加入适量的铝、镁、铅、锡、铜等元素可以形成多种锌合金，这些锌合金的加工性能好，压铸性能优越，可进行深拉延加工，部分合金还具有自润滑性，可以延长模具寿命。锌合金可用钎焊、电阻焊或电弧焊（需在氦气中）进行焊接，表面可进行电镀、喷漆处理，切削加工性能良好，在一定条件下具有优越的超塑性能。近年发展迅速的锌铜钛合金，其综合力学性能已接近或达到铝合金、黄铜和灰铸铁的水平，其抗蠕变性能也大幅度提高，已经被广泛应用于小五金生产、汽车制造、机械、轻工等行业，全球锌合金的锌用量约占全球锌用量的 16%。

（4）干电池。锌具有适宜的电化学性能，可与 NH_4Cl 发生作用，释放出 H^+。锌–二氧化锰干电池正是利用锌的这个特点，用锌合金当电池的外壳，既是电池电解质的容器，又参加电池反应构成电池的阳极。此外，它的这一性能还被广泛地应用于医药行业。

（5）其他用途。锌具有良好的抗电磁场的性能。锌的导电率是标准电工铜的29%，在射频干扰的场合，锌板是一种非常有效的屏蔽材料。由于锌是非磁性的，适合做仪器仪表零件及仪表壳体及钱币。此外，锌自身及与其他金属碰撞不会发生火花，适合做井下防爆器材。

6.2 锌矿物与锌矿床

6.2.1 锌矿物

自然界中的锌元素和铅元素由于具有共同的成矿物质来源和十分相似的地球化学行为（有类似的外层电子结构，都具有强烈的亲硫性，并易形成相同的易溶配合物），因此这两种元素的矿物常常紧密共生。自然界中常见的锌矿物有闪锌矿、纤维锌矿、菱锌矿、异极矿、硅锌矿、水锌矿等，其中闪锌矿的工业价值最为重要。常见锌矿物种类见表6-1。

锌矿石的工业类型有多种划分方法，依据锌矿石中主要有用组分，锌矿石的工业类型可划分为锌矿石、铅锌矿石、铅锌铜矿石、铅锌硫矿石、铅锌铜硫矿石等；按锌矿石的矿石结构可将锌矿划分为浸染状矿石、致密块状矿石、角砾状矿石、条带状矿石、细脉浸染状矿石等；以矿石自然类型为基础，按矿石氧化程度划分可将锌矿石划分为硫化矿石（锌氧化率小于10%）、氧化矿石（锌氧化率大于30%）、混合矿石（锌氧化率为10%～30%）。不同矿石类型的锌矿床一般工业要求见表6-2。

表6-1 主要锌矿物种类

矿物名称	化学式	Zn含量/%	莫氏硬度	密度/g·cm^{-3}
闪锌矿	ZnS	67.1	3.5~4.0	3.9~4.1
纤维锌矿	ZnS	67.1	3.5~4.0	4.2
菱锌矿	$ZnCO_3$	52.1	5.0	4.3~4.45
异极矿	$Zn_4Si_2O_7(OH)_2 \cdot H_2O$	54.3	4.5~5.0	3.4~3.5
硅锌矿	Zn_2SiO_4	58.6	5.5	3.9~4.2
水锌矿	$Zn_5[CO_3]_2 \cdot [OH]_6$	59.6	2~2.5	3.6~3.8
铁闪锌矿	$n\text{ZnS} \cdot m\text{FeS}$	<60	4.0	4.2
红锌矿	ZnO	80.3	4.0~4.5	5.4~5.7

表6-2 不同矿石类型的锌矿床一般工业要求

矿石类型	品位（Zn）/%		可采厚度/m
	边界品位	工业品位	
硫化矿	0.5~1.0	1.0~2.0	≥1.0~2.0
混合矿	0.8~1.5	2.0~3.0	≥1.0~2.0
氧化矿	1.5~2.0	3.0~6.0	≥1.0~2.0

6.2.2 锌矿床类型

自然界中锌矿常与铅矿共（伴）生，全球的铅锌矿床产生在各个不同的地质年代中，但以元古宙和古生代最为集中，它们约占世界铅锌储量的75%以上，加拿大、澳大利亚和南非的许多大型矿床在前寒武纪形成，美国和欧洲的一些矿床形成于古生代，而全球中、新生代时期形成的超大型铅锌矿床相对较少。

锌矿床的类型划分主要依据其成因类型和时空分布等因素来划分，全球没有形成统一的标准。国外通常认为锌矿矿床类型有以下五种：

（1）Sedex 类型：沉积岩容矿的海底喷气沉积矿床。

（2）VMS 类型：火山岩容矿的海底喷气沉积矿床。

（3）MVT 型（密西西比河谷型）：碳酸盐岩容矿的后生沉积矿床。

（4）沉积及沉积变质型：砂页岩容矿的沉积或沉积变质矿床；与岩浆岩有关的斑岩、矽卡岩、热液交代型矿床和陆相火山岩型矿床。

（5）非硫化物锌矿床。

在这几类矿床中，尤以 Sedex 型最为重要。从初步统计的世界超大型铅锌矿床中可以看出，Sedex 型矿床占超大型铅锌矿床数量的 36%，占超大型矿床铅锌储量的 42%。其次是 MVT 型矿床，分别占超大型铅锌矿床数量和储量的 24%和 23%。这两个类型合计占世界超大型铅锌矿床数的 60.3%和储量的 65.6%，它们是铅锌矿床最重要的矿床类型。Sedex 型和 MVT 型矿床分布如图 6-2 所示。

图 6-2　全球不同类型锌矿床分布

我国的一些地质工作者也将锌矿矿床类型划分为五种主要类型：

（1）与岩浆侵入活动有关的铅锌矿床：包括矽卡岩型铅锌矿床；斑岩型铅锌矿床；热液型脉状铅锌矿床。

（2）与火山活动有关的铅锌矿床：包括陆相火山岩型铅锌矿床；海相火山岩和火山-沉积岩型铅锌矿床。

（3）与热（卤）水活动有关的铅锌矿床：包括碳酸盐岩型铅锌矿床；细碎屑岩型铅锌矿床；砂岩和砾岩型铅锌矿床。

（4）与沉积变质作用有关的矿床（沉积变质型）。

（5）与表生氧化作用有关的铅锌矿床。

6.2.3 国外著名铅锌矿床

全球锌矿主要有北美成矿区、欧洲成矿区、澳大利亚成矿区、地中海成矿区、环太平洋成矿带、乌拉尔及哈萨克斯坦成矿区和印度成矿区七大成矿区。全球著名的大型锌矿床主要分布在北美西部的贝尔特-普塞尔盆地、加拿大地盾上提敏斯矿田、加拿大阿巴拉契亚地区的巴瑟斯特-纽卡斯尔矿化集中区、南美的秘鲁中北部多金属矿带、澳大利亚芒特艾萨内等地区，哈萨克斯坦铅锌成矿区等地，全球著名的锌矿床资源概况见表6-3。

表6-3 全球著名锌矿床资源概况

矿化带	主要矿床	品位/%	Pb+Zn储量/万吨	其他
贝尔特-普塞尔盆地	沙利文铅锌矿	Pb+Zn：11.9	2083	加拿大
	克尔达兰银铅锌矿带	Pb+Zn：11.8	1000	美国
	霍华兹山口矿	Pb+Zn：7.7	850	加拿大
地盾上提敏斯矿田	基德克里克矿	Pb+Zn：6.42 Cu：2.46	952 388	加拿大
阿米斯克矿带	弗林弗隆矿	Zn：4.25 Cu：2.18	248 135	加拿大
苏必利尔构造区	克兰顿矿床	Zn：6.5 Cu：4.82	390 85	加拿大
巴瑟斯特-纽卡斯尔矿化区	不伦瑞克12号矿床	Pb+Zn：13	1070	加拿大
阿拉斯加西北部	“红狗”矿田	Pb：4.3 Zn：16.1	667 2495	美国
秘鲁中北部多金属矿带	圣格里高略交代型矿	—	693	秘鲁
	塔米纳矽卡岩型矿床	Pb+Zn：10.3	575	秘鲁
芒特艾萨内围区	6个	Pb+Zn：13.2	1169	澳大利亚
巴顿海槽区东缘	麦克阿瑟河铅锌矿	Pb+Zn：13.6	2580	澳大利亚
布罗肯希尔矿化集中区	NA	Pb+Zn：25	5500	澳大利亚
塔斯马尼亚岛的里德火山岩成矿带	60个矿床，4个大型矿	NA	860	澳大利亚
阿尔泰铜铅锌成矿带	列宁诺戈尔斯克矿床	Pb：15.2 Zn：28.8	380	哈萨克斯坦
	济良诺夫矿	Pb：1.7 Zn：2.9	500	哈萨克斯坦

续表 6-3

矿化带	主要矿床	品位/%	Pb+Zn 储量/万吨	其他
准格尔阿拉套成矿区	捷克利矿床	Pb+Zn：11	550	哈萨克斯坦
卡拉套多金属成矿带	沙尔基亚矿	Pb+Zn：4.13	1239	哈萨克斯坦
摩天岭成矿区	检德铅锌矿	Pb+Zn：7~10	7000	朝鲜

注：NA 为未得到数据。

6.3 全球各国锌矿储量和产量

据美国地质调查局统计数据，截至2016年年底，全球已查明锌资源金属储量为2.23亿吨，全球锌矿资源储量主要分布在澳大利亚（占全球储量的28.28%）、中国（占17.95%）、秘鲁（占11.22%）、墨西哥（占7.63%）、美国（占4.94%）、哈萨克斯坦（占4.94%）、印度（占4.49%），这七个国家的锌矿储量之和占到全球锌矿储量的80%。2016年全球锌矿产量（金属计）为1190万吨，比2015年的1280万吨减少了90万吨。全球锌矿产量份额最大的国家依次为中国（占全球锌矿产量的37.83%）、秘鲁（占10.92%）、澳大利亚（占7.14%）、美国（占6.55%）、墨西哥（占5.97%）、印度（占5.46%），这六个国家的锌矿产量占全球锌矿产量的78%。可以看出，全球的锌矿资源集中分布在少数国家。相对于铜矿和铝土矿而言，锌矿床规模普遍不大，全锌矿生产也集中在少数国家。我国的锌矿储量份额仅占全球锌矿储量的18%左右，我国的锌矿产量占到全球产量的38%，显然，经济高速发展特别是钢铁和汽车工业的高速发展，导致我国对锌矿资源的需求量高速增长，造成我国的锌矿资源开发强度过高。澳大利亚锌矿储量排名世界第一，锌矿产量增长潜力巨大。

全球各国锌矿资源储量和产量情况见表6-4；全球锌矿储量分布如图6-3所示；全球各国锌矿产量份额如图6-4所示。

表 6-4 全球各国锌矿资源储量和产量情况

国家	2015年产量/万吨	2015年产量份额/%	2016年产量/万吨	2016年产量份额/%	2016年储量/万吨	储量分布/%
澳大利亚	160	12.50	85	7.14	6300	28.28
中国	430	33.61	450	37.82	4000	17.95
秘鲁	142	11.10	130	10.92	2500	11.22
墨西哥	68	5.31	71	5.97	1700	7.63
美国	82.5	6.45	78	6.55	1100	4.94
哈萨克斯坦	33.9	2.65	34	2.86	1100	4.94
印度	82.1	6.42	65	5.46	1000	4.49
玻利维亚	44	3.44	46	3.87	400	1.80
其他国家	237	18.51	231	19.42	4180	18.76
全球	1279.5	100	1190	100	22280	100

资料来源：USGS。

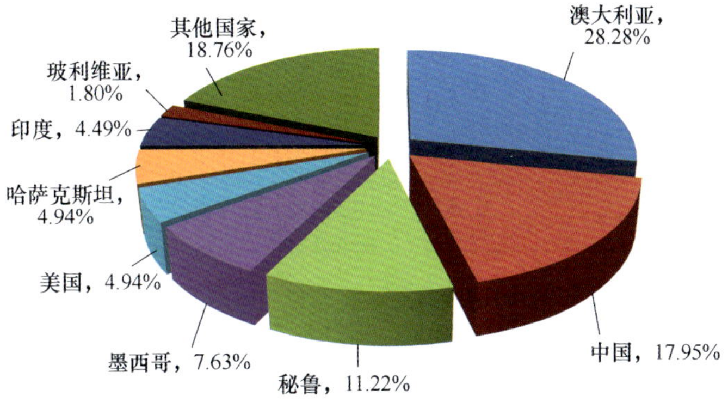

图 6-3 2016 年全球锌矿资源储量分布

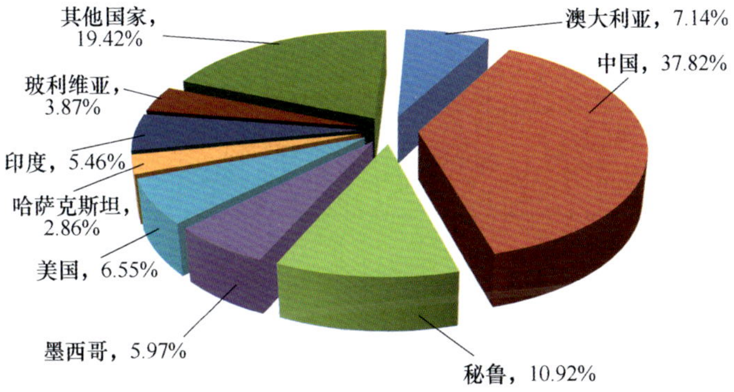

图 6-4 2016 年全球各国锌矿产量份额

6.4 国外主要的锌矿公司及锌行业组织

6.4.1 全球主要锌矿生产公司资源及生产概况

全球主要的锌矿生产公司包括瑞士的嘉能可公司、印度的韦丹塔公司、加拿大泰克资源、中国五矿资源公司等，具体见表 6-5。在这些公司中，嘉能可公司拥有世界上最多的锌矿资源，也是全球锌精矿产能最大的企业，其次是印度的韦丹塔公司、加拿大的泰克资源公司和中国的五矿资源公司。五矿资源是我国最大的锌精矿和精炼锌生产企业，2015 年生产锌精矿 54 万吨（以 Zn 金属计），精炼锌 60.5 万吨。全球十大锌业公司 2015 年锌精矿产量（金属计）477.4 万吨，仅占全球锌精矿产量的 37%（见表 6-6）。也从侧面说明全球锌矿山规模较小，生产分散。

表 6-5 全球十大锌矿企业锌精矿产量（金属计） （万吨）

公司名称	2013 年	2014 年	2015 年	所属国家
嘉能可（Glencore）	131.1	131.5	122.5	瑞士
韦丹塔（Vedanta）	76.5	77.0	77.4	印度
泰克资源（Teck resources）	62.3	66.0	65.8	加拿大
五矿资源（MMG LIMITED）	60.0	58.7	54.0	中国
沃特兰亭公司（Votorantim）	40.0	43.0	39.0	巴西

续表 6-5

公司名称	2013 年	2014 年	2015 年	所属国家
布立登公司（Boliden）	27.1	27.8	29.9	瑞典
新星公司（Nyrstar）	27.1	29.4	23.4	比利时
住友集团（Sumitomo Corp）	22.5	23.0	23.0	日本
驰宏锌锗（ChihongZn&Ge）	24.3	22.9	20.0	中国
中金岭南（Nonfemet）	20.3	21.3	22.4	中国

表 6-6　全球十大锌企业精锌产量　（万吨）

公司名称	2013 年	2014 年	2015 年	所属国家
嘉能可（Glencore）	139.8	138.6	139.0	瑞士
新星公司（Nyrstar）	108.8	109.7	112.0	比利时
韦丹塔（Vedanta）	84.5	73.4	74.9	印度
高丽亚锌（Korea Zinc Group）	74.5	74.5	78.0	韩国
五矿资源（MMG Limited）	58.8	59.6	60.5	中国
沃特兰亭公司（Votorantim）	86.0	85.0	85.0	巴西
布立登公司（Boliden）	45.5	47.5	48.0	瑞典
汉中有色（Shaanxi Nonferrous Metals）	30.0	33.0	35.0	中国
泰克资源（Teck resources）	29.0	27.7	30.7	加拿大
葫芦岛（Huludao Zinc）	24.0	26.0	26.0	中国

6.4.2　嘉能可公司

嘉能可公司（Glencore）是一个全球性的自然资源公司，有 40 多年的历史，1994 年改名为嘉能可，公司的主要业务涉及矿业、能源、农业三大领域，生产和销售 90 多种商品。嘉能可在全球约有 150 项采矿、选矿、冶金、石油和农业产业设施。与其他矿业企业不同，嘉能可作为全球大宗商品贸易巨头，被比作矿业界的高盛，善于捕捉大宗商品交易和投机机会。

嘉能可从事的金属矿采矿、冶炼、精炼、仓储和销售业务，主要生产和销售铜、锌、铅、镍矿产品及金属产品，也包括铝土矿、氧化铝、铁矿石、铁合金等产品。嘉能可公司是全球最大的锌资源开发企业，2015 年锌矿产品产量达到 144.48 万吨，排名全球第一。嘉能可的锌产品中包括 122.53 万吨的锌精矿和 21.95 万吨的精炼锌产品，其旗下各公司 2015 年的产量见表 6-7，从表 6-7 中可以看出，嘉能可旗下的矿山企业分布范围较广，但主要的锌精矿产能在澳大利亚，主要的精炼锌产能在哈萨克斯坦。

表 6-7　嘉能可旗下锌企业及产量

公司下属锌矿企业	产品	产量/万吨	所在国家（地区）	备　注
Mount Isa	锌精矿	75.09	澳大利亚	矿山
McArthur River	锌精矿			矿山
Matagami	锌精矿	11.52	加拿大	矿山
Kidd	锌精矿			矿山
Antamina	锌精矿	7.93	秘鲁	铜矿山（伴生锌）
Kazzinc	精炼锌	19.34	哈萨克斯坦	矿山+冶炼厂
其他企业（AR Zinc，Los Quenuales，SinchiWayra，Rosh Pinah，Perkoa）	锌精矿	27.99	阿根廷、纳米比亚、玻利维亚、秘鲁等	矿山
	精炼锌	2.61		冶炼厂

续表 6-13

矿山	所属公司	锌金属储量/Mt	品位/%	产量/t·a^{-1}	矿石性质	选矿工艺	入选品位/%	回收率/%
Cannington	BHP Billiton 澳大利亚	0.94	3.9	锌金属计：111000	硫化矿	浮选	3.9	72
Red Dog	Teck Resources Ltd 加拿大	10.17	16.25	锌金属计：551300	硫化矿	浮选	15.8	87
Mt Isa	Xstrata plc	6.39	8.2	锌金属计：226529	硫化矿	浮选	8.2	80.7

6.5.2 国外典型锌矿山

美国红狗锌矿（Red Dog Zinc Mine）和澳大利亚麦克阿瑟河铅锌银矿（McArthur River）是世界上最著名的超大型锌矿山，本节重点介绍这两个锌矿山的矿床类型及特点、矿山的采选工艺及矿山的发展规划。

6.5.2.1 美国红狗铅锌银矿山

美国红狗铅锌银矿山（Red Dog Zinc Mine）是全球最大的锌矿生产厂家，其锌产量占到全球锌产量的10%。红狗铅锌矿位于美国阿拉斯加州柯策布北145km，是全球最大的高品位铅锌银矿床，加拿大Teck资源公司与美国NANA公司在1986年联合投资开采红狗铅锌矿项目，2001年Teck公司收购了红狗铅锌矿的全部股权。2013年红狗铅锌矿生产了55.13万吨精炼锌，9.67万吨精炼铅。截至2013年年末，红狗铅锌矿保有的铅锌矿石储量为4540万吨，其中锌和铅品位分别为15.8%和4.1%，银72.6g/t，此外红狗铅锌矿还在矿山周边和深部进行进一步的勘探工作，预计还会找到更多的锌和铅资源储量。

红狗铅锌矿的主要技术数据见表6-14。

表6-14 红狗铅锌矿山的主要数据

主要产品	锌、铅
公司	加拿大Teck资源公司
产量	55.13万吨精炼锌、9.67万吨精炼铅
矿床类型	沉积型硫化矿床
矿石储量	截至2013年12月，证实和可信的矿石储量4540万吨，含锌15.8%和铅4.1%
开采类型	露天开采，打炮眼、爆破、铲运机装载和载重卡车运矿
选矿方法	常规的破碎、磨矿和硫化矿浮选
矿山寿命	目前计划整个矿山开采到2030年
采矿设备	主要为卡特彼勒公司的设备：3台斗容为9.2m^{3}的铲运机、3台台载重量为85t的载重卡车、3台载重量为100t的载重卡车、4台推土机、2台装载车、2台平地机和1台洒水车
选矿设备	旋回破碎机、颚式破碎机、半自磨机、球磨机、浮选机和浮选柱、压滤机

矿床与矿石性质：Red Dog矿山矿床类型为沉积型硫化矿床，共有四个矿床，目前只有主矿床开采（见图6-6和图6-7）。主矿床是一个扁长的区域，长1340m，宽457m，最大厚度为152m。矿体内部夹有废石。矿体横截面与河谷方向一致，矿体厚度比较均匀。

红狗铅锌矿是一组由不同比例铅锌硫化物、黄铁矿、石英和重晶石组成的纵横交错的透镜体。按含量多少，各种硫化物的排列顺序为：闪锌矿、黄铁矿、白铁矿和方铅矿。银同锌铅硫化物共生。闪锌矿中有大量的锡存在。总的来看，铁的含量为低至中等，硫化物一般呈细粒状，粗粒闪锌矿主要是在下盘和周围岩脉内。主要脉石分为石英、重晶石、局部页岩和方解石。矿山现在开采方式为露天开采，特点是虽然原矿的锌品位高，不同部位锌品位变化大，露天开采的剥采比低（废石：矿石=（0.8~1）：1）。

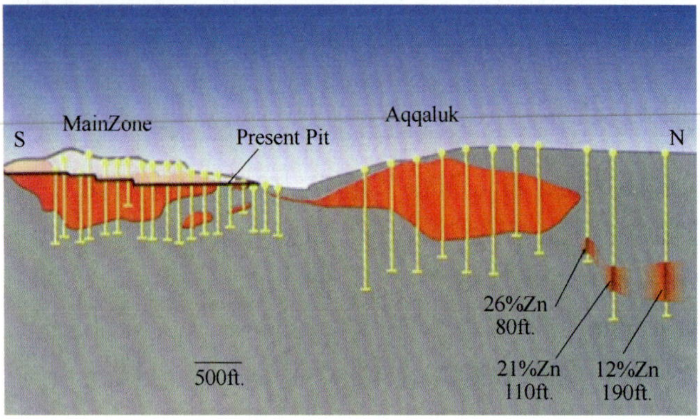

图 6-6　红狗铅锌矿矿体开采剖面

（资料来源：Mining techonology. com）

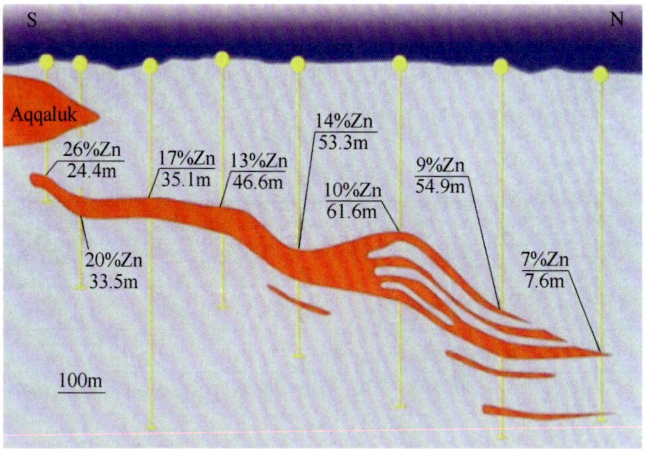

图 6-7　红狗铅锌矿 Aqqaluk 矿体和 Paalaaq 矿体勘探剖面

（勘探仍在继续，储量仍在扩大）

采、选工艺：红狗铅锌矿主矿体采用常规爆破、装载机装卸矿和卡车运输的露天采矿法开采。该采场运营采用适于北极恶劣气候条件的特殊后勤供应来保证。Teck 资源公司打算延长矿山的寿命，计划开发 Aqqaluk 和 Qanaiyaq 矿体，矿山寿命可延长到 2030 年。此后通过处理堆存的氧化矿石、低品位边角矿石和老尾矿还可进一步延长矿山寿命。

红狗铅锌矿露天开采的剥采比低（废石：矿石=（0.8~1）：1）。露天采矿台阶高度为 7.6m，边帮角决定于边壁的物料种类。开采采用直径为 90~165mm 的 Ingersoll-Rand 型钻机和 Drilheeh 型旋转钻机打炮眼。在干燥区域应用 ANFO 炸药，在潮湿区域应用包裹的乳化炸药。爆破后用 3 台斗容为 9.2m^3 的卡特彼勒 992C 型前端装卸铲运机将矿石和废石装载到 3 辆卡特彼勒 777B 型重型卡车（85t）和 3 辆卡特彼勒 777D 型载重卡车中，再运到破碎堆场垫上。矿石由采场运输到选矿厂的距离短，矿山采矿速度为 10800t/d。为了提高选矿厂的选矿指标，需要稳定选矿厂的给矿量，同时要求到选矿厂的给矿组成均匀。由于红狗铅锌矿床不同部位的矿石类型和锌矿品位变化大，所以需要从几个不同的采矿台阶上同时出矿，然后在配矿场地将来自不同部位的不同类型、不同锌品位的矿石混匀后，再给入选矿厂中，配矿场地可堆存 28 万吨矿石。

选矿厂采用常规的破碎、磨矿和硫化矿浮选工艺生产锌精矿和铅精矿。选矿作业包括破碎、磨矿、浮选、药剂供给和脱水设施；选矿厂日处理矿石约 1 万吨，作业率为 90%。红狗选矿厂采用了几项新的技术：选矿厂房模块建筑、塔磨机、浮选柱和压滤机。

红狗锌选矿厂工艺流程如图 6-8 所示。在铅粗精矿和锌粗精矿再磨时采用先进的艾萨塔磨机。艾萨塔磨机的特点是易于精确控制磨矿粒度，磨矿粒度细而均匀，这样可以为铅精选和锌精选创造好的条件，有利于铅精选和锌精选指标的提高。在铅精选和锌精选中，采用浮选柱，可以提高精矿品位，减小设备占地面积，降低能耗。在原矿堆场中用旋回破碎机和备用的颚式破碎机将矿石破碎到约 150mm，然后将破碎过的矿石运到可容纳 1.5 万吨矿石的粗矿堆场上，再用可变速的给矿机给到由 3 台弗勒型自磨机和 3 台球磨机组成的磨矿回路中，磨矿机排矿经水力旋流器分级，沉砂返回球磨机再磨。

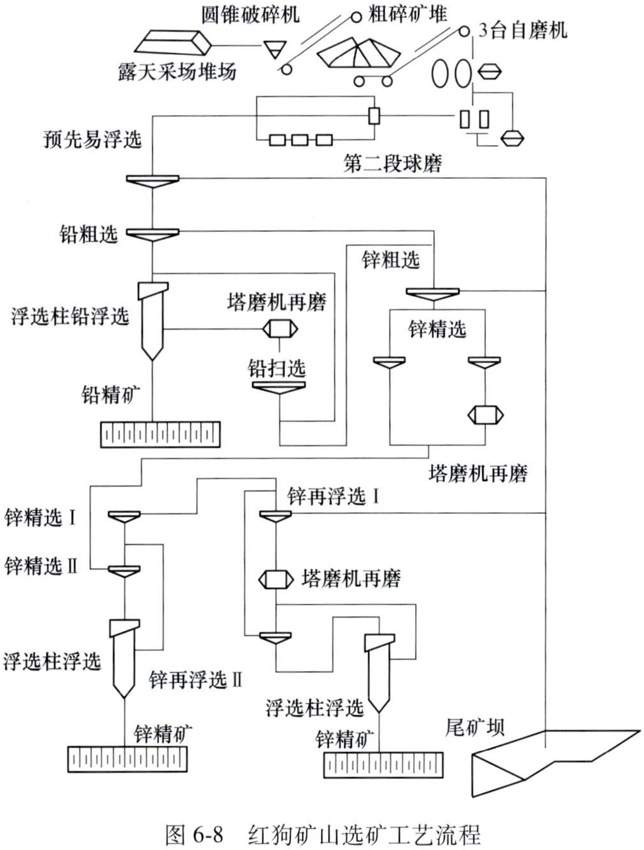

图 6-8　红狗矿山选矿工艺流程

由于矿石中含有易浮的有机碳（沥青）和天然硫，在常规的硫化矿浮选中，它们会与硫化矿物一起进入浮选精矿中，从而降低铅精矿和锌精矿的质量。因此，该矿在硫化矿物浮选前，预先浮选出易浮的沥青和天然硫并排到尾矿坝中然后浮选铅，铅精矿经塔磨机再磨后，先后进行浮选机和浮选柱精选，获得铅精矿。铅浮选尾矿进行锌粗选，锌粗精矿经塔磨机再磨后，先后经浮选机和浮选槽精选，获得锌精矿。在磨矿回路中应用处理过的水，使得其中影响浮选指标的金属离子含量最低。应用安装有奥托昆普转子/定子机械的Maxwell浮选槽和CESL浮选柱进行浮选。用提供实时分析信息的载流分析仪控制浮选回路。浮选获得的锌精矿中锌品位为55.2%，其中含铅3%和含银1379t，锌回收率为87%。铅精矿的铅品位为56.1%，其中含锌11.7%和含银14359t，铅回收率为58%。由上述结果可知，铅精矿含锌较高，铅回收率较低，这是由原矿性质所决定的。因为矿石中含有可溶于水的锌和铅的硫酸盐，它们在硫化矿浮选过程中要么损失于矿浆中，要么以硫酸盐状态损失于浮选尾矿中。因为矿石中还含有天然可浮性高的沥青和自然硫，为了提高铅精矿和锌精矿的质量，应该在硫化矿浮选前采用易浮选作业，预先脱除沥青和自然硫，在易浮选作业中有一部分可浮性好的方铅矿进入易浮作业的泡沫产品（尾矿）中，造成选矿厂铅回收率较低。铅精矿和锌精矿分别经浓密机浓缩，浓密机底流固体浓度为60%，然后用Lasta型压滤机过滤，滤饼水分为8.5%~9.0%。过滤后的铅精矿和锌精矿贮存在矿山的中间精矿仓中。再用载重卡车将锌精矿和铅精矿运输到港口精矿仓中。载重汽车回程时将燃料、货物运回矿山。厂的尾矿泵到尾矿坝中，上清液给到两个水再处理厂中处理，以便返回选矿8.5%~9.0%。过滤后的铅精矿和锌精矿贮存在矿山的中间精矿仓中。再用载重卡车将锌精矿和铅精矿运输到港口精矿仓中。载重汽车回程时将燃料、货物运回矿山。厂的尾矿泵到尾矿坝中，上清液给到两个水再处理厂中处理，以便返回选矿厂再用。红狗选矿厂的浮选柱如图6-9所示，铅锌矿的精矿库如图6-10所示。

图6-9　红狗选矿厂的浮选柱

矿山发展趋势：整个红狗矿山发展首要考虑的问题就是环境保护，这包括保护当地的生态环境、当地居民的生活方式、改善水质等方面。并且矿山致力于污染排放的完全无毒性，坚持生产与当地政府和居民协商的原则，在此基础上，矿山积极进行探矿活动，争取扩大矿山的储量，延长矿山的寿命。

6.5.2.2　麦克阿瑟河锌矿

麦克阿瑟河锌矿位于澳大利亚北部达尔文东南约600km处，是全球著名的超大型铅锌矿床。矿床赋存在元古宙的卡奔塔利亚岩系中。麦克阿瑟河锌矿床位于该岩系HYC黄铁矿页岩段底部，属于沉积型层状矿床，共有七个层状矿体，主要矿物有闪锌矿、方铅矿和黄铁矿，其次有少量黄铜矿等。2017年公布的矿石储量为1.17亿吨，矿石品位为Zn 9.4%、Pb 4.5%、Ag 45g/t。探明的矿石资源量达1.9亿吨。麦克阿瑟河铅锌矿的地理位置如图6-11所示，基本情况见表6-15。

6.6.2 全球锌矿资源的需求和价格变化趋势

锌具有良好的力学性能（压延性、耐磨性和抗腐性），锌能与多种金属制成物理与化学性能更加优良的合金，因此锌的消费在有色金属中仅次于铜和铝。目前全球锌的主要用途有：镀锌（52%）、制造铜合金材（如黄铜，约占 17%）、铸造锌合金（16%）、锌的半成品（6%）、化学制品（6%）。我国是全球锌市场的最大消费国，与铅类似，在过去的十年间，我国以外的全球各国对锌的需求基本上处于相对稳定的态势，而由于经济迅速发展，镀锌、制造业、汽车等行业对锌的需求扩张，使得我国对锌的需求有较大幅度的增长，国外及我国对锌的需求变化趋势如图 6-15 所示。

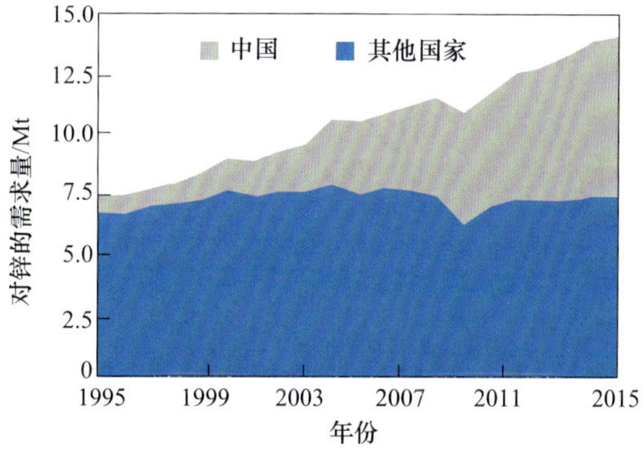

图 6-15　1995~2015 年国外及中国对锌的需求增长态势图
（资料来源：ILZSG）

图 6-16 反映了全球主要锌消费国近年来的锌消费量，从图 6-16 中可以看出，美国、日本等发达国家，其经济规模和结构日趋稳定，其对锌的需求也趋于稳定；发展中的新兴经济体代表国家中国，其锌消费量在全球锌消费总量中占据了较大的比例，这是由于我国的基础设施不完备，需要建设大量的公路、桥梁、住房等，汽车工业、船舶制造工业也具有比较快的发展速度，因此，其对锌具有较大的消费需求。2015 年，我国的锌消费量达到 623 万吨，占全球锌金属消费量的 45. 3%。

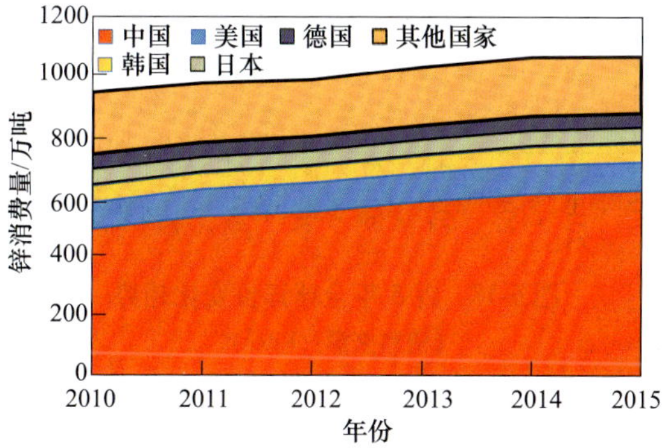

图 6-16　2010~2015 年不同国家锌消费量

全球金属锌的价格在100年来波动较大，最近在经历了2004~2008年的价格暴涨之后，在随后的五年基本稳定在每磅0.5~1.2美元之间，如图6-17和图6-18所示。在2015年年底，锌价跌至每磅0.66美元，随后锌价由于供给减少而反弹，到2017年2月锌价已达到每磅1.35美元。从过去100年的锌价格趋势来看，以美元计价的锌价格在震荡中呈现不断增长的趋势，以1998年美元购买力为基准的锌价更能反映锌价的实际变化趋势，这种变化规律显示全球锌价大致以20年为一个波动周期，目前锌价正处于波谷时期，如图6-19和图6-20所示。由于锌的用途广泛，且应用与钢铁等多行业关系密切，在未来一段时间内，全球对锌的需求将会持续上升，而全球锌矿后备资源不足，因此未来锌价上涨可能性较大。

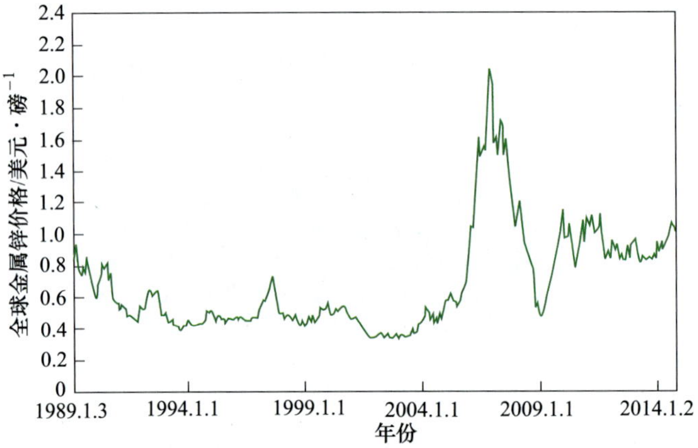

图6-17　近25年全球锌价变化趋势

（资料来源：Infomine）

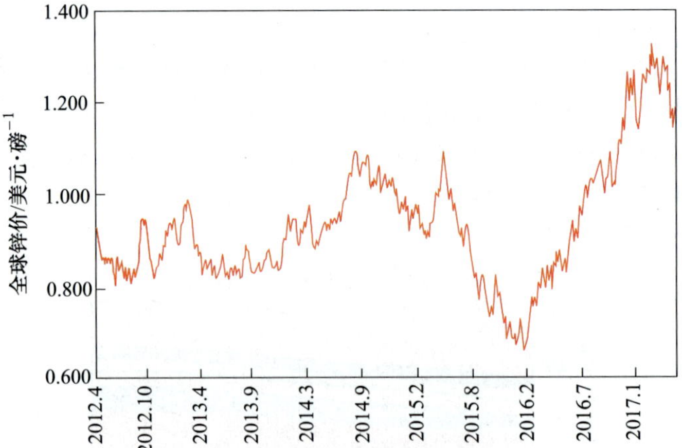

图6-18　近5年全球锌价变化趋势

（资料来源：Kitco）

6.6.3　全球锌矿资源开发利用技术发展趋势

锌矿资源开发利用技术包括锌矿资源的开采技术、选矿技术和冶炼技术。随着采选冶

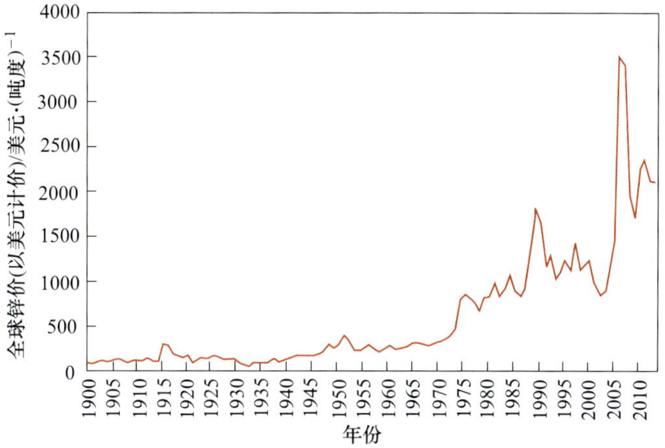

图 6-19　全球锌价百年价格变化趋势

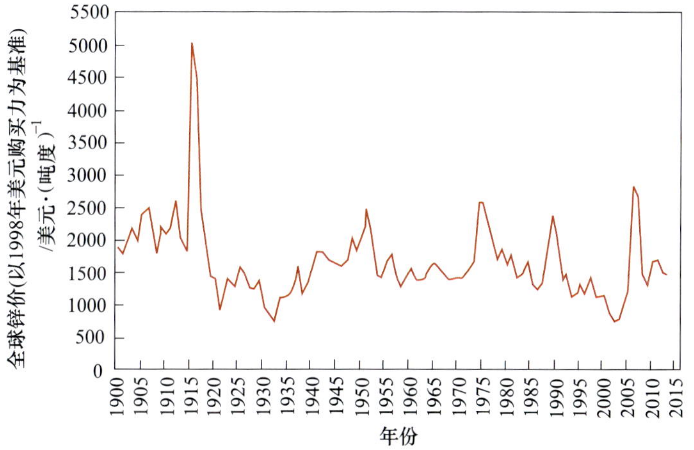

图 6-20　以 1998 年美元购买力为基准的全球锌价百年价格变化趋势

技术水平的不断提高、人们环保意识的不断加强，锌矿资源开发利用技术朝着高效、节能、自动化的方向发展。

6.6.3.1　铅锌矿采选技术发展趋势

A　铅锌矿开采技术发展趋势

全球铅锌矿采矿技术主要围绕着安全、节能、环保、高效、自动化、智能化的方向发展。铅锌矿资源的成矿地质特征，决定了全球 80%以上的铅锌矿山采用地下开采技术。在铅锌矿地下开采技术中，各国广泛采用机械充填法采矿技术，例如德国 Rammelsberg 铅锌矿、澳大利亚 Broken Hill 和 Mount Isa 铅锌矿、中国的凡口铅锌矿等都采用高效的机械充填法采矿。充填法采矿可以提高矿石开采回采率、降低贫化率、减少尾矿中废石排放、改善环境。机械充填法采矿也便于使用高效机械化设备，如无轨运输设备、高效液压钻机、凿岩机、铲运机、锚杆机等，加上充填料管路化输送技术和充填系统的自动控制技术不断完善，该方法的应用越来越广。

在比较复杂的地质情况和危险区域，可以保障安全的智能化遥控可视设备也在铅锌地采矿山中开始应用。如澳大利亚 Broken Hill 铅锌矿和 Mount Isa 铅锌矿率先采用了视频遥控铲运机，保障安全、高效生产，Broken Hill 铅锌矿还率先实现了钻机智能无人操作，大大提高了钻机效率。

全球露天开采的铅锌矿山不多，大型露天开采矿山的技术发展趋势是自动化信息管理系统的推广使用，这一系统可以实现采矿、装载、运输的最佳匹配，并可实现远程可视监控和自动调度，加上高效、节能的各型电铲、钻机、液压铲、前装机、大型运矿卡车的广泛使用，露天采矿效率大为提高。

B 铅锌矿选矿技术发展趋势

全球铅锌矿资源以硫化矿石为主，氧化矿石为辅，浮选是铅锌矿选矿采用的基本方法。近年来铅锌矿选矿技术主要围绕着节能、环保、高效、智能自动化控制的目标发展。

为了实现这一目标，对低品位矿石预选是一条有效途径，如澳大利亚 Mount Isa 铅锌矿对部分矿石进行了预选处理，预选采用光、电选工艺或重介质选矿工艺，可以预抛矿石质量 30%左右的脉石矿物，提高了选矿厂入选品位，减少了选矿处理量，节能并降低了铅锌矿的选矿成本。

各国铅锌选矿厂普遍采用选矿新技术、新设备实施高效、节能、环保、低成本的选矿工艺。例如澳大利亚 Mount Isa 铅锌矿矿石性质复杂、矿物堪布粒度细，Mount Isa 公司开发了以艾萨磨机为代表的大型卧式搅拌磨，可以生产小于 10μm 的磨矿产品，同时艾萨磨机与球磨机相比可节约几到十几倍的能耗。Mount Isa 公司还率先使用了高效的微细粒浮选设备 Jameson 浮选柱，通过粗矿再磨和细粒浮选技术使得铅锌回收率分别提高了 10%和 7%。我国的凡口铅锌矿在电位调控浮选工艺的基础上，充分利用矿石可选性差异，改进为三产品选矿工艺，提高了选矿回收率、降低了选矿能耗、简化了选矿流程。会泽铅锌矿采用等可浮—异步选铅—锌硫异步混选—铅锌硫分离—氧化铅硫化电位控制浮选—氧化锌不脱泥浮选工艺，保证了铅、锌、硫精矿的高品质和高回收率。

铅锌选矿数据管理系统 PI（Plant Information System）开始被推广使用，PI 系统是由美国 OSI Software 公司开发的数据采集、存贮和监视软件。该系统可存贮每个工艺过程点的现时生产数据，并永久保存，可为选厂提供即时全国的互动操作画面，为现场操作人员、管理人员和远在千里之外的总部提供即时和历史性的工厂信息。该系统自 1990 年开始在澳大利亚等国的矿山和选矿厂使用以来，发挥了巨大的作用，目前已经成为澳洲矿山不可取代的数据管理系统。

采用选矿厂信息化智能管理系统已成为国内外大型铅锌选矿厂的技术发展趋势。这一系统可以实现选矿工艺全过程的监控和自动调整，可以在线和视频监控矿石给料量、矿浆温度、矿浆浓度、流体压力、流量、矿石粒度、液面高度等参数，甚至可实现在线元素光谱分析，实现了选矿工艺精密控制，极大提高了选矿厂工作效率。

6.6.3.2 锌冶炼技术发展趋势

锌的冶炼有火法冶炼工艺和湿法冶炼工艺两种工艺：现在世界上的火法炼锌方法主要为密闭鼓风炉炼铅锌法。世界上总共有 15 台（包括国内 ISP 工厂）密闭鼓风炉在进行锌的生产，占锌的总产量 12%~13%，其技术发展主要是增加二次含铅锌物料的处理措施、改进冷凝效率、富氧技术的运用等。ISP 工艺过程中的烧结、制酸、鼓风炉熔炼等工序实行计算机监测、控制与管理已成为 ISP 工艺技术发展的趋势。

湿法炼锌是当今世界最主要的炼锌方法，其产量占世界总锌产量的 85%以上。近期世界新建和扩建的生产能力均采用湿法炼锌工艺。湿法炼锌技术发展很快，主要表现在：硫化锌精矿的直接氧压浸出；硫化锌精矿的常压富氧直接浸出；设备大型化、高效化；浸出渣综合回收及无害化处理；工艺过程自动控制系统等几个方面。我国的曲靖、株冶等厂家的焙烧、浸出、净液、电解、制酸工序均实现了在线检测，智能优化模型控制，提高了产品质量，降低了能耗。

参 考 文 献

[1] Mineral Commodity Summaries 2016, 2017, USGS.

[2] Minerals Yearbook Zinc 2014, USGS.

[3] Glencoreannual Report 2013, 2014, 2015.

[4] Glencore plc 2016-Preliminary-Results-CHN-final.

[5] Teckannual Report 2015, 2016.

[6] Hindustan Zinc Corporate Presentation 2016.

[7] Vedanta Hindustan Zinc Annual Report 2014-2015.

[8] Boliden Annual Report 2015, 2016.

[9] MMG Annual Results Presentation 2015.

[10] Nyrstar Annual Report 2015.

[11] Nyrstar 2015 Mineral Resource and Mineral Reserve Statement, 27 April 2016.

[12] Memoria 2016 , Volcan.

[13] Volcan Annual Report 2015.

[14] Types of Lead Deposits USGS.

[15] Unearthing a major zinc-lead lead-silver deposit, Arizona Mining Presentation.

[16] Demanding times for zinc, Wood Mackenzie, International Galvanizing Conference New Delhi, July 2014.

[17] The Metal with the Best Outlook, Rockstone Research Limited, December 9, 2014.

[18] Zinc Market Outlook, Nyrstar, by Kareem Barbir, November 2012.

[19] 李长根. 世界上最大的锌矿山—美国红狗锌矿山 [J]. 矿产综合利用, 2012 (3).

[20] 谢梦飞. 澳大利亚 McArthur River 铅锌矿 [J]. 工程设计与研究, 1996 (3).

7 国外铅矿资源及利用现状

7.1 概　　述

7.1.1 铅的性质

铅（Pb）是一种金属元素，原子序数为 82，相对原子质量为 207.2，属于元素周期表中的第ⅣA 族金属元素。铅是最软的重金属，也是密度最大的金属之一，铅具有很好的延展性。铅的密度为 11.34g/cm^3，熔点为 327.5℃，沸点为 1749℃。纯铅是一种略带蓝色的银白色金属，但在空气中很容易被氧化，形成灰黑色的氧化铅表面，所以我们看到的铅常是灰色的。

铅的机加工性能良好，有很好的耐腐蚀性。铅熔点低，可以和多种金属形成性能优异的合金材料，铅及铅合金在众多领域有广泛的用途，铅具有很好的防放射性穿透能力。

7.1.2 全球铅矿资源概况

铅元素在地壳中的含量很低，丰度仅为 14×10^{-6}。自然界中的铅主要以铅矿物的形式存在，只有很少量的铅以金属形式存在。铅矿物常常与锌矿物紧密共生，铅锌矿矿石类型以硫化矿为主，硫化矿占到铅矿资源量的 90%以上。铅矿的开采方式以地采为主，地采铅矿山占到 80%以上。虽然地壳中的铅含量低，但含铅矿物容易聚集，全球铅矿数量较多，矿床分布广泛。在铅的矿物中，方铅矿（PbS）是人们提取铅的主要矿物，常见的铅的矿物还有硫锑铅矿、脆硫锑铅矿、车轮矿、白铅矿、铅矾、铬铅矿等。

截至 2016 年年底，全球探明的铅矿资源金属储量为 8800 万吨，全球铅矿资源量估计为 20 亿吨，按 2016 年全球铅矿产量（金属计）480 万吨计，全球探明的铅矿储量的静态保障年限为 18 年。近年来澳大利亚、中国、爱尔兰、墨西哥、秘鲁、葡萄牙、俄罗斯和美国（阿拉斯加）又发现了一些铅、锌、银、铜多金属矿资源，全球铅的二次资源回收利用率也在不断提高，尽管全球铅矿后备资源不足，但由于铅市场需求增长缓慢，全球铅矿资源基本可以满足未来经济增长的需求。

7.1.3 铅的历史

铅是人类最早使用的金属之一，7000 多年前，人类就已经对铅有所认识，公元前 3000 年，人类已经会从矿石中提炼铅金属。在英国博物馆里藏有在埃及阿拜多斯清真寺发现的公元前 3000 年的铅制塑像。在伊拉克发掘的古代波斯人的文件记录说明，公元前 2350 年，人类已经掌握了从矿石中提炼铅的方法。公元前 1750~公元前 1792 年，古巴比伦国地区就已经开始大规模生产铅金属。公元前 1500~公元前 1900 年，我国的青铜器中就加入铅作为合金元素，与锡一起构成了我国古代青铜器最主要的合金元素。

18 世纪后期的工业革命，促进了铅的开采业和冶炼业的发展，美国 1900 年开始主导全球铅矿开采业，随后加拿大、墨西哥和澳大利亚等国凭借铅矿资源优势开始大量开采铅矿，现代铅矿开采和冶炼业逐渐成形。由于认识到铅对人体健康的危害和对环境的危害，20 世纪 80 年代开始，铅的应用领域开始骤然缩减，现在的汽油、燃料、焊锡和水管一般都不含铅，但是由于铅优良的使用性能，在 2000 年后，铅的用量重新开始增长。

7.1.4　铅的用途

铅具有良好的延展性、抗腐蚀性、防射线性能。铅还可以与其他金属元素形成性能优良的合金，铅、铅合金和铅化合物广泛应用于蓄电池、电缆护套、机械制造业、船舶制造、轻工、氧化铅颜料、射线防护等行业。全球铅终端用途分布如图 7-1 所示。

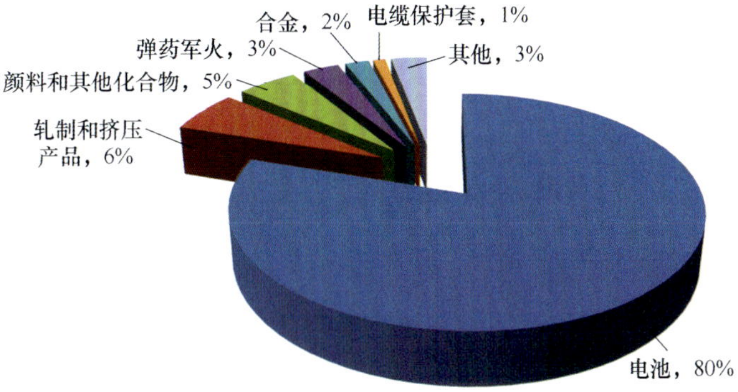

图 7-1　全球铅终端用途的用量分布

（资料来源：国际铅锌研究组 ILZSG）

蓄电池行业：全球 80% 的铅用于蓄电池行业，铅蓄电池的负极和正极分别是用金属铅和二氧化铅制成的。铅蓄电池性能稳定，应用范围很广。铅酸蓄电池在汽车启动、电动自行车、通信、铁路、电力、光伏工程储能、电器设备不间断电源等应用领域具有持续的刚性需求，除每年新增项目外，在用设备蓄电池的替换也具有相当的规模。我国是铅蓄电池最大的生产国和消费国，2014 年我国铅蓄电池铅消费结构如图 7-2 所示。

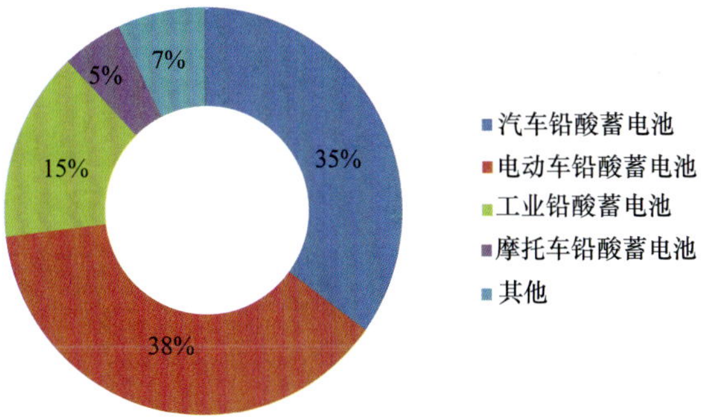

图 7-2　中国铅蓄电池消费结构

电缆护套：由于铅具有耐腐蚀性好、熔点低、韧性好、导电性能低等优良性能，铅锑合金被用做电缆护套保护电缆，但随着铅资源不断减少，且其相对密度大，使电缆沉重，并具有毒性等因素，近年来电缆护套大量被塑料及其他材料所取代，铅在电缆护套上的应用逐渐减少。

机械制造：鉴于铅优良的力学性能，铅被用于制造轴承合金、焊料合金、磨具合金应用于机械行业。

船舶制造：铅具有良好的耐腐蚀性，因此铅板、铅管及铅合金材料被用于船舶制造中，抵挡海水侵蚀。

轻工业：铅电池用作电光源、日用五金等行业。

氧化铅：氧化铅主要用作铅酸蓄电池的电池糊、生产塑料的稳定剂、生产橡胶制品的硫化活性剂、生产陶瓷的釉料添加剂，还用来制造防射线玻璃、光学玻璃和水晶玻璃，以及各种颜料、涂料等。

其他行业：由于铅能够很好地阻挡 X 射线和放射性射线，常被用于医院相关工作人员防护阻挡射线侵害。

7.2 铅矿物和铅矿床

7.2.1 铅矿物

自然界中的铅元素和锌元素由于具有共同的成矿物质来源和十分相似的地球化学行为（有类似的外层电子结构，都具有强烈的亲硫性，并易形成相同的易溶配合物），因此这两种元素的矿物常常紧密共生。自然界中，铅资源多以伴生矿形式存在，以铅为主的矿床和单一铅矿床的资源储量只占铅矿资源探明储量的 32%。自然界中有工业意义的铅矿物主要有方铅矿、硫锑铅矿、脆硫锑铅矿、车轮矿、白铅矿、铅矾、铬铅矿、磷氯铅矿、砷铅矿、钒铅矿、钼铅矿等，这些矿物以方铅矿最为重要，具体见表 7-1。

铅矿石的工业类型常以铅矿石的自然类型为基础结合工业应用特征按以下三种模式划分：

（1）按矿石中主要有用组分划分：铅矿石、铅锌矿石、铅锌铜矿石、铅锌硫矿石、铅锌铜硫矿石、铅锡矿石、铅锑矿石；

（2）按矿石结构构造划分：浸染状矿石、致密块状矿石、角砾状矿石、条带状矿石、细脉浸染状矿石等；

（3）按矿石氧化程度划分：硫化矿石（铅氧化率小于 10%）、氧化矿石（铅氧化率大于 30%）、混合矿石（铅氧化率为 10%～30%），常见铅矿床一般工业要求见表 7-2。

表 7-1 铅的主要矿物及性质

矿物名称	化学式	铅含量/%	莫氏硬度	密度/g·cm^{-3}
方铅矿	PbS	86.6	2.5	7.4～7.6
硫锑铅矿	$Pb_5Sb_{4.1}S_{11}$	54.9	2.5～3.0	7.2～7.3
脆硫锑铅矿	$Pb_4FeSb_6S_{14}$	40.2	2.5～3.0	5.6
车轮矿	$PbCuSbS_3$	42.4	2.5～3	5.7～5.9

续表 7-1

矿物名称	化学式	铅含量/%	莫氏硬度	密度/g·cm^{-3}
白铅矿	$PbCO_3$	77.6	3.0~3.5	4.7~6.6
铅钒	$PbSO_4$	68.3	3.0	6.2~6.4
铬铅矿	$PbCrO_4$	64.1	2.5~3	5.9~6.1
磷氯铅矿	$Pb_5[PO_4]_3Cl$	76.38	3.5~4	6.5~7.1
砷铅矿	$Pb_5[AsO_4]_3Cl$	69.6	3.5~4	7.2
钒铅矿	$Pb_5[VO_4]_3Cl$	73.2	3.5~4	6.8~7.1
钼铅矿	$PbMoO_4$	56.4	2.5~3	6.5~7.0
钨铅矿	$PbWO_4$	45.5	2.7~3.0	7.8~8.1
角铅矿	$Pb_2CO_3Cl_2$	76	2.5~3	6.1

表 7-2 常见铅矿床一般工业要求

矿石类型	Pb 品位/%		可采厚度/m	夹石剔除厚度/m
	边界品位	工业品位		
硫化矿	0.3~0.5	0.7~1.0	≥1.0~2.0	≥2.0~4.0
混合矿	0.5~0.7	1.0~1.5	≥1.0~2.0	≥2.0~4.0
氧化矿	0.5~1.0	1.5~2.0	≥1.0~2.0	≥2.0~4.0

7.2.2 铅矿床

7.2.2.1 铅矿床类型

自然界的铅矿与锌矿的存在有密切的相关关系，铅矿床往往和锌矿床共（伴）生产出，全球70%以上的铅矿资源以共（伴）生资源的形式存在，铅锌矿床是铅矿资源最主要的存在形式。

铅矿床的类型主要是根据铅矿床的成因类型和工业类型来划分的，全球铅矿床类型划分的标准并不统一。近年来，铅锌矿床成因分类和工业分类已逐渐融合。

美国地质调查局将铅矿床划分为三种主要类型，即 Sedex 类型：沉积岩容矿的海底喷气沉积矿床；VMS 类型：火山岩容矿的海底喷气沉积矿床；MVT 类型：（密西西比河谷型）碳酸盐岩容矿的后生沉积矿床。其他学者的研究增加了沉积及沉积变质类型，砂页岩容矿的沉积或沉积变质矿床，与岩浆岩有关的斑岩、矽卡岩、热液交代型矿床和陆相火山岩型矿床，非硫化物锌矿床等类型。

在这几类矿床中，Sedex 型铅锌矿是最为重要的铅锌矿床，从初步统计的世界超大型铅锌矿床中可以看出，Sedex 型矿床占超大型铅锌矿床数的 36%，占超大型矿床铅锌储量的 42%。其次是 MVT 型矿床，分别占超大型铅锌矿床数量的 24%和储量的 23%。这两个类型的矿床合计占世界超大型铅锌矿床数的 60.3%和储量的 65.6%。中华人民共和国地质矿产行业标准《铜、铅、锌、银、镍、钼矿地质勘查规范》（DZ/T 0214—2002）中引用的铅锌矿床主要工业类型包括六种，具体见表 7-3。成都理工大学的林孝先将前人的铅锌矿床成矿成因类型总结为四种，具体见表 7-4。

表 7-3 铅锌矿床的主要工业类型

矿床工业类型	成矿地质特征	矿体形状	主要金属矿物	规模及品位	伴生组分
碳酸盐岩型铅锌矿	产于大理岩、白云岩、石灰岩、不纯灰岩中，大致沿层产出	层状、似层状、透镜状、囊状、巢状、脉状、瓜藤状等	方铅矿、闪锌矿、黄铁矿，次为黄铜矿、辉锑矿、辰砂、淡红银矿、菱铁矿等	大、中、小型均有，品位较富，一般 $w(Pb+Zn)$ >8%	银、金、铜、硫、锑、镓、铟、锗、镉等
泥岩-细碎屑岩型铅锌矿	泥岩、粉砂岩、含碳酸盐质岩石中大致沿层产出	层状、似层状、透镜状等	黄铁矿、方铅矿、闪锌矿为主，次为黄铜矿、黝铜矿、磁黄铁矿、毒砂、斜方硫锑铅矿及含银矿物	大、中型为主，品位较富，$w(Pb+Zn)>7\%$	银、金、铜、硫、镓、铟、锗、镉等
矽卡岩型铅锌矿	沿花岗岩类侵入体与碳酸盐岩接触带的内外或离开岩体沿围岩岩层产出	透镜状、扁豆状、囊状、似层状等	黄铁矿、方铅矿、闪锌矿为主，次为黄铜矿、磁铁矿、黑钨矿、白钨矿、锡石、磁黄铁矿及一些银矿物	以中、小型为主，品位较富	金、银、铜、硫、锡、钨、镓、铟、铊、镉、锗等
海相火山岩型铅锌	产于凝灰岩、熔岩、潜火山岩及碎屑岩的互层带中，沿层产出	层状、似层状、透镜状、扁豆状	以方铅矿、闪锌矿为主，次为黄铁矿、黄铜矿、黝铜矿、磁黄铁矿及一些含银矿物	以大、中型为主，品位中等偏富	金、银、铜、还有硫、镉、锗、镓、铟、锡等
砂、砾岩型铅锌矿	产于红层中之浅色砂岩、砂砾岩、灰质角砾岩中，基本沿层产出	层状、似层状、巨大透镜状、扁豆状	方铅矿、闪锌矿、黄铁矿、白铁矿	大中型为主，直至超大型，品位偏富，$w(Pb+Zn)>7\%$	硫、银、镉、铊、钼、锗、钴、锑、铋等
各种围岩中的脉状	产于各种岩石（侵入岩、火山岩、变质岩、沉积岩）的断裂带的充填交代脉状矿床	脉状、复脉状、扁豆状、透镜状	方铅矿、闪锌矿、黄铁矿、白铁矿，次为黄铜矿、磁黄铁矿、磁铁矿、赤铁矿、辉银矿、银金矿、自然银、硫锑银矿等	大、中、小型均有，品位较富，$w(Pb+Zn)>9\%$	银、金、铜、硫、锡、镉、锗、铟、锑、铋

表 7-4 铅锌矿床成因类型

成矿类型	矿床类型	典 型 矿 床
热（卤）水成矿	海相沉积岩型（Sedex）	四川大渡河谷，甘肃厂坝，青海柴达木锡铁山，澳大利亚 Broken Hill，加拿大 Sullivan，德国 Rammelsberg
	海相碳酸盐岩型（MVT）	四川团宝山、大梁子，云南麒麟厂，广东凡口，美国 Upper Mississippi，加拿大 Pine point，波兰 Upper Silesia
	海相火山沉积岩型（VMS）	四川小石房，辽宁红透山，西班牙 Sotiel，日本北鹿地区，加拿大 Kidd Greek
岩浆成矿	花岗岩型	湖南桃林，法国 Les Marines
	斑岩型	江西冷水坑，哈萨克斯坦 Allegro
	矽卡岩型	湖南水口山，美国 Bingham
	陆相火山岩型	浙江五部，玻利维亚 San Cristobal
沉积成矿	砂（砾）岩型（SST）	广西保安，云南兰坪，瑞典 Laisvall，德国 Mechernich
表生氧化成矿	残坡积型	四川巴塘，美国 Franklin
	砂矿型	贵州榨子厂，坦桑尼亚 Mpanda

7.2.2.2 全球铅锌矿成矿带

从世界范围来看，全球铅锌矿资源分布广泛，全球有 50 多个国家生产铅锌矿，世界范围内超巨型铅锌矿床（铅锌金属储量大于 500 万吨）有 58 个，主要分布在澳大利亚（10 个）、美国（7 个）、加拿大（6 个）、中国（5 个）、哈萨克斯坦（4 个）等国家。全球铅锌矿成矿区主要有 5 个，包括澳大利亚铅锌矿集区、北美铅锌矿集区、南美铅锌矿集区、中亚铅锌矿集区和东亚铅锌矿集中区。

澳大利亚铅锌矿集区：

（1）巴顿海槽区东缘的麦克阿瑟河铅锌矿（McArthur River）铅锌储量达 2580 万吨，Pb+Zn 平均品位 13.6%。

（2）布罗肯希尔矿集区（Broken Hill）铅锌储量至少在 5500 万吨以上，Pb+Zn 平均品位 25%。

（3）蒙特艾萨内围区（Mount Isa）至少产有 6 个巨大型多金属矿，铅锌储量 960 万吨，Pb+Zn 平均品位 12.3%。

（4）塔斯马尼亚岛的里德火山岩成矿带已发现至少 4 个大型铅锌矿，铅锌储量 860 万吨。

北美铅锌矿集区：

（1）美国阿拉斯加西北部红狗矿田（Red Dog）Pb 储量 667 万吨，平均品位 4.3%，Zn 储量 2495 万吨，平均品位 16.1%。

（2）美国克尔达兰银铅锌矿带（Coeurd Alene）铅锌储量超过 1000 万吨，Pb+Zn 平均品位 11.8%。

（3）密西西比河谷矿集区（Mississippi River）。

（4）加拿大基德克里克矿床（Kidd Creek）铅锌储量 952 万吨，Pb+Zn 平均品位 6.42%。

（5）加拿大沙利文铅锌矿（Sullivan）铅锌储量超过 2083 万吨，Pb+Zn 平均品位 11.9%。

（6）加拿大育空地区的塞尔温盆地铅锌矿石储量 9 亿吨；盆地东缘的霍华兹山口矿区（Howards Pass），铅锌储量 850 万吨，Pb+Zn 平均品位 7.7%。

（7）加拿大阿巴拉契亚地区的巴瑟斯特-纽卡斯尔矿集区已探明 30 多个矿床，其中，不伦瑞克 12 号矿床（Brunswick）的铅锌储量超过 1070 万吨，Pb+Zn 平均品位 13%；纽芬兰岛矿带有 100 来个矿床，以中、小型为主，其中巴肯斯矿床（Buchans），Pb 储量 23.4 万吨，平均品位 1.3%，Zn 储量 108 万吨，平均品位 6%。

（8）苏必利尔构造区的克兰顿矿床（Crandon）Zn 储量 390 万吨，平均品位 6.5%。

（9）阿米斯克矿带弗林弗隆矿床（FlinFlon）Zn 储量 248 万吨，平均品位 4.25%。

南美铅锌矿集区：

（1）秘鲁圣格雷戈里奥交代型矿床（San Gregorio）铅锌储量 693 万吨，Pb+Zn 平均品位 9.52%。

（2）秘鲁安塔米纳矽卡岩型矿床（Antamina）铅锌储量 575 万吨，Pb+Zn 平均品位 10.3%。

（3）玻利维亚圣克里斯托巴尔热液型矿床（San Cristobal）铅锌储量 549 万吨，Pb+Zn 平均品位 2.12%。

（4）巴西瓦赞蒂非硫化物型矿床（Vazante）铅锌储量 513 万吨，Pb+Zn 平均品位 18%。

中亚铅锌矿集区：中亚地区的铅锌矿主要集中在哈萨克斯坦的三条成矿带。

（1）阿尔泰铜铅锌成矿带集中分布有多个大型多金属矿床，其中列宁诺戈尔斯克矿床（Leninogorsk），铅锌储量达 380 万吨，致密块状矿石品位：Pb 15.2%、Zn 28.8%；浸染状矿石品位：Pb 2.5%、Zn 5.1%；济良诺夫矿田（Zhuliannov）铅锌储量达 500 万吨以上，原生矿石品位：Pb 1.7%、Zn 2.9%。

（2）哈萨克斯坦东部的准格尔阿拉套成矿区发现 10 多个铅锌矿床，其中的一个成矿带长 150km，宽 20~50km；捷克利矿床铅锌储量 550 万吨，Pb+Zn 平均品位 11%。

（3）哈萨克斯坦西南缘的卡拉套多金属成矿带长 600km，宽数十千米，有多个重要矿床，其中沙尔基亚超大型铅锌矿（Shalkya）铅锌储量 1239 万吨，Pb+Zn 平均品位 4.13%。

东亚铅锌矿集区：

（1）朝鲜检德铅锌矿田（Komdok）铅锌储量达 7000 万吨，Pb+Zn 平均品位 7%~10%。

（2）中国云南金顶铅锌矿铅锌储量达 1610 万吨，Pb+Zn 平均品位 8.44%。

（3）中国广东凡口 MVT 型铅锌矿铅锌储量达 829 万吨，Pb+Zn 平均品位 14.01%。

（4）中国甘肃厂坝铅锌矿田铅锌储量达 792 万吨，Pb+Zn 平均品位 8.46%。

（5）中国内蒙古东升庙铅锌矿铅锌储量达 626 万吨，Pb+Zn 平均品位 3.25%。

（6）日本北鹿地区铅锌矿田（Hokuroku Region）铅锌储量达 663 万吨，Pb+Zn 平均品位 6.5%。

全球主要铅锌矿分布如图 7-3 所示。

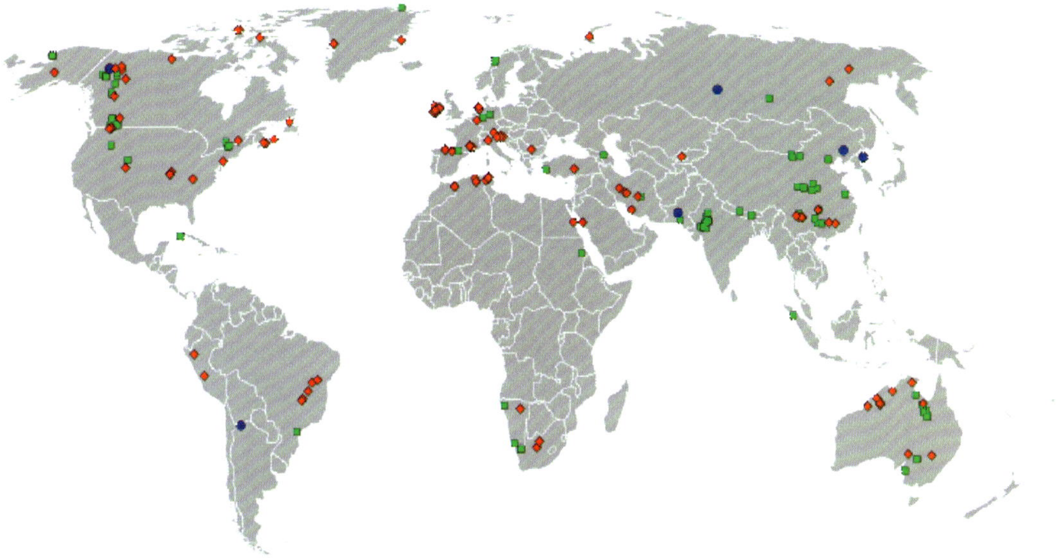

图 7-3　全球主要铅锌矿分布
（红色为海相碳酸盐岩型 MVT 型，绿色为 Sedex 海相沉积岩型，蓝色其他类型）

7.3　全球各国铅矿储量和产量

据美国地质调查局统计，截至 2016 年，全球铅矿金属储量为 8800 万吨，世界铅矿分布集中，澳大利亚、中国、俄罗斯、秘鲁、墨西哥、美国的铅矿储量居世界前六位，这六个国家的铅矿储量合计占世界总储量的 85.57%。储量前三的国家为澳大利亚（占 39.77%）、中国（占 19.32%）、俄罗斯（占 7.27%）。2016 年全球铅产量（金属计）为 482 万吨，产量前三的国家为中国（占全球产量的 49.79%）、澳大利亚（占 10.37%）、美国（占 6.95%）。全球各国铅矿储量及产量分布见表 7-5、图 7-4 和图 7-5。

表 7-5　2016 年世界各国铅矿产量及储量情况

国家	产量/万吨	产量份额/%	储量/万吨	储量分布/%
中国	240	51.02	1700	19.61
澳大利亚	50	10.63	3500	40.37
美国	33.5	7.12	500	5.77
秘鲁	31	6.59	630	7.27
墨西哥	25	5.31	560	6.46
俄罗斯	22.5	4.78	640	7.38
印度	13.5	2.87	220	2.54
哈萨克斯坦	4.1	0.87	200	2.31
其他国家	50.8	10.80	720	8.30
合计	470.4	100.00	8670	100.00

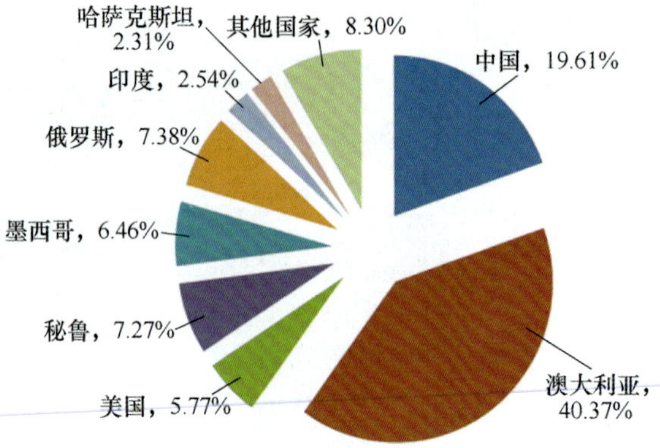

图 7-4　2016 年全球铅矿资源储量分布

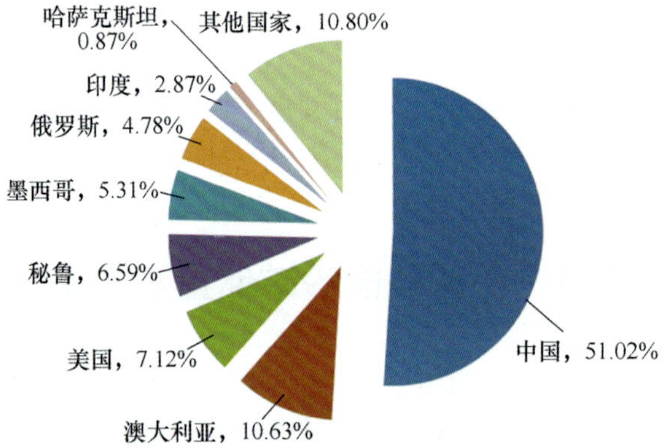

图 7-5　2016 年全球各国铅矿产量份额

7.4　国外主要铅矿生产公司

全球铅矿床多数规模不大，独立铅矿资源较少，铅多与锌、铜、银、金等矿产共（伴）生。全球最大的铅矿生产公司主要包括总部设在瑞士的嘉能可公司、澳大利亚必和必拓公司、印度韦丹塔公司旗下的 Hindustan 公司、加拿大 Teck 资源公司、澳大利亚 MMG 公司、中国中金岭南公司、秘鲁 Volcan 公司、加拿大 Goldcorp 公司等，这些公司开采的均是铅锌矿或铅、锌、金、银、铜多金属矿，没有一家公司开采铅的独立矿床。2015~2016 年，这 8 家公司的铅矿产量合计为 98.56 万吨，仅占全球铅矿产量 482 万吨的 20%，可以看出全球铅矿生产比较分散，小型铅矿生产企业较多。

7.4.1　全球主要铅矿生产公司铅矿资源和生产概况

全球主要铅矿生产公司资源和生产概况见表 7-6。

表 7-6 全球主要铅矿公司资源和生产概况

公司	铅矿产量（金属计）/万吨	Pb 金属储量/万吨	品 位	备 注
Glencore（瑞士）	29.42（2016 年）	Kazzinc：127.4 Mount Isa：319.8 McArthur River：526.5 其他：35.2 合计：1008.9	Pb：1.4%，Zn：4.1% Pb：4.1%，Zn：8.2% Pb：4.5%，Zn：9.4% Pb：1.6%，Zn：7.1% Pb：3.28%，Zn：7.4%	在哈萨克斯坦、澳大利亚、阿根廷、秘鲁、玻利维亚、纳米比亚、布基纳法索拥有多座铅锌矿山
BHP（澳大利亚）	15.37（2015 年） 17.3（2016 年）	Cannington：123.9	Pb：5.9%，Zn：3.82%	Cannington2016 归入 South32 独立核算
Hindustan（印度）	14.5（2016 年）	Rampura Agucha：91.98 Kayad：7.02 Sindesar Khurd：106.24 Rajpura Dariba：14.88 Zawar Mining：16.15 合计：236.27	Pb：1.8%，Zn：14.0% Pb：1.8%，Zn：13.4% Pb：3.2%，Zn：4.7% Pb：1.6%，Zn：6.3% Pb：1.7%，Zn：3.4% Pb：2.2%，Zn：9.48%	拥有 5 座铅锌矿山，矿石产能合计达 1200 万吨/年
Teck（加拿大）	12.8（2016 年）	Red dog：232 Pend Oreille：3.08 合计：235.08	Pb：4.1%，Zn：14.6% Pb：1.1%，Zn：7.1% Pb：3.96%，Zn：14.2%	Red dog 和 Pend Oreille 两大矿可回收铅矿金属量为 122 万吨和 2 万吨
MMG（澳大利亚）	10.57（2015 年） 3.14（2016 年）	Dugald River：44 Rosebery：16.5 Golden Grove：2.9 合计：63.4	Pb：2%，Zn：12.30% Pb：2.60%，Zn：7.40% Pb：1.70%，Zn：11.60% Pb：2.10%，Zn：11.10%	在澳大利亚拥有四座铅锌矿山，Century 铅锌矿资源枯竭，2016 年停产，公司产量大减
中金岭南	5.71（2016 年）	凡口：25.31 盘龙：90.33 布罗肯山：10.8 合计：126.44	Pb：5.47%，Zn：9.08% Pb：0.66%，Zn：2.67% Pb：3.69%，Zn：5.71% Pb：1.90%，Zn：4.21%	国内两座矿山，国外多个铅锌项目，目前储量确定的为澳大利亚布罗肯山项目
Volcan（秘鲁）	5.96（2015 年） 5.22（2016 年）	Yauli：29.3 Cerro：21.7 Chungar：16.8 Alpamarca：2.2 合计：70	Pb：0.85%，Zn：4.91% Pb：0.78%，Zn：1.99% Pb：1.49%，Zn：4.86% Pb：0.91%，Zn：3.69% Pb：0.91%，Zn：3.69%	公司拥有秘鲁 10 个铅锌铜银多金属矿，7 个地采矿，3 个露采矿
Goldcorp（加拿大）	4.97（2016 年）	Peñasquito：164.9	Pb：0.28%，Zn：0.69% Ag：30.5g/t，Au：0.52g/t	公司拥有墨西哥 Peñasquito 多金属矿

资料来源：各公司报告。

瑞士嘉能可公司是全球铅矿产量最大的公司，也是拥有铅矿资源储量最多的公司。嘉能可在澳大利亚、哈萨克斯坦、阿根廷、秘鲁、玻利维亚、纳米比亚、布基纳法索等国拥有多座铅锌矿床，公司拥有的铅锌矿山不仅资源储量大，而且品位高，多数矿山铅锌含量超过 10%，只有哈萨克斯坦的铅锌含量平均为 5%，嘉能可公司 2016 年铅矿产量为 29.42 万吨，与 2015 年的 29.77 万吨基本持平，生产保持稳定。

澳大利亚必和必拓公司是全球铅矿产量第二大的公司，公司拥有澳大利亚著名的 Cannington 铅锌矿，该矿床是一个以铅矿为主的多金属矿，Pb 平均品位 5.9%，Zn 平均品位 3.82%，Ag 225g/t。2016 年该矿山采出了 328.9 万吨矿石，选矿厂处理了 314.9 万吨原矿石，生产了 17.32 万吨铅和 7.9 万吨锌及 665.3t 银。从 2016 年起，必和必拓将 South32 公司拆分出去，Cannington 铅锌矿归属 South32 公司，未来 South32 公司将成为全球第二大铅矿生产公司。

印度韦丹塔公司旗下的 Hindustan 铅锌公司在印度拥有 5 座铅锌银多金属矿山，矿石产能合计达 1200 万吨/年，这 5 座矿山均是以锌为主的铅锌银矿，平均品位：Zn 9.48%、Pb 2.2%，矿石品质较好。2016 年公司生产了 14.5 万吨铅精矿（金属计），88.9 万吨锌精矿（金属计），还生产了 422t 银，公司计划 2021 年前将公司矿山产能增加 20%。

加拿大 Teck 资源公司拥有美国著名的红狗铅锌矿和 Pend Oreille 铅锌矿，这两个矿山都是以锌为主的大型铅锌矿山，不仅资源储量大，而且资源品位高，红狗铅锌矿的矿石平均品位：Pb 4.1%、Zn 14.6%，Pend Oreille 铅锌矿的矿石平均品位：Pb 1.1%、Zn7.1%。

2016 年 Teck 公司这两个矿山的铅矿产量（金属计）为 12.8 万吨，锌矿产量为 61.7 万吨。

澳大利亚 MMG 公司在澳大利亚拥有四座铅锌矿山，其中 Century 铅锌矿资源枯竭，2016 年停产，公司铅矿产量大减。公司拥有的其余 3 座矿山均是以锌为主的铅锌银矿，3 座矿山矿石平均品位较高，其中 Pb 为 2.10%，Zn 为 11.10%，品质较好。2015 年公司铅矿产量（金属计）达 10.57 万吨，2016 年由于 Century 矿关闭，产量下降到 3.14 万吨。

秘鲁 volcan 公司在秘鲁四个地区拥有 10 个铅锌铜银多金属矿，其中 7 个地采矿，3 个露采矿，这些矿床普遍规模不大，铅锌品位也不高，10 座矿山平均品位：Pb 0.91%、Zn 3.69%、Cu 0.14%、Ag 107.9g/t。2016 年 Volcan 公司铅矿产量（金属计）为 5.22 万吨，锌矿产量为 27.34 万吨，银 68.4t，铅产量比 2015 年的 5.96 万吨有所下降。

加拿大 Goldcorp 公司是一家在加拿大、美国、墨西哥、中美洲和南美洲勘探开采黄金的矿业公司，公司拥有的墨西哥 Peñasquito 多金属矿含 Pb 0.28%、Zn 0.69%、Ag 30.5g/t、Au 0.52g/t，是一个探明矿石储量达到 5.89 亿吨、规模巨大、露天开采的低品位多金属矿，也是世界最大的银矿之一，铅矿是其共（伴）生矿产。2016 年 Goldcorp 公司由墨西哥 Peñasquito 多金属矿生产了 4.97 万吨铅精矿（金属计）。

7.4.2 美国的主要铅生产公司

美国的铅矿生产已有超过 200 多年的历史。铅在美国是最先被开发、冶炼、利用的有色金属，美国的铅生产公司往往同时生产锌资源。美国主要的铅锌矿生产矿山有 Red dog、Buick、Brus Creek、Fletcher、Viburnum、Sweetwater、Greens Creek、Lucky Friday、Pend Oreille 和 Montana Tunnels 等。在下游冶炼业方面，美国目前仅有一座铅矿冶炼厂，两座锌矿冶炼厂，另有 22 座再生铅和 12 座再生锌冶炼厂，美国是全球最重要的铅锌再生金属生产国。美国主要的铅锌矿生产公司有 Doe Run Resources Co、Teck Cominco Alaska Inc.、Kennecott Greens Creek Mining Co.、Hecla Mining Company 等。

Doe Run Resource 公司是美国最大的铅生产公司，也是全球第二大的铅（铅矿和再生铅）生产商，同时还生产锌、铜、金和银等。该公司是一综合型矿业公司，集采矿、冶炼、循环和成品制造于一体，是大型跨国矿业公司。Doe Run 公司拥有位于美国密苏里州的 6 座铅矿山和 1 座名为 Herculaneum 的原矿冶炼厂。Doe Run 公司还拥有位于秘鲁的 cobriza 铜矿 及 La Oro 冶炼厂。Doe Run 公司的铅生产与选矿技术全球一流，特别是铅生产的循环设施，为全球同类型中最先进的设施。

7.4.3 澳大利亚的铅生产公司

澳大利亚的许多铅锌矿床均是世界级的，多数矿床不仅规模大，而且品位高，开采条件良好。多年来，澳大利亚铅矿产量（金属计）一直保持在 50 万~80 万吨之间，锌矿产量（金属计）一直保持在 100 万~150 万吨之间。在精炼锌生产方面，澳大利亚位居全球第 6 位。

澳大利亚铅矿生产公司主要有 OZ 矿产公司（OZ Minerals Ltd）、斯特拉塔公司（Xstratapie）、锌开发公司（Zinifex Ltd.）、佩里利亚有限公司（Perilya Ltd.）、贾比卢有限公司（JabiruMetals Ltd）、必和必拓公司（BHP Billiton）等。澳大利亚目前铅锌生产矿山主要有新南威尔士州的布罗肯希尔（Broken Hill）、因代沃（Endeavor）矿山；昆士兰州的坎宁顿（Cannington）、乔治费希尔（George Fisher）、芒特艾萨（Mount Isa）、世纪（Century）矿山；西澳州的皮尔拉拉（Pil-lara）、金色格鲁夫（Golden Grove）矿山；塔斯马尼亚州的赫利尔（Hellyer）、罗斯伯里（Rose-bery）矿山和北方领地的麦克阿瑟河（McArthurRiver）矿山等。各铅矿山的产能和所属公司情况见表 7-7。

表 7-7 澳大利亚铅矿生产公司概况

矿　山	铅矿产能（金属计）/万吨·年$^{-1}$	所 属 公 司
布罗肯希尔	9.0	佩里利亚有限公司，100%
坎宁顿	26.5	必和必拓，100%
世纪	9.0	锌开发公司，100%
因代沃	4.5	CBH 资源有限公司，100%
赫利尔	4.4	Intec Ltd，50%，PMSP，50%
芒特艾萨	15.0	斯特拉塔公司，100%
罗斯伯里	2.5	OZ 矿产公司，100%

7.5 国外典型铅矿山

本章介绍世界著名的澳大利亚蒙特艾萨（Mount Isa）锌-铅-银-铜多金属矿，该矿历史悠久、矿石储量巨大、铅锌品位较高、矿石性质复杂、矿物嵌布粒度细，选矿工艺先进，艾萨磨（IsaMill）超细研磨技术、Jameson 浮选柱浮选技术等都最早起源或应用于此矿。本章将对 Mount Isa 矿山的矿床类型和特点、采选工艺及矿山发展趋势进行详细介绍。蒙特艾萨矿山地理位置如图 7-6 所示。

概况：澳大利亚蒙特艾萨矿山公司是澳大利亚大型矿冶联合企业之一，隶属于澳大利亚 Exstrata PLC 矿业公司，目前归属嘉能可公司。蒙特艾萨矿山公司的矿产业务主要包含一个独立的铜矿山和选矿厂、一个锌-铅-银矿山和选矿厂、一个铜冶炼厂、一个铅冶炼厂和一个锌精矿过滤厂。该公司所属的 4 个地下采场组成了全球最大的有色金属地下矿山。

图 7-6　蒙特艾萨矿山地理位置

Mount Isa 锌-铅-银矿床于 1923 年被发现，蒙特艾萨矿山公司（MIM）于 1924 年成立，锌-铅-银矿山公司由 George Fisher 地下矿山、Black Star 地下矿山和 Handlebar Hill 露天矿山、锌选矿厂、1 个铅冶炼厂和 1 个锌精矿过滤厂组成。选矿厂处理能力为 650 万吨/年，年产锌精矿 22.6 万吨，铅锭 12.5 万吨，其中含银 526 万盎司。蒙特艾萨矿山公司资源和生产概况见表 7-8。

表 7-8　蒙特艾萨矿山公司资源和生产概况

矿山关键数据产品	锌、铅
位置	澳大利亚昆士兰州汤斯维尔西 100km
矿石类型	埋藏于层状页岩中的硫化矿床
矿石储量和资源量	探明矿石储量 7800 万吨，Pb 4.1%、Zn 8.2%、Ag75g/t 探明的矿石资源量 4.6 亿吨，Pb 3.5%、Zn 6.2%、Ag 66g/t
开采方法	采用分段空场采矿法和落顶充填采矿法
矿物加工方法	选矿工艺流程包括棒磨/球磨—铅粗选—粗精矿艾萨磨机再磨—铅精选—浮选精矿常温反浮选易浮矿物，获得铅精矿；铅粗选尾矿锌粗选—浮选柱精选—粗选尾矿艾萨磨机再磨—锌再选—再选精选，获得锌精矿
选矿指标	锌精矿中锌回收率 80.7%，铅精矿中铅回收率 78.8%

矿床与矿石性质：蒙特艾萨矿床有两个单独的矿体，分别为下层的铅锌银矿体和上层的铜矿体。该矿床的锌铅银矿体从地表延伸到地表以下 1700 多米，矿体中的主要矿物由含铁闪锌矿、方铅矿和黝铜矿等金属矿物和共生的黄铁矿、磁黄铁矿、碳酸盐矿物、石英和石墨等脉石矿物组成，还有少量的毒砂、白铁矿、黄铜矿、墨铜矿、淡红银矿、辉银矿产出，氧化的表面矿石中含有白铅矿、硫酸铅矿和磷氯铅矿，银和锌从表面的氧化带中除去了，作为表生矿物沉积出来。

蒙特艾萨锌铅银矿石的工艺矿物学特点是闪锌矿和方铅矿与硫化脉石矿物及非硫化脉石矿物相互紧密连生，与方铅矿共生的银矿物物性很脆。非硫化脉石矿物是石英、白云石和含碳的页岩，硫化脉石矿物主要为黄铁矿，其次是磁黄铁矿。黄铁矿具有两种不同类型：第一种是粒度比较粗的自形黄铁矿；第二种为粒度比较细（5~30μm）的黄铁矿，并含有碳，有时形成了方铅矿的镶边，属难选矿物。含碳的黄铁矿都是天然可浮性矿物，它的存在降低了铅精矿和锌精矿的质量。

艾萨矿床的锌铅银矿体采出两种矿石：（1）艾萨矿床下部矿体（Racecourse 矿体）矿石。该矿体产状狭窄，用梯段回采法开采，开采的矿石边界品位较高。开采出的矿石铅、锌和银品位较高，黄铁矿含量较低，有用矿物嵌布粒度较粗。矿石中的黄铁矿自形度比细粒含碳黄铁矿的自形度高。虽然这种矿石的开采费用较高，但是由于矿石中的锌、铅和银品位较高，选矿性能较好，所以开发利用利润较高。（2）艾萨矿体（Black star 矿体）上部矿石。该矿体为厚大的矿体，采用低成本的空场采矿法开采，这个矿体开采的矿石边界品位比较低，矿石中锌和铅矿物的嵌布粒度比较细，含有大量的细粒含碳黄铁矿。选矿厂指标较差，蒙特艾萨矿山矿体分布如图 7-7 所示。

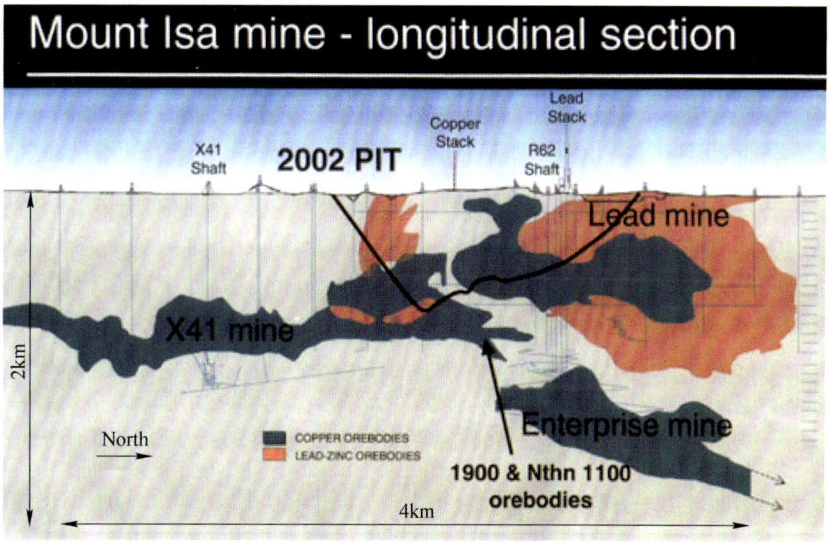

图 7-7　蒙特艾萨矿山矿体分布示意图

采选工艺：艾萨矿山、选矿厂和粗铅冶炼厂（见图 7-8）于 1931 年投产，2002 年安装了 Micromine 矿山控制系统。较大的、稳定的矿区采用分段空场采矿法开采，而 12m 宽、250m 长的不牢固悬壁部位采用分段回采法开采。到 20 世纪 90 年代改用落顶充填采矿法开采，这样可以降低开采成本和增大处理能力。MIM 公司增加了新的移动采矿设备和可视遥控矿石装载系统。2007 年 9 月，Handlebar Hill 锌-铅-银露天采场投产，可为蒙特艾萨矿山提供 4300 万吨锌-铅-银矿石储量。

图 7-8　蒙特艾萨冶炼厂俯瞰图

蒙特艾萨铅-锌-银选矿厂处理蒙特艾萨矿体和 Hilton 银-铅-锌矿体的锌-铅-银矿石。选矿厂包括棒磨机、球磨机、铅-银浮选、锌浮选、低品位中矿回收回路。1982 年 MIM 公司增加了重介质分选，以便对给矿进行预选，选出产率为 30%的粗粒脉石矿物。最近应用了浮选柱精选。为了处理 George Fisher 矿床的矿石，选矿厂增大了处理能力。选矿厂将 Isa 磨工艺引入到浮选回路中，以便对粗精矿再细磨然后浮选，使铅回收率提高近 10%，达到 78.8%，锌回收率从 73.4%提高到 80.7%。2008 年年末，蒙特艾萨锌-铅-银选矿厂扩建完成，年处理矿石量达到 800 万吨/年，锌产量达到 34 万吨/年。蒙特艾萨选矿厂原矿给矿品位很高达到 Zn 10.5%、Pb 7.2%。细磨对于蒙特艾矿石的选矿是很重要的，特别是对于锌浮选回路，因为它所需要的磨矿细度为 $P_{80}=7\mu m$，设计中锌粗精矿和铅粗精矿的再磨细度均为 $P_{80}=12\mu m$，锌中矿的再磨细度为 $P_{80}=7.5\mu m$。研究结果表明，在锌浮选回路中，当磨矿细度在 $P_{80}=10\mu m$ 以下时，磨矿细度每减小 1μm，选矿厂锌回收率提高 1%，每年增收 100 万澳元。8 台艾萨磨已经安装在蒙特艾萨选矿厂锌浮选回路中，艾萨磨的结构如图 7-9 所示。

艾萨磨超细磨技术已经在澳大利亚蒙特艾萨锌铅选矿厂、MeArthur River 矿山和 Kalgoorlie Consoli dated 金矿山应用。艾萨磨由水平安装的外壳、轴、圆盘、轴承、产品分离器和电动机组成。多片圆盘安装在轴上，与电动机相连接的轴带动圆盘高速旋转。浆状给矿和磨矿介质由给料口给入，在离心力作用下，矿粒与磨矿介质相互发生磨剥。浆料在通过圆盘间隔中发生多段细磨，在排料端，分离器只将粒度合格的磨矿产品排出磨机，而将介质和粒度未达到要求的给料留在磨机中。由于分离器没有用筛子，解决了堵塞问题。与其他细磨工艺相比，艾萨磨机具有很大的输入能量（350kW/m^3）和磨矿压力（100~

由于美元贬值影响以美元计价的金属价格变化规律，以 1998 美元购买力为基础调整后的百年铅价变化趋势更能反映铅价的实际变化规律，图 7-16 给出了以 1998 年美元购买力为基准的全球铅价百年变化趋势。

预计未来铅价仍将维持在 0.8~1.2 美元/磅区间内。长期来看，由于铅矿资源供应充足，铅的市场供需关系受到环保要求越来越严和铅二次资源使用率越来越高的影响，铅价大幅上涨的动力不足，一旦有合适的蓄电池技术取代铅蓄电池，铅的市场需求量将会大为下降，势必导致铅的价格出现下跌。

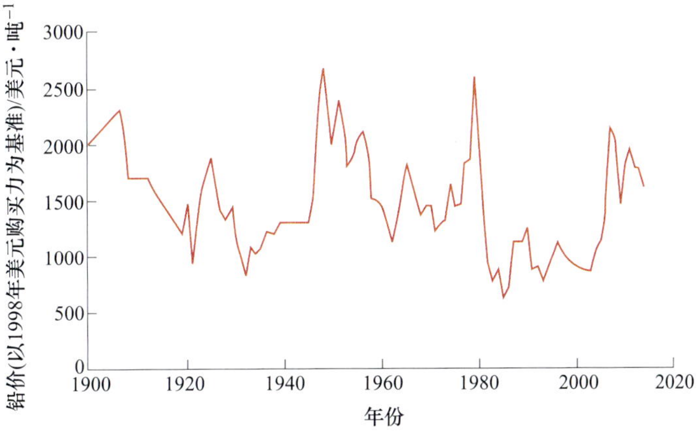

图 7-16　以 1998 年美元购买力为基准的全球铅价百年变化趋势

7.6.3　铅矿资源开发利用技术发展趋势

7.6.3.1　铅锌矿开采技术发展趋势

全球铅锌矿采矿技术主要围绕着安全、节能、环保、高效、自动化、智能化的方向发展。铅锌矿资源的成矿地质特征，决定了全球 80%以上的铅锌矿山采用地下开采技术。在铅锌矿地下开采技术中，各国广泛采用机械充填法采矿技术，例如德国 Rammelsberg 铅锌矿、澳大利亚 Broken Hill 和 Mount Isa 铅锌矿、中国的凡口铅锌矿等都采用高效的机械充填法采矿。充填法采矿可以提高矿石开采回采率、降低贫化率、减少尾矿中废石排放、改善环境。机械充填法采矿也便于使用高效机械化设备，如无轨运输设备、高效液压钻机、凿岩机、铲运机、锚杆机等，加上充填料管路化输送技术和充填系统的自动控制技术不断完善，该方法的应用越来越广。

在比较复杂的地质情况和危险区域，可以保障安全的智能化遥控可视设备也在铅锌地采矿山中开始应用。如澳大利亚 Broken Hill 铅锌矿和 Mount Isa 铅锌矿率先采用了视频遥控铲运机，保障安全、高效生产，Broken Hill 铅锌矿还率先实现了钻机智能无人操作，大大提高了钻机效率。

全球露天开采的铅锌矿山不多，大型露天开采矿山的技术发展趋势是自动化信息管理系统的推广使用，这一系统可以实现采矿、装载、运输的最佳匹配，并可实现远程可视监控和自动调度，加上高效、节能的各型电铲、钻机、液压铲、前装机、大型运矿卡车的广泛使用，露天采矿效率大为提高。

7.6.3.2 铅锌选矿技术发展趋势

全球铅锌矿资源以硫化矿石为主，氧化矿石为辅，浮选是铅锌矿选矿采用的基本方法。近年来铅锌矿选矿技术主要围绕着节能、环保、高效、智能自动化控制的目标发展。

为了实现这一目标，对低品位矿石预选是一条有效途径，如澳大利亚 Mount Isa 铅锌矿对部分矿石进行了预选处理，预选采用光、电选工艺或重介质选矿工艺，可以预抛矿石质量30%左右的脉石矿物，提高了选矿厂入选品位，减少了选矿处理量，节能并降低了铅锌矿的选矿成本。

各国铅锌选矿厂普遍采用选矿新技术、新设备实施高效、节能、环保、低成本的选矿工艺。例如澳大利亚 Mount Isa 铅锌矿矿石性质复杂、矿物堪布粒度细，Mount Isa 公司开发了以艾萨磨机为代表的大型卧式搅拌磨，可以生产小于 10μm 的磨矿产品，同时艾萨磨机与球磨机相比可节约几到十几倍的能耗。Mount Isa 公司还率先使用了高效的微细粒浮选设备 Jameson 浮选柱，通过精矿再磨和细粒浮选技术使得铅锌回收率分别提高了 10%和 7%。我国的凡口铅锌矿在电位调控浮选工艺的基础上，充分利用矿石可选性差异，改进为三产品选矿工艺，提高了选矿回收率、降低了选矿能耗、简化了选矿流程。会泽铅锌矿采用等可浮-异步选铅-锌硫异步混选-铅锌硫分离-氧化铅硫化电位控制浮选-氧化锌不脱泥浮选工艺，保证了铅、锌、硫精矿的高品质和高回收率。

铅锌选矿数据管理系统 PI（Plant Information System）开始被推广使用，PI 系统是由美国 OSI Software 公司开发的数据采集、存贮和监视软件。该系统可存贮每个工艺过程点的现时生产数据，并永久保存，可为选厂提供即时全面的互动操作画面，为现场操作人员，管理人员和远在千里之外的总部提供即时和历史性的工厂信息。该系统自 1990 年开始在澳大利亚等国的矿山和选矿厂使用以来，发挥了巨大的作用，目前已经成为澳洲矿山不可取代的数据管理系统。

采用选矿厂信息化智能管理系统已成为国内外大型铅锌选矿厂的技术发展趋势。这一系统可以实现选矿工艺全过程的监控和自动调整，可以在线和视频监控矿石给料量、矿浆温度、矿浆浓度、流体压力、流量、矿石粒度、液面高度等参数，甚至可实现在线元素光谱分析，实现了选矿工艺精密控制，极大提高了选矿厂工作效率。

7.6.3.3 铅冶炼技术发展趋势

铅的冶炼方法可以概括为传统冶铅法和直接冶铅法两大类：传统法即烧结-鼓风炉熔炼法（包括烧结机、烧结锅、烧结盘等）；直接炼铅法即取消硫化铅精矿烧结过程，生精矿直接入炉熔炼的方法。过去烧结-鼓风炉熔炼法一直是铅的主要生产方法，其产量约占世界铅产量的 60%以上。但随着人们对环保、节能认识和要求的不断提高，烧结-鼓风炉熔炼法的缺点日显突出，新建的铅冶炼厂都已采用了直接炼铅工艺来生产。

直接炼铅法可归纳为一段炉法，即在一台冶炼炉中完成粗铅的冶炼过程。一段炉法的代表主要有苏联开发的基夫赛特法和瓦纽科夫法、德国鲁奇公司开发的 QSL 法、瑞典波利顿公司开发的卡尔多法等。两段炉法是在两台冶炼炉中完成粗铅生产过程。两段炉法的代表有澳大利亚开发的氧气顶吹浸没熔炼法（又称澳斯麦特法、艾萨法），以及我国在 20 世纪 80 年代开发的水口山法（SKS）即氧气底吹一渣还原炼铅法。2008 年，河南豫光金铅股份有限公司与恩菲公司联合开发了氧气底吹-液态渣还原炼铅工艺，充分利用高铅渣的潜热，直接高温还原液态高铅渣，产出含铅较低的弃渣。该工艺解决了氧气底吹-鼓风炉还原法存在的高温液态渣需冷却铸块才能入炉、入炉后又要消耗大量的冶金焦再加热的问题，同时也解决了铸块、储运过程的粉尘飞扬，污染生产环境的问题，实现了炼铅工艺的重大进步。

参考文献

[1] Mineral Commodity Summaries 2016，2017，USGS.

[2] 2014 Minerals Yearbook Lead，USGS.

[3] Glencore Annual Report 2015.

[4] Glencore plc 2016-Preliminary-Results-CHN-final.

[5] Teckannual Report 2016.

[6] Together，Creating Sustainable Value Goldcorp 2017 Presentation.

[7] Integrity Resilience Growth Annual Report 2016 BHP Billiton Limited.

[8] Hindustan Zinc Corporate Presentation 2016.

[9] Vedanta Hindustan Zinc Annual Report 2014-2015.

[10] MMG Annual Results Presentation 2016.

[11] Memoria 2016 Volcan.

[12] Types of Lead Deposits USGS.

[13] Unearthing a major zinc-lead lead-silver deposit，Arizona Mining Presentation.

[14] 李长根 . 澳大利亚蒙特艾萨锌-铅-银-铜矿山［J］. 矿产综合利用，2012（5）.

8 国外镍矿资源及利用现状

8.1 概　　述

8.1.1 镍的性质

镍（Ni）是过渡性金属元素，原子序数为 28，相对原子质量为 58.69，属于元素周期表中Ⅷ族元素。镍是银白色金属，具有磁性，熔点 1452℃，沸点 2900℃，密度 8.902g/cm^3。金属镍具有良好的机械强度、可塑性、延展性和耐高温性能，并具有优异的耐腐蚀性能，可以和多种金属构成高性能合金。金属镍粉还可以吸储氢气。

8.1.2 全球镍矿资源概况

地壳中含有丰富的镍资源，镍在地壳中丰度达到了 0.019%，高于锌和铜，但镍多数分散在矿物岩石中难以提取。地壳中的铁镁质橄榄石含镍常达 0.2%以上，但多为类质同象，难以分离利用。

已知含镍矿物约有 50 余种，其中以镍黄铁矿为代表的镍的硫化矿物和镍褐铁矿及硅镁镍矿为代表的镍的氧化矿物是人类提取镍资源最重要的矿物原料。

据美国地质调查局 2016 年的统计数据，全球已探明镍矿产资源金属储量达 7800 万吨，按目前每年约 230 万吨的消耗量，可满足全球 34 年的需求。全球镍品位大于 1%的镍矿资源量达 1.3 亿吨，海底锰结核中含有丰富的镍，是未来人类可利用的巨大潜在镍资源。全球再生镍的利用率也不断提高，达到了镍产量的 1/4，在未来几十年里，镍资源完全可以满足全球经济、社会发展的需求。

全球镍矿资源分布广泛但不均衡，全球有 20 多个国家开采镍矿资源，近 60%的镍矿探明储量集中在澳大利亚、新喀里多尼亚、巴西、俄罗斯四国。全球镍矿资源主要分为红土型镍矿和硫化物镍矿两类，陆地上已探明镍品位大于 1%的镍矿资源中，硫化物镍矿约占 30%、红土型镍矿约占 70%。全球硫化物镍矿产量占镍矿总产量的比例从 1950 年的 80%以上降到 2013 年的 40%以下，同一期间，全球红土型镍矿产量比例则从不足总产量的 20%上升到 60%。全球硫化镍矿新资源勘探多年没有重大突破，保有储量急剧下降。全球镍资源开发的重点转向储量丰富便于勘探开采的红土型镍矿资源。未来红土型镍矿的产量所占比重将会继续增大。全球各国也在积极寻求新的镍的供应替代品，在欧洲及北美，废不锈钢正在越来越多地占据原生镍的消费份额，最近甚至侵蚀了镍铁的市场份额。

8.1.3 镍的历史

在人类物质文明发展过程中镍起着重要作用。镍和铁的熔点较接近，历史上，人们将

2016 年全球镍矿产量（金属计）为 224.7 万吨，比 2015 年的 228 万吨略有下降。产量前三的国家分别为菲律宾（占全球产量的 22.25%）、俄罗斯（占全球镍矿产量的 11.39%）、加拿大（占全球产量的 11.35%）。全球各国镍矿产储量、产量分布情况见表 8-3，图 8-4 和图 8-5。

表 8-3　2016 年全球各国镍矿储量、产量分布情况

国家	金属储量/万吨	储量分布/%	产量（金属计）/万吨·年$^{-1}$	产量份额/%
澳大利亚	1900	24.25	20.6	9.17
巴西	1000	12.76	14.2	6.32
俄罗斯	760	9.70	25.6	11.39
新喀里多尼亚	670	8.55	20.5	9.12
菲律宾	480	6.13	50	22.25
印尼	450	5.74	16.85	7.50
南非	370	4.72	5	2.23
加拿大	290	3.70	25.5	11.35
中国	250	3.19	9	4.01
其他国家	1666	21.26	37.44	16.66
全球	7836	100.00	224.69	100.00

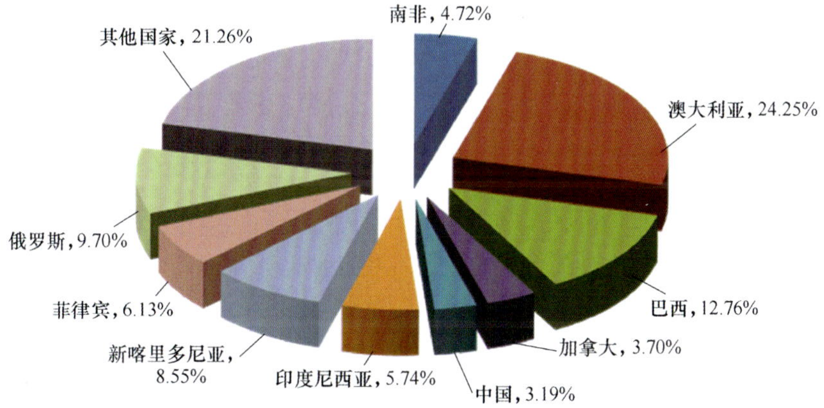

图 8-4　2016 年全球镍矿储量分布

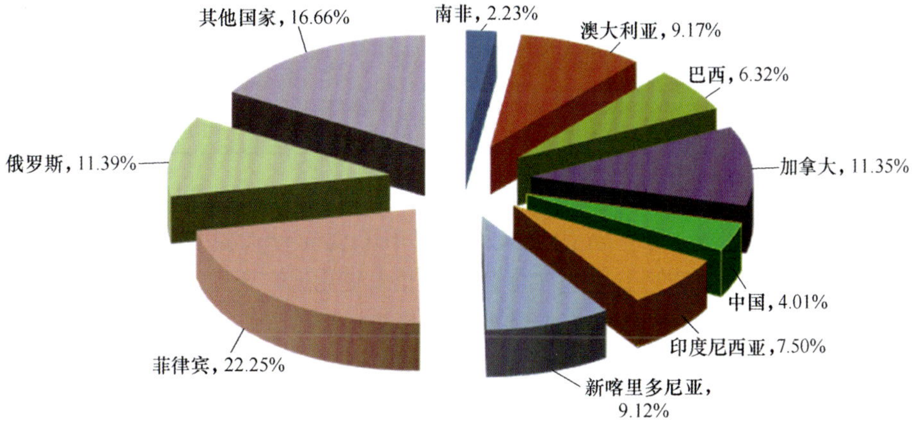

图 8-5　2016 年全球各国镍矿产量份额

8.4 国外主要的镍矿公司及行业组织

全球镍的生产相对比较集中，巴西淡水河谷、俄罗斯诺里斯克、澳大利亚BHP、中国金川、瑞士嘉能可、日本住友、英国英美资源、法国埃赫曼、澳大利亚昆士兰镍业、加拿大谢里特公司等是全球最重要的镍生产公司，上述十家公司的镍产品产量占全球镍产品产量的60%。这些公司中绝大多数都有自己的镍矿山，形成镍矿勘探、开采、选冶、加工等产业链，开采的镍矿包括硫化镍矿床和红土型镍矿床。镍矿产储量最丰富的公司为诺里斯克、淡水河谷、金川和嘉能可。全球主要镍生产公司生产及镍矿资源概况见表8-4。

表8-4 2014年全球主要镍矿公司镍矿生产及资源概况

公司	国家	金属镍产量/t	全球产量份额/%	金属镍储量/万吨	品位（Ni）/%	备注
Vale	巴西	275000	13.8	735	平均1.57	七大矿区；铜镍硫化矿、红土型矿；地采、露采
Norilsk Nickel	俄罗斯	274247	13.8	749.8	0.87	两大矿区；铜镍硫化矿；地采、露采
BHP Billiton	澳大利亚	143000	7.2	70.6	0.64	三大硫化镍矿区，地采；一处红土镍矿区，露采
金川集团	中国	138000	6.9	416	0.98	铜镍硫化矿；地采
Glencore	瑞士	100900	5.1	372	平均1.34	三大矿区；铜镍硫化矿、红土型矿；地采、露采
Sumitomo Metals & Mining	日本	75000	3.8	以红土型镍矿为原料，初级冶炼厂建于菲律宾，同时收购菲律宾、新喀里多尼、印度尼西亚的红土镍矿为原料		
Anglo American	英国	65400	3.3	63.3	1.45	两大矿区；红土型；露采
Eramet	法国	55012	2.8	102.6	2.63	红土型镍矿；露采
Queensland Nickel	澳大利亚	34000	1.7	红土型镍矿，从新喀里多尼亚、菲律宾、印度尼西亚进口		
Sherritt International	加拿大	31275	1.6	100.7	1.18	红土型镍矿；露采
合　计		1191834	59.8	2608		
全　球		1993600	100.0	7900		

资料来源：表中各公司年报。

巴西淡水河谷、俄罗斯诺里斯克、澳大利亚BHP是全球产量位居前三的镍矿开发企业，瑞士嘉能可产量居全球第五，这四个公司以开采硫化镍矿为主，新建开发项目主要开采红土镍矿，基本代表了全球镍矿资源生产发展趋势。

8.4.1 俄罗斯诺里斯克镍业公司

诺里斯克镍业公司（Norilsk Nickel）是集资矿产资源勘探、采矿、选矿、冶金、冶金产品加工于一身的综合性企业，也是全球最大的镍和钯产品生产企业，世界著名的铂和铜产品生产商。除了镍、钯、铂、铜外，诺里斯克镍业公司还生产钴、铑、银、金、铱、钌、硒、碲、硫等产品，该公司的镍产品主要有电解镍、镍粉、硫酸镍等品种。

近年来，诺里斯克公司推行国际化经营战略，公司参与国内、国际合作与并购活动不断增加。诺里斯克镍业现已成为大型跨国集团公司，产业分布在全球三大洲的俄罗斯、澳大利亚、博茨瓦纳、南非和芬兰五个国家。2007 年开始，诺里斯克收购了美国特殊化学品公司（OMG）旗下的镍资产后获得澳大利亚 Cawse 镍项目和芬兰哈贾伐尔塔精炼厂；公司还了收购加拿大莱昂矿业公司，获得了澳大利亚 Black swan、Lake Johnston、Waterloo 镍矿 100% 的股份，公司还收购了博茨瓦纳 Tati 镍业 85% 的股份，南非 Nkomati 镍采矿业 50% 的股份，巩固了镍业巨头的地位。公司主要产业构成如图 8-6 所示。

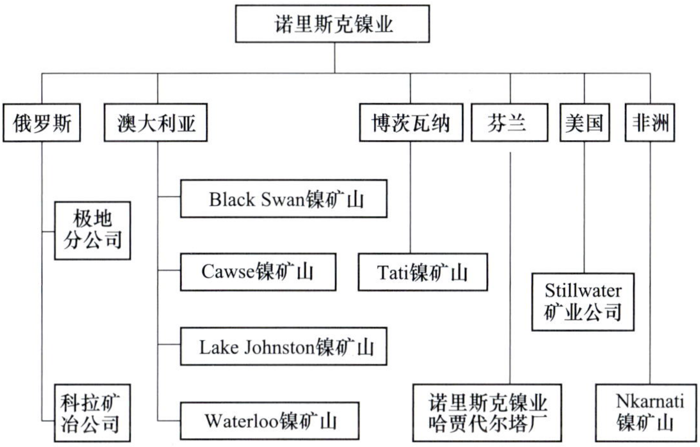

图 8-6 诺里斯克公司主要产业构成示意图

2015 年诺里斯克镍业公司生产了 26.6 万吨镍，35.3 万吨铜，268.9 万盎司钯，65.6 万盎司铂，由于全球经济增速放缓，公司镍产量比 2014 年有所下降，不再居产量第一位，为巴西淡水河谷公司所替代。

诺里斯克镍业公司 2014 年矿石开采总量为 3800 万吨，共生产了 27.4 万吨镍，36.8 万吨铜，274.9 万盎司钯，65.7 万盎司铂。Norilsk 公司 2014 年矿产资源开发利用情况见表 8-5。

表 8-5 2014 年 Norilsk 公司矿产资源开发利用情况

Norilsk 公司矿山企业	矿石采出量/万吨	Ni		Cu		PGM	
		矿石 NI 品位/%	选矿回收率/%	矿石 Cu 品位/%	选矿回收率/%	矿石 PGM 品位/g·t^{-1}	选矿回收率/%
Polar Division（俄罗斯）	1700	1.29	82	2.08	95.3	6.77	81.4
Kola MMC（俄罗斯）	810	0.65	72.4	0.27	75.2	0.08	NA
Tati Nickel（博茨瓦纳）	920	0.15	44.9	0.11	45	NA	NA

续表 8-5

Norilsk 公司矿山企业	矿石采出量/万吨	Ni		Cu		PGM	
		矿石 NI 品位/%	选矿回收率/%	矿石 Cu 品位/%	选矿回收率/%	矿石 PGM 品位/$g \cdot t^{-1}$	选矿回收率/%
Nkomati（南非）	370	0.36	75.9	0.13	89	NA	NA
Lake Johnston（澳大利亚）	2014 年停产	1.38					

注：NA 为未得到数据。

资料来源：源于公司年报等。

诺里斯克镍业公司的核心产业是位于俄罗斯泰梅尔半岛诺里斯克地区的极地分公司和位于科拉半岛摩尔曼斯克地区的科拉矿冶公司。这两个公司拥有的都是铜镍硫化矿资源，矿床深 500~2500m，主要采用地下开采方式和分段崩落嗣后充填法采矿。

8.4.1.1　极地分公司

矿山：极地分公司拥有三大矿床、七座矿山。诺里尔斯克 1 号矿床、十月矿床和塔尔纳赫矿床是诺里斯克镍业公司的原料基地，这三大矿床共有十月矿、泰梅尔矿、共青团矿、玛雅克矿、斯卡利斯特矿、极地矿和熊溪露天矿七座矿山为极地公司开采矿石。开采的矿石有致密硫化物矿石（富矿石）、脉状铜矿石和浸染状矿石三种类型。近几年来，富矿开采量在减少，铜矿石和浸染状矿石的开采量在增加。2014 年极地分公司矿石开采总量为 1700 万吨，平均镍品位 1.29%、铜品位 2.08%、铂族金属品位 6.77g/t。

选矿：极地分公司的选矿系统包括诺里斯克选矿厂和塔尔纳赫选矿厂两个选厂。采出的硫化矿原矿先经重介质预选，富矿石采用优先浮选、混合浮选、分离浮选的工艺流程；浸染状矿石采用浮选、重选联合流程，得到镍精矿、铜精矿和磁黄铁矿精矿。塔尔纳赫选矿厂主要处理富矿石，诺里尔斯克选矿厂主要处理浸染状矿石、铜矿石和过去堆存的磁黄铁矿矿石。

冶炼：极地分公司冶炼系统包括纳杰日金斯克冶炼厂、镍冶炼厂、铜冶炼厂及冶炼车间四部分冶炼设施，其主要产品有高锍、电解镍、电解铜、金属钴、铂族金属精矿、硫和硫酸等。

镍冶炼厂主要处理诺里斯克选矿厂的镍精矿、磁黄铁矿精矿、纳杰日金斯克冶炼厂生产的高锍，主要产品为电解镍和金属钴。含镍 4.7%、铜 2.5%、钴 0.17%、硫大于 30%的镍精矿在烧结厂干燥、造团、部分脱硫后，进行电炉熔炼，制取冰铜，冰铜再经过吹炼，吹炼的炉渣在贫化炉中处理，贫化的冰铜返回电熔炼。吹炼后所得铜镍高锍含镍达到 45%，由铜镍硫化物和金属相组成。高锍冷却后破碎到 0.05mm，在强碱介质中用黄原酸盐浮选，产出铜精矿、镍精矿和磁性中间产品。镍精矿在镍厂焙烧-还原车间过滤后，在沸腾炉中于 1140℃下焙烧。所得氧化镍在回转窑中还原焙烧。然后在镍厂熔炼车间熔炼成高锍，再把高锍浇铸成阳极。在镍电解车间按传统流程生产电镍（镍含量为 99.8%~99.94%）。

铜冶炼厂有 3 个车间：干燥车间、熔炼车间、铜电解车间。产品主要有阴极铜、工业硫黄、硫酸、硫酸镍、母液、铜阳极泥、镍渣半成品。铜厂处理诺里尔斯克选矿厂和塔尔纳赫选矿厂的含铜 22%、镍 1.7%、铁 37%、硫 33%的铜精矿以及极地分公司其他单位生产的废料生产阴极铜。用瓦纽科夫炉的冶炼烟气制酸，保障极地分公司各单位的硫酸。铜厂有3台瓦纽科夫炉，1台反射炉。瓦纽科夫炉产出的冰铜含铜和镍50%~60%，渣含铜0.6%~0.8%、镍0.15%~0.25%。在卧式转炉中吹炼冰铜，用反射炉熔炼转炉渣。由高锍分离出的铜精矿在纳杰日金斯克冶炼厂处理。

纳杰日金斯克冶炼厂主要处理塔尔纳赫选矿厂的镍精矿、磁黄铁矿精矿和诺里斯克选矿厂的部分镍精矿。含镍约2%、含硫25%~28%的磁黄铁矿精矿在纳杰日金斯克冶炼厂采用氧压浸出，产出的硫化镍精矿与矿石镍精矿一起在闪速炉中处理。纳杰日金斯克冶炼厂有两台闪速炉，一台处理含镍8%、铜4%、铁42%、硫34%的镍精矿，另一台处理含铜22%、镍2%、硫34%的铜精矿。鼓风氧含量为40%。第一台闪速炉产出的冰铜铜镍含量约45%，第二台闪速炉产出的冰铜铜镍含量约60%。送到镍冶炼厂处理。

冶炼车间处理镍厂和铜厂的阳极泥，生产铂族金属精矿。

8.4.1.2 科拉矿冶公司

矿山：位于科拉半岛西北部贝辰加地区的硫化铜-镍矿床是科拉矿冶公司主要的矿物原料基地，该地区矿石类型以镍铜浸染型矿石为主。2014年科拉矿冶公司矿石开采总量为810万吨，矿石镍平均品位为0.65%，铜平均品位为0.27%。科拉矿冶公司在贝辰加地区开发了四个矿床，目前公司开采Severny矿和Kaula-Kotstevaara矿两个矿山。

选矿：科拉矿冶公司有一个位于贝辰加地区选矿厂，主要处理Severny矿和Kaula-Kotstevaara矿开采的浸染型矿石。采用粗选、混合浮选、分离浮选工艺选出铜精矿和镍精矿。

冶炼：科拉矿冶公司的冶炼系统包括熔炼车间、高锍分离车间、阳极镍精炼和熔炼车间、两个镍电解车间、铜电解车间、羰基镍车间、铜冶炼车间、硫酸车间。主要产品有电解镍、羰基镍粉、羰基镍丸、电解铜、贵金属精矿、硫酸、金属钴等。

选矿厂选出的镍精矿压块焙烧，再进入熔炼车间生产高锍。高锍送入公司的精炼车间进行精炼。精炼车间位于芒切戈尔斯克城，极地分公司和科拉矿冶公司的高锍进入精炼车间的分离工段进行磨碎，然后再浮选，最后分离成铜精矿和镍精矿。铜精矿送往铜冶炼车间，镍精矿在干燥和脱水后首先送到沸腾焙烧炉中氧化焙烧，然后再进入管式炉和电炉中处理。最后在镍电解车间生产电解镍。1号和2号镍电解车间的产能均为14万吨/年，羰化工艺（高压法）于1954年投产，以镍合金或残阳极为原料，产能为5000吨/年（2000t镍粉和3000t镍丸）。近年来，羰基镍产品主要出口到欧洲、美国、日本、中国。为了最大限度地使用户满意并提高产量，北镍公司对羰基镍粉生产工艺进行了改进，其中包括在羰基镍车间建一个新的生产能力更大的炉子和生产镍粉的分解器。金属羰化率：镍97%、钴28%~35%、铁75%~82%。

铜冶炼车间原料主要来自诺里斯克，矿石处理能力15万吨/年，设备包括氧气顶吹自热炉（炉子为圆柱体，炉床面积为18m^2，高11.4m）、渣贫化电炉（炉床面积为82m^2）、烟气冷却系统、烟气净化收尘器以及制酸和制氧系统。

诺里斯克镍业公司是全球镍资源储备最充足的公司之一，公司的主要镍矿资源在俄罗斯泰梅尔半岛和科拉半岛。经过多年开采，这个巨型的铜镍成矿带探明的镍矿储量不断消耗，高品质矿石产量下降。诺里斯克镍业公司一方面加强在泰梅尔半岛和科拉半岛铜镍成矿带的找矿工作，扩大公司镍资源储量；另一方面通过国际化并购，扩大公司的镍资源储量。公司2014年镍矿资源储量（金属计）达到780万吨，见表8-6。

表 8-6 2014 年诺里斯克公司镍矿资源储量

俄罗斯矿区	矿石储量/Mt	Ni/%	Cu/%	Pt/g·t^{-1}	Pd/g·t^{-1}	Au/g·t^{-1}	矿石性质
TAIMYR	713.9	0.93	1.71	4.21	1.12	0.24	致密铜硫化矿等
KOLA	147.9	0.59	0.28	0.03	0.02	0.01	浸染状铜镍硫化矿
合计	861.8	0.87	1.47	3.49	0.93	0.2	
俄罗斯地区金属储量		749.8万吨	1266.8万吨	3007.6t	801t	172t	
海外矿区	矿石储量/Mt	Ni/%	Cu/%	PGM/g·t^{-1}			矿石性质
Nkomati 南非	114.5	0.31	0.12	0.92			浸染状铜镍硫化矿
海外矿区	矿石探明资源量/Mt	Ni/%	Cu/%	PGM			矿石性质
Selkirk 博兹瓦纳	124	0.23%	0.27%	0.57			铜镍硫化矿
Phoenix 博兹瓦纳	106	0.21	0.17				铜镍硫化矿
honeymoon 澳大利亚	173.3	0.68					镍硫化矿

8.4.2 淡水河谷公司

淡水河谷公司（Vale）是世界第二大的矿业公司和拉丁美洲最大的私营公司。公司成立于 1942 年，总部设在巴西，目前在 38 个国家有经营活动，员工总人数超过 126000 人。2006 年，公司收购了加拿大国际镍业公司，2007 年公司改名为淡水河谷公司（Vale）。

淡水河谷公司目前是全球第一大的铁矿石生产商和最大的镍生产商之一，淡水河谷公司 2015 年生产了 29.1 万吨镍，超越了俄罗斯诺里尔斯克公司成为全球第一。

淡水河谷公司的镍产业分布在巴西、加拿大、印度尼西亚、新喀里多尼亚五个国家，除了加拿大四座矿山，巴西、加拿大、印度尼西亚、新喀里多尼亚各有一座矿山（见表 8-7）。

淡水河谷公司作为全球最大的镍生产商，以公司丰富的镍硫化矿和红土矿资源为基础，采用了先进镍矿采、选、冶技术，规模化低成本运营，具有很强的市场竞争力。公司的镍产业除了矿业开发外，在欧洲和亚洲还建立了镍产品精炼和深加工企业，公司生产的高品质镍产品应用于不锈钢、电镀、合金钢、高镍合金和电池等方面。

表 8-7 2015 年淡水河谷公司镍矿资源开发利用概况

公司矿区	产品	产量/万吨	生 产 概 况
加拿大 Sudbury	金属镍 镍锍 氧化镍	5.4	安大略省萨德伯里地区；铜镍硫化矿床；6 座矿山；地采；浮选；闪速熔炼；精炼（镍锍高压溶出电解）；产能为每年 6.6 万吨精炼镍，另外还向公司威尔士及亚洲的提炼厂供应氧化镍

续表 8-7

公司矿区	产品	产量/万吨	生产概况
Thompson	金属镍 镍锍 氧化镍	2.5	曼尼托巴省；铜镍硫化矿床；地采；浮选；闪速熔炼；精炼；产能为每年5万吨精炼镍，计划冶炼部分与Voisey's Bay合并在Long Harbour提炼
Voisey's Bay	镍精矿 铜精矿等	5.3	纽芬兰省；铜镍硫化矿床；露采；浮选铜镍钴精矿和铜精矿；产能为每年5万吨镍；大部分镍精矿目前运送至Sudbury及Thompson进行冶炼及精炼未来将在Long Harbour进行冶炼和精炼
外购矿	金属镍 镍锍 氧化镍	2.8	外购铜镍硫化精矿在Sudbury、Thompson及Long Harbour进行冶炼和精炼，Long Harbour设有镍精矿湿法氧压溶出及火法熔炼镍锍-氧压溶出两条生产线
印度尼西亚 PTVI	镍锍 Ni 78% Co 1% S 20%	8	苏拉威西岛，红土镍矿；露采；产能为8万吨镍；工艺流程为干燥—煅烧—还原熔炼—吹炼—镍锍
新喀里多尼亚 VNC	氧化镍	2.7	南部省；红土镍矿；露采；产能为5.7万吨；工艺流程为高压酸浸—除杂—萃取—反萃—氯化镍—溶液热解—氧化镍
巴西 Onça Puma	镍铁（镍计）	2.4	帕拉Ourilândia do Norte地区；红土镍矿；露采；产能为2.5万吨镍；工艺流程为闪速干燥—回转窑煅烧—电炉熔炼—镍铁

资料来源：淡水河谷公司年报。

淡水河谷公司镍矿资源储量较为丰富，但传统的加拿大硫化镍矿资源正在慢慢枯竭，公司在巴西和新喀里多尼亚的红土镍矿资源潜力巨大。公司镍矿资源储备情况见表8-8。

表 8-8　2014 年淡水河谷公司镍矿资源储量

矿　区	矿石储量/Mt	矿石品位(Ni)/%	矿石性质	采矿设计年限	采矿方式
Sudbury（加拿大）	85.2	1.26	浸染状铜镍硫化矿	1985~2039年	地采
Thompson（加拿大）	21.8	1.76	浸染状镍硫化矿	1961~2033年	地采
Voisey's Bay（加拿大）	14.7	2.37	脉状、浸染状铜镍硫化矿	2005~2022年	露采
PTVI（印度尼西亚）	125.4	1.79	红土型	1977~2035年	露采
VNC（新喀里多尼亚）	122.3	1.42	红土型	2011~2044年	露采
Onça Puma（巴西）	98.7	1.56	红土型	2011~2056年	露采
合　计	468	1.57			

资料来源：淡水河谷公司年报。

8.4.3 必和必拓公司

必和必拓公司（BHP. Billiton. Ltd）是以经营石油和矿产为主的著名跨国公司，总部设在墨尔本。BHP 于 1885 年在墨尔本成立，是澳大利亚历史最悠久、规模最庞大的公司之一，主要从事矿产品和能源的国际开采业务；其煤、铁矿砂、石油、天然气和铜等多项产品产量均居世界采矿业前列。Billiton 公司是国际采矿业的先驱，于 1860 年在荷兰海牙成立，其资产组合包含优质的矿石和金属，以不断创新和集约式运营方式而闻名。2001 年，两家公司合并组成 BHP Billiton 矿业集团，BHP 持股 58%，Billiton 持股 42%。

必和必拓是在澳大利亚和伦敦证券交易所双重上市的公众公司。作为全球最大的矿业集团公司之一，必和必拓在全球 20 多个国家开展业务，开采和加工石油、天然气、煤、钾盐、铁矿、铝土矿、锰矿、铜矿、镍矿、铅矿、锌矿、金矿、银矿、钼矿、铀矿等矿产资源，见表 8-9。

表 8-9　BHP 镍资源开发利用情况

BHP 镍业务部	位置	产品	产能	生产概况
Leninster 矿 Mt Keith 矿 Cliffs 矿	西澳	镍矿石	年产 1200 万吨	Leninster 和 Mt Keith 为露采，Cliffs 为地采；均为镍硫化矿，浸染状和脉状矿石，少量致密块状
Kambalda 选矿厂	西澳	镍精矿	年产 160 万吨矿石	外购矿石采取浮选工艺生产 Ni 品位为 13% 的镍精矿
Leninster 选矿厂	西澳	镍精矿	年处理 300 万吨矿石	浮选工艺生产含 Ni 8% 的镍精矿，选矿回收率为 84%
Mt Keith 选矿厂	西澳	镍精矿	年处理 1100 万吨矿石	浮选工艺生产含 Ni 17% 的镍精矿，选矿回收率为 58%
Kalgoorlie 冶炼厂	西澳	镍锍	年生产 11 万吨镍锍	闪速炉熔炼镍精矿生产含镍 65% 的镍锍
Kwinana 镍精炼厂	西澳	镍饼及镍粉	年处理 7 万吨镍锍	高压氨浸、氢还原生产含镍 99.9% 的镍粉、镍饼
Cerro Matoso 矿山及冶炼	哥伦比亚	镍铁粒	年产镍计量 5 万吨	回转窑-还原熔炼生产 30%~40% 镍铁粒

BHP 公司的镍产量在 2015 年达到了 15.7 万吨，全球排名第三。公司的镍矿产资源开采主要集中在澳大利亚西部和哥伦比亚北部。BHP 公司的子公司西部镍业（Nickel West）在西澳省拥有浸染型镍硫化矿资源，共有三座在产矿山、三个选矿厂、一座镍冶炼厂和一座镍精炼厂，产品主要有镍精矿、镍冰铜、镍块、电解镍、镍粉、硫化铜、钴镍硫化物、硫酸铵，2015 年镍产量达 12.36 万吨。

BHP 公司在哥伦比亚北部的 Cerro Matoso 拥有露天开采的红土镍矿山和冶炼厂，生产低碳高纯镍铁合金，2015 年镍产量达 3.37 万吨，见表 8-10。

表 8-10　BHP 公司的镍资源储量情况

矿山	Ni 品位/%	矿石储量/万吨	矿石性质	可采年限/年
Leninster	1.3	300	浸染状、脉状硫化矿	2
Mt Keith	0.6	5370	浸染状硫化矿	5
Cliffs	2.2	150	脉状、致密块状硫化矿	3
Cerro Matoso	约 1.2	约 9000	红土镍矿	约 20

伯里矿区的镍和铜累计产量分别达到 720 万吨和 680 万吨，银、铂和金的产量分别达到 2550t、510t 和 90t。萨德伯里及其周围地区的镍矿开采量占西方世界镍矿开采量的 1/5。

图 8-8　加拿大萨德伯里位置

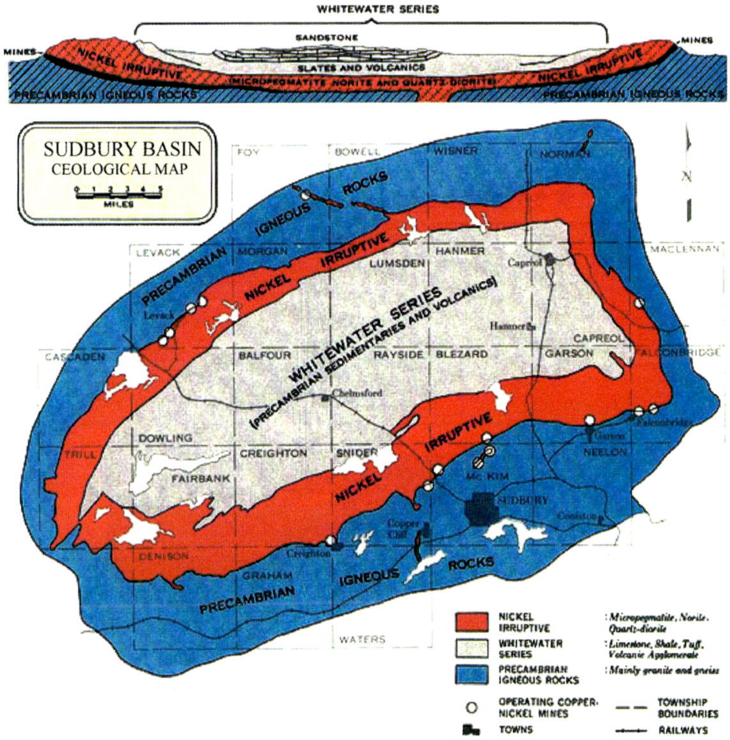

图 8-9　加拿大萨德伯里矿山矿体形态图

地质情况：加拿大萨德伯里矿床的开采方式为地采，矿床类型为岩浆熔离矿床，整个矿山的镍矿矿石矿物主要有镍黄铁矿、方硫镍钴矿、含钴砷镍矿等。经以往地质勘查，探明的矿石量大约为 16 亿吨。在已确定的金属储量中，镍、铜和铂族元素分别为 1858 万吨，1703 万吨和 240 万吨，平均品位分别为 1.2%、1.1% 和 0.4×10^{-6}。另外，矿山共（伴）生的金、银和钴等也具有一定的经济价值。

采矿与选矿：整个萨德伯里矿区有多个开采矿点，其中，英可公司在该地区占有多个重要矿点。所采矿石主要由铜崖选矿联合企业（克拉拉贝尔选厂，弗鲁德-斯托比选厂，铜崖选厂，详细处理参数见表 8-14）处理，克拉拉贝尔选厂的选矿目标是通过浮选获得高品位铜-镍精矿及通过磁选得到磁黄铁矿精矿。在浮选前先用磁选选出磁黄铁矿精矿，对下一步浮选是有益的。磁选的精矿约含 66% 的磁黄铁矿及 29% 脉石矿物。这厂所用的药剂只有两种，即钠戊黄药（33g/t）及道起泡剂 1263 号（8g/t）。浮选矿浆 pH 值为 9.0~9.5，它是通过把石灰加到选矿蓄水池来达到的。克拉拉贝尔选矿厂总的回收率为 71%。弗鲁德-斯托比选厂与克拉拉贝尔选厂一样，磁选是保证良好地分选镍黄铁矿与磁黄铁矿必不可少的步骤。弗鲁德-斯托比矿石的磁性较小，因而磁黄铁矿回收到磁性产品中的量只有 50%~55%。因此，磁黄铁矿被排除到总尾矿中的量比克拉拉贝尔选厂多些，所以较多的镍损失在浮选尾矿中。总的回收率约为 89%。铜崖选矿的任务是处理由克拉拉贝尔选厂与弗鲁德-斯托比选厂送来的精矿，现在铜崖选厂处理约 55000t/d。选矿产品有铜精矿、镍精矿、磁黄铁矿精矿及尾矿（据胡熙更，1994）。此外，巴西淡水河谷公司最近也在加拿大的萨德伯里开启了 Totten 矿场项目。在接下来的 20 年里，该矿山将主要生产铜精矿、镍精矿和与其共生的贵金属。淡水河谷表示 Totten 矿场项目采用了最新的矿业安全自动化技术，包括无线地下通信系统和机械位置跟踪以及个人防护设备。矿场设计还包括一系列的环保特性，减少了矿场操作多周围环境地区的影响。Totten 矿场项目建设预计成本将超过 7 亿美元，需要 7 年才能完成萨德伯里井下钻机如图 8-10 所示，爆破装置如图 8-11 所示。

表 8-14　铜崖选矿联合企业处理详细参数

国家	选厂名称	规模 /t·d^{-1}	工艺流程	产品名称	原矿品位 /%	精矿品位 /%	回收率 /%
加拿大	克拉拉伯尔选（Clarabelle）矿厂	35000	磁浮流程	铜镍混合精矿	1.5	10.2	71
加拿大	弗鲁特-斯托佩（Frood Stobie）选矿厂	224000	磁选	铜镍混合精矿	0.91	3.6	89
加拿大	铜崖选矿厂（Copper Cliff）	55000	磁浮联合	铜镍混合精矿	1.4	8.5	80

图 8-10　萨德伯里井下钻机

图 8-11 萨德伯里爆破装置

8.5.2.2 俄罗斯诺里斯克镍-铜-铂族金属矿

俄罗斯诺里斯克镍-铜-铂族金属矿山具有全球上最丰富的镍和铂族金属资源。该矿山位于俄罗斯北部的诺里斯克-塔尔纳赫地区，距莫斯科 2800km，如图 8-12 所示，为诺里斯克公司所拥有。矿床类型为岩浆作用形成的矿床，产出的矿石主要由诺里斯克选矿厂和塔尔纳赫选矿厂处理。诺里尔斯克选矿厂（见图 8-13）采用带有重选的混合—分离浮选流程处理浸染矿石，生产能力为 800 万吨/年；塔尔纳赫选矿厂采用优先—混合—分离浮选流程，两个选厂的选矿产品为铜精矿、镍精矿、磁黄铁矿精矿等。

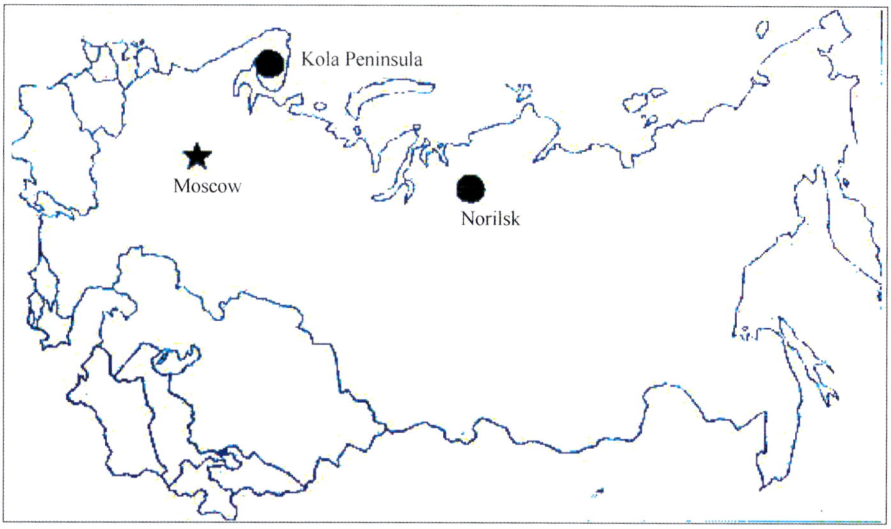

图 8-12 诺里斯克地理位置

矿床和矿石地质特征：截至 2011 年年底，该矿山证实的和可信的矿石储量为 3.39 亿吨，其中含 Ni 1.33%、Cu 2.26%、Pd 5.38g/t 和 Pt 1.42g/t。该矿山矿床深度为 500~1500m，矿体基本上赋存与上侵的复杂岩体之中（如 Talnakh 岩体），矿区矿石构造主要为浸染状构造，贵金属在晶格中呈矿物（载体）的同晶杂质形式存在，主要矿物为黄铜矿、镍黄铁和磁黄铁矿。

图 8-13　诺里斯克选厂外景

采、选、冶概况：俄罗斯诺里斯克 1 号选矿山主要采用地下开采，采用分段崩落采矿-嗣后充填法开采矿石（见图 8-14）。年平均开采 1650 万吨硫化矿石。矿山有两个选矿厂，分别处理富矿石、铜矿石和堆存的磁黄铁精矿。富矿石采用优先—混合—分离浮选工艺流程；浸染状矿石采用浮选-重选联合流程，得到镍精矿、铜精矿和磁黄铁矿精矿。矿山有三个冶炼厂，分别处理镍精矿、铜精矿和磁黄铁矿精矿，获得阴极镍、阴极铜、富的铂族金属产品、元素硫、硫酸、银、硒和碲。选矿厂镍精矿镍品位为 5.2%~5.8%，镍回收率为 80%~85%；铜精矿铜品位为 28.5%，镍含量为 1.18%，铜回收率为 73%。采矿设备主要由阿特拉斯·开普科（AtlasCapco）公司提供，其中包括钻井台车、装载运输卸矿车、天井钻机、Longyear 型金刚石钻机和 Putzmeister 型泵（用于井下充填）；选矿设备包括旋回破碎机、球磨机和浮选机。诺里斯克井下景观如图 8-15 所示。

图 8-14　诺里斯克矿山矿石开采

图 8-15　诺里斯克井下景观

诺里斯克公司发展战略：鉴于在 2013 年诺里斯克公司的一系列的资本回报管理措施所取得的成效，公司在基础设施建设方面采取的策略有：决定在 2014 年注重加工设施的现代化与冶炼和精炼能力的提升，以实现运营规模效益的最大化（包括加工设施的现代化与冶炼和精炼能力的提升）；公司将关闭相应地过时的设施（包括位于诺里尔斯克的镍厂）；下游业务重组计划中的资本投资额将达到15亿美元，这些花费将用于在2016~2017年实现塔尔纳赫的选矿机设备升级；极地分部 Nadezhda 熔炉的扩能，以及蒙切戈尔斯克精炼厂升级和扩产等方面。

8.6 全球镍矿资源开发利用趋势

8.6.1 全球镍矿资源的供给变化趋势

全球现在可以开采的镍矿资源分为红土镍矿和硫化镍矿两大类型，2016年，全球镍矿资源金属储量约为7800万吨，其中硫化物镍矿约占全球储量的30%，红土型镍矿约占全球储量70%。由于镍硫化矿较红土型镍矿资源品质好、分离提取工艺技术成熟，传统上镍硫化矿生产占据主导地位。目前，镍硫化矿产量约占世界镍产量的60%，红土型镍矿仅占到全球产量的40%（源于 USGS）。

按全球近年来对镍的需求量及近年来全球镍矿山产量估算，全球探明的镍矿储量保证开采年限达到40年以上。在过去20年中，全球镍的消费量以4%的增长率在增长，由于全球硫化镍矿新资源勘探上没有重大突破，硫化镍矿储量不断下降，全球红土镍矿资源勘探不断取得进展，储量增加。传统的几个大型硫化镍矿矿床（加拿大的萨德伯里、俄罗斯的诺列尔斯克、澳大利亚的坎博尔达、中国金川、南非里腾斯堡等）的开采深度日益加深，矿山开采难度加大，全球镍行业将资源开发的重点瞄准储量丰富便于勘探开采的红土型镍矿资源上，红土型镍矿的产量比重越来越大，现阶段开采的红土型镍矿的平均品位在1.3%~1.5%之间（褐铁矿型小于1.4%，腐殖土型2%左右）。除此之外，近年来，全球各国也在积极寻求新的镍的供应替代品，如在欧洲及北美，废不锈钢正在取代越来越多的原生镍消费份额，最近甚至侵蚀了镍铁的市场份额。

8.6.1.1 镍矿产量变化趋势

全球镍矿产量过去100年在波动中持续增长，2013年镍矿金属产量达到了历史最高的279万吨，随后逐年回落，2016年镍矿产量稳定在225万吨/年。图8-16显示了近百年来全球镍产量的变化趋势。图8-17显示近25年来全球镍初级产品产量变化趋势。

2001~2011年间，全球镍矿产能年均增长率为3.1%，2011~2015年期间，年均增长率达到5.5%。从2005年开始，中国通过进口镍红土矿，规模化生产用于不锈钢的镍生铁（NPI）产品，中国的镍产量开始加速增长。

据国际镍业研究组织（INSG）发布的统计数据表明，2015年全球镍产品市场连续第四年供应过剩，产量超出需求达8.07万吨。而2014年全球镍市供应过剩11.76万吨。持续的过剩导致2015年镍价连续下跌。不过自2014年印尼施行镍矿出口禁令以来，全球的镍矿供应市场过剩得到缓解，加上全球镍矿资源的保证程度低，因此，长远看来镍的供应将会逐步趋紧。INSG预计，尽管经济环境存在挑战，但全球镍消费量料将在2016年恢复增长，因各主要市场的奥氏体不锈钢产量上升，且航空航天工业和电池行业的镍需求也将维持“正面趋势”。

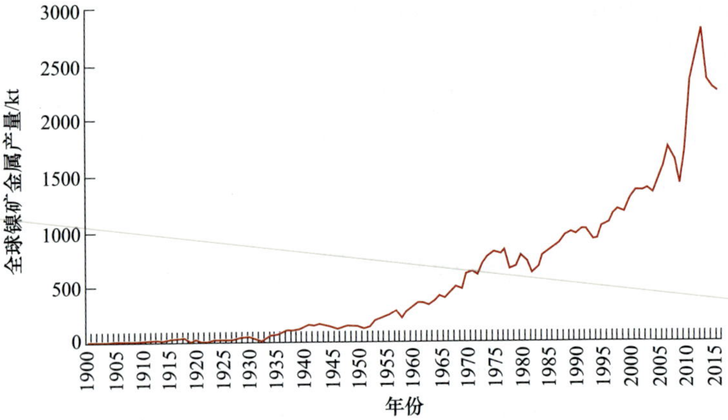

图 8-16　全球镍矿产量百年变化趋势

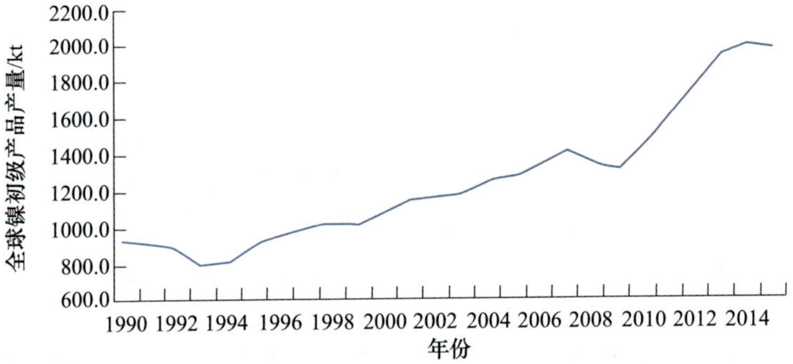

图 8-17　近 25 年来全球初级镍产品产量变化趋势

8.6.1.2　近年新开镍矿项目

未来十年，全球部分大型硫化矿床资源逐渐枯竭，全球镍矿产能的增加主要依靠新建镍矿项目实现。全球计划新开的镍矿山开发项目见表 8-15 和表 8-16。全球近年来已投产的五个大型镍矿项目均为红土型镍矿项目。从新开镍项目表中可以看出，新开项目红土型镍矿项目占新增项目总产量的 65%左右，镍硫化矿项目占 35%左右。红土型镍矿主要产品为镍铁合金、镍钴氢氧化物；镍硫化矿项目产品主要为镍精矿。新开项目反映了全球镍矿资源开发转向红土型镍矿的趋势。这些项目的实施，将会保障全球镍矿资源的长久供应。

表 8-15　全球红土型镍矿 2015~2017 年计划新开项目

国家	年份	项目名称	品位 /%	储量矿石量 /万吨	设计年生产能力 /t	主要产品
古巴（Holguin）	2015	Las camariocas-Yamaguey	1.32	11000	21000	镍铁合金
印度尼西亚（Tanjung Buli）	2015	Halmahera	2.17	910	27000	
菲律宾（Agusan del Norte）	2016	Agata	约 1.11	4517	21500	镍矿石及镍钴氢氧化物

续表 8-15

国家	年份	项目名称	品位/%	储量矿石量/万吨	设计年生产能力/t	主要产品
澳大利亚	2016	NiWest	约 1	750	25000	镍金属
印度尼西亚	2016	Mandiodo	约 1.7	3610	2000	镍铁合金
菲律宾（Zambales）	2016	Acoje and Zambales—Stage2	0.98	970	24000	镍钴氢氧化物
土耳其（Manisa）	2016	Çaldağ	1.13	3300	21000	
澳大利亚（Tasmania）	2017	Australia Barnes Hill，Mount Vulcan，and Scott's Hill	1	280	4800	
澳大利亚（Western Australia）	2017	Australia Mt. Thirsty（north-northwest of Norseman）	约 0.55	3200	9000	镍钴氢氧化物
澳大利亚	2017	AustraliaWingellina	约 0.98	18400	40000	镍钴氢氧化物
喀麦隆（east Province）	2017	Cameroon Mada and Nkamouna	约 0.59	26700	3200	镍钴硫化物
印度尼西亚（Southeast Sulawesi）	2017	North konawe	1.50	10000	20000	镍铁合金
新喀里多尼亚（Nakety-Bogota）	2017	Nakety-Bogota	约 1.49	22800	52000	矿石
菲律宾（Romblon）	2017	Philippines Romblon	1.56	730	9000	矿石
印度尼西亚（Sulawesi）	2019	central Saluwesi	1.62	16000	46000	镍钴氢氧化物
坦桑尼亚（Northern）	2019	Dutwa	约 0.92	21540	9000	镍钴氢氧化物或硫化物

表 8-16　全球镍硫化矿 2015~2017 年计划新开项目

国家	投产年份	项目名称	品位/%	矿石资源量/万吨	设计年生产能力/t	主要产品
澳大利亚（Western Australia）	2015	Cosmic Boy andand Diggers	1.12	1248	7000	镍精矿
加拿大（Ontario）	2015	Onaping Depth	2.74	1620	10000	镍精矿
加拿大（Quebec）	2015	Raglan-Qakimajurg	4.52	250	11000	镍精矿
美国（Minnesota）	2015	NorthMet	0.07	87130	7100	镍精矿、镍钴氢氧化物
加拿大（Manitoba）	2016	Minago	0.52	6900	11000	镍精矿
加拿大（Ontario）	2016	Eagle's Nest-McFaulds Lake	约 1.2	2160	15000	镍精矿
加拿大（Quebec）	2016	Dumont	0.26	217000	49000	镍精矿
俄罗斯（Amur）	2016	Russiakun-Manie	0.51	6870	16000	镍精矿
澳大利亚（Western Australia）	2017	New Morning/Daybreak	NA	NA	3000	原矿

续表 8-16

国家	投产年份	项目名称	品位/%	矿石资源量/万吨	设计年生产能力/t	主要产品
博茨瓦纳 (Selebi-Phikwe)	2017	Dikoloti	0.70	410	2000	镍钴硫化物
加拿大 (British columbia)	2017	Turnagain	0.21	185000	24000	镍精矿
加拿大 (Manitoba)	2017	Makwa	0.60	790	3600	
加拿大 (Ontario)	2017	Hart	1.35	182	9000	
加拿大 (Sudbury)	2017	copper cliff Mine	1.15	13000		矿石
加拿大 (Yukon Territory)	2017	Wellgreen	0.31	45000	14000	镍精矿
芬兰 (Oulu)	2017	kuhmo	0.55	600	3000	
俄罗斯 (kola Peninsula)	2017	Vuruchuaivench	0.23	1750		金属
俄罗斯 (Taimyr Peninsula)	2017	Maslovsky	0.33	72800	18000	镍精矿
坦桑尼亚 (kagera region)	2017	kabanga	约 2.45	5600	40000	镍精矿
坦桑尼亚	2017	Nachingwea Regional exploration Project	0.61	5600	25000	
美国 (Minnesota)	2017	Nokomis/Maturi extension	0.21	128000	19000	镍钴精矿

8.6.2 全球镍矿资源的需求和价格变化趋势

根据 INSG 统计，在过去 25 年里，随着全球经济发展，全球镍的需求量不断增长。1990~2010 年期间，全球镍需求量年平均增长率为 2.3%。2010 年以来，我国经济的强劲增长，带动了全球镍需求量增长，在 2010~2015 年六年里，全球镍需求增长率达 5%。目前，亚洲成为最大的镍产品消费市场，占全球总需求量的 71%，而我国镍需求量占全球镍消费市场的比重从 10 年前的 18%上升到 2015 年的 52%，随着我国经济发展增速下降，这种快速增长趋势在 2015 年已开始放缓。

过去的 100 年（1900~2015 年）内全球镍价在市场供需关系的作用下的震荡中上涨，2007 年达到了顶峰，达到 37200 美元/吨，如图 8-18 所示。这主要是由于中国经济飞速发展，不锈钢的产量大幅增长（2007 年较 2006 年增产约 227 万吨），使镍的需求量不断增加，2007 年达到了创纪录的 140 万吨，巨大的需求动力导致了全球镍价格的飞涨。

供需关系导致镍价格波动剧烈。以 1998 年美元购买能力为基准换算的镍价波动如图 8-19 所示。由图 8-19 可见，全球镍的价格变化与全球经济增长呈明显的正相关关系。自第二次世界大战结束之后，随着每一次世界经济增速的提升，镍的价格也随之上涨。这主要是因为第二世界经济增速提升，往往伴随着钢铁、不锈钢等主要镍的消耗品的大量使用，导致镍的需求增大，这在 2002~2008 年镍价飞涨时更是得到了验证。在这段时间内，

9 国外锡矿资源及利用现状

9.1 概　　述

9.1.1 锡的性质

锡（Sn）是一种金属元素，原子序数为50，相对原子质量118.71，属ⅣA族金属元素。纯锡具有很强的金属光泽，密度为7.27g/cm^3，在低于13.2℃开始转变为它的同素异形体灰锡，灰锡密度为5.77g/cm^3，易崩碎成粉末。锡的熔点很低，只有231.9℃，沸点却高达2602℃。锡的莫氏硬度为1.5~1.8，质软且延展性好。锡是少有的无毒金属，有很好的耐腐蚀性，能与多种金属形成各类性能优异的合金。

9.1.2 全球锡矿资源概况

锡是比较稀少的元素，在地壳中的含量仅为0.0002%。锡在地壳中的丰度排在第49位，是铜的1/30，锌的1/35。锡矿床在全球分布广泛，世界各大洲都有锡矿发现，但多数锡矿床都是小型矿床。据美国地质调查局统计，截至2016年年底，全球探明锡矿资源金属储量为465万吨，主要集中在南美、西非和南亚等地。中国、印尼、巴西、玻利维亚、澳大利亚、卢旺达、俄罗斯是锡矿资源探明储量最多的国家。按照近年全球锡矿资源开采金属消耗量29万吨/年计，全球探明锡矿资源储量的静态保障年限仅为16年。由于全球锡矿资源的赋存特点为小型矿床多，资源分散，很多锡矿资源勘探程度没有达到可计算储量的标准，也有不少小型矿山开采生命周期短，储量没有得到统计，例如近年异军突起成为全球主要产锡国之一的缅甸，储量情况不清楚。因而美国地质调查局认为，短期全球锡矿资源的供给潜力可以保障全球锡资源的供应，不过，长期看来，全球锡矿资源的供给并不乐观，众多国外矿业咨询机构和国际锡业协会都对全球锡矿资源的长期保障能力表示了担忧。全球锡矿床分布如图9-1所示。

9.1.3 锡的历史

锡是人类使用最早的金属之一，早在公元前3500年前的土耳其地区，人们就无意识地生产了含锡15%左右的青铜器皿、工具、武器等，公元前2500年前中国和南非的某些部落就开始制造和使用青铜材料，人们逐渐掌握了把锡矿加入铜矿冶炼出性能优异的青铜合金的技术，开辟了人类文明的青铜时代。不过直到公元前600年左右金属锡才被人们广泛使用。古罗马时代人们已掌握了铜表面镀锡的技术，在14世纪，人们发明了铁片镀锡技术，称为马口铁，1839年，美国人发明了含锡、锑、铜的耐磨合——金巴氏合金，1952年英国皮尔金顿公司发明了使用的锡的“浮法玻璃”连续生产方法。

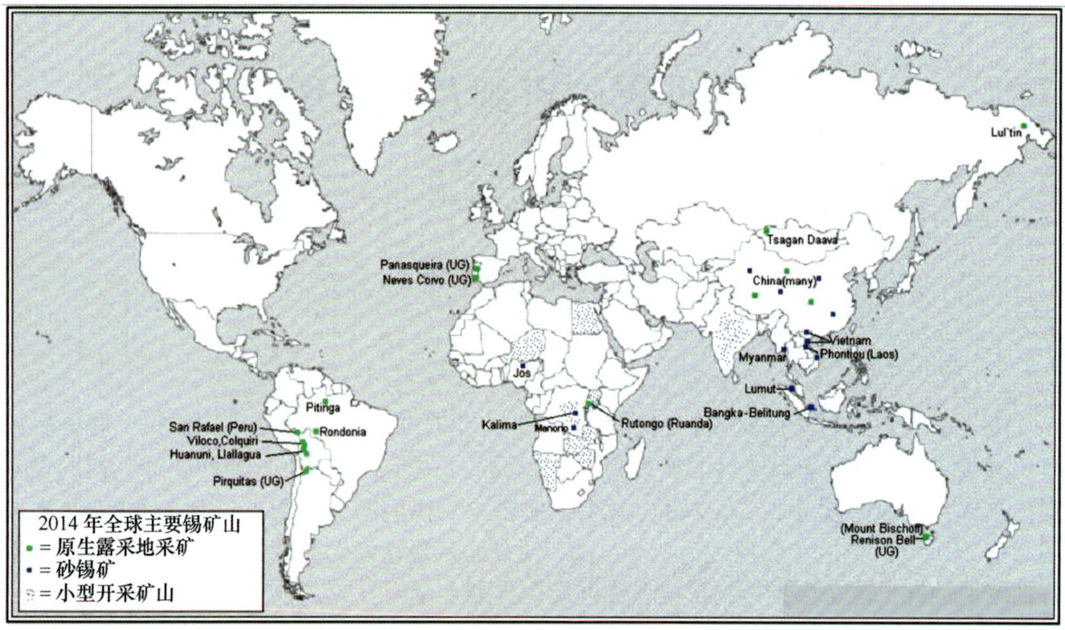

图 9-1　全球锡矿床分布示意

（资料来源：德国 BGR 2014）

9.1.4　锡的用途

锡的性质特点决定了锡的用途非常广泛，人类使用锡的历史悠久，锡在合金、电子、防腐、化工、轻工、新技术等领域得到了广泛应用。锡的用途分布如图 9-2 所示。

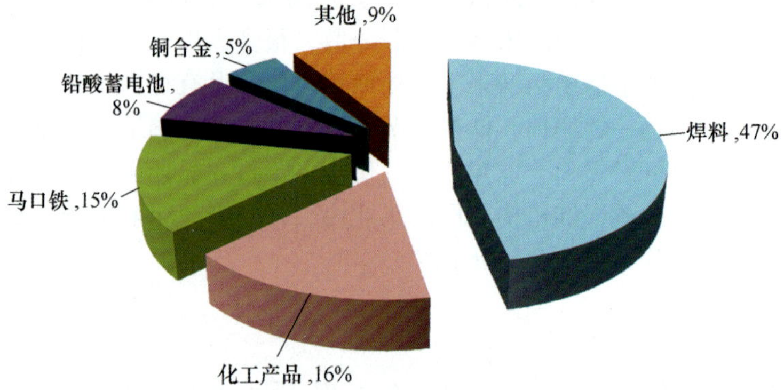

图 9-2　锡用途分布

（资料来源：ITRI 2015）

9.1.4.1　合金

锡可以和多种金属形成各种性能优异的合金，主要包括锡铅焊料、锡青铜、轴承合金和其他合金。锡合金焊料所使用的锡已接近世界锡消费量的 50%，其中约 90%用于电子工业，而且焊料的用量仍在稳步增长。锡青铜（Cn-Sn 合金）早在青铜时代就开始用于制造工具、武器和工艺品，全球锡消费量的约5%用于制造铜锡合金。铜锡合金的浇铸、锻造和烧结性能优异，机械性能好，被广泛用于机械制造业。多种锡合金具有表面滞留润滑油膜的性质和良好的耐腐性能，所以它是制造轴承的理想材料。含锡的轴承合金主要有巴氏合金、铝锡合金和锡青铜。巴氏合金主要用于大型船用柴油机主轴承和连杆轴承，汽轮机和大型发电机的轴承，中小型内燃机、压缩机和通用机械等的轴承。铝锡合金含6%的Sn，通常用来制作不带轴瓦的整体轴承，如制造飞机发动机轴承。锡青铜用于制造轴承时往往加入磷或铅，如含Sn5%和Pb20%的铅青铜具有良好的轴承性能，可以在润滑条件差的情况下工作，被广泛用于制造火车和农机轴承。其他合金包括锡器合金（Sn92%、Sb6%~7%、Cu1%~2%）易熔合金和印刷合金等。

9.1.4.2 马口铁

两面都镀上一层很薄的锡的薄钢板或钢带（0.0025~0.00038mm）称为马口铁。制造马口铁所用的钢材为低碳软钢，其厚度一般为0.15~0.49mm。目前世界上98%以上的马口铁是采用电镀法生产的。马口铁的锡镀层与钢基材料结合紧密，在经受机械变形时不会脱落或产生裂纹，因此马口铁同时具有钢的强度，可加工性、可焊性和锡的耐腐蚀性（特别是耐食品的浸蚀）、无毒、可涂漆和美观装饰性，这使马口铁被广泛用于制造刚性容器，特别是用于食品和饮料的包装，其锡用量占世界锡消费量的15%左右。此外，马口铁还用于普通照明工程、模件、制造玩具、办公用品、厨房用具、制作展览和广告招牌等领域。

9.1.4.3 锡的化合物

多种锡化合物在工业上有广泛的用途，如二氧化锡在陶瓷工业中用作釉的颜料和遮光剂，工业催化剂；二氧化锡用作还原剂（印染丝织品的媒染剂），四氯化锡作毛织品的阻燃剂；硫酸亚锡主要用于锡电镀工艺中，而锡的有机化合物主要用来作杀虫剂和塑料工业中的稳定剂和催化剂。

9.1.4.4 锡箔

纯锡延展性和塑性好，可以轧制成0.04mm以下的锡箔。与弱有机酸作用缓慢，耐蚀性好，即使被腐蚀，所生成的化合物一般无毒，故被大量用作食品包装材料。

9.1.4.5 新技术行业

无铅焊料，有利于环保，是未来电子产品焊料的发展方向，高锡无铅焊料目前已从电子行业扩散到汽车、航空等领域。锡可以用来提高锂离子电池的续航时间。锡可用于生产新型无镍低铬不锈钢，具有良好的耐腐蚀性和加工性能；用于燃料催化剂可节省燃油10%。锡还在太阳能电池、新型阻燃剂、玻璃涂层、催化剂等新兴技术领域展现了良好的性能和应用前景。

9.2 锡矿物和锡矿床

9.2.1 锡矿物

自然界已知的含锡矿物有50多种，常见的锡矿物大约有20多种。目前具有经济意义、可以作为锡矿资源利用的矿物主要是锡石，有时黄锡矿也有一定的经济价值。某些矿床中，硫锡铅矿、辉锑锡铅矿、圆柱锡矿、黑硫银锡矿、黑硼锡矿、马来亚石、水锡石、水镁锡矿等也可以相对富集，形成工业价值（见表9-1）。

表 9-1　锡的主要矿物

中文名称	英文名称	化学分子式	Sn/%
锡石	Cassiterite	SnO_2	78.8
黄锡矿	Stannite	Cu_2FeSnS_4	27.6
硫锡矿	Herzenbergite	SnS	78.7
黑锡矿（亚锡石）	Romarchite	SnO	88.1
三方硫锡矿	Berndtite	SnS_2	64.9
硫锡铅矿	Teallite	$PbSnS_2$	30.5
圆柱锡矿	Cylindrite	$Pb_3Sb_2Sn_4S_{14}$	26.5
辉锑锡铅矿	Franckeite	$Pb_5Sb_2Sn_3S_{14}$	17.09
马来亚石（钙硅锡矿）	Malayaite	$CaSn[SiO_4]O$	44.5
水锡石（锡酸矿）	Hydrocassiterite	$(Sn\cdot Fe)(OH)_2$	62.2
硫银锡矿	Canfieldite	Ag_8SnS_6	10.1
硫钼锡铜矿	Hemusite	Cu_6SnMoS_8	13.9
银黄锡矿	Hocartite	Ag_2FeSnS_4	22.9
锌黄锡矿	Isostannite	$Cu_2(Zn\cdot Fe)SnS_4$	31.8
硫锡铁铜矿	Mawsonite	$Cu_6Fe_2SnS_8$	13.7
斜方硫锡矿	Ottemannite	Sn_2S_3	71.2

9.2.2　锡矿床

锡矿床按矿床形成过程区分主要有两种类型：原生锡矿和砂锡矿。原生锡矿床又称脉状锡矿，主要与花岗岩侵入有关，脉状锡矿常与钽、铌、钨、铜、铅、锌、银、砷、锑共（伴）生。砂锡矿床是原生锡矿床经风化破坏后经过地质过程或洪水搬运过程富集而成，常与铌、钽、稀土矿物共（伴）生。

全球锡矿床中，砂状矿床较多，原生锡矿床数量较少，但砂状矿床中小型矿床居多，原生锡矿床锡产量占据优势。2012 年德国 GBR 研究院的统计结果表明，当年产自原生锡矿床的锡矿占到全球锡矿产量的 56%，产自砂状锡矿的锡矿产量仅占全球锡矿产量的 44%。中国锡矿储量的 80%来自于原生锡矿。

原生锡矿的矿床类型主要有三种：（1）含锡伟晶岩矿床，以中小型为主，锡品位偏低，但矿石易选，回收率高。主要分布在非洲、巴西、澳大利亚等地。世界锡产量中大约 10%来自这类矿床。（2）锡石-石英脉矿床，以中小型为主，少数大型，个别特大型。矿石品位高，易选，回收率为 70%~80%。多数矿床可露天开采。主要分布于东南亚和欧洲，是形成砂锡矿的最主要物质来源。（3）锡石-硫化物矿床，多为大中型，少数特大型。矿石含锡 0.2%~1.5%，多为地下开采，选矿流程复杂，回收率低（一般 30%~60%）。这类矿床主要分布在中国、玻利维亚和俄罗斯东北沿海地区。按工业类型分类的锡原生矿床类型见表 9-2。

表 9-2 锡原生矿矿床主要工业类型

矿床类型	地质特征	成矿时代	矿体形态及规模	矿石类型及结构构造	主要金属矿物	Sn/%	伴生组分	矿床规模	类型相对重要性
矽卡岩型锡矿	产于花岗岩类岩体与碳酸盐岩石内外接触带，远离岩体出现各种成分似层状、沿层透镜状、脉状矿床	中生代为主	似层状、透镜状、囊状、脉状，厚数米到数十米、延深数十米到数百米	原生锡石矿；浸染状、块状、网脉状	锡石，伴生磁黄铁矿、闪锌矿、黄铁矿、毒砂、方铅矿	0.3～1.0	Fe Cu Pb Zn	小、中、大型、特大型	重要
斑岩型锡矿	产于浅成-超浅成酸性斑岩岩体内接触带，具黄玉绢英岩化、云英岩化、绿泥石化、硅化	中生代和新生代为主	筒状、复杂形态，平面面积一般小于 1 km^2，延深达数百米	原生锡石矿；网脉状	锡石，伴生黑钨矿、辉钼矿、辉铋矿、黄铁矿、黄铜矿、闪锌矿、方铅矿	0.1～0.6	W Mo	中、大型	重要
锡石硅酸盐脉锡矿	产于花岗岩类岩体外接触带的硅铝质岩石中，近岩体常以电气石为主，远岩体以绿泥石为主	中生代为主，次为古生代	脉状、带状矿化体、镶柱状网脉体，矿化深达数百米	原生锡石矿；浸染状、带状、角砾状	锡石，伴生有铜和锌的硫化物，有时有黑钨矿	0.4～3.0	W Cu Bi Ln Pb Zn	小、中、大型、特大型	重要
锡石硫化物脉锡矿	产于花岗岩类岩体外接触带的硅铝质岩石中	中生代为主，其次为第三纪	脉状、带状矿化体、柱状、似层状、透镜状	原生锡石矿；浸染状、角砾状	锡石为主，伴生磁黄铁矿黄铜矿、方铅矿、闪锌矿黄铁矿	0.2～2.0	Cu Zn Pb Ln W Ag	小、中、大型	次要
锡石石英脉及石英岩锡矿	产于中深成花岗岩类岩体与硅铝质岩石内外接触带附近，具云英岩化、浅色云母化、电气石化	中生代为主	脉状、脉带、镶柱状网脉体或呈不规则状，从岩体内 100m 至上部围岩中 600m 为矿化区间	原生锡石矿；块状、浸染状、少量为角砾状集合体	锡石为主，常伴黑钨矿、辉铋矿、铌钽铁矿、辉钼矿、绿柱石、锂云母	0.3～0.8	W Bi Ta Nb Sc Be Li	小、中、大型	次要
花岗岩风化型锡矿	产于含锡石的花岗岩或具锡石蚀变（钠长石化、云英岩化、硅化、电气石化等）带的花岗岩的顶部风化壳中	中生代、新生代	层状、似层状、透镜状、带状，长宽一般数百米直至千米以上，厚数米至数十米直至百米以上	风化壳锡石矿；土状、半松散状	锡石，伴生黑钨矿、白钨矿、铌钽铁矿、磷钇矿钛铁矿、金红石	锡石含量为 0.15～0.4 kg/m^3	W Nb Ta TR Ti	小、中、大型	重要

砂锡矿床按其成因可分为残积砂矿、坡积砂矿、石灰岩地区的喀斯特溶洞砂矿、冲积砂矿和海滨砂矿等。冲积砂锡矿床一般离原生锡矿床较近，多分布在3~5km，很少达8~10km。石灰岩地区的喀斯特溶洞砂矿床比较重要。若在沿海地区发育原生锡矿时，则可能形成有工业价值的海滨砂矿。砂锡矿一般为中小型，也有大型和特大型，矿石含锡0.05%~0.3%，埋藏浅、勘探和开采容易。多数砂锡矿矿石虽然原矿品位低，但含有害杂质（铜、硫、砷）少，含黑钨矿、铌铁矿、钽铁矿和锆石等有用伴生组分多，选矿流程简单，选矿回收率一般为50%~95%。砂锡矿主要分布于东南亚、中南非洲、西澳大利亚等地。

9.3 全球各国锡矿储量和产量

中国是世界上锡矿资源最丰富的国家，也是目前全球锡矿产量和消费量最大的国家，中国的锡金属储量达到110万吨。锡矿资源分布于中国的15个省、市、自治区，主要集中在湖南、江西、广西、云南等地。据美国地质调查局统计，截至2016年，全球锡矿金属储量为465万吨，储量前三的国家分别为中国（占全球储量的23.65%）、印度尼西亚（占全球储量的17.2%）、巴西（占全球储量的15.05%）。全球2016年锡产量为27.87万吨，产量前三的国家分别为中国（占全球产量的35.88%）、印度尼西亚（占全球产量的19.74%）、缅甸（占全球产量的11.84%），各国锡矿资源储量和主要生产国产量见表9-3、图9-3和图9-4。

由于统计口径和标准不同，国际锡业协会（ITRI）2015年统计的全球锡矿资源量和锡矿储量要远远小于美国地质调查局（USGS）的统计结果，其统计的全球锡矿资源量为1170万吨，储量仅为220万吨，ITRI统计的全球锡矿资源量和储量地理分布见第9.6节。

表9-3　2016年全球各国锡矿储量和产量

国家	产量/t	产量份额/%	储量/t	储量分布/%
中国	100000	35.88	1100000	23.65
印度尼西亚	55000	19.74	800000	17.20
巴西	26000	9.33	700000	15.05
玻利维亚	20000	7.18	400000	8.60
澳大利亚	7000	2.51	370000	7.96
马来西亚	4000	1.44	250000	5.38
缅甸	33000	11.84	110000	2.37
秘鲁	18000	6.46	100000	2.15
其他国家	15670	5.62	821000	17.65
全球总量	278670	100	4651000	100

资料来源：USGS。

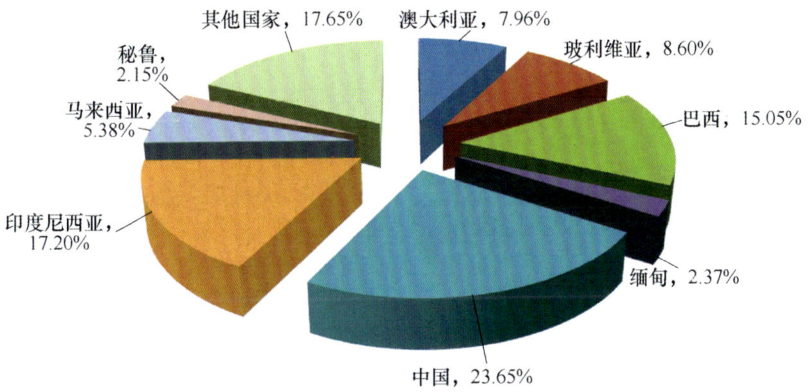

图 9-3　2016 年全球锡矿储量分布

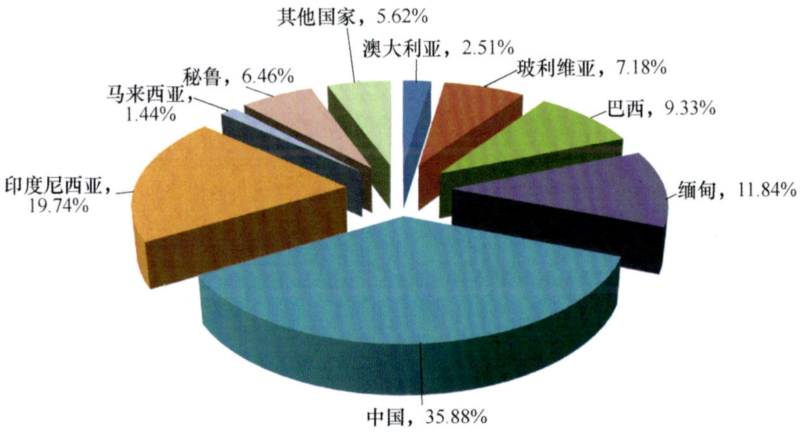

图 9-4　2016 年全球各国锡矿产量份额

9.4　国外主要锡业公司和组织

9.4.1　全球主要精炼锡公司

全球从事锡矿开采业的有 20 多个国家。由于全球锡矿资源分散，小型矿床多，个体采矿者开采的小型锡矿产量占到全球锡矿产量的 40%左右。不同区域采矿技术水平差异很大，非洲的刚果、卢旺达和南亚的印度尼西亚、缅甸等地的很多小型锡砂矿还采用人工采矿、人工淘洗选矿的方法生产锡砂。全球锡大型生产企业主要集中在中国、马来西亚、印度尼西亚、秘鲁、玻利维亚、泰国、比利时，这些公司都有自己的冶炼企业，部分公司有自己的矿山，多数公司都需要外购锡精矿等锡原料满足公司生产精炼锡的需求。全球十大锡生产企业 2015 年精炼锡的总产量达到 22.36 万吨，占到全球精炼锡总产量 34.06 万吨（包含再生锡）的 66%（见表 9-4）。

表 9-4　全球主要锡生产公司 2015 年生产和资源概况（源于 ITRI、公司报告等）

公司	国家	精炼锡产量/t	全球产量份额/%	概　况
Yunan Tin 云南锡业集团	中国	75500	22.17	全球最大、锡产业链最长的锡业公司；集锡勘探、采、选、冶、深加工于一体；产品以精锡、焊锡及锡材、锡化工系列为主，同时生产铜、铅、锌、镍、铟、银、铋、金、铂、钯、贵金属高纯材料、特种功能材料等，公司控制的矿产资源储量为锡 54.7 万吨、铜 77.5 万吨、铅 14.2 万吨，并计划 10 年投资 4 亿美元勘探，新增锡矿储量 100 万吨
Malaysia Smelting Corp	马来西亚	30260	8.88	全球第二的精锡生产企业，集锡矿勘探、开采、选矿、冶炼、锡系列产品开发于一体，产品涵盖 A 级锡锭（99.85%）、高纯锡锭（99.9%）到电子级高纯锡锭（99.99%），产能达到 4 万吨/年。公司的原料 87% 依靠外购，公司控制的马来西亚 RHT 砂锡矿资源量 3.37 万吨，公司还控股两家印度尼西亚子公司在印度尼西亚勘探开采砂锡矿
PT Timah	印度尼西亚	27431	8.05	从事锡矿勘探、开采、冶炼、加工销售业的印尼国有控股企业，经营范围包括采矿业、贸易、运输和服务领域。印度尼西亚最大的锡矿开采企业，同时也是世界最大的锡产品出口商之一，公司锡产品包括各品级的锡锭、锡焊料、锡合金、锡化工产品。拥有陆地和海上总计 104 个采矿许可，519080 公顷的锡采矿权，覆盖了印度尼西亚锡矿带上的邦加岛乌里洞省（Bangka Belitung）和廖内群岛省（Riau Archipelago）。公司控制的锡资源以砂锡矿为主，储量达到 Sn38.79 万吨
Minsur	秘鲁	20224	5.94	南美最大的锡生产企业之一，主要从事锡、铜和金矿的勘探、开采、冶炼和销售业务。公司的主要产品包括各种规格的锡锭、锡粒、锡片、金锭等产品，主要销往欧洲、南美、美国和加拿大等国。公司在秘鲁拥有世界第三大的 San Rafael 高品位锡矿以及巴西 Sao Paulo 锡多金属矿。San Rafael 锡矿的锡资源量达到 20.9 万吨，平均品位达到 2.05%，可满足公司 8 年生产的原料需求。2014 年公司投资 2400 万美元扩建公司在 Pisco 地区冶炼厂，使其精锡产能达到 40000 吨/年
Yunnan Chengfeng 云南乘风有色金属公司	中国	16600	4.87	依靠外购锡精矿、含锡中间料等锡原料生产精锡、锡铅焊料为主，综合回收铟、银、金、铅、铋、铜、锑等金属的冶炼加工企业；主要产品有锡锭、锡铅焊料、银锭、铟锭等，无自有矿产资源
EM Vinto	玻利维亚	12106	3.55	玻利维亚最大的锡冶炼企业，公司没有自己的锡矿山，锡精矿等锡原料全部外购，外购矿主要来自国有公司控制的 Huanuni 和 Colquiri 锡矿。EM Vinto 公司的主要产品包括各规格锡锭、99.95%高纯锡产品、锡合金等，2015 年公司投产了新的澳斯麦特冶炼炉，公司预计在 2016 精锡产量增加到 14000t

续表 9-4

公司	国家	精炼锡产量/t	全球产量份额/%	概　况
Guangxi China Tin 华锡集团	中国	11100	3.26	集锡矿采、选、冶、深加工于一身的大型联合企业，主要锡产品锡锭、锡化工产品、锡合金及锡粉等，年采选250万吨矿石、年冶炼产能2.5万吨锡、60t铟、4万吨铅锑、6万吨锌、70t银 公司已探明和控制的锡、锌、锑、铅、铟、银等矿石量达11.6亿吨，综合金属量超过450万吨，其中，铟储量居世界第一位
Gejiu Zi-Li 个旧市自立矿冶有限公司	中国	11000	3.23	具备年产2万吨锡、2000t锡化工产品、5000t锡材产品的锡冶炼企业。主要产品有锡锭，锡化工产品，氯化亚锡、锡焊料、铸合金锭、锡材等。锡精矿等锡原料主要外购
Thaisarco	泰国	10502	3.08	从事锡精矿冶炼、锡精炼、锡合金制造以及各类锡产品生产和销售的冶炼企业。产品主要包括锡锭、锡焊料、锡合金、锡金属粒、锡金属粉、4N、5N高纯锡等，公司的原料为产自泰国和东南亚地区的锡精矿和各种锡中间料
Metallo CHimique	比利时	8863	2.60	历史悠久、技术领先的二次金属资源冶炼回收公司，主营业务包括金属废料收集、火法及湿法冶金分离加工、产品销售。公司每年约处理35万吨来自全球各地的金属原料，精炼金属制品包括铜、锡、铅和镍等，公司每月生产约10000t铜，1500t的铅和800t锡
合计		223586	65.64	
全球		340600	100	

9.4.2 马来西亚冶炼集团

马来西亚冶炼集团（MSC）是全球著名的集锡矿勘探、开采、选矿、冶炼、锡系列产品开发于一体的大型综合性企业，公司成立于1887年，目前是马来西亚股票交易所和新加坡股票交易所的上市公司，2015年公司精炼锡产量达到3.03万吨，排名世界第二，2016年精炼锡产量为26802t，下降了11.3%，主要归因于上半年锡价低迷时，原料供应短缺。

MSC公司掌握先进的锡冶炼技术，生产纯度涵盖标准A级锡锭（99.85%）、高纯锡锭（99.9%）到电子级高纯锡锭（99.99%）各类精锡产品，精锡产能达到4万吨/年。

2004年MSC公司开始向上游扩展业务，收购了马来西亚最大的露天残积锡矿RHT，开始涉足锡矿开采业。目前公司还控股两家印度尼西亚子公司PT Koba Tin和PT MSC Indonesia，并持有TMR Limited公司18.54%股权，涉足印度尼西亚锡矿开采业。

根据公司与印度尼西亚政府签署的采矿外包合同，印度尼西亚子公司PT Koba Tin获准在41680公顷面积范围内的冲积区域，装配大型链斗挖泥船以及砂砾泵采矿装置开采锡矿。此外PT Koba Tin公司下属的冶炼厂的精锡年产能可达25000t。MSC集团通过在印尼的PT MSC Indonesia控股公司，在印度尼西亚承担寻找新的陆上及海上锡矿床的勘探工作。

尽管公司不断扩大锡矿生产能力，但MSC公司的锡精矿原料依然主要依靠进口，公司 2015 年使用的马来西亚国内锡精矿为 4158t（以锡金属量计），其中公司矿山自产精矿仅为 2196t（以锡金属量计），使用进口锡精矿原料为 29121t，占到公司原料的 87.8%。MSC 公司 2015 年锡矿资源和生产供应情况见表 9-5。

表 9-5　MSC 公司 2015 年锡矿资源及生产供应情况

公司锡矿	资源量 /m^3	Sn 含量 /$kg \cdot m^{-3}$	金属 /t	精矿产量 (金属量)/t	外购精矿量 (金属量)/t	精矿自给率 /%	精炼锡产量 /t
RHT	18254539	1.85	33756	2196	进口 29121 国内 4158	6.6	30209

9.4.3　印度尼西亚天马公司

天马（PT Timah）公司是一家从事锡矿勘探、开采、冶炼、加工、销售的印度尼西亚国有企业，公司成立于 1976 年 8 月，1995 在印度尼西亚证券交易所上市，成为一家股份制上市公司，公众约持有该公司大概 35%的股份。PT Timah 公司的经营范围包括采矿业、贸易、运输和服务领域。

作为印度尼西亚最大的锡矿开采企业，同时也是世界最大的锡产品出口商，天马公司拥有陆地和海上总计 104 个采矿许可，519080 公顷的锡采矿权，覆盖了处于已知的印度尼西亚锡矿带上的邦加岛乌里洞省（Bangka Belitung）和廖内群岛省（Riau Archipelago）。公司除了矿山外还有选矿、冶炼、锡材加工等附属企业。

PT Timah 公司的锡产品包括各品级的锡锭、锡焊料、锡合金、锡化工产品，2015 年公司精锡产量为 27431t，比 2014 年略有下降。原因一方面是锡价低迷，另一方面是受到了 2015 年 8 月开始实施的需要企业申请新的出口许可证以及递交出口配额的印度尼西亚新法规的影响。

2016 年印尼天马公司精锡产量下降了 13.4%，为 23756t。产量下降的主要原因是矿山产量下降引起的原料短缺，公司通过提高锡精矿收购价，计划将 2017 年的产量增加至 3 万吨。

PT Timah 公司的锡矿资源以砂矿为主，公司的砂锡矿陆上开采主要采用水力开采，砂石泵配合螺旋溜槽选矿，海上开采主要采用绞吸式挖泥船和斗轮挖泥船作为采选工具（见图 9-5）。

PT Timah 公司的锡矿资源和利用情况见表 9-6，此后几年公司精炼锡产量不断下降。

图 9-5　PT Timah 公司采砂船在海上进行锡砂采矿作业

表 9-6 PT Timah 锡矿资源和开采利用概况

公司矿区	储量（金属量）/t	精矿产量（金属量）/t	生产方法	精锡产量/t
Bijih Timah Tambang Lepas Pantai	无数据	18351	砂石泵螺旋溜槽 绞吸式挖泥船 斗轮挖泥船	38132
Bijih Timah Tambang Darat	无数据	19136		
合　计	387967	37487		

9.4.4 秘鲁明苏公司

明苏公司（Minsur Sociedad Anonima）是一家成立于1966年的秘鲁私营公司，总部设在首都利马。Minsur公司是南美最大的锡产品生产企业之一，主要从事锡矿、铜矿和金矿的勘探、开采、冶炼、销售业务。

Minsur公司在秘鲁拥有著名的世界第三大的San Rafael锡矿、Pucamarca金矿、Pisco冶炼厂和精炼厂以及巴西Sao Paulo锡矿。公司从事锡生产的主要基地位于秘鲁利马东南部760英里的Juliaca地区的San Rafael矿山附近，San Rafael锡矿海拔接近4500m，是一座大型石英脉锡矿床，采用地下开采的采矿方式。巴西Sao Paulo锡多金属矿是一个大型锡、铌、钽矿多金属矿，探明的锡资源量（金属量）达到44万吨，但锡矿品位较低（仅为0.13%）。

Minsur公司的主要产品包括各种规格的锡锭、锡粒、锡片、金锭等，产品主要销往欧洲、南美、美国和加拿大等国。由于价格低迷，2015年公司的精锡产量为20224t，比2014年下降了15.6%。公司的San Rafael矿的锡资源量达到20.9万吨，Sn平均品位达到2.05%，矿山可满足公司8年生产的原料需求。

2016年，秘鲁明苏公司精锡产量为19583t，同比下降了3.2%，产量下降的原因是受圣拉斐尔矿锡原矿品位下降的影响，但2016年5月份建成的新选矿厂部分缓解了这一困难，预计2017年公司产量将稳定回升。

近年来，公司加强了锡、黄金、银、铅、锌矿产资源的勘探工作，不断增加公司的锡矿资源储量，2014年投资2400万美元在秘鲁Pisco地区太平洋岸边，扩建了使用澳斯麦特锡冶炼炉，年产量达到40000t的锡冶炼厂。Minsur公司2015年锡矿资源和生产情况见表9-7。

表 9-7 Minsur 公司 2015 年锡矿资源和生产情况

公司矿山	资源量（金属量）/万吨	品位（Sn）/%	储量（Sn）/万吨	品位（Sn）/%	入选品位（Sn）/%	精矿产量（Sn）/t	精矿品位（Sn）/%	选矿回收率/%
San Rafael	20.87	2.05	10.47	1.81	2.05	19509.9	49.96	90.81
Pitinga 巴西	44.43 (Nb_2O_5 65.85 Ta_2O_5 9.05)	0.13 (Nb_2O_5 0.20 Ta_2O_5 0.027)	NA	NA	0.21	5744	46.86	42.93

注：NA为未得到资料。

9.4.5 玻利维亚文托冶炼公司

EM Vinto（EMV）冶炼公司是玻利维亚最大的锡冶炼企业，是一个国有企业，2010年由玻利维亚政府从嘉能可公司收回国有，公司没有自己的锡矿山，锡精矿等锡原料全部外购，外购矿主要来自国有公司控制的 Huanuni 和 Colquiri 锡矿。

EM Vinto 公司的主要产品包括各规格锡锭、99.95%高纯锡产品、锡合金等，2015 年公司精锡产量达到 1.21 万吨，比去年增加了 3.2%，这是全球排名前十的公司中唯一增产的公司，2015 年一个新的澳斯麦特炉投产所致，公司在 2016 年生产了 13111t 精锡，比 2015 年提高了 8.3%。

9.4.6 泰国泰萨科公司

Thaisarco 公司是一家泰国锡冶炼加工企业，成立于 1963 年，位于泰国普吉岛。公司业务包括锡精矿冶炼、锡金属精炼、锡合金制造以及各类锡深加工产品生产和技术开发，锡产品销售等。

Thaisarco 公司的锡产品主要包括锡锭、锡焊料、锡合金、锡金属粒、锡金属粉、4N、5N 高纯锡等，公司的原料主要外购锡精矿和各种锡中间料。2015 年公司精锡产量为 1.05 万吨。

泰国泰萨科公司 2016 年锡产品产量为 11088t，同比增长 5.6%（包括高附加值产品与合金）。泰萨科公司扭转了自 2014 年印度尼西亚颁布原料出口禁令以来的产量下降趋势。公司目前主要处理来自非洲及澳大利亚雷尼森矿山的锡矿原料。

9.4.7 比利时梅泰洛公司

Metallo-Chimique 公司是一家历史悠久的二次金属资源冶炼公司，公司成立于 1919 年，总部设在比利时的贝尔瑟，Metallo-Chimique 的主营业务包括金属废料收集、废旧金属火法及湿法冶金分离回收、金属产品销售等。公司每年约处理 35 万吨来自全球各地的金属原料，包括电子垃圾等。精炼金属制品包括铜、锡、铅和镍等，公司每月生产约 10000t 铜，1500t 的铅和 800t 锡。凭借先进环保的冶金分离技术，Metallo-Chimique 公司成为全球领先的废旧金属回收公司之一。2015 年公司回收生产了 8863t 精炼锡。

9.4.8 国际锡业研究协会

国际锡研究协会（International Tin Research Institute Ltd）是全球锡行业最重要、最权威的非盈利组织，在与锡行业相关的技术领域有着超过 80 年的经验。它代表着全球锡行业，并且由行业内的会员赞助和支持，会员主要由全球重要的锡矿山、锡冶炼厂和锡产品深加工企业组成。

ITRI 的核心目标是支持和鼓励各传统应用领域更好、更广泛的使用锡产品，并支持锡的新应用领域研究。协会通过研究法规；宣传锡行业的积极形象；推动锡新材料研究和市场发展趋势研究；促进锡产业链上的沟通；提升锡在投资领域的地位、包括支持锡的勘探、开发和可持续采矿方面的资本投资等工作。

ITRI 可以为锡行业提供以下信息服务：

（1）精确的全球锡生产、消费和库存信息。

（2）为投资决策和政策的制定提供有规则的市场报告。

（3）根据需求编制可靠的有关锡资源开发回收和应用的研究报告。

（4）跟踪相关的环境、市场、技术法律法规要求，并通知行业采取必要的行动。

（5）提供有关锡行业资源开发和新应用领域技术进步的信息。

9.5 国外典型锡矿

9.5.1 国外部分锡矿开发利用指标

表 9-8 为国外部分典型锡矿山的开发利用指标，包括资源储量、品位、矿石性质、采选回收率等指标，可以基本反映国外锡矿山的开发利用技术水平，对锡矿资源的评价和开发利用具有借鉴意义。

表 9-8 全球部分典型锡矿山采选指标

国家	矿山名称	规模 /t · d^{-1}	工艺流程	产品名称	选矿指标/% 原矿品位(Sn)/%	选矿指标/% 精矿品位(Sn)/%	选矿指标/% 回收率/%
秘鲁	San Refael 矿	2900	重选浮选		2.48	60	89
澳大利亚	雷尼森（Renison）	1750	重选及矿泥浮选	锡精矿	1.12~1.20	NA	73
				重选		60	
				浮选		18~20	85（作业）
马来西亚	宋格别西（Sungeibesi）选厂	18000	重选流程	锡精矿	0.01	74	90
俄罗斯	兴安选矿厂		重-浮流程	锡精矿	0.46		
				砂矿		18	87
				泥矿		11	2.6
玻利维亚	依普克选矿厂	1000	锡石浮选	锡精矿	0.3	18~20	50~55
摩洛哥	Achmmach	2700	重选、浮选	低品位锡矿	0.78	55	70.3
				锡精矿			
南非	Mokopane Tin	1900	重选和浮选	锡精矿	0.12	NA	75
英国	The South Crofty Mine	1000	重选和浮选	锡精矿	0.46	55	85
澳大利亚	Heemskirk	1650	重选浮选	锡精矿	1.06	50	79.5
阿根廷	Pir quitas 银锡锌多金属矿	6000	重浮选	银精矿、锡精矿、锌精矿	0.2（Ag 177g/t，Zn0.62%）	50（Ag 20kg/t，Zn50%）	45（Ag77%，Zn58%）
澳大利亚	Taronga	10000	重选预抛，重，浮，磁	锡精矿	0.21	55	70

9.5.2 国外典型锡矿山

9.5.2.1 澳大利亚雷尼森锡矿

雷尼森（Renison）锡矿位于澳大利亚塔斯马尼亚州西北部（见图 9-6），是目前澳大利亚最大的在产锡矿，属世界级特大锡矿之一。该矿山为 Metals X 公司和云南锡业集团所拥有，矿山的年生产能力大约为68万吨矿石。矿山从1968年便开始开采，至今已生产了2300万吨锡矿石。2012年，矿山产锡7500t，矿山的锡矿主要通过附近的伯尼港销往马来西亚。同时，由于全球锡矿资源的紧缺及开采成本的上升等一系列原因，该矿山还计划开始从过去的采矿选矿过程中产生的1900万吨尾矿中重新回收锡。雷尼森矿山现有设施和计划建设设施如图9-7所示。

图9-6 雷尼森矿山外景

图9-7 雷尼森矿山现有设施和计划建设设施

矿区和矿石性质：整个澳大利亚塔斯马尼亚州地区主要覆盖古生代沉积岩和新元古代-寒武纪之间的一些火山喷出岩序列。整个矿山的矿化是从中晚泥盆世开始的，含矿的花岗岩侵入地下并在地表下大约1000m的地方成矿。矿体主要在巴塞特断裂带及其周围，石英、毒砂、雌黄铁矿、钛铁矿等一系列矿物都赋存在含矿硅化带中，主要的矿石矿物为锡石，如图 9-8 所示。

图 9-8 雷尼森矿山锡矿石

采、选流程：雷尼森矿山锡金属资源量为 20.47 万吨，采矿规模为 1750t/d，采用重选及矿泥浮选进行选矿，原矿品位（Sn）为 1.12%~1.20%，产品有重选锡精矿和浮选锡精矿，重选锡精矿和浮选锡精矿品位（Sn）分别为 60%和 18%~20%，浮选锡精矿回收率为 85%。矿山采出的矿石，经过粗碎—细碎—重选—磁选（LIMS 和 WHIMS 法）—浮选等一系列过程后获得精炼锡。精炼锡产品主要销往马来西亚。雷尼森锡矿山的选矿厂如图 9-9 所示；选矿设备如图 9-10 所示。

图 9-9 雷尼森锡矿山的选矿厂

图 9-10 雷尼森锡矿山的选矿设备

发展趋势：由于全球锡价格的持续上升与锡资源的短缺，锡的市场供需的紧张趋势将会日益明显。因此，以前该矿山开采过程中的矿石品位达不到经济采选的矿石现在随着资源的短缺和锡矿价格的上升也具有了重新利用的价值。因此，该矿山正计划从过去排放的1900万吨的尾矿中重新回收锡，并取得相应的经济价值。

9.5.2.2 秘鲁 San Rafael 锡矿

San Rafael 锡矿是全球第三大的锡矿，也是著名的高品位锡矿。San Rafael 锡矿位于秘鲁首都利马东南部760英里的 Puno 地区，安第斯山脉的东部，矿区海拔4500~5200m。San Rafael 锡矿是一个特大型的与花岗岩侵入有关的石英脉状锡矿床，主要有用矿物为锡石、黄铜矿，主要脉石矿物为石英、绿泥石、电气石、黑云母、黄铁矿、砷黄铁矿等。

截至2015年12月，San Rafael 锡矿探明的锡矿资源量超过20.87万吨，Sn 平均品位达到2.05%，按目前的产能预计矿山寿命在8年以上。

San Rafael 锡矿开采于1977年，开采历史悠久，目前采用地下采矿方式，分段充填采矿法采矿。分段高度为12~20m，钻孔、爆破开采，沿矿脉走向布置采矿分段平巷，采空区胶结料充填。2015年 San Rafael 矿锡矿采矿量达到91.3万吨，采出矿石平均品位（Sn）为2.13%，采出矿石运到附近选场选矿。

San Rafae 选矿厂（见图9-11）日选矿处理能力2900t，2015年处理矿石包括部分老尾矿共104.7万吨。入选平均品位（Sn）为2.05%，生产锡精矿3.9万吨，锡精矿平均品位（Sn）为49.96%，锡金属量为1.95万吨，精矿产量占到全球锡精矿产量的6%左右，锡选矿回收率达到90.81%。

图9-11 秘鲁 San Rafae 选矿厂外景

San Rafae 选矿厂采用三段一闭路破碎工艺，小于14mm 的矿石，进入 Gekko 生产的在线压力跳汰机（IPJ）和普通跳汰机进行粗选和筛分作业，粗选精矿经过棒磨、球磨磨矿解离，采用螺旋溜槽、摇床精选得到重选精矿，重选精矿再磨到100μm 解离硫化物，通过浮选去除精矿中的 S 和 As 等杂质，得到锡精矿，精矿筛分和过滤为两个规格的精矿产品，全部供给公司位于 PISCO 的冶炼厂。

San Rafae 矿的矿石入选品位（Sn）从2010年的4.0%降到2015年的2.05%，锡精矿品位（Sn）也从2003年的63%降到2014年的55.8%，甚至2015年的49.96%。公司正在建设 X 射线预选生产线（见图9-12），处理含锡0.7%的低品位矿石，通过预选将其品位

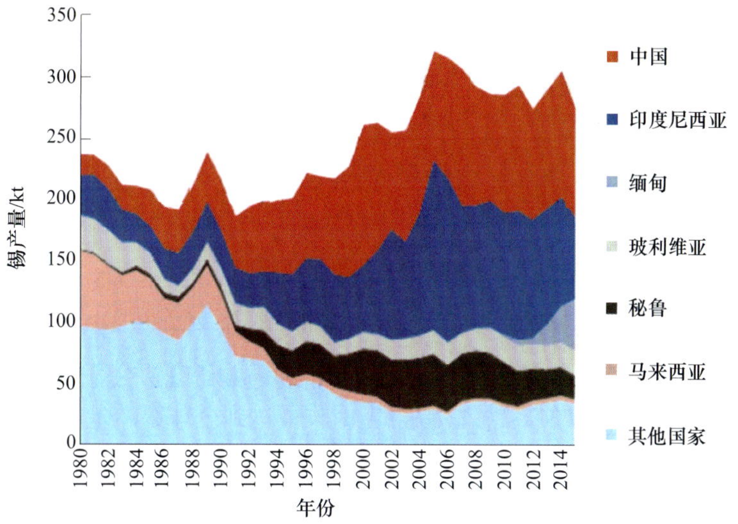

图 9-17 近 35 年全球锡矿主要产出国产量变化情况
（资料来源：ITRA）

美国地质调查局统计的全球 70 个锡矿勘查和开发项目中，仅有 4 个锡矿是 1985 年以后新发现的，据全球锡业研究协会统计的全球有待开发的 16 个锡矿项目（见表 9-11），资源总量（金属量）为 187.7 万吨，平均品位（Sn）仅为 0.41%。由于目前锡价原因，除了高品位锡矿、低成本的老尾矿项目及含共（伴）生矿产的锡矿项目外，低品位的锡矿项目短期不会投产，很明显，全球长期的锡矿资源储备和供给可能呈现紧张的局面。

表 9-11 全球待开发锡矿项目概况

项目	国家	矿石资源量/百万吨	品位（Sn）/%	金属量/万吨	年产能（金属计）/t	进 展
syrymbet	哈萨克斯坦	94. 5	0. 49	46. 35	未定	2016 可行性研究
bisie	刚果	4. 8	4. 06	19. 42	9000	计划 2018 投产
cinovec	捷克斯洛伐克	79. 7	0. 23	18. 33	未披露	2016 完成勘探和可行性研究
Achmmach	摩洛哥	14. 6	0. 9	13. 14	5850	计划 2016 投产
Gottesberg	德国	42. 1	0. 27	11. 2	未披露	2016 仍在勘探阶段
Pravourmiskoe	俄罗斯	10. 5	1	10. 6	3000	预计 2017 投产
Tellerhäuser	德国	22. 1	0. 46	10. 16	未披露	2015 勘探和概略研究
Rension tails	澳大利亚	21. 8	0. 45	9. 83	5000	2016 投产
Heemskirt	澳大利亚	8. 5	0. 97	8. 24	700	计划 18 年投产
San Realf taiings	秘鲁	7. 62	1. 05	8. 03	5000~6000	2016 开始可行性研究，计划 2019 年投产
Oropesa	西班牙	12. 5	0. 55	6. 91	未披露	2016 继续勘探
East Kemptville	加拿大	35. 4	0. 16	5. 75	未定	2016 继续勘探
Taronga	澳大利亚	36. 3	0. 19	5. 72	3550	2016 预可研基础上完善试验完成可研

续表 9-11

项目	国家	矿石资源量/百万吨	品位（Sn）/%	金属量/万吨	年产能（金属计）/t	进展
Mount pleansant	加拿大	15.2	0.27	5.56	未定	多金属矿，2016 可研阶段
ArdlethanTails	澳大利亚	35.1	0.16	5.45	未定	2016 审批和可研，计划 2017 投产
Mtlindsay	澳大利亚	14	0.22（$WO_3$0.1）	3.08（$WO_3$1.6）	2500（$WO_3$1600）	完成预可研，2016
合计		454.72	0.41	187.77		

德国联邦地球科学和自然资源研究所（BGR）和锡业研究协会（TIRI）关于锡矿资源的研究报告表明，尽管需求增长缓慢，锡再生回收量达到全球锡产量的 30%以上，全球锡矿资源的长期储备仍然令人担忧。

另一方面，锡矿资源的突出特点是总量小，小型矿床多，矿山寿命普遍较短，很多小矿山地质勘查程度不高已进入开采，因而未能计入全球锡矿储量中。锡价上涨或通过勘探发现新的大型锡矿床，可以改善全球锡矿后备资源储备不足的局面。锡价格上涨，锡矿开采品位就可以下降，锡矿可采资源量就会增加。BGR 提供的硬岩锡矿可采品位与锡价关系如图 9-18 所示。

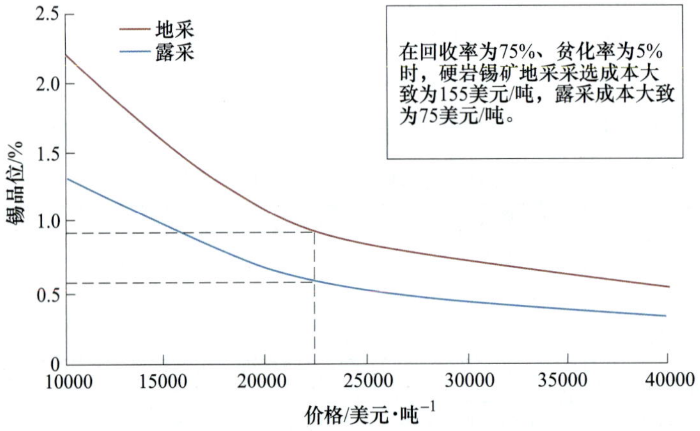

图 9-18　硬岩锡矿可采品位与锡价关系

9.6.2　全球锡矿资源的需求和价格变化趋势

9.6.2.1　价格

相对于铜铝铅锌而言，锡是一个产量和用量都比较小的金属，其价格容易被各种因素影响，波动很大。市场需求、产量、库存及生产成本是影响锡价的主要因素。全球锡价百年来不断上涨，波动很大，如图 9-19 所示；按 1998 年美元消费指数调整后的百年全球锡价变化规律如图 9-20 所示，可以更真实反应锡价情况，剔除美元贬值的影响。全球锡价近 25 年变化趋势如图 9-21 所示。

（1）1902~1946 年，锡价格总体缓慢上升，除个别年份外，波动较小，锡价格大致维持在 400~1200 美元/吨。

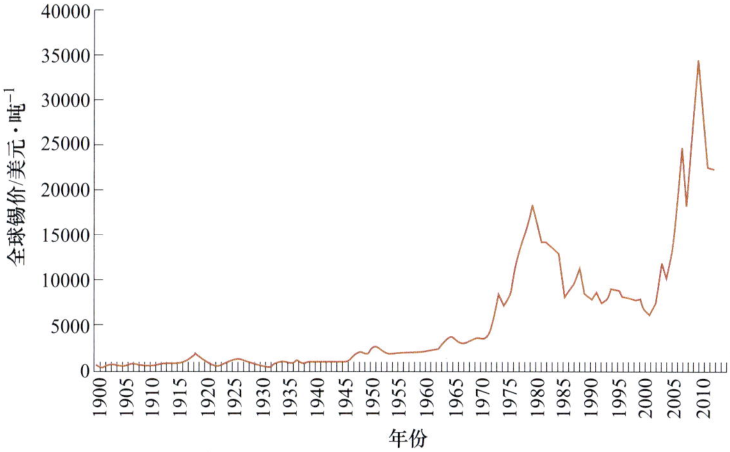

图 9-19 全球锡价百年变化趋势

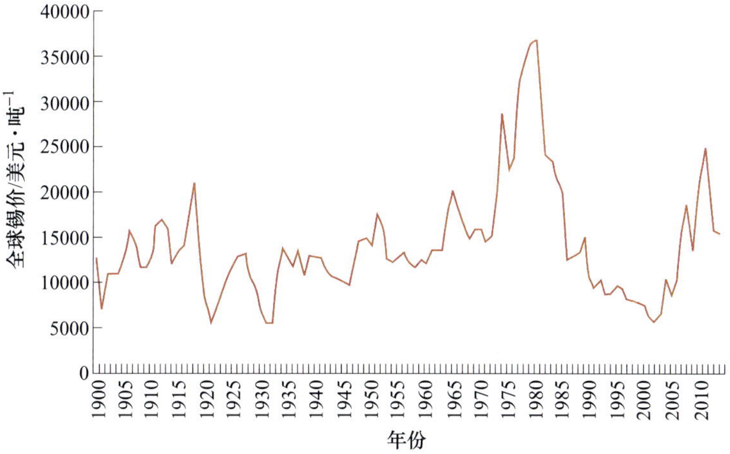

图 9-20 按 1998 年美元消费指数调整后的全球锡价百年变化趋势

（资料来源：USGS）

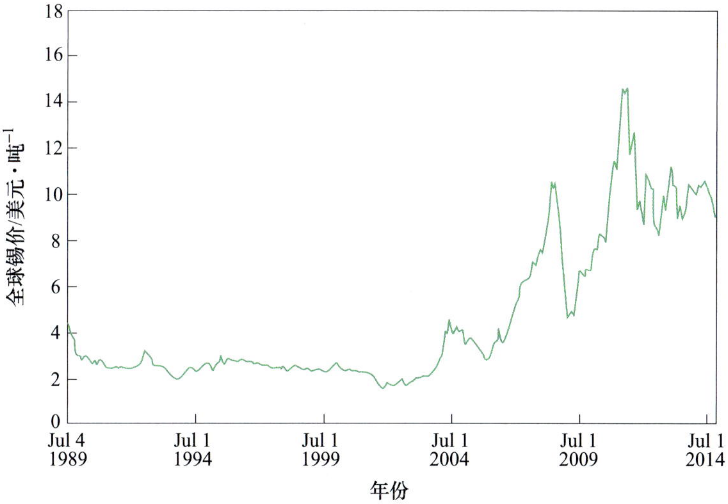

图 9-21 全球锡价近 25 年变化趋势

（2）1947~1970年，由于锡的供需矛盾及锡的新用途的不断发现，锡价波动加大，锡价格大致维持在2000~4000美元/吨之间。

（3）1970~1980年，锡价升势突然加速，出现非常剧烈的上涨过程，短短十年，价格上涨接近五倍，从4000美元/吨升到最高18650美元/吨。

（4）1981~2005年，锡价开始下跌，到了1986年，锡价下跌了50%，导致国际锡市场出现了一次重大危机，国际锡理事会破产，随后由于中国出口增加，生产过剩，锡价一直萎靡不振在2001年最低跌到3600美元/吨，2005年回升到8000美元/吨左右。

（5）2005~2011年由于电子产品迅猛发展，锡的需求上升，老的锡矿山资源品位下降、生产成本上升，锡价暴涨，短期价格从8000美元/吨左右上涨到30000美元/吨左右。

（6）2011~2016年，前期的价格暴涨，刺激了锡矿的生产，全球锡冶炼能力严重过剩，中国经济发展速度放缓，缅甸的锡矿产量大幅增加，造成了短期过剩，锡价下跌，随着电子行业缓慢复苏，中国去产能，全球锡库存下降，锡矿新开工项目不足，资源不足隐忧浮现，2016年锡价从16000美元/吨重新上涨到20000美元/吨以上。

9.6.2.2 需求

国际锡研究协会的研究报告指出，未来5年，锡消费的预期增长率将从目前的每年2.5%放缓至1%，即使锡消费增长缓慢，由于新的矿产资源供给短缺，也很可能出现锡供应短缺的情况。协会建议整个行业应积极对潜在锡矿资源项目投资，包括老旧矿山和新矿山的勘探与开发，鼓励、规范手工采矿及小规模采矿，加强锡二次资源的再生利用。按目前的发展趋势，预计全球市场未来将持续短缺，2018累计短缺量可能达6万吨。

全球锡需求在过去的6年当中有4年是下降的，2013年大部分主要消费领域开始进入周期性恢复。受替代与小型化的影响，锡的使用强度正在下降，尤其在电子领域。锡化工及能源相关领域的应用将是未来锡市场的主要增长点，可能取代焊料的主导地位。新应用在发电、节能、储能领域已广泛开始商业化运营（例如免维护启动用铅酸蓄电池、绝缘泡沫催化剂、电子玻璃涂层等），并有一系列新应用处于研发阶段，如不锈钢、节能催化剂等。

近年来，全球矿山年产量增至28万~30万吨，但预计产量在近期有所下降，至2018年将略微回升至28万吨以上。中国及印尼两大主产国产量的下降需要被世界其他地区新出现的矿山项目弥补，但目前几乎没有新项目通过可行性研究阶段。另外，每年大约有6万吨的再生锡资源来弥补市场供应的不足。

ITRI统计的全球锡矿山新项目中，70个在未来15年里可能开始运作的锡矿山项目的总资本需求约80亿美元。其中有一部分矿山有很大的运营潜力，但其余大部分项目会受低品位、技术挑战或高投资风险等因素制约。

国际锡业研究协会（ITRI）统计和预测近期全球锡需求与供应平衡情况见表9-12。

不论是从近期全球锡需求和供应平衡情况来看，还是全球锡矿资源从中长期储备情况来看，锡矿资源正在向逐渐短缺方向发展，其价格还会有进一步上涨的动力。中国是世界上最大的锡生产国和消费国，从2008年起，中国从传统的锡资源出口变为锡的净进口国，伴随着中国锡资源过度的消耗，锡矿品质和储量的下降，印尼的锡产量下降，这一短缺趋势会进一步发展，锡价可能会维持在相对高位。

表 9-12 全球锡需求和供应平衡情况

年 份	2012	2013	2014	2015	2016
全球精炼锡产量（Sn）/万吨	33.47	34.01	36.91	34.06	33.68
全球精炼锡消费量/万吨	33.94	34.91	35.85	34.69	34.69
生产与消费平衡差/万吨	-0.47	-0.9	1.06	-0.63	-1.01
报告的库存/万吨	3.95	3.43	3.91	3.25	2.60
库存消耗周期/周	6.0	5.1	5.7	4.9	3.9

资料来源：ITRI。

9.6.3 全球锡矿资源开发利用技术发展趋势

9.6.3.1 *采矿*

脉状锡矿多采用各种传统的地下采矿方法。提升采矿安全性、提高采矿生产效率和回采率是锡矿开采技术的发展方向，如秘鲁 San Rafael 锡矿采用分段充填法提高了锡矿回采率、中国湖南某锡矿对缓倾斜薄锡矿采用机械化开采技术提高回采率、降低贫化率。

砂锡矿多采用水枪-沙砾泵、绞吸式采砂船、斗轮式采砂船进行采矿作业，多年来技术进展不大。

9.6.3.2 *选矿*

锡矿属于比较难选的矿物，锡矿选矿技术的进展主要体现在提高选矿回收率、节能、提高生产效率等方面。

采用 X 射线分选机、Gekko 在线压力跳汰机、Kelsey 离心跳汰机、重介质旋流器 HMS 对锡矿进行预选，可以有效提高锡矿回收率，降低入选矿石品位。如澳大利亚 Taronga 锡矿项目采用 Kelsey 离心跳汰机预选，总回收率提高了 9%，秘鲁 San Rafael 锡矿正在安装的 X-射线预选机可将原矿品位从 0.7%提高到 2.7%。

重选是锡矿选矿最常用的方法，通过自动化精密控制重选过程，采用新型细粒重选设备如 Falcon 离心选矿机、Kelsey 离心选矿机等可以有效提高选矿收率和生产效率。粒锡矿的浮选采用新型高效浮选药剂、浮选柱等新型高效浮选设备成为发展趋势。

参 考 文 献

[1] Mineral Commodity Summaries 2016，2017 ，USGS.
[2] Minerals Yearbook Tin 2014，USGS.
[3] Malaysia Smelting Corp Annual Report 2015.
[4] PT Timah Annual Report 2011，2015，2016.
[5] Minsur Annual Report 2013，2014，2015.
[6] Minsur Corporate Presentation August，2016.
[7] 云南锡业股份有限公司 2015 年年度报告 .
[8] Tin mining in Mynmar：Production and potential ，ELSEVIER，resources policy 46（2015）219-233.
[9] Tin mining and processing methods，ITRI，2012.
[10] Tin Ores-Why the Metallurgyis often difficult，ITRI Explorers and Developers Group Australian Tour，November 2014，by Ron Goodman，Consultant，Devlure Pty Ltd，Melbourne.

[11] A Strategy for Tin, by Mike Kitney, KASBAH Resources Limited, September 2014.
[12] Heemskirk Tin Project, Stellar resources limited, August 2016.
[13] Alphamin Bisie Tin Project Presentation, Alphamin Resource Corp, JULY 2016.
[14] Tin Industry Review 2014 and New Tin Supply, ITRI.
[15] Kasbah Resources Annual Report 2015.
[16] Achmmach Tin Project Definitive Feasibility Study, Kasbah Resources Limited May-2014.
[17] Tin Demand and Supply to 2020, by Harald Elsner, BGR, ITRI International Tin Conference Penang, May 15th, 2014.
[18] Developing the Taronga Tin Project-New England Region of New South Wales, Aus Tin Mining Limited, 6th June 2015.

10 国外钼矿资源及利用现状

10.1 概　　述

10.1.1 钼的性质

钼（Mo）原子序数为42，相对原子质量为95.94，在元素周期表中为VIB族金属元素。钼是一种具有高熔点及高沸点的难熔金属，熔点为2610℃，沸点为4800℃。常温下，钼是一种银白色金属，密度为10.2g/cm^3，摩氏硬度为5~5.5，具有较好的强度和抗腐蚀性能。钼的比强度大于钨、钽等金属，具有良好的抗热震和抗热疲劳性，在1200℃高温下仍具有较好的强度，在高温合金和不锈钢等方面应用广泛。钼元素也是人体及动植物所必需的微量元素。

10.1.2 全球钼矿资源概况

钼在地壳中的丰度为0.00011%，是比较稀少的资源，在自然界中，已发现了30多种含钼矿物，其中常见的有辉钼矿、彩钼铅矿、钼酸钙矿、钼钨钙矿等。在所有矿物中最重要的是辉钼矿，全球钼产业的原料几乎全部依赖辉钼矿，其他矿物所占比重很低。单一钼矿的钼含量通常为0.05%~0.25%，铜钼的共（伴）生矿钼含量通常为0.01%~0.05%，铜共（伴）生钼矿在全球钼矿生产中占有重要地位。

截至2016年年底，全球钼矿探明金属储量达到1500万吨，钼矿资源量达1900万吨，按全球目前每年25万吨左右的消耗速度，全球钼矿储量的静态保障年限达到60多年，钼矿资源完全可以满足全球经济社会长期发展的需要。

10.1.3 钼的历史

钼在被发现以前就得到了应用，在一把日本14世纪的马刀中就发现了作为合金成分的钼元素。18世纪以前，人们把钼矿当作石墨矿用作铅笔。元素钼是瑞典化学家C. W. Scheele在1778年发现的，他用硝酸分解辉钼矿石得到钼酸，并获得了钼盐，同年制出氧化钼。1781年，瑞典人哥耶利穆还原三氧化钼获得金属钼。1900年钼铁生产工艺成功研究，钼钢生产在1910年迅速发展，因为当时发现了钼钢能满足炮钢材料需要的特殊性能。此后，钼成为耐热和防腐的各种结构钢的重要成分，也是构成镍合金和铬合金的重要成分。1909年由于粉末冶金方法和压力加工工艺技术的发明，开创了金属钼规模化工业生产的新时代。

挪威的克纳本（Knaben）钼矿在1885年开始开采，是世界上最早开发的钼矿。19世纪后半期，钼矿开始在美国工业化开采，全球钼的年产量仅几吨。20 世纪以来，由于对钼的需求逐年增加，钼矿开采也逐年扩大，世界上钼的年产量增长迅速，第一次世界大战前夕增到 100 吨左右，至 30 年代后期达 1 万吨，70 年代末期达到 10 万吨，2016 年达到 23 万吨。

10.1.4 钼的用途

钼在我们的日常生活中有广泛的应用，钢铁合金添加剂、钼基合金和化工产品是钼的三大应用领域。据 IMOA 统计，全球范围内，钼的主要工业应用领域包括工程结构钢（约占 41%）、不锈钢（约占 22%）、化学工业（约 13%）、工具钢（约 8%）、铸铁铸钢（约 8%）、金属钼（5%）、镍钼合金（3%），如图 10-1 所示。

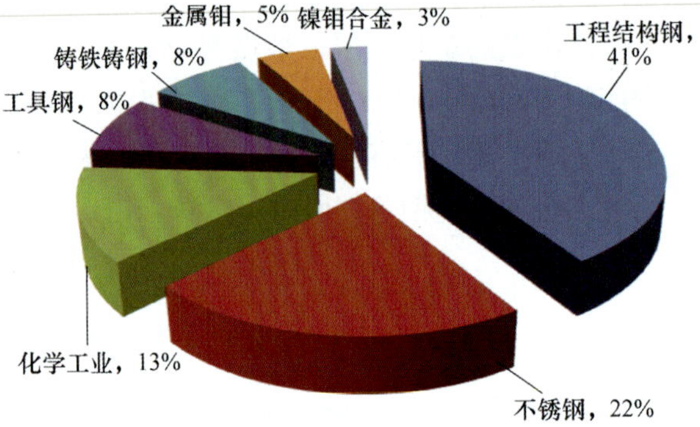

图 10-1　钼的主要工业用途占比

（资料来源：IMOA）

钼在三大应用领域的实际用途包括：

（1）合金添加剂。钼作为结构钢合金添加剂，能提高钢材硬度，强度和韧性，一般含钼约 0.1%~0.2%，被广泛用作摩天大楼、桥梁等大型钢构件，含钼 0.3%以上的钼钢往往用于运输和汽车制造业中的承重部件和传动部件、石油天然气管道等广泛的领域。全球钼钢比为 0.011%，美国为 0.014%，中国为 0.004%，在合金添加剂方面，中国还有很大潜力。

（2）钼及钼基合金。钼基合金具有很好的高温性能和机械性能，广泛用于制作宇航火箭发动机的喷管、防热屏、飞行器的前缘和方向舵；用作坦克装甲和巡航导弹的透平叶轮。在电子工业中，钼广泛用作各种电子管的栅极、屏极和高级电光源的电源引出线等。在化学工业中，钼合金可代替铂做玻璃熔炉的电极以及用作制造熔炼和盛放熔融态金属容器的材料。

（3）钼化工制品。钼化工制品一半作为润滑剂，其次作催化剂、颜料、防蚀剂和试剂。高纯二硫化钼粉为固体润滑剂之王。钼化合物是用途最广泛的催化剂之一。

目前，钼作为钢和铸铁合金元素几乎没有替代品。金属材料行业不断寻求可提高材料性能的新型合金材料。未来钼在合金领域的潜在替代品包括铬、钒、铌、硼、钨等，在高温材料领域的潜在替代品包括石墨、钨、钽等。

续表 10-4

公司	国家	产量/万吨	占全球份额/%	储量/万吨	平均品位/%	概况
Thompson Creek Metals	美国	Mo：1.19（2014年产量）	4.8	Mo：25.18（单钼6.46，铜钼18.72）；Cu151.8	Mo：（单钼0.067，铜钼0.037）；Cu0.3	位于加拿大，美国两座单一钼矿，一座铜钼矿，2015年一座矿山停产，铜钼矿未投产
Antofagasta	智利	Mo：1.01；Cu：36.32	4.08	Mo：46.94；Cu：1067.9	Mo：0.015；Cu：0.51	两座铜钼矿位于智利，一座目前未回收钼，露采，浮选
Anglo American	英国	Mo：0.97；Cu：79.98	3.92	Mo：100.6；Cu：3381.9	Mo：0.018；Cu：0.72	在产铜钼矿两座位于智利，位于秘鲁一座铜钼矿在建，露采，浮选
Rio Tinto	英国	Mo：0.76；Cu：9.2	3.07	Mo：24.36；Cu：310.5	Mo：0.034；Cu：0.45	一座铜钼矿位于美国，露采，浮选
Teck	加拿大	Mo：0.35；Cu：54.2	1.41	Mo：67.3；Cu：1674.6	Mo：0.018；Cu：0.72	在产铜钼矿两座位于秘鲁、加拿大，位于智利的两座铜钼矿硫化矿采收部分在建，均为露采，浮选
钼产量合计		17.15	69.24	单一钼矿产量6.95万吨占40.5%，铜钼共伴生10.2万吨占59.5%		
全球钼产量		24.77	100			

10.4.2 自由港麦克莫兰公司

自由港麦克莫兰公司（Freeport-McMoRan Inc.）是一家在纽约证券交易所上市的自然资源公司，创立于1912年，总部位于美国亚利桑那州凤凰城，于2014年7月改名为Freeport-McMoRan Inc. 公司。公司在全球主要开采铜、金、钼、钴、银石油和天然气。自由港麦克莫兰公司在亚洲、美洲和非洲拥有众多矿山和多种矿产资源，包括全球最大的铜矿之一，印度尼西亚的Grasberg铜矿，以及美国的Morenci和Safford大型露天铜矿、南美洲的Cerro Verde和El Abra大型铜矿及刚果（金）潜力巨大的Tenke Fungurume世界级铜矿等。

2015年公司生产了4.17万吨钼矿，产量在全球排名第一，公司的铜矿产量排名全球第二，公司还是全球最大的金矿生产公司之一。

自由港公司的钼矿生产主要在四座露采的铜钼伴生矿山和两座露采的斑岩型钼矿山进行，其中三座铜钼矿在美国，一座在秘鲁。公司两座著名的高品位斑岩型钼矿山都在美国，所有钼矿均采用浮选工艺生产钼精矿。自由港公司2015年钼矿产资源开发利用情况见表10-5。

自由港公司在美国拥有7个钼矿区，钼总储量为182.31万吨，其中5个为斑岩型铜钼矿，钼储量为146.11万吨，钼的平均品位为0.018%，2个为斑岩型钼矿，钼储量为36.2万吨，钼的平均品位为0.16%，2015年开采品位为0.2%（见表10-6）。

表 10-5　自由港公司 2015 年钼矿产资源开发利用情况

自由港公司矿区	选矿日处理量/万吨·日$^{-1}$	Mo 品位/%	Cu 品位/%	铜选矿回收率/%	2015 年铜产量/万吨·年$^{-1}$	2015 年伴生钼产量/万吨·年$^{-1}$
北美地区铜矿伴生钼	31.21	0.03	0.49	85.4	88.3	1.68
南美地区铜矿伴生钼	15.21	0.02	0.46	81.5	19.9	0.32
北美地区钼矿	3.48	0.2				2.17
合计产量	4.17 万吨					

资料来源：自由港公司年报。

表 10-6　自由港公司 2015 年钼矿资源储量

北美地区	矿石资源量/Mt	Mo 品位/%	Cu 品位/%	Mo 金属储量/万吨	Cu 金属储量/万吨
Morenci 美国	752（铜钼矿）	0.02	0.42	15.04	315.84
Bagdad 美国	1149（铜钼矿）	0.02	0.34	22.98	390.66
Sierrita 美国	2319（铜钼矿）	0.03	0.23	69.57	462.3
Chino 美国	149（铜钼矿）	0.01	0.55	1.49	81.95
小　计	4369	0.025	0.29	109.08	1250.75
Henderson 美国	81（斑岩型钼矿）	0.17		11.3	
Climax 美国	178（斑岩型钼矿）	0.15		24.9	
小　计	256			36.2	
Cerro Verde 秘鲁	3703（铜钼矿）	0.01	0.37	37.03	1370.11
铜钼矿合计	8072	0.018	0.33	146.11	2620.86
合计钼储量	Mo 总储量 182.31 万吨，其中铜矿共（伴）生 Mo 品位 0.018%。斑岩型独立钼矿 Mo 平均品位 0.15%~0.17%				

10.4.3　智利国营铜公司

智利国营铜公司（Codelco）为智利全资国有企业，由智利政府于 1976 年组建。Codelco 是全球铜矿开采业的领跑者，集铜矿开采、选矿，冶炼和销售全产业链为一体。公司的铜矿储量占到全球铜矿储量的 8%，是全球铜矿储量最多的公司之一。公司拥有的铜矿山的可采年限普遍达到 30~70 年。公司的铜矿产量，占到全球铜矿产量的 10%，是全球铜矿产品产量最大的公司。公司从铜矿中回收的钼、金、银等共（伴）生矿产，公司钼产品产量在全球公司中排名第二，公司的主要产品包括铜精矿、电解铜、钼精矿、金、银等。

Codelco 的钼矿生产完全依靠通过选矿工艺回收公司铜矿资源中的钼伴生矿，截至 2016 年，公司在智利拥有五处斑岩型铜钼矿区，五处矿区的钼矿资源量（金属量）合计估值为 213.93 万吨。2015 年公司生产了 2.77 万吨钼精矿（以金属计），排名全球第二。

公司开采的铜钼矿山都已开采多年，采矿多数采用露采工艺，部分老矿山如 Chuquicamata 矿和 El Teniente 矿的新建扩产项目采用了露天转地下开采工艺，铜硫化矿伴生的钼硫化矿物矿的浮选回收工艺，钼回收率一般在 50%～70%。Codelco 的钼矿资源和利用情况见表 10-7。

表 10-7 Codelco 年钼矿资源和利用情况（2015 年）

矿　区	矿石储量/百万吨	Mo 品位/%	钼资源量估值/万吨	Cu 品位/%	铜储量/Mt	2015 年铜产量/万吨	2015 年伴生钼产量/t	钼铜产量比/%
Radomiro Tomic	2174	0.04	86.96	0.50	10.9	31.57	1176	0.37
Chuquicamata	1401	0.05	70.05	0.73	10.2	30.86	12637	4.09
Salvador	53	0.022	1.17	0.57	0.3	4.86	828	1.7
Andina	986	0.019	18.73	0.75	7.4	22.43	5717	2.55
El Teniente	1683	0.022	37.02	0.89	15.0	47.12	7326	1.55
合　计	6297	0.034	213.93	0.70	43.8	136.84	27683	2.02

10.4.4 墨西哥铜业集团

墨西哥铜业集团（Grupo Mexico）是一家股份制上市公司，公司主要经营范围包括矿产勘探、矿物开采、矿物加工提纯、冶金、多式联运铁路运输服务以及基础设施建设等领域。

Grupo Mexico 于 1978 年在墨西哥证券交易所上市，总部设在在墨西哥城。公司目前是世界最大的铜矿生产公司之一，公司的矿业开采加工业务主要集中在墨西哥、秘鲁、美国三个，产品主要包括铜精矿、电解铜、钼精矿、锌精矿、银精矿、锌锭、银锭、伴生金精矿等。

Grupo Mexico 的钼矿资源均以斑岩型铜钼矿共伴生资源的形式存在，公司在墨西哥、秘鲁和美国各有两个铜钼矿矿区，这六个矿区的钼矿资源量（金属计）达到 266.2 万吨，六个矿区的钼矿平均 Mo 品位为 0.009%～0.029%。2015 年，公司共有 5 个矿区回收了铜矿中的共（伴）生钼，钼精矿产量达到 2.33 万吨。Grupo Mexico 钼矿资源和利用情况见表 10-8。

表 10-8 Grupo Mexico 钼矿资源和利用情况（2014～2015 年）

矿区	矿石储量/Mt	Mo 品位/%	钼资源量/万吨	Cu 品位/%	铜储量/Mt	2014 年矿石处理量/万吨	2014 年铜产量/万吨	2015 年伴生钼产量/t	钼铜产量比/%
墨西哥									
La Caridad	3570.5	0.03	107.1	0.23	8.03	3442.7	10.11	10800	10
Buenavista del Cobre	4904.1	0.009	44.1	0.43	21.28	2727.8	13.29	2220	1.7
Underground Mines	45.9			0.48	0.22	247.1	0.52		3.3
小计	8520.5		151.2		29.54	6417.6	23.92	13020	

续表 10-8

矿区	矿石储量/Mt	Mo 品位/%	钼资源量/万吨	Cu 品位/%	铜储量/Mt	2014 年矿石处理量/万吨	2014 年铜产量/万吨	2015 年伴生钼产量/t	钼铜产量比/%
秘鲁									
Toquepala	2502	0.029	72.6	0.52	13.10	1994.2	11.48	6100	5.3
Cuajone	2062.2	0.018	37.1	0.49	10.10	3055.5	17.83	4001	2.2
小计	4564.2		109.7		23.2	5049.7	29.31	10101	
美国									
Mission	319.1	0.015	4.8	0.39	1.24	1745	6.08	169	0.3
Ray	496.8	0.001	0.5	0.5	2.48	1285.1	6.25		
小计	815.9		5.3		3.72	3030.1	12.33		
合计	13900.6		266.2		56.46	14497.4	65.56	23290	

资料来源：Grupo Mexico 公司年报等公司报告。

10.4.5 汤普森河金属公司

汤普森河金属公司（Thompson Creek Metals）是一家在多伦多和纽约上市的股份公司，总部在加拿大，2013 年前公司主要开采加工钼矿产品，目前正在转型为一家开采加工钼、铜、金、银矿产品的多元化矿业公司。公司的矿业活动集中在美国和加拿大。主要产品有铜精矿、钼精矿、氧化钼、钼铁、共（伴）生金矿等产品。

Thompson Creek Metals 目前拥有加拿大 Mount Milligan 铜金矿及选矿厂，美国 Thompson Creek 钼矿、钼选矿厂和钼冶炼厂，加拿大 Endako 钼矿、钼选矿厂和钼冶炼厂。公司还在加拿大开展了 Berg 铜钼矿项目和 Maze Lake 银矿项目及 Kivalliq 金矿勘探开发工作。

2014 年 Thompson Creek Metals 公司位于美国和加拿大的钼矿生产了 1.19 万吨钼产品，三大矿区钼矿探明的资源量为 25.18 万吨，2015 年公司的 Thompson Creek 钼矿和 Endako 钼矿由于钼价低迷暂时停产检修，公司的钼精矿冶炼照常进行运作。Thompson Creek Metals 公司的钼矿资源和生产情况见表 10-9。

表 10-9　Thompson Creek Metals 公司钼矿资源和生产情况（2014 年）

矿　区	矿石资源量/百万吨	Mo 品位/%	Cu 品位/%	铜资源量/百万吨	钼资源量/万吨	2014 年钼产量/t	附　注
Thompson Creek 美国	66	0.073			4.82	7892.6	单一硫化钼矿露采浮选处理量 28000t/天
Endako 加拿大（75%）股份	33.4	0.049			1.64	4037	单一硫化钼露采浮选处理量 2015 年 7 月停产
Berg Property 加拿大	506	0.037	0.3	151.8	18.72		铜钼矿
合　计	605.4	0.042		151.8	25.18	11929.6	

10.4.6 安托法加斯塔公司

安托法加斯塔公司（Antofagasta）是一家总部位于智利，是智利最大的私营铜矿公司。该公司成立于1888年，主要经营铁路、港口，后来转型成为智利铜矿开采业的著名公司，该公司目前控股并运营位于智利的六个铜矿区，主要生产铜精矿、电解铜，副产钼精矿及共伴生的金、银矿产品。

公司2015年钼产量达到1.01万吨，全部由公司位于智利Coquimbo地区的Los Pelambres的斑岩型铜钼矿以伴生矿物回收的形式生产，公司的钼矿资源主要由存在于公司的两座大型铜钼矿床中，钼矿探明储量达到46.94万吨，Mo平均品位为0.015%。公司的钼矿资源和生产情况见表10-10。

表10-10 Antofagasta钼矿资源和生产情况（2015年）

矿 区	矿石储量/Mt	Mo品位/%	钼储量/万吨	Cu品位/%	铜储量/万吨	2015年铜产量/万吨	2015年伴生钼产量/t	钼铜产量比/%
Los Pelambres 智利	1308.7	0.019	24.86	0.61	798.3	36.32	10100	2.78
Centinela 智利	1840.4	0.012	22.08	0.44	809.6	14.52	NA	NA
合 计	3149.1	0.015	46.94	0.51	1607.9	50.84	10100	
说 明	Los Pelambres露采、浮选生产铜金精矿及钼精矿，Centinela露采、浮选及堆浸萃取电积，硫化矿入选品位0.58%，2014年入选品位0.65%，产品为铜金精矿及电铜							

资料来源：Antofagasta公司报告。

10.4.7 英美资源公司

英美资源集团（Anglo American plc）是全球矿业和自然资源开发领域的著名公司，成立于1917年，总部位于英国。是伦敦股票交易所的上市公司、全球《财富》500强企业。公司在矿业领域涉足金、铂、钻石、煤、金属和非金属矿产的勘探、开采、加工、冶金等业务，在非洲、欧洲、南美洲、北美洲和大洋洲进行矿业开发活动，在世界各地都设立有办事机构。

Anglo American plc旗下拥有的矿产资源主要包括铂族金属、钻石、铜、镍、铌、磷矿石、铁矿石、锰、煤炭等。

Anglo American plc没有单独的钼矿资源，公司拥有的钼矿资源都是以铜矿伴生矿物的形式存在，在铜矿开采和选矿过程中回收。公司的钼矿资源主要存在于公司的三大铜钼矿区：智利的Collahuasi铜钼矿区（44%股份）、Los Bronces铜钼矿区（50.1%股份）及在建的秘鲁Quellaveco铜钼矿区（81.9%股份）。这三大矿区均为斑岩型铜钼矿，都采用露采工艺，钼矿的选矿工艺为浮选。

2015年公司从Collahuasi铜钼矿和Los Bronces铜钼矿回收的伴生钼矿产量为0.98万吨，公司三大矿区钼矿储量合计为100.6万吨，Mo品位为0.014%~0.024%。

Anglo American plc钼矿生产情况见表10-11，公司的钼矿资源情况见表10-12。

表10-11　Anglo American plc 2015年钼矿生产情况

矿区	矿石处理量/万吨	Mo品位/%	Cu品位/%	伴生钼产量/t	铜产量/万吨	铜钼产量比/%
Collahuasi44%股份	4379.06	0.024	1.15	5960	43.31	1.15
Los Bronces50%股份	4539.69	0.014	0.92	3810	40.17	0.95
合计钼产量	9770					

资料来源：Anglo American plc公司报告及其他研究报告。

表10-12　Anglo American plc 2015年钼矿资源情况

矿山	矿石储量/Mt	Mo品位/%	Cu品位/%	Mo金属储量/万吨	Cu金属储量/万吨
在产矿山					
Collahuasi智利	1965.2（硫化矿） 1127.6（低品位硫化矿）	0.024 0.01	1.05 0.49	48 11.5	2056.9 556.3
Los Bronces智利	1210.1（硫化矿）	0.014	0.58	16.4	700.6
小　计	4302.9			75.9	3313
在建矿山					
Quellaveco秘鲁	1332.0（硫化矿）	0.019	0.58	24.7	768.7
合　计	5634.9			100.6	4081.7
合计钼储量	100.6万吨（各矿区Mo平均品位为0.01%~0.024%）				

资料来源：Anglo American plc公司报告及其他研究报告。

10.4.8　力拓集团

力拓集团（Rio Tinto）是全球最大的资源开采和矿产品供应商之一，成立于1873年，集团总部设在英国。自1962年起，力拓开始兼并全球数家有影响力的矿业公司，逐渐成全球矿产资源勘探、开采和加工方面的佼佼者。

力拓的经营范围主要包括煤、铁、铜、黄金、钻石、铝、能源、工业矿物等矿产的勘探、开采和加工业务。2015年力拓集团是全球第二大的铁矿石生产商，也是全球最大的铝土矿生产商之一。

力拓在全球拥有众多矿山，煤炭、铀矿主要在澳大利亚；铁矿石主要在澳大利亚西部、新西兰以及印度；铜矿主要在美国、秘鲁、澳大利亚以及智利；铝土矿主要在澳大利亚北部、巴西、圭亚那；铅矿主要分布在美国、澳大利亚北部等地。金刚石矿分布较广，主要在澳大利亚北部、巴西、加拿大、俄罗斯以及南非北部等地。

钼矿产品不是力拓的主要矿产品，力拓的钼矿资源存在于其位于美国的 Bingham Canyon 大型铜钼矿床中。在铜矿开采过程中，钼矿物作为铜矿的伴生矿物一同被开采出来，再通过浮选工艺被综合回收，得到钼精矿。

2015 年力拓在 Bingham Canyon 矿回收了 7600t 钼产品，该矿的钼资源储量达到 24. 36 万吨，Mo 平均品位达到 0. 034%，铜平均品位为 0. 45%，还共（伴）生有金、银矿产。力拓集团 2015 年钼矿产资源开发利用情况见表 10-13。

表 10-13 力拓集团 2015 年钼矿产资源开发利用情况

矿区	矿石储量 /Mt	Mo 品位 /%	钼储量 /万吨	Cu 品位 /%	铜储量 /万吨	2015 年铜产量/万吨	2015 年伴生钼产量/t	钼铜产量比 /%
Bingham Canyon 美国	690	0. 034	24. 36	0. 45	310. 5	9. 2	7600	8. 26
说明	设计铜回收率 88%，钼回收率 65%							

资料来源：力拓集团公司报告。

10. 4. 9 特克-科明科公司

特克-科明科公司（Teck）是一家在多伦多证券交易所上市的多元化的矿业股份公司，成立于 1913 年，总部设在加拿大温哥华。公司致力于矿产资源勘探开发工作。公司的主要业务集中于铜、炼钢煤，锌、能源等矿产的开发利用。公司的矿山主要位于加拿大、智利、秘鲁、美国等地区。

Teck 拥有的钼矿资源都以铜钼生伴矿的形式存在，公司的铜钼矿资源主要包括加拿大的 Highland Valley 铜钼矿、智利北部的 Quebrada Blanca 铜钼矿、秘鲁的 Antamina 铜锌矿和正在建设的智利 Relincho 铜钼矿。Relincho 铜钼矿的设计精矿产能为年产 20 万吨铜和 5100t 钼。

2015 年 Teck 的两大矿区共生产了 0. 35 万吨（以金属计）钼精矿产品。公司的四大矿区的钼矿资源总量为 67. 3 万吨，Mo 的平均品位为 0. 018%。Teck 的钼矿资源和生产情况见表 10-14。

表 10-14 Teck 钼矿资源和生产情况

矿 区	矿石储量 /Mt	Mo 品位 /%	钼资源量估量/万吨	Cu 品位 /%	铜储量 /万吨	2015 年铜产量/万吨	2015 年伴生钼产量/t	钼铜产量比/%
Highland Valley 加拿大	577. 2	0. 007	4. 04	0. 29	167. 38	15. 14	1542	1. 01
Antamina 秘鲁	335. 7	0. 034	12. 09	1	335. 7	39. 06	1996	0. 51
Quebrada Blanca-Mill 智利	1584. 5	0. 019	30. 11	0. 45	713. 02	3. 91	硫化矿选矿未生产	
Relincho 智利 (Corridor)	1239. 1	0. 017	21. 06	0. 37	458. 46	未投产	未投产	
合 计	3736. 5	0. 018	67. 3	0. 45	1674. 56	58. 11	3538	0. 61

10.4.10 国际钼业协会

国际钼业协会（IMOA）是1989年在比利时注册成立的一个以科研为目的的非营利组织，秘书处设在伦敦。作为全球唯一的钼行业协会，国际钼业协会的会员包括西方世界所有的钼加工企业和西方世界85%的钼生产企业，中国的大型钼生产企业和加工企业，会员还包括钼产品经销商、钼产品消费者及市场分析人员。

国际钼业协会致力于在全球范围内推动钼产业的生产技术进步，拓展钼产品的应用领域，促进钼行业发展和产品应用安全、环保、有利于人类健康，为钼行业的可持续发展提供技术服务。通过发布统计数据、提供法律支持，建立技术、商业、研究资助的交流平台，国际钼业协会已成为世界钼工业宣传、信息统计、应用推广及技术活动的中心。

国际钼协会的工作主要包括：宣传钼的优良性能，推进钼在各类终端产品中的应用；交流、推广钼冶金、钼化工技术发展经验及钼的新产品开发利用动向；收集出版各国与钼相关的健康、安全、环保方面的法规手册，并对有关条文进行研究；为行业技术人员、工程师、设计师提供技术信息；收集世界钼产品供需方面的综合性资料，并定期给所有会员发送；组织钼行业发展专题研讨会；制定全球钼行业有关标准。国际钼协会已出版的手册包括《钼在环保和医疗保健方面的应用》《钼精矿的称重和取样标准》《工业级氧化钼的称重和取样标准》《钼铁的称重与和取样标准》《钼金属及其合金的应用》《高性能不锈钢的发展》等。

10.5 国外典型矿山介绍

10.5.1 国外部分典型钼矿山开发利用指标

表10-15收集了国外部分典型钼矿山的资源开发利用指标，这些矿山包括钼矿资源的两大类型，单一辉钼矿和斑岩型铜钼矿。这些钼矿的资源及利用指标包括资源储量、品位、矿石性质、采选回收率等，对钼矿资源的评价和开发利用具有一定参考借鉴意义。

表10-15 国外部分典型钼矿山采选指标

国家	矿山	钼金属储量/t	钼品位/%	钼金属产量/t·a^{-1}	矿石性质	开采方式	选矿工艺	入选品位/%	回收率/%
加拿大	endako	129820.32	0.077	3157.06	斑岩型钼矿、辉钼矿	露采	破碎、浮选	0.077	79
美国	Climax Mine	227500	0.165	13650	斑岩型钼矿	露采	浮选	0.165%	88
美国	Thompson Creek	123849	0.081	8151.03	斑岩型钼矿（斑岩型钼矿（climax型）	露采	破碎、磨矿、浮选	0.081	89.4
加拿大	RUBY CREEK	91454.4	0.058	4408	斑岩型辉钼矿	露采	破碎、磨矿、浮选	0.084	90

7.3m 球磨机与四台旋流器闭路，组成一段闭路磨矿。给矿粒度为-12.7mm 占 94%，产品细度为-0.074mm（-200 目）占 60%，处理矿石能力为 90kt/d。（3）铜-钼混合浮选：由 10 个并列系统组成，经一粗一扫，粗精矿混合经 4 台 ϕ3.8m×7.17m 球磨机再磨，再精选。粗、扫选用大型 OK-38（38m^3）浮选机。给矿品位为 Cu 0.6%～0.8%、Mo 0.02%～0.04%，浓度为18%～20%，细度为-0.074mm 占 60%。混合精矿品位典型分析为 Cu 33%、氧化铜 0.53%、Mo 0.64%、Fe 23.0%、不溶物 9.0%、Ag 150g/t，粒度为-0.045mm（-325 目）占 65%。（4）铜-钼分选：混合精矿通常含钼 0.9%～1.0%，由于混合精矿中钼单体解离很好，所以分选时无需再磨（工艺流程见图 10-13）。

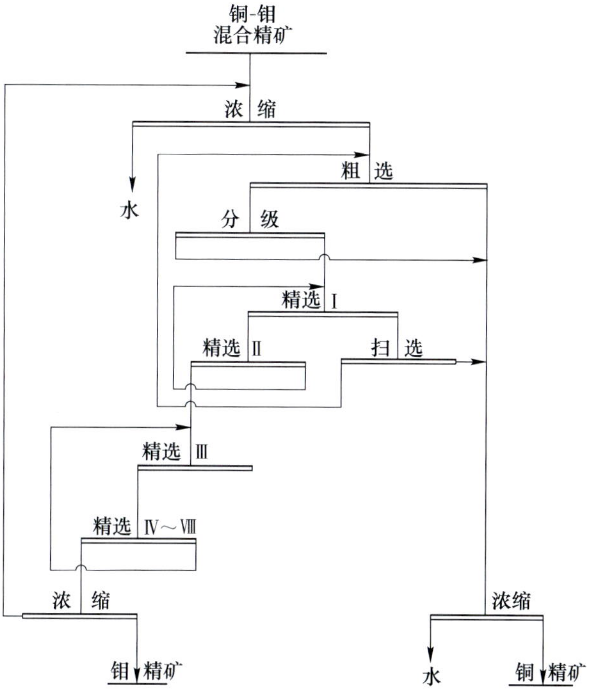

图 10-13　拉·卡里达德铜-钼分离流程

铜-钼混合精矿经一精一扫八次精选获得含钼 58.4%的最终精矿。当浮选钼精矿经浓缩后，若含铜超标，可进入浸出槽，按每浸出 1kg Cu 加 1kg NaCN 量浸出 24h。在浮选和分选过程中所使用的药剂分别见表 10-16 和表 10-17。

表 10-16　铜-钼混合浮选药剂制度

药剂名称	用量/g·t^{-1}
黑药 238	1.2
戊基钾黄药	6.9
MIBC	22.8
CO1065	19.1
石灰乳	1670
絮凝剂	1.0

表 10-17　铜-钼分选药剂制度

药　剂	耗量/g·t^{-1}	分　配
亚铁氰化钠	742	粗选 50%，精Ⅰ 25%，精Ⅱ 25%
硫酸锌	86	精Ⅲ 33%，精Ⅵ 67%
氰化钠	149	精Ⅱ 26%，精Ⅵ 51%，浸出 24%
燃料油	62	精Ⅰ 100%
硫　酸	525	粗选 100%

经过一系列处理后最终得到的产品状况为混合精矿：Cu 33%、Mo 0.9%～1.0%，粒度为-0.045mm（-325 目）占 65%；铜精矿：33% Cu、0.318% Mo，铜回收率为 84.12%；钼精矿：Mo 56.4%、Cu 0.38%、Fe 0.35%、Ag 30g/t，钼回收率为 57.8%。

10.5.2.4　智利丘基卡马塔铜钼矿

丘基卡马塔铜矿（其采坑见图 10-14）位于智利安托法加斯塔省，是世界最大的铜矿之一，属于细脉浸染斑岩型铜矿，从 1910 年开始大规模开采，曾经是世界产量最大的铜矿（鸟瞰见图 10-15）。铜钼矿选矿厂位于智利圣地亚哥市北 1650km 处，该厂日处理矿石 10.2 万吨，是世界最大的铜钼选矿厂之一。选厂所处理的矿石为丘基卡马达浅成富集矿石和原生深成矿石。浅成富集矿石中含铜矿物以辉铜矿和铜蓝为主，原生深成矿石以硫砷铜矿为主，主要脉石矿物是石英、长石、钠长石等。矿石含铜 1.04%、含钼 0.06%。

图 10-14　丘基卡马塔采坑

采、选矿工艺：露天开采的矿石，经一段开路磨矿和一段闭路磨矿后，分级溢流进行一粗一扫作业，扫选尾矿作为最终尾矿。粗选精矿和扫选精矿合并进入浓密机，浓密机底流送至再磨分级系统，再磨细度达到 0.045mm（325 目）占 80%～90%，分级溢流进入一次精选，一次精选尾矿进行精扫选，精扫选尾矿返回一次精选，精扫选精矿与一次精选精矿合并进入二次精选，二次精选尾矿经两段精扫选后，扫选尾矿作为铜精矿产出，铜精矿品位为 42%，铜回收率 90%；两段精扫选精矿顺序返回，其中二段精扫选精矿经过浓密、再磨分级后返回；二次精选精矿进入浓密机，底流经过再磨分级后，分级溢流经过五次精

图 10-15 丘基卡马塔矿山鸟瞰

选得到含钼 54% 的钼精矿，钼回收率 40%。丘基卡马塔矿山开采情况如图 10-16 和图 10-17 所示，其尾矿坝如图 10-18 所示。

图 10-16 丘基卡马塔矿山开采（一）

图 10-17 丘基卡马塔矿山开采（二）

图 10-18　丘基卡马塔矿山尾矿坝

矿山发展趋势：智利国家铜公司运营的丘基卡马塔（Chuquicamata）铜矿山露天开采阶段在 2015 年将进入最后的阶段，随后将进入丘基卡马塔地下矿体的开采阶段。经过基建之后，预计 2018 年进入地下开采阶段，开采期限估计为 42 年，开采高峰为 2026 年。

10.6　全球钼矿资源的开发利用趋势

10.6.1　全球钼矿资源的供给变化趋势

世界上的钼矿资源主要集中在中国、美国和智利，其储量约占世界钼矿总量的 85%。截至 2016 年，全球探明钼矿资源储量达到 1490 万吨，按目前全球消耗速度静态计算，这些储量可保障全球 60 年以上的需求量。

全球已知钼矿资源中斑岩型钼矿及斑岩型铜钼矿占到总量的 80%斑岩型铜钼矿的 Mo 品位较低，一般为 0.01%~0.03%，这类资源产生的钼矿产品是作为铜矿生产过程的副产品回收的，约占全球钼矿产品总量的 45%~65%，是钼矿产品的主要来源之一。全球十大钼矿企业 2015 年铜钼伴生矿产量占到这些公司钼总产量的 60%。

在美国，66%~68%钼矿产来自于斑岩型铜钼矿床；智利的钼矿产品几乎 100%来自铜钼矿床。一般钼价格低迷时，品位较低的单一钼矿生产成本高会减少产量，共（伴）生钼矿产品所占比重将增加，铜矿产量波动，共（伴）生钼矿产量也会随之波动。图 10-19 显示了 1999~2010 年间，全球以主矿种出产的钼矿产量所占份额与伴生副产品出产的钼矿产品所占份额的变化趋势。2015 年全球共（伴）生钼矿产量占到全球钼矿产量的 61%，达到 20 年新高。

在过去的 100 年间，全球钼矿产量在波动中持续增长，由图 10-19 可见，钼的应用快速增长始于第一次世界大战，尤其是到 2000 年之后，随着中国经济高速发展，全球钼矿产量增长速度加快，2014 年全球钼的年产量达到历史最高的 27 万吨，随着全球经济增速放缓，全球钼矿产量在 2015 年有所下降，2016 年又进一步下降到 22.7 万吨，如图 10-20 所示。

自 20 世纪 80 年代开始，全球钼矿产品的产能多数时间处于过剩状态，全球以钼作为主矿产的矿山中，原矿品位较高的矿山例如美国的 Henderson 钼矿、Climax 钼矿、中国的

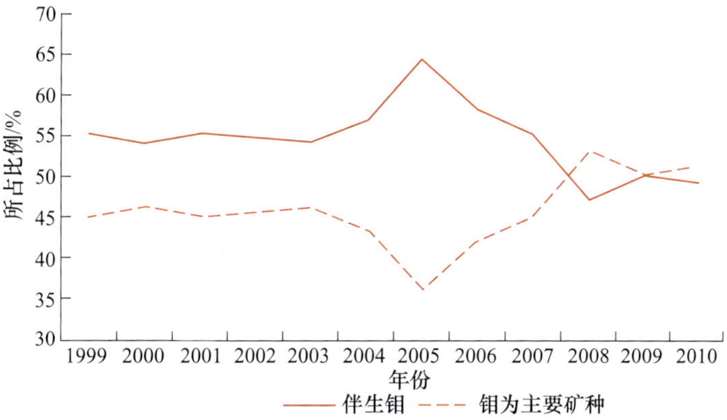

图 10-19　1999~2010 年钼矿原矿和钼副产品产量变化
（资料来源：Roskill，IMOA）

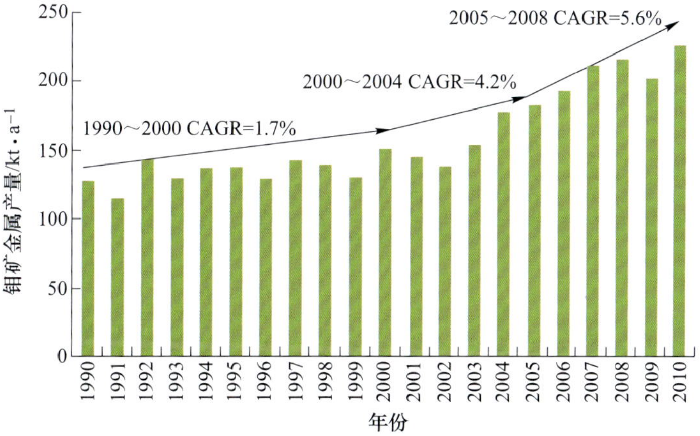

图 10-20　全球 1990 年到 2010 年的钼矿金属产量变化趋势
（资料来源：IMOA）

上房沟钼矿、三道庄钼矿、金堆城钼矿基本可免于市场波动影响，保持长期运转，原矿品位较低的此类钼矿如加拿大的 Endako 钼矿、Mt Hope 钼矿、美国的 Thompson Creek 钼矿等，在钼价低迷时都采取停产整修的策略。

根据英国 Roskill 金属和矿物信息公司的统计，2012 年以来，全球钼矿的新增和扩建项目计划达到 60 个左右，其中 33%的项目在北美，28%在中南美，10%在中国。这些新项目可能给全球增加钼矿产能 24 万吨/年。由于 2010 年至 2016 年全球钼价低迷，多数钼矿项目并没有实施。中国也有一批新的钼矿项目被搁置。不过作为铜矿共（伴）生矿物回收钼矿的一些项目，如英国 Anglo American plc 公司位于秘鲁的 Quellaveco 铜钼矿项目、Teck 公司位于智利的 Relincho 铜钼矿项目、波兰 Kghm 公司位于智利的 Sierra Gorda 铜钼矿都在建设或调试之中，并将在未来投产。如果钼的消费结构不发生重大变化，全球钼矿产资源的供给可以得到长期保障。产能过剩问题也许会长期困扰钼矿生产企业。

自 20 世纪 80 年代中期开始，发达国家就开始关注钼再生资源特别是含钼的废催化剂的利用，美国在1995年从废催化剂中回收的钼已达3800t，占美国总供给量的30%左右。根据国际钼业协会统计，2013年，全球共消费了33万吨钼产品，其中8.6万吨为钼二次资源，约占钼总消费量的26%。国际钼协预测，到2020年，全球钼二次资源的回收量将占全球钼消费量的27%左右，到2030年，这一比例将可能会达到35%左右。目前，钼的二次资源主要有两个来源，一是钼冶金过程中产生的含钼废渣、废液等，二是钼金属制品生产过程中产生的废料和用过的含钼化学制品或者材料。二次资源回收的钼约60%用于制造不锈钢，其余则用于制造合金工具钢，超合金，高速钢，铸钢和化学催化剂等。

10.6.2 全球钼矿的需求和价格变化趋势

从需求量的角度而言，钼是一个小金属，钼的主要用途包括工程结构钢（约占41%）、不锈钢（约占22%）、工具钢（约8%）、铸造（约8%），与钢铁工业直接相关的消费市场占到钼消费量的80%，钢铁工业的需求决定着钼的消费量。作为一个小金属，钼的价格容易受到市场因素的影响，往往呈现较大的波动性。如图10-21所示。图10-22给出了全球2001~2015年氧化钼价格变化趋势。

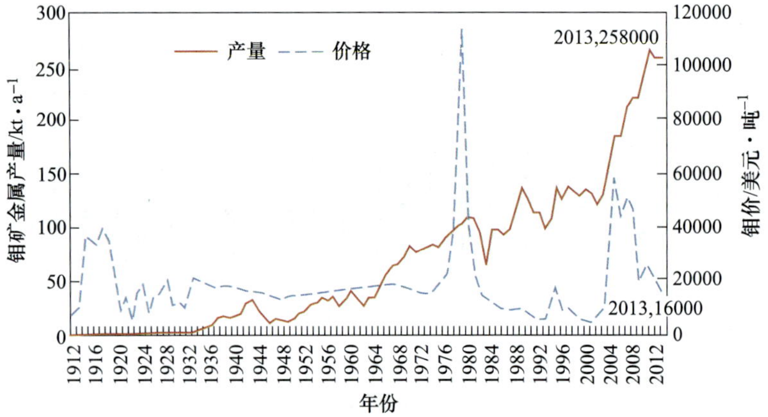

图10-21 全球百年钼矿金属产量及钼价格变化趋势

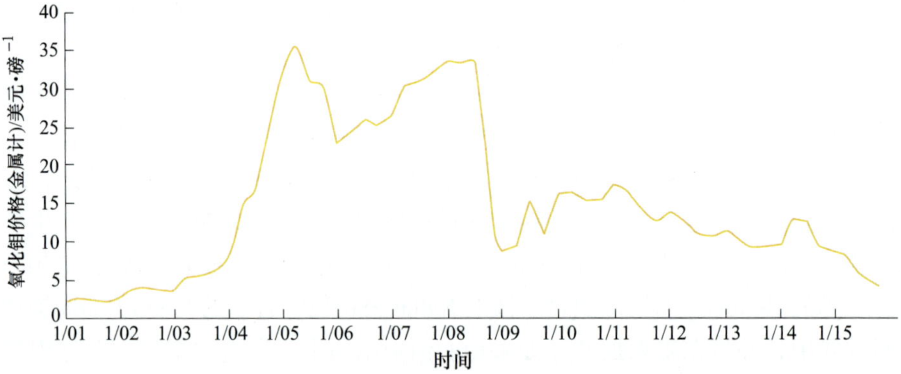

图10-22 2001~2015年全球氧化钼价格变化趋势

（资料来源：IMOA）

20 世纪 70 年代中期到 80 年代，由于美国政府对钼价格的控制、石油危机导致全球经济放缓使铜的需求减少、石油勘探开发对钼的需求增加、Endakom 钼矿工人罢工等因素叠加影响，全球钼价暴涨，刺激了钼矿的勘探开发活动，很快全球钼矿供应过剩，随后全球经济放缓，美国钢铁业衰退，钼价长期低迷。1995 年全球部分地区钼矿关闭导致全球钼价格短暂上涨，但很快又回落。直到 2002 年，我国钢铁产量快速增长带动了钼的需求，2006 年中国实施了氧化钼及高耗能的钼铁产品配额制度，导致全球钼价暴涨。2008 年全球经济危机后，我国经济发展速度放缓，钼价逐步回落，2015 年 11 月甚至回落到 20 世纪 80 年代的水平，2015 年钼的年均价格跌到 6.6 美元/磅。在 2015 年 11 月后，全球钼价缓慢回升，但 2016 年年均价格仍然低于 2015 年，随着去库存和政府加强环保监督，我国钼矿产能暂时有所下降，钼矿价格在 2017 年 4 月恢复到 2015 年初的水平。

国外原生钼矿的现金成本一般在 6~7 美元/磅钼，例如美国 Freeport-McMoRan 公司 Henderson 钼矿现金成本约为 5.6 美元/磅钼；加拿大 Thompson Creek 金属公司现金成本为约为 5.8~6.3 美元/磅钼，国外铜矿副产钼的成本一般在 4 美元/磅钼左右，我国原生钼矿的精矿生产成本一般为 8~12 美元/磅钼。

从 2005 年到 2015 年十年间，中国对钼需求从 8%增加到 29%，建筑和制造业成为驱动中国经济增长的动力。

2015 年全球石油和天然气领域，钼消费量占到钼消费总量的 14%，由于油价低迷，全球活跃的勘探和生产钻井平台的数量下降了 46%，在美国和加拿大甚至下降了 60%。

尽管目前钼价低迷，但 Roskill 公司预计 2016~2017 年石油和天然气工业将恢复平衡和增长，对钼的需求会大幅增加，带动钼产品消费市场。我国经济的稳定也会带动全球不锈钢和合金钢的强劲增长，包括汽车和其他运输工具及消费类产品对钼的需求预计都将增长。长期来看，需求增长是一个趋势，但价格需要在供给和需求之间平衡，铜伴生钼矿的产量和再生钼是影响钼价走势的重要因素。

除了传统工业领域外，钼在核能、光伏、LED、传感器、军工材料等新兴领域有广阔的应用空间。在电子行业，钼有可能与石墨烯一样，成为新的半导体材料；2011 年瑞士联邦理工学院洛桑分校（EPFL）科学家制造出全球第一个辉钼矿微晶片（上面有更小且更节能的电晶体），领导研究的安德拉斯·基什教授表示，硫化钼是良好的下一代半导体材料，在制造超小型晶体管、发光二极管和太阳能电池方面具有很广阔的前景。美国加州纳米技术研究院已制成了辉钼基柔性微处理芯片，同硅和石墨烯相比，辉钼的优势之一是体积更小，性能更好。不过新技术领域目前对钼的需求量还很小。

钼的发展前景十分美好，钼的很多优良性质使其有着“代表未来的金属”的美誉。钼在钢和铸铁合金元素方面几乎没有替代品，钼合金材料用于海水淡化耐腐蚀设备已取得良好进展，长期来看中国、欧洲、、日本、美国、印度等钼主要消费地区对钼的需求将整体呈上升态势。全球钼矿主要生产地区近年来钼产量变化趋势如图 10-23 所示，全球主要钼消费地区近年钼消费量变化趋势如图 10-24 所示。全球各地钼需求增长预测如图 10-25 所示。

10.6.3 全球钼矿资源开发利用技术发展趋势

10.6.3.1 采选

全球钼矿以斑岩型和矽卡岩型为主，这类矿床一般规模较大，采矿工艺多采用传统的

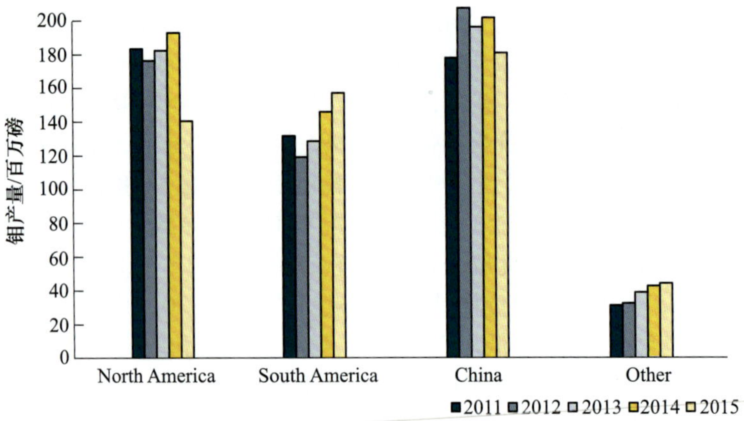

图 10-23　全球主要产钼国 2011~2015 年钼产量变化趋势
（资料来源：IMOA 报告）

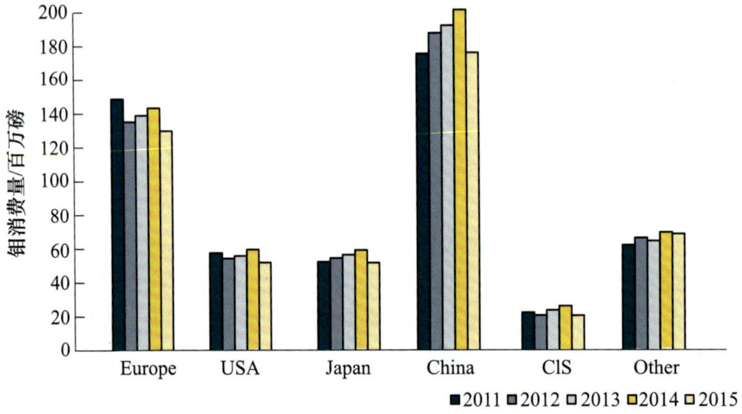

图 10-24　全球主要钼消费国 2011~2015 年钼消费情况
（资料来源：IMOA 报告）

露采工艺，少数采用传统的地采工艺，如美国的 Henderson 钼矿采用崩落法采矿。约占钼矿 60%产能的铜钼矿采用露采工艺，其技术发展趋势取决于铜矿露采技术的发展，主要包括采矿系统自动化和无人自动化运输技术的开发应用。

全球 95%的钼矿资源以硫化钼矿物形式回收，硫化钼是可浮性很好的矿物，浮选是钼矿回收最常用的工艺。钼矿中往往伴生有铜、铅、钨、金、银硫化矿、炭质、滑石等矿物，各国在浮选药剂包括捕收剂、起泡剂和调整剂、抑制剂等方面做了大量研究工作，根据各自钼矿特点开发高效浮选药剂。国内大多数钼矿和铜钼矿采用松醇油（2 号油）作起泡剂；美国钼矿和铜钼矿浮选用的起泡剂主要是合成起泡剂，如 MIBC[$(CH_3)_2CHCH_2CH(OH)CH_3$]，即甲基异丁基甲醇、Dowfroth250[$CH_3O(C_3H_6O_4H)$] 和 Dowfroth1263[$CH_3O(C_3H_6O)_4C_4H_8OH$]、少数钼矿用 Aerofroth65[$HO(C_3H_6)6.5H$]，还有一家铜钼矿用苯酚作起泡剂；智利铜钼矿所采用的起泡剂多为混合醇类复合起泡剂。为了保证钼精矿质量，有时需要进一步分离钼精矿中所含的铜、铅、铁等重金属矿物和氧化钙以及炭质矿物，国外常使用硫化钠、硫氢化钠、氰化物或铁氰化物抑制铜和杂质矿物含量。

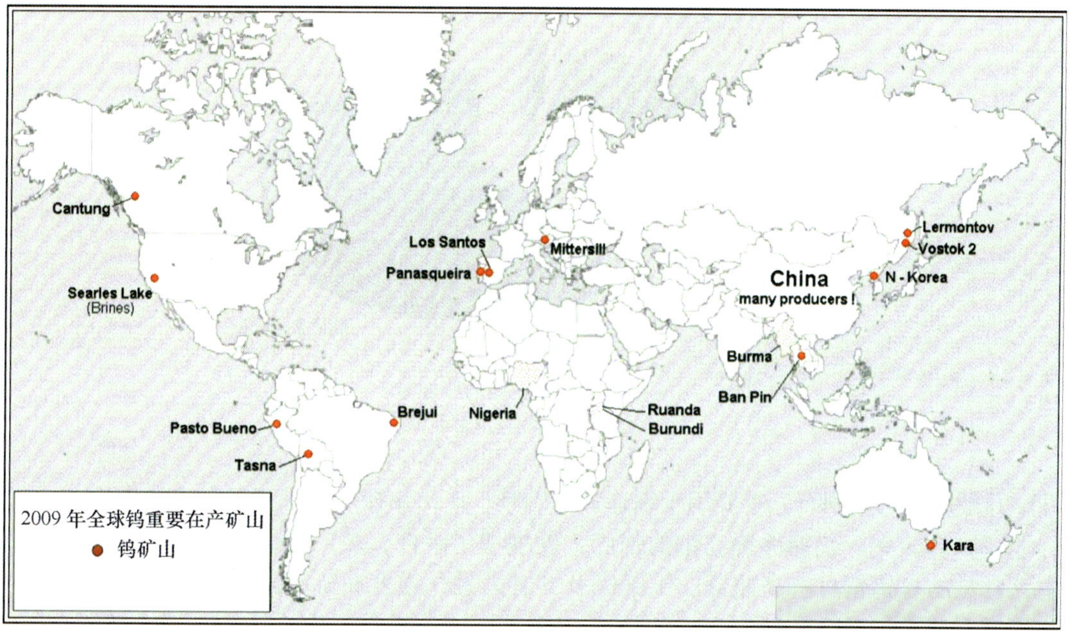

图 11-1　全球主要钨矿分布

（资料来源：德国 GBR 及 Mineral Exploration 等）

牙人 Juan José de D′ Elhuyar 两兄弟从黑钨矿中也提取出了钨酸。同年，他们用碳还原三氧化钨首次得到了金属钨粉。

18 世纪 50 年代，化学家就注意到了将钨添加到钢中会对钢的性质产生影响，然而直到 19 世纪末 20 世纪初，钨钢才开始大规模生产和广泛应用。含钨量达 20% 的高速钢于 1900 年首次在巴黎世界博览会上展出，这种钢的出现标志着金属切割加工领域的重大技术进步。1900 年，俄国发明家 A. H. ЛАДЫГИН 首先提出将钨应用到照明灯泡中。1903 年，美国的库利吉采用钨粉压制、重熔、旋锻、拉丝工艺制成钨丝，钨丝的出现推动了照明行业的发展，该方法也被认为是近代金属粉末生产的开端。

1925 年，德国的施勒特尔发明的碳化钨钴硬质合金获得美国专利权，1927～1928 年，以碳化钨为主要成分的硬质合金成功开始工业生产。这些硬质合金由于良好的性能而被广泛应用到现代工业的很多方面，开启了钨工业发展的新时代。

11.1.4　钨的用途

钨是所有元素中熔点最高的金属，也是密度最高、硬度最高的金属之一，钨具有良好的耐高温性能、导电性、导热性和耐腐蚀性，并具有较小的膨胀系数，诸多优异性能使其被广泛应用在合金材料、电子、化工等领域，其中与现代基础工业多领域密切相关的硬质合金是钨消费量最大的领域（见图 11-2）。

各领域具体应用情况如下：

（1）碳化钨基硬质合金。碳化钨基硬质合金是将碳化钨粉末和金属黏合剂（如钴、镍、钼粉末）在真空炉或氢气还原炉中烧结而成的粉末冶金制品，具有高耐磨性和难熔

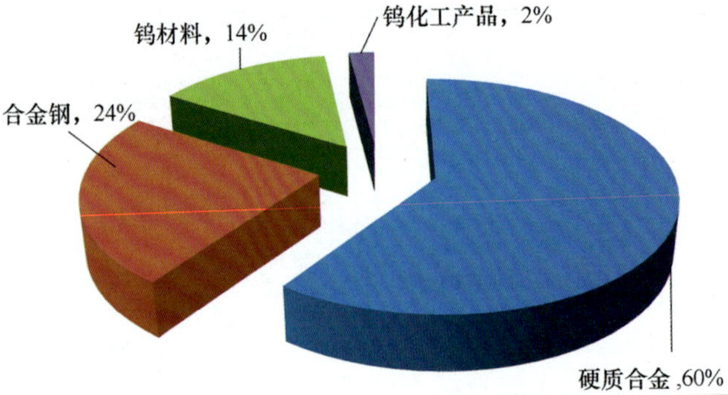

图 11-2　钨的主要消费领域
（资料来源：Roskill 报告）

性，其硬度接近金刚石，主要用于制造切削工具、矿山钻探和开采工具和拉丝模等。

（2）合金钢。钨能够提高钢的强度、硬度和耐磨性，被广泛应用于各种钢材的生产中，常见的含钨钢材有高速钢、钨钢以及具有高磁化强度和矫顽磁力的钨钴磁钢等，这些钢材主要用于制造各种工具，如钻头、铣刀、拉丝模等，钨合金钢一般含 9%～24% 的钨。

（3）耐热耐磨合金。钨的高熔点、高硬度可用于生产耐热和耐磨合金，钨和铬、钴、碳的合金常用来生产诸如航空发动机的活门、涡轮机叶轮等高强耐磨的零件，而钨和其他难熔金属（如钽、铌、钼、铼）的合金常用来生产诸如航空火箭的喷管、发动机等耐高温高强度的零件。

（4）高密度合金。钨的密度高达 $19.3g/cm^3$，可以和镍、铜、钴、碳化钨、银等形成高密度合金，这类合金具有密度大、强度高、吸收射线能力强、导热系数大、热膨胀系数小、导电性能良好、可焊性和加工性良好等特性，被广泛应用于航天、航空、军事、石油钻井、电器仪表、医学等行业，如制造装甲、散热片、控制舵的平衡锤以及诸如闸刀开关、断路器、点焊电极等的触头。

（5）电子领域。钨的熔点高、蒸发速度小、电子发射能力强，因而钨及其合金被广泛应用于电子和电源工业。例如制造各种灯泡灯丝、电子振荡管的直热阴极和栅极以及各种电子仪器中旁热阴极加热器、焊接和电极材料等。

（6）化工领域。钨的化合物可用作石油化工和有机化工过程的催化剂，还可以用作环保型缓蚀剂、无机颜料和染料等。

11.2　钨矿物与矿床

11.2.1　钨矿物

钨是一种分布较广泛的元素，几乎遍见于各类岩石中，但含量很低。钨在自然界主要呈六价阳离子，其离子半径为 $0.68\times10^{-10}m$。由于 W^{6+} 离子半径小，电价高，具有强极化能力，易形成配阴离子，因此钨主要以配阴离子形式 $[WO_4]^{2-}$ 与溶液中的 Fe^{2+}、Mn^{2+}、

Ca^{2+}等阳离子结合形成黑钨矿或白钨矿沉淀。钨的重要矿物均为钨酸盐。在成矿作用过程中能与［WO_4］$^{2-}$配阴离子结合的阳离子主要有Ca^{2+}、Fe^{2+}、Mn^{2+}、Pb^{2+}，其次为Cu^{2+}、Zn^{2+}、Al^{3+}、Fe^{3+}、Y^{3+}等。目前在地壳中仅发现有30余种钨矿物和含钨矿物，主要有黑钨矿族：钨锰矿、钨铁矿、黑钨矿；白钨矿族：白钨矿（钙钨矿）、钼白钨矿、铜白钨矿；钨华类矿物：钨华、水钨华、高铁钨华、钇钨华、铜钨华、水钨铝矿；不常见的钨矿物：钨铅矿、斜钨铅矿、钼钨铅矿、钨锌矿、钨铋矿、锑钨烧绿石、钛钇钍矿（含钨）、硫钨矿等。

在目前已发现的30余种含钨矿物中，具有开采经济价值的只有黑钨矿（$(Fe,Mn)WO_4$，含WO_3 76%）和白钨矿（$CaWO_4$，含WO_3 80.6%）等少数几种矿物。

黑钨矿族矿物在晶体实际形成过程中，其铁锰元素可以无限制地相互取代，一般当其中锰较多时（Mn高于17.6%）称为钨锰矿，锰较少时（Mn低于5.9%）称为钨铁矿，居于二者之间称为钨锰铁矿。黑钨矿为单斜晶系，性脆，弱磁性，密度大，黑褐色。白钨矿为正方晶系，易碎、无磁性、白或黄棕色。主要钨矿物化学成分和基本性质见表11-1。

表11-1 钨主要矿物的化学成分和基本性质

矿物名称	化学式	WO_3含量/%	密度/$g \cdot cm^{-3}$	莫氏硬度
钨铁矿	$FeWO_4$	76.3	7.4~7.5	4~4.5
钨锰铁矿	$(Fe, Mn)WO_4$	76.6	7.1~7.5	5~5.5
钨锰矿	$MnWO_4$	76.5	7.2~7.5	5~5.5
白钨矿	$CaWO_4$	80.6	5.9~6.2	4.5~5
钨酸铅矿	$PbWO_4$	51	8.2~8.3	2.5~3
钨铜矿	$CuWO_4$	59	3~3.5	4.5~5.0
钨华	WO_3	W 79.3	1~2	1.0~2.0

11.2.2 钨矿床

全球钨矿主要分布在环太平洋成矿带和阿尔卑斯-喜马拉雅成矿带两大成矿带上，美洲、欧洲、亚洲、大洋洲和非洲30多个国家和地区拥有钨矿资源，但储量分布不均。

已发现的钨矿床大多环绕太平洋分布，另一个重要分布区是地中海及欧洲濒大西洋地区。中国、加拿大、俄罗斯、美国、玻利维亚、越南是钨矿资源储量最丰富的国家。常见的钨矿床类型包括矽卡岩型、石英脉型/角烁岩型/网脉状、斑岩型、浸染型和层控型，具体见表11-2。

表11-2 常见的钨矿床类型

矿床类型	典型品位（WO_3）/%	通常矿床规模矿石/万吨	全球已知矿床钨金属量（估值）/万吨	各类矿床钨金属量占比/%
矽卡岩型	0.3~1.4	1~5000	176.4	41
石英脉型/角烁岩型/网脉状	变化较大	10~10000	147.5	35
斑岩型	0.1~0.4	1000~10000	67.9	16
浸染型	0.1~0.5	1000~10000	21.7	5
层控型	0.2~1.0	100~1000	11.8	3
合　计			425.3	100

资料来源：英国地质调查局。

矽卡岩型钨矿大部分为矽卡岩型白钨矿，是世界上最重要的钨矿类型之一，占到全球钨矿资源量的41%。矽卡岩型钨矿床的生成和分布主要与中酸性岩浆岩有关，矿床产于花岗岩类岩体与碳酸盐类岩石和部分碎屑岩的接触岩及其附近，有大量矽卡岩矿物存在，矿体形态复杂，多为不规则囊状、扁豆状、透镜状，也有的呈层状、似层状、脉状等形态，矿化较均匀，矿石中的钨矿物主要为白钨矿，部分为黑钨矿，常伴生有钼、铜、铋、锡石等，从而形成 Cu-W-Mo、Mo-W、Mo-Sn-W、Mo-Bi-W 多金属矿，共（伴）生的非金属矿物有石榴石、透辉石、方解石、萤石、云母等。矽卡岩型钨矿床大、中、小型规模均有，矿石钨品位为中等到较贫，并具局部富集特征。主要工业矿物白钨矿往往呈粒状、浸染状均匀地分布于矽卡岩中或矽卡岩的裂隙中，钨颗粒细小较难选。矽卡岩型钨矿在全球分布广泛，往往形成大型矿区，主要分布在巴西、加拿大、俄罗斯、澳大利亚、中国、韩国、土耳其和美国。

石英脉型钨矿主要是黑钨矿矿床，矿体多产于花岗岩及浅变质砂岩和板岩的内、外接触带裂隙中，呈脉状和似脉状分布，有的产在岩体顶部顶板的围岩中，矿物主要为石英、黑钨矿，少量白钨矿、锡石、辉钼矿、辉铋矿、毒砂、磁黄铁矿、黄铁矿等。石英脉型钨矿一般矿床规模相差较大，大、中、小型均有，大型较多，矿石钨品位多数为中等到较富，分布不均匀，矿石易选，主要分布在中国。

斑岩型钨矿主要是白钨矿或白钨黑钨矿混合矿床，矿体多产花岗闪长斑岩、二长斑岩、花岗斑岩、石英斑岩岩体，或产于斑岩体与围岩接触带，呈浸染状、网脉状和细脉状，矿体呈似层状、透镜状及不规则状，与围岩无明显界线。矿石中金属矿物有白钨矿、黑钨矿、辉钼矿、黄铜矿、闪锌矿、辉铋矿、黄铁矿等，斑岩型钨矿床矿石品位一般较低，储量大，埋藏浅，往往伴生钼、锡等其他金属元素。个别矿床品位较富，但规模较小。

浸染型钨矿床主要是白钨矿和黑钨矿矿床，矿体多产于花岗岩、花岗闪长斑岩、石英斑岩体附近，由密集细小含钨石英脉网络交织，互相穿切组成，其中也有部分较大的含钨石英脉，矿体呈巨大块状、似层状条带状和岩盖状等，金属矿物主要为白钨矿、黑钨矿、辉钼矿、黄铜矿、闪锌矿、辉铋矿、方铅矿等。浸染型钨矿床一般矿石钨品位为中等到较贫，矿物分布均匀。矿体规模较大，大、中型到巨大型为主，矿石可选性一般不如石英脉型。

控制型钨矿主要是白钨或黑钨矿矿床，矿体主要受元古界碎屑沉积岩夹火山岩和碳酸盐岩、寒武系浅变质泥砂岩夹碳酸盐岩或炭质板岩夹薄层硅质岩以及泥盆系、石碳系砂页岩和碳酸盐岩或火山碎屑岩控制。矿体为层状，含矿层为一层到数层，稳定、厚大，分布范围广。矿物组合简单，常见的金属矿物为白钨矿、黑钨矿、辉锑矿、闪锌矿、方铅矿、自然金、磁黄铁矿。本类矿床规模多属大、中型，但工业矿体规模相差很大。矿石钨品位为贫到中，矿物颗粒较粗时为较易选的矿石，呈浸染状的细粒矿物较多时，为难选矿石。

11.3 全球各国钨矿资源储量和产量

截至2016年，全球探明钨矿资源金属储量为310万吨，储量前三的国家分别为中国（190万吨，占全球储量60.44%）、加拿大（29万吨，占全球储量9.22%）、越南（9.5万吨，占全球储量 3.02%）。2016 年全球钨产量为 8.6 万吨，产量前三的国家分别为中国（7.1 万吨，占全球产量 82.18%）、越南（0.6 万吨，占全球产量 6.94%）、俄罗斯（0.26 万吨，占全球产量 3.01%）。全球各国钨矿储量和产量（2016 年）见表 11-3；全球钨矿储量分布（2016 年）如图 11-3 所示；全球各国钨矿产量份额（2016 年）如图 11-4 所示。

表 11-3　2016 年全球各国钨矿储量和产量

国　家	金属产量/t	产量份额/%	金属储量/万吨	储量分布/%
中　国	71000	82.18	190	60.44
加拿大	0	0	29	9.22
越　南	6000	6.94	9.5	3.02
俄罗斯	2600	3.01	8.3000	2.64
英　国	700	0.81	5.1000	1.62
西班牙	800	0.93	3.2000	1.02
奥地利	860	1.00	1	0.32
葡萄牙	570	0.66	0.27	0.09
其他国家	3870	4	68	21.63
全　球	86400	100	314.37	100

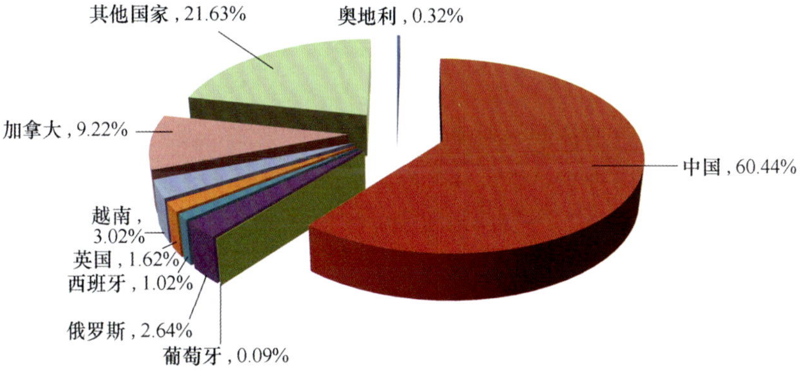

图 11-3　全球钨矿储量分布（2016 年）

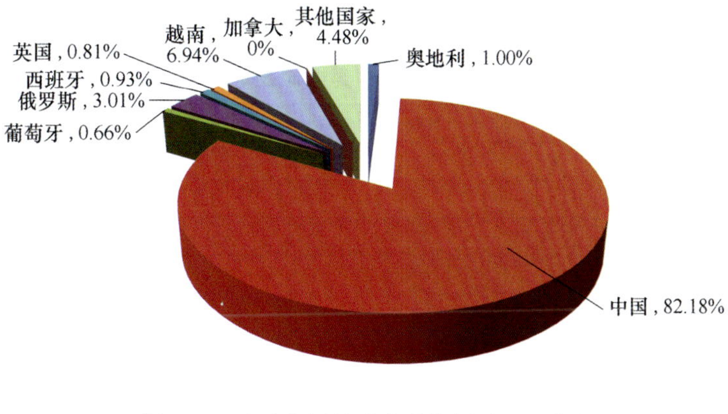

图 11-4　全球各国钨矿产量份额（2016 年）

我国是世界钨矿资源最丰富的国家，储量达 190 万吨，基础储量 420 万吨，占世界探明钨矿资源储量的 60%，钨资源广布于中国 21 个省、市、自治区，主要集中在湖南、江西、广东、广西等地。近年来，中国实施的找矿突破战略，支持了钨矿勘查工作，中国相继发现了大湖塘、朱溪等特大型钨矿，2016 年中国又在江西发现了 333 类资源量（金属量）达 236.14 万吨、WO_3平均品位达 0.551%的超大型钨矿，这些重大发现为中国钨工业的可持续发展提供了资源保障，也为中国在全球钨资源市场的统治地位提供了保障。

作为传统的钨矿资源生产大国，多年来中国一直是全球钨产量第一的国家，产量占到全球产量的 80%以上，为世界经济发展提供了钨矿资源保障。

11.4 国外钨矿公司概况

我国钨矿资源整体禀赋好、品位高，占到全球钨矿储量的 60%，中国的钨矿产量占到全球钨矿产量的 80%以上，全球最大的钨矿公司主要集中在中国，多数国外钨矿资源开采公司拥有的钨矿资源禀赋一般，在钨市场供应过剩、钨价下跌的压力下，一些企业经营困难。为了保护环境、规范钨矿开采业的生产经营秩序，避免恶性竞争，抑制价格不断下滑的势头，2002 年中国国土资源部开始实施钨矿生产配额制度，这个制度的实施对全球钨矿产业实现可持续发展具有积极意义。

11.4.1 全球主要钨矿生产企业

全球最大的钨矿公司包括江西钨业集团、湖南有色集团、厦门钨业集团、崇义章源钨业有限公司、洛阳钼业集团等，这些公司均掌握巨大的优势钨矿资源，多数公司具有配套的钨下游产品产业链，并且下游产品仲钨酸铵、硬质合金、钨铁、钨材、碳化钨等生产能力普遍大于公司钨精矿生产能力，需要外购钨精矿来满足下游钨产品生产的需求。

最近十年来，中国五矿集团通过资源整合，收购了江西钨业集团、湖南有色集团等优质资产，已经形成了完整的钨产业链布局，并且钨金属资源量占有量已位居世界第一。2015 年五矿集团拥有钨矿资源量达 206 万吨，占到中国钨矿资源量的 30%。2014 年五矿集团钨精矿产量为 24206t，占中国钨精矿总产量的 20%；硬质合金产量为 14323t，占中国硬质合金总生产量的 58%。五矿公司控制的主要钨矿山资源概况见表 11-4，全球主要钨矿生产公司资源和生产概况见表 11-5。

表 11-4 五矿公司主要钨矿山资源概况

矿　山	WO_3储量/万吨	WO_3 平均品位/%
湖南新田岭钨钼铋矿	32	0.37
湖南柿竹园钨多金属矿	71	0.34
江西省修水香炉山钨矿	22	0.74
湖南瑶岗仙钨矿	20	0.29
江西全南县大吉山	15	1.9
江西于都县盘古山	10	1.1
江西大余县漂塘	9	0.2
江西大余县西华山	8	0.9

表 11-5 全球主要钨矿生产企业资源和生产概况

公司	产品及产能	储量（WO_3）/万吨	品位（WO_3）/%	精矿产能或产量（以钨金属量计）/$t \cdot a^{-1}$	概况
江西钨业集团	ATP、钨粉和碳化钨 22000t	73.6	0.52	13000	15 座矿山，黑钨矿为主，2014 年精矿生产配额 11910t
厦门钨业	ATP、WO_3 22000t，钨粉 8000t，硬质合金 38000t	83.78	0.17	9000 6641（2012 年）	三座矿山，黑白钨矿和钼尾矿中钨矿，资源禀赋较差
崇义章源钨业	ATP10000t，钨粉 5000t，碳化钨 4000t，硬质合金 1500t	9.6	2.1	3600	四座矿山，高品位黑钨矿为主，2014 年精矿生产配额 4260t
湖南有色集团	株洲硬质合金厂硬质合金 7000t，自贡硬质合金厂 4000t 硬质合金	105.5	0.30	12200（2014 年）	6 座矿山，其中柿竹园最大，为钨锡多金属矿，2 座硬质合金厂
洛阳钼业集团	钨精矿	40.9	0.12	7791（2015 年）	一座矿山，钼矿共伴生白钨矿

11.4.2 国外主要钨矿公司和钨矿项目的资源和生产概况

除了中国之外，钨矿探明储量较多的国家为加拿大、俄罗斯、越南、英国、西班牙等国，国外钨矿一般规模不大，各国生产总量都比较小。

越南：2016 年钨矿产量达到 6500t，钨矿生产主要依靠 Masan Resources 公司的 Nui Phao 多金属矿，该矿投产以来，产量逐年增长，2015 年基本达到其设计产能，未来增产潜力有限。

俄罗斯：钨矿资源主要集中分布在北高加索地区、东西伯利亚地区和远东地区。已探明的矿藏 1/3 属于易选的黑钨矿，2/3 属于相对难选的白钨矿。大部分的钨矿属于贫矿，WO_3 平均含量为 0.15%，远低于全球主要钨矿生产国。俄罗斯境内的大型钨矿基本上属于矽卡岩型，规模较大的主要有东方二号矿床和列尔曼托夫斯克矿床（WO_3 平均含量为 1.5%～2.6%）、波木格尔汗矿床（WO_3 平均含量为 1.5%），以及哈尔达松斯克矿床（WO_3 平均含量为 0.6%）。2016 年俄罗斯的三家主要钨矿生产公司仅生产了 2600t 钨矿。历史上，俄罗斯钨精矿曾经在世界市场占有重要地位。

加拿大：钨矿主要集中在 Selwyn 钨矿带上，钨矿产量 2015 年下降到 1700t，生产主要依靠北美钨业公司的 Cantung 钨矿，该钨矿的开采品位为 1%～1.5%左右，由于财务问题 Cantung 钨矿于 2015 年第四季度暂时停产。

玻利维亚：2016 年钨精矿产量为 1400t，主要产自 Chojilla 钨矿及该国的一些小型钨矿。

奥地利：2016 年钨精矿产量为 860t，全部产自古老的欧洲最大钨矿 Mittersill 钨矿，该矿山目前归 Wolfram 公司所拥有，产量比较稳定。

国外正在进行勘探或生产准备的较大钨矿项目主要有加拿大的 Northcliff Resources 公司的 Sisson 钨钼矿项目、英国 Wolf Minerals 公司的 Hemerdon 钨锡矿、英国 W Resources 公司位于西班牙的 La Parrilla 钨锡矿项目、西班牙 Ormonde 公司的 Barruecopardo 钨矿项目、澳大利亚 King Island Scheelite 公司的 Dolphin 钨矿项目、加拿大 Almonty 公司位于南朝鲜的 Sangdong 钨矿项目等，这些项目设计产能（金属计）一般在 1000~4000t/a 之间，多数项目进展情况主要取决于项目勘探进展及全球钨矿市场复苏情况，部分项目正在办理融资、环境评估、矿权审批等事项，这些项目可以增加的钨矿产能相对有限。国外主要钨矿生产公司和钨矿项目进展情况见表 11-6。

表 11-6　国外主要钨矿公司和钨矿项目资源及（设计）生产概况

公司（国家）	矿山（国家）	储量（WO_3）/万吨	品位（WO_3）/%	产量或产能（以金属计）/$t \cdot a^{-1}$	进展情况
North American Tungsten（加拿大）	Cantung Mactung	3.72 12.81	0.97 1.19	3200 6000	Cantung 2015 年 4 季度暂时停产，2431t（2014）Mactung 项目通过环保审批
WBH Wolfram（奥地利）	Mittersil	3.05	0.5	1500	露采，2014 产量 850t
Masan Group（越南）	Nui Phao	14.98	0.23	5000	露采多金属白钨矿 2015 产量 5100t
Almonty（加拿大）	Los Santos（西班牙） Wolfram Camp（澳大利亚） Panasqueira（葡萄牙） Sangdong（韩国） Valtreixal（西班牙）	0.83 0.08 0.35 1.99 0.87	0.23 0.22 0.21 0.42 0.34	在产 255 在产 555 在产 666 预计 1730 未定	Sangdong 计划 2018 投产 Valtreixal 投产计划未定
Malaga（秘鲁）	Pasto Bueno	9.84	0.95	500	正常生产
Largo Resources（巴西）	CurraisNovos	0.42	0.12	820	由于持续干旱 2012 停产
JSC A & IR（俄罗斯）	不详	不详	不详	2000	正常生产
ZAO Novo-Orlovsky（俄罗斯）	不详	不详	不详	500	正常生产
Quartz Artel：Estimated（俄罗斯）	不详	不详	不详	500	正常生产
Wolf Minerals（英国）	Hemerdon	6.43	0.18	3000	2016 年产量约 1000t
King Island Scheelite（澳大利亚）	Dolphin	2.29	0.73	2800	准备阶段
Hazelwood Resources（澳大利亚）	Cookes Creek	1.52	0.16	1270	准备阶段
Vital Metals（澳大利亚）	Watershed	6.95	0.46	800	准备阶段
Venture Mineral（澳大利亚）	Mt Lindsay Tin-Tungsten	4.3	0.1	1200	准备阶段

续表 11-6

公司（国家）	矿山（国家）	储量（WO_3）/万吨	品位（WO_3）/%	产量或产能（以金属计）/$t \cdot a^{-1}$	进展情况
Ormonde（西班牙）	Barruecopardo	2.61	0.3	2060	建厂阶段
Northcliff Resources（加拿大）	Sisson	22.2	0.066（Mo0.021）	4600	准备阶段，设计矿山寿命27年
TGN（澳大利亚）	MtMulgine BigHill Kilba	12.64 1.68 1.21	0.18 0.15 0.24	未定	勘探阶段
W Resources（英国）	La Parrilla（西班牙） Régua（葡萄牙）	4.9 1.53	0.1（Sn0.11） 0.28	2060~4000 1030	2018计划投产，预计矿山寿命30年，准备阶段

11.4.2.1 越南 Masan Resources 公司

Masan Resources 是越南最大的天然资源私营公司，公司在越南北部 Thai Nguyen 省，拥有世界级的 Nui Phao 多金属矿床，矿山距离河内仅 80km，具有很好的地理交通条件。从 2010 年开始规划建设，2014 年底已全面投入生产，2015 年公司生产了 5100t（以钨金属量计）钨精矿，2016 年公司钨精矿产量（金属量）达到了 6500t，成为中国之外最大的钨矿生产企业，公司正在建设钨冶金厂，未来的产品包括钨酸铵和氧化钨等。

Nui Phao 钨矿是一个超大型的白钨、萤石、铋、铜多金属矿，钨、萤石、铋的储量分别达到 11 万吨、420 万吨和 5.3 万吨，矿山设计可采年限达到 20 年。Nui Phao 钨矿矿石品质较好，钨、萤石、铋品位分别为 0.21%、8%和 0.1%，采用露天开采的方式，开采成本低，采剥比仅为 1∶1.5，选矿工艺为重选和浮选，钨、萤石、铋回收率分别为 67%、76.5%和 65.7%。

11.4.2.2 英国 Wolf Minerals 公司

Wolf Minerals 是一家在澳大利亚股票交易所（ASX）上市的专业从事金属生产的公司。公司的主要业务是开采和加工公司拥有的 drakelands 钨锡矿。

Drakelands 钨锡矿位于英国西南的普利茅斯，英国地质调查局称其为全球第四大的钨锡矿床，该矿是石英脉钨锡矿，主要有两条矿脉，探明钨矿（WO_3）储量为 6.43 万吨，伴生锡矿储量 1 万吨，钨（WO_3）、锡（Sn）品位分别为 0.18%和 0.03%，探明资源量达到 21.75 万吨（以 WO_3 量计），共（伴）生锡 2.9 万吨。

Drakelands 钨锡矿采用露天采矿，采剥比为 1∶1.5，采矿成本较低，选矿工艺采用破碎、筛分、擦洗、重介质分离、脱泥和溜槽、摇床重选工艺。

矿山建设开始于 2014 年 3 月，2015 年 6 月完工，2015 年 9 月开始试生产，选厂设计产能为 3000t 钨精矿。

11.4.2.3 奥地利 WBH Wolfram 公司

1967 年欧洲最重要的钨矿床在奥地利萨尔茨堡附近的 Mittersill 发现，经过多年筹备，WBH Wolfram 公司于 1975 年成立，公司通过开发 Mittersill 钨矿，已逐步发展成为世界领先的氧化钨、金属钨、碳化钨粉等钨产品专业制造商。公司还开展钨二次资源回收，实现循环发展。

WBH Wolfram 公司拥有的 Mittersill 钨矿 WO_3 储量达到 3.05 万吨，矿石（WO_3）品位高达 0.5%，矿山采用露天采矿，选矿采用重选流程，最近增加了 X 射线预选工艺。目前公司精矿产能达 1500t/a。

11.4.2.4　加拿大 Almonty 公司

Almonty 公司是一家总部位于加拿大的公司，公司专门从事收购、改造、管理全球钨行业中不良资产的工作。公司凭借丰富的运营管理经验和无与伦比的钨专业团队，可以处理财务、技术、管理各方面的问题。

2011 年 9 月，Almonty 公司收购了西班牙 Los Santos 钨矿项目，通过提高运营效率，降低成本，提高钨回收率，使该矿山进入正常生产，并使矿山寿命延长了九年，减少了矿山现金运营成本 35% 以上。公司随后收购了位于西班牙西北部 Valtreixal 钨矿，该矿的 WO_3 储量为 0.87 万吨，品位为 0.34%，目前正进行其尾矿设施的工艺改造，很快能够创造新的价值。

2014 年 9 月，Almonty 公司收购了澳大利亚 Wolfram 钨钼矿，公司利用其专业知识优化采矿作业，在较短的时间内恢复了钨精矿生产。该矿 2015 年的钨储量产能为 560t/a。

2015 年 9 月，Almonty 完成了对韩国 Sangdong 钨矿的收购工作，正在加紧勘探工作，目前探明 WO_3 储量达到 3.36 万吨，WO_3 品位达到 0.57%，公司计划建设年产能（金属量）达 1730t 钨精矿的矿山企业，目前正在筹备中。

2016 年 5 月，Almonty 公司完成了收购葡萄牙 Panasqueira 钨锡矿的收购。

11.4.3　国际钨业协会

国际钨业协会（ITIA）是一家非营利科学研究组织，成立于 1988 年，总部设在比利时。ITIA 是全球钨行业最重要的组织之一，目前会员来自于 18 个国家钨行业的 50 余家企业，其中最重要的 12 家矿山、冶炼和硬质合金企业组成了该协会的执行委员会。国际钨业协会的目标和任务包括：

（1）促进钨行业发展，扩大钨制品的应用领域；

（2）统筹协会健康、安全和环境委员会的工作计划，更好地实施钨行业和制品的分类和监管；

（3）提出有利于钨行业发展的立法建议；

（4）提供钨制品及行业发展对人类健康和环境影响的科学数据；

（5）定期为全球钨行业组织论坛；

（6）通过收集整理钨行业生产、加工、消费、用途和流通的信息情报，发布钨行业年度统计分析报告；

（7）发布钨行业动态信息，出版定期通讯刊物。

11.5　国外部分典型钨矿开发利用指标

中国是全球钨矿数量和产量最多的国家，也是钨矿资源和矿石类型最丰富的国家，中国的钨矿采选工艺技术和设备均达到全球领先水平。本章不介绍国外具体钨矿山，仅对国外部分典型在产钨矿的生产指标和部分在建或待建的钨矿项目的生产设计指标给予介绍，这些指标来源于公司报告和项目可行性报告，项目生产设计指标均经过实验室实验甚至扩大试验或半工业试验验证确认，可信度较高。国外部分典型钨矿采选指标见表 11-7。

表 11-7　国外部分典型钨矿采选指标

公司（国家）	矿山	储量（WO_3）/万吨	WO_3品位/%	选厂规模/万吨·年$^{-1}$	矿石性质	开采方式	选矿工艺	入选品位/%	回收率/%	精矿品位（WO_3）/%
North American Tungsten（加拿大）	Cantung	3.72	0.97	72	矽卡岩型白钨矿	地采充填法	重、浮	1.17	79.5	重 65 浮 45
North American（加拿大）	Mactung	12.81	1.19	73	矽卡岩型白钨矿	地采充填法	重、浮	1.25	81.7	重 67 浮 55
Colt Resources（葡萄牙）	Tabuaco	0.82	0.55	51	矽卡岩型白钨矿	地采充填法	浮选-酸浸除杂	0.39	87.2	70.6
Almonty（加拿大）	Panasqueira 葡萄牙	0.35	0.21	80	石英脉黑钨矿床	地采房柱法	重选	0.13	80.1	74
King Island Scheelite（澳大利亚）	Dolphin	2.29	0.73	30	矽卡岩型白钨矿床	露采 采剥比 1∶9.7	浮选	0.77	90	65
Masan Group（越南）	Nui Phao	14.98	0.23	350	矽卡岩型白钨多金属	露采 采剥比 1∶1.5	重选	0.23	67	60
Almonty（加拿大）	Sangdong 韩国	1.99	0.42	70	矽卡岩型白钨多金属	地采充填法	浮选	0.69	81	65
Wolf Minerals（英国）	Hemerdon	6.43	0.18	300	石英脉黑钨钨、锡矿	露采	重、磁	0.19	65.5	65
Northcliff Resources（加拿大）	Sisson	22.2	0.066 Mo0.021	1050	斑岩型白钨硫化钼矿	露采	浮选	0.098	77 （Mo 82）	60 （Mo 53）

11.6 全球钨矿资源开发利用趋势

11.6.1 全球钨矿资源的供给和需求变化趋势

钨具有很多不可替代的独特性质，例如高密度、高熔点、低蒸气压、低热膨胀、高强度、高导电、高导热、高耐磨等，这使其在石油和矿业勘探开采、建筑、机械加工、磨具、合金钢，尤其是军事、航空航天、电子、机械等领域得到了广泛应用。

目前全球每年钨的产量仅为 9 万吨左右，但是钨是重要的战略金属，欧盟和美国均把钨列为紧缺矿产资源。

截至 2016 年，全球已探明的钨矿储量达到 310 万吨，按目前的消耗速度，钨的静态保障年限可达 36 年。从中国和全球其他国家储备的钨矿项目来看，在可预见的将来，全球钨矿资源完全可以满足全球经济长期发展的需求。

百年来，全球钨矿产量不断增长，第一次世界大战和第二次世界大战期间，武器需求增加，刺激了钨矿生产量的短暂暴涨，1950 年美国开始战略储备钨，加之随后的朝鲜战争使得全球钨产量进一步提高，此后随着全球经济发展，钨矿产量稳定增长，1975 年后，低成本的中国钨矿逐渐占领了全球钨矿市场，西方国家一些钨矿在市场竞争中被迫关停。2000 年后，中国经济的快速增长使得全球钨矿产量进入另一轮快速增长期。全球百年钨矿产量变化趋势如图 11-5 所示。

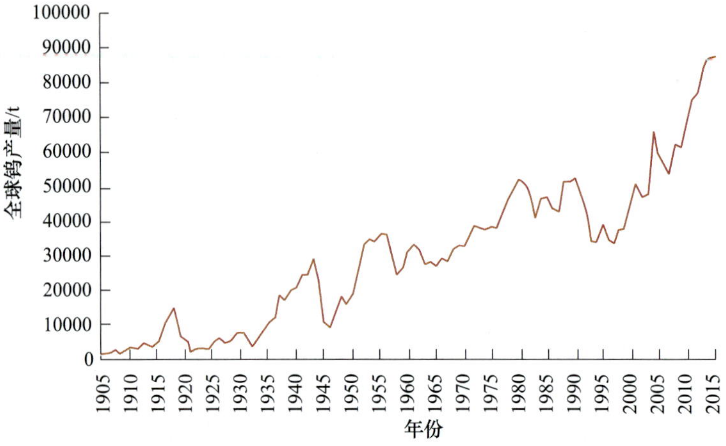

图 11-5　过去百年全球钨产量变化趋势

全球钨矿资源主要由黑钨矿和白钨矿构成，其中黑钨矿约占全球钨矿资源总量的 30%，白钨矿约占 70%，多数黑钨矿的可选性要好于白钨矿。中国钨矿目前生产以黑钨矿为主，随着黑钨矿资源量的减少，白钨矿在中国钨矿产量中所占的比重越来越大。国外的黑钨矿资源量较少，主要在产矿山都以生产白钨矿为主，葡萄牙的 Panasqueira 钨矿和英国的 Hemerdon 钨矿项目是少数几个生产黑钨矿的矿山。从 1920 年之后，西方国家所发现的钨矿数量仅占这些国家钨矿总量的 50%，且新发现的大型钨矿数量很少。

从历史数据分析，尽管全球每年钨的用量不大，但钨的市场需求与全球经济增长率密切相关，钨主要用于传统、成熟的重工业领域，而不是经常呈现跳跃式增长的新技术领域。在过去的 10~15 年间，全球对钨矿需求的增长速度已经超过了全球 GDP 增长的速度，这主要是由于中国经济高速发展的驱动，从 2002~2014 年，全球原钨需求几乎翻了一番，从 2002 年的 43000t 左右到 2014 年的 77000t 左右，复合年增长率为 5.3%，此期间全球 GDP 平均增长率仅为 3.7%，在此期间中国的钨年均消费增长率接近 10%，占全球的份额已经从 2002 年的 38%增加到 2014 年的 62%。2014 年开始中国经济增速放缓，2015 年中国钨消费增长率仅为 3.23%（见图 11-6），未来全球钨消费年均增长率也将下降到 3.5%左右。

未来全球原钨供应还将由中国主导，越南的 Nui Phao 钨多金属矿 2015 年已全面投产，加拿大、英国、澳大利亚、西班牙、韩国的部分钨矿项目正在积极推进，有些已部分投产，这些新项目的总产能可以达到 1 万吨/年左右，可以满足全球经济增长的需求，中国

12 国外锑矿资源及利用现状

12.1 概　　述

12.1.1 锑的性质

锑（Sb）是一种金属元素，属于ⅤA（氮）族，原子序数为51，原子量为121.75，密度为6.684g/cm^3，熔点为630.63℃，沸点为1635℃。单质锑为有光泽的银白色固体，质硬且脆，无延展性，有独特的热缩冷胀性。锑是电和热的不良导体，耐腐蚀，在常温下不会被空气氧化，但加热时能与氧气反应生成三氧化二锑，三氧化二锑有很强的阻燃性能，锑可以与多种金属形成合金，通常可以增加合金的硬度，属于ⅤA（氮）族的锑具还有半导体性能。

12.1.2 全球锑矿资源概况

锑在地壳中的含量较低，丰度仅为0.0002%，目前已知的含锑矿物达120多种，但仅有10种矿物具有工业价值，其中辉锑矿（Sb_2S_3）是最重要的锑矿物，是目前为止提供锑资源的主要矿物。锑矿是比较稀少的矿产资源，相对其他有色金属，矿床规模一般较小，锑常和金、银、汞、钨、铅、锌等矿物共（伴）生。

全球锑矿床主要分布在环太平洋成矿带、地中海成矿带以及中亚天山构造成矿带，其中太平洋构造成矿带锑矿资源最为丰富，约占全球已探明锑矿资源总量的77%。中国、俄罗斯、玻利维亚、澳大利亚是锑矿资源最丰富的国家。全球主要锑矿分布如图12-1所示。

截至2016年，全球探明锑矿资源金属储量仅为150万吨，全球2016年锑矿金属产量为13万吨，按这个产量计算，全球锑矿储量的静态可保障年限仅为12年。近年来，由于锑市场低迷，全球锑矿资源勘探投入不足，新发现的锑矿床较少，长期来看，全球锑矿资源供给不容乐观。另一方面，世界锑矿山中小型矿山较多，小矿山储量未被统计，一些国家如缅甸、土耳其的锑矿储量未被统计，锑的替代品尤其是阻燃剂替代品的出现将会减少市场需求量，从这一方面来看，未来锑矿资源储量还有一定潜力，锑矿的供给和市场需求也可能发生变化。

12.1.3 锑的历史

人类对锑的使用可以追溯到3000年前。早在3100年前的埃及前王朝时代，三硫化二锑就被当作眼影粉使用。在古时的迦勒底的泰洛赫（今伊拉克），曾发现一块可追溯到3000年前的锑制花瓶碎片。而在埃及发现的镀锑铜器，也可以追溯到2500～2200年前。人们也在匈牙利发现了产于1800年前的小块锑金属。在700年前装饰砖的釉料中也发现

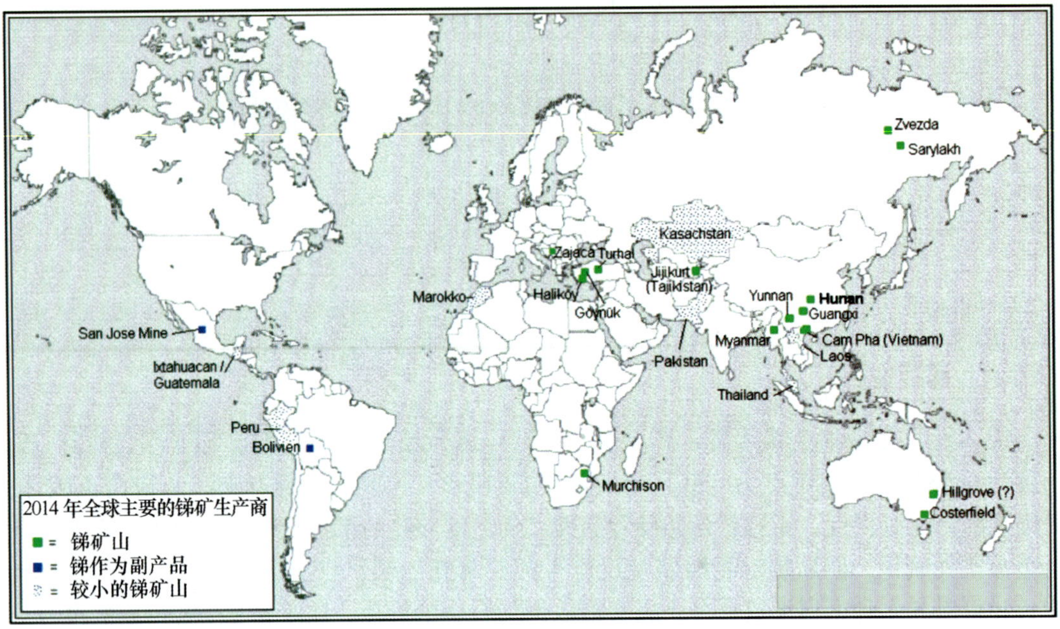

图 12-1 全球主要锑矿床分布

（资料来源：BGR）

了黄色的锑酸铅颜料，尽管人类很早就开始使用锑及其化合物，但在很长一段时间里并未真正认识这种金属元素。1615 年，德国化学家 Andreas Libavius 用金属铁还原熔融状的硫化锑，得到了金属锑。1770 年，在英国谢菲尔德，锑被作为硬化剂加入铅锡合金。第一次世界大战英国大量使用锑用作炮弹合金材料，导致 1916 年全球锑产量达到创纪录的 8.2 万吨。1939 年，性能优异的巴氏合金由 Babbitt 发明，随后金属锑用于铅酸蓄电池，进一步刺激了现代锑工业的发展。

12.1.4 锑的应用

锑矿石主要用于生产三氧化二锑和冶炼金属锑。三氧化二锑是一种优良的白色颜料，也称为锑白，可作为遮覆剂、填充剂、触媒及阻燃剂用于搪瓷、橡胶、塑料、织染等工业，同时锑白还被广泛应用于军工、蓄电池、化学品、医药及防腐等各领域。阻燃剂是氧化锑最大的应用领域；金属锑主要用于锑合金制造。锑是铅的最廉价的硬化剂，各种铅合金大都含有一些锑，锑改善了铅合金的性能，扩大了铅的应用范围，锑也是轴承合金、印刷合金、低熔合金、焊锡等的重要组成部分。锑在常温下不与空气或氧起作用，故可用镀锑来保护钢铁。高纯锑用于电子工业、半导体材料的生产。

锑的主要产品和应用领域见表 12-1；全球锑产品应用领域分布如图 12-2 所示。

表 12-1 锑的主要产品和应用领域

锑的产品	特性及用途
高纯金属锑	生产半导体、电热装置、远红外装置
锑铅合金	铅蓄电池、耐腐蚀材料、化工管道、电缆包皮等

续表 12-1

锑的产品	特性及用途
锑锡、铅、铜合金	高强度高耐磨轴承、齿轮等
锑白	颜料、阻燃剂、玻璃脱色剂和澄清剂、有机合成催化剂、汽油添加剂
锑白+硫化锑	橡胶填充剂
三硫化锑	生产安全火柴、弹药、鞭炮
五硫化锑	用于制造橡胶和兽药
三氯化锑	用于医药
葡萄糖酸锑	治疗黑热病
焦锑酸钠	高档玻璃澄清剂、脱色剂
醋酸锑	化纤工业用催化剂

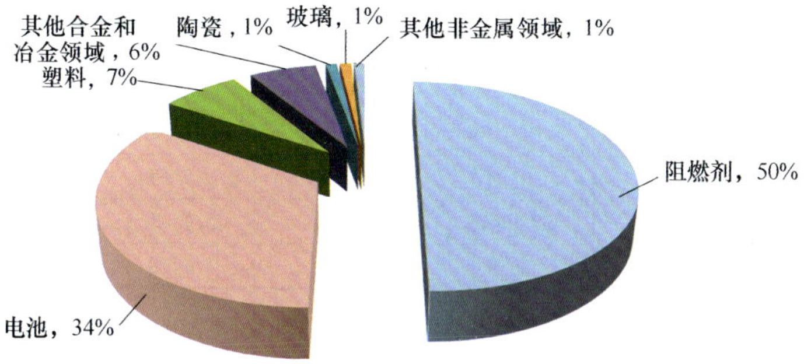

图 12-2　全球锑产品应用领域分布
（资料来源：Roskill 2014 报告）

12.2　锑矿物和锑矿床

12.2.1　锑矿物

在自然界中，约有 120 多种锑矿物和含锑矿物，其中较常见者有 70 种，这些矿物主要以四种形式存在，具体见表 12-2。

目前具有工业利用价值，含锑在 20% 以上的锑矿物仅有十种，即辉锑矿（含 Sb 71.4%）、方锑矿（含 Sb 83.3%）、锑华（含 Sb 83.3%）、锑赭石（含 Sb 74%~79%）、黄锑华（含 Sb 74.5%）、硫氧锑矿（含 Sb 75.2%）、自然锑（含 Sb 100%）、硫汞锑矿（含 Sb 51.6%）、脆硫锑铅矿（含 Sb 35.5%）、黝铜矿（含 Sb 25%）。其中，辉锑矿是锑的选冶最主要的矿物原料。

在自然界里，锑约有 120 多种锑矿物和含锑矿物，锑主要形成硫化物（如 Sb_2S_3），少数形成氧化物和含硫盐类（如 Sb_2O_3）。自然界中的锑矿物主要以四种形式存在，其主要矿物类型见表 12-3，其中具有工业利用价值的适合现今选冶条件的矿物是辉锑矿。

表 12-2　锑矿物的四种主要存在形式

存在形式	矿　物　名　称
自然化合物与金属互化物	自然锑、砷锑矿
硫化物及硫盐类	辉锑矿、硫铜锑矿、硫锑铁矿、辉锑铁矿、黝铜矿、车轮矿、硫锑铅矿、脆硫锑铅矿、斜硫锑铅矿、硫锑银矿、辉锑银矿、辉锑铅银矿、硫汞锑矿、硫氧锑矿等
卤化物或含卤化物	氯氧锑铅矿
氧化物	锑华、黄锑华、锑赭石、锑钙石、水锑钙石、方锑矿等

表 12-3　具有工业价值的主要锑矿物及特征

矿物名称	分子式	锑含量/%	硬度	密度/$g \cdot cm^{-3}$	颜　色
辉锑矿	Sb_2S_3	71.4	2~2.5	4.63	铅灰色
红锑矿	$2Sb_2S_3 \cdot Sb_2O_3$	75.2	1~1.5	4.5~4.6	樱桃红色
脆硫锑铅矿	$Pb_4FeSb_6S_{14}$	35.3	2~3	5.5~6.0	铅灰色
车轮矿	$2PbS \cdot Cu_2S \cdot Sb_2S_3$	24.7	2.5~3	2.7~5.9	浅灰黑色
圆柱锡矿	$6PbS \cdot 6SnS_2 \cdot Sb_2S_3$	23.96	2.5~3	5.42	灰黑色
硫汞锑矿	$HgS \cdot 2Sb_2S_3$	57.59	4.81	5	铅灰色
方锑矿	Sb_2O_3	83.3	2~2.5	5.3~5.6	无色-灰色
锑华	Sb_2O_3	83.3	2.5~3	5.57	无色、淡红、淡黄
黄锑华	$Sb_2O_5 \cdot Sb_2S_3 \cdot nH_2O$	57.9~75	4~4.5	5.1~5.3	白色、浅黄色
锑赭石	$Sb_2S_3 \cdot Sb_2O_5$	78.9	4~5	4.08	白色、黄色

12.2.2　锑矿床类型

目前学术界对锑矿床的分类大致有三种方法：

（1）根据矿体形态、成矿作用方式、控矿条件和矿石建造等，将锑矿床分为三个类型，即热液层状/似层状锑矿床、热液脉状锑矿床和红土层中的残积锑矿床。其中前两种是全球最重要的工业类型，分别占全球锑储量的 50% 和 40%。

（2）以成矿作用为主，结合成矿物质来源及主要成矿地质条件等因素，将锑矿床分为六个类型，即沉积改造型、喷流沉积改造型、火山沉积改造型、沉积变质再造型、岩浆热液充填型及表生堆积型。

（3）以含矿岩系为主导，兼顾矿床产出地质背景、成矿环境、物质组成、成矿物理化学条件等因素，将锑矿床划分为 6 个类型，即碳酸盐岩型碎屑岩型、浅变质岩型、海相火山岩型、陆相火山岩型、岩浆期后型及外生堆积型。这种分类的优点是简明实用，有利于找矿、勘探和开采。

综合以上三种分类方法结合工业应用总结锑的矿床类型及特点见表 12-4。

表 12-4　锑的矿床类型及特点

类　型		矿体形态	矿物组合	脉石	品位	规模
低温热液层控	碳酸盐似层辉锑矿床及汞锑矿床	似层状间夹脉状及不规则状	辉锑矿；辉锑矿、辰砂	石英为主，方解石、重晶石次之	中等或较富	一般为大型，个别巨大型，厚度大

图 12-5 俄罗斯 GeoProMining 公司两座著名的锑矿山位置

12.4.3 加拿大 Mandalay Resources 公司

加拿大 Mandalay Resources 公司是一家多伦多证券交易所主板上市公司，总部设在多伦多，公司主要业务为通过资本市场并购全球矿产项目，通过引入先进技术和专业管理，提升矿业企业的盈利能力。公司目前拥有四个矿山勘探和生产项目，即澳大利亚的 Costerfield 锑矿项目、智利的 Cerro Bayo 和 Challacollo 金银矿项目、瑞典的 Björkdal 金矿项目。公司的产品主要是成品金、成品银、金银精矿、锑精矿等，锑精矿主要销往中国。

公司 2009 年收购了澳大利亚开采于 1934 年的老矿山——Costerfield 锑金矿，该矿山的锑资源量为 3.85 万吨，锑品位为 3.7%，金品位为 9.2g/t，通过采矿和选矿加工技术的重大改进，使该矿产能大为提高，目前日采选能力达到 391 吨/年，2016 年锑精矿产量（金属量）达到 3700t，金精矿产量（金属量）达到 1.36t，公司取得了很好的经济效益，并积极在矿区周边展开勘探工作，进一步扩大公司的锑金矿资源量。

12.4.4 塔吉克斯坦 Anzob 公司

Anzob 公司是一家美国和塔吉克斯坦的合资公司，公司成立于 2005 年，塔吉克斯坦占 51%的股份，公司的总部设在塔吉克斯坦西北部的索格特州。

Anzob 公司拥有 Jijikrut 汞锑矿开采权，Jijikrut 汞锑矿是塔吉克斯坦最大的锑矿床，开采历史已有 50 多年，该矿锑储量达到 18.3 万吨，采用地下采矿工艺。Anzob 公司的锑矿采、选设计能力为 70 万吨/年，目前实际能力为 35 万吨/年，公司的产品为含锑 40%～

60%、含汞1%的锑精矿，主要销往中国和吉尔吉斯斯坦。不过公司目前正在招标筹建年产5000吨锑锭和氧化锑的锑冶炼厂。公司还在Jijikrut汞锑矿周边和深部开展勘探工作，初步勘探结果表明，矿区深部Sb含量大于4%的锑矿资源储量潜力巨大。

12.4.5 土耳其Ozdemir锑业公司

Ozdemir锑业公司是土耳其最大的锑业公司，公司总部设在安卡拉，矿山选厂和冶炼厂位于土耳其黑海地区的图尔哈尔，公司集锑矿开采、选矿、冶炼于一体，主要生产锑精矿、金属锑、氧化锑等。公司拥有Turhal地区的丰富的锑矿资源，矿山以地采为主，少量露采。该地区锑矿床矿石性质复杂，含砷较高，选矿采用浮选工艺。2011年公司采选锑矿2.63万吨，公司目前产能约为2400t/a（以锑金属量计）。土耳其Ozdemir锑业公司地下采矿现场如图12-6所示。

图12-6 土耳其Ozdemir锑业公司地下采矿现场

12.4.6 国际锑业协会

国际锑业协会（International Antimony Association）的前身是1978年创办于美国的氧化锑业协会（AOIA），2008年演变为国际锑业协会（i2a），是一家在比利时注册的非营利国际组织，成员包括全球金属锑等锑化合物的生产商、经销商、下游应用者等锑行业利益相关方。

锑国际协会的主要任务是研究和传播锑及锑化合物相关的环境安全和生产服务信息。协会成员可以通过共享协会的信息数据，了解和掌握全球锑和锑化合物生产和使用相关的环境、健康、安全方面的科研进展，以及各国政府对于锑和锑化合物生产和使用方面的法规要求。

12.5 国外典型锑矿

俄罗斯Sarylakh锑金矿和澳大利亚Costerfield锑金矿是国外著名的锑矿山，Sarylakh锑金矿的生产一直没有间断，Costerfield锑金矿1860年开始陆续开采，资源接近枯竭，近年来经过新的勘探工作，又发现了新的金锑矿矿脉，目前产量稳定。

12.5.1 俄罗斯 Sarylakh 锑金矿

Sarylakh 锑金矿是俄罗斯 GeoProMining 公司的两座主要锑矿之一，该矿位于俄罗斯东北部西伯利亚地区的雅库茨克自治共和国，气候寒冷，冬季气温可达零下 40℃以下。

Sarylakh 锑金矿是全球资源禀赋最好的大型锑矿资源之一，矿床位于 Yana-Kolyma 造山带，赋存于三叠系砂岩层序内。Sarylakh 锑矿床的类型为金-锑-石英脉型矿床，矿床包括一系列的直立的硫化物石英脉和硫化物石英脉簇，其中较大的矿脉厚 10~20m，长度持续几百米，有时伴有硫化物石英网脉发展。Sarylakh 锑矿的主要矿物组分为石英、辉锑矿、白云石、黄铁矿、砷黄铁矿、自然金、方解石、白云母、重晶石等，方锑矿、自然锑、黝铜矿、脆硫锑铅矿也偶尔会出现。

Sarylakh 锑矿探明矿石储量为 217 万吨，矿石锑平均品位为 6%，共（伴）生金品位为 6g/t，锑储量（金属量）达 13.1 万吨，共（伴）生金达 13t。

Sarylakh 锑矿的设计采矿能力 10 万吨/年，采用传统的地下采矿方式，留矿采矿法，目前实际采矿能力为 6 万吨/年，采用斜井提升，提升出的矿石用汽车运到 65km 外的 Sarylakh 选矿厂。GPM 公司的 Sarylakh 矿和 Sentachan 矿采出的锑矿石都运到 Sarylakh 选厂处理，矿石破碎后，-300mm 粒度的矿石经过 MMC3.6×2.0 型自磨机半自磨机和 MIIIP2700×3600 型球磨机两段磨矿，磨细后的物料送到水力旋流器分级，水力旋流器的沉砂使用 MOⅡ-1 和 MOⅡ-2 型跳汰机，以及 CKO-7.5 和 CKO-2 型摇床进行重选，重选工艺分别获得了两种锑精矿，一种精矿产率为 0.1%~0.2%，精矿品位：Sb 50%~55%、Au 15~200g/t；第二种精矿产率为 0.8%~1%，精矿品位：Sb 60%~65%、Au 500~1000g/t；重选工艺还获得 Au 品位为 30~60kg/t 的金精矿，在工厂的熔炼车间用湿法冶金方法冶炼为合质金。水力旋流器的溢流-0.074mm 占到 90%~92%，送去浮选，一段粗选在浮选柱中进行，二段粗选在机械搅拌（ΦMP-10 型）浮选机中进行，浮选药剂采用丁铵黑药（C2H9O）2PS2NH4、乙胺基黄药（C2H5）2NC2H4OCS2Na，浮选精矿经浓缩、脱水、干燥后出售。选矿厂处理 Sarylakh 锑矿的原矿时，最终获得锑选矿总回收率为 90%，金总回收率为 86%，锑精矿品位为 60%，锑精矿中金品位为 13.4g/t。Sarylakh 锑金矿石选矿工艺原则流程如图 12-7 所示。

12.5.2 澳大利亚 Costerfield 锑金矿

Costerfield 锑金矿是澳大利亚 Mandalay 公司旗下的主要锑矿山，2009 年 Mandalay 全资收购了 Costerfield 锑金矿。该矿位于澳大利亚维多利亚州中部本迪戈市东南 50km，矿区面积达 7540.78 公顷。Costerfield 锑金矿是一个历史悠久的老矿，1860 年开始开采黄金，1975 年开始现代化的勘探和开采，2001 年和 2011 年又进行了新的勘探工作，发现了新的锑金矿脉。

Costerfield 锑金矿赋存于志留系粉砂岩，是一个大型石英脉锑金矿床，该矿历史上开采的最长矿脉从北到南方向达到 8km 长。石英矿锑金矿脉厚度最多可达 4m，不论矿脉宽窄，延续性较好，通常矿脉长度都达到 800m 以上。

公司新的勘探工作取得进展，2016 年由 RSK 公司完成的勘探报告表明，目前公司探明的锑矿矿石储量为 49.1 万吨，品位为 Sb 3.90%、Au 9.2g/t，锑金属量为 1.89 万吨，

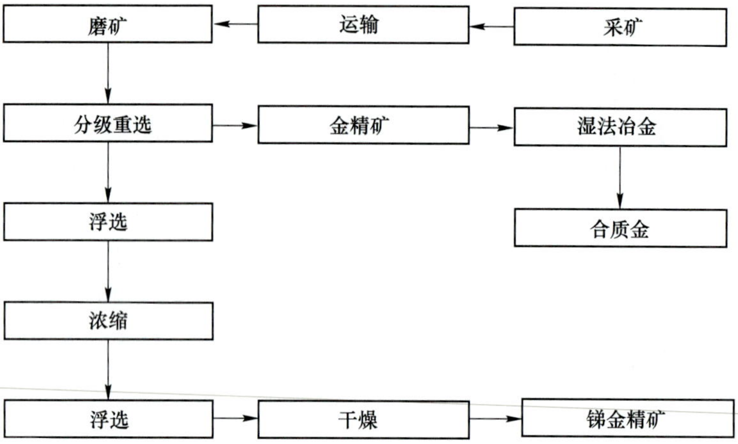

图 12-7 Sarylakh 锑金矿石选矿工艺原则流程

公司的勘探工作仍在进行，该矿区的找矿潜力很大。

公司的采选产能从 2010 年计划的每月出矿 5000t 提高到 2013 年的 12000t，2015 年公司锑精矿产量（金属计）达到 3700t。Costerfield 采用地下采矿方式，对于急倾斜矿体，过去的采矿方法为留矿法，现在采用胶结物充填法采矿，大大提高了资源利用率。目前不同矿体的设计采矿开采回采率为 75%～95%。采出的锑金矿石用卡车运到 Brunswick 选矿厂（见图 12-8），选矿工艺包括破碎、两段闭路磨矿、离心机重选，重选尾矿进入浮选—粗选—扫选—精选，选出的锑金矿主要被出售到中国的冶炼厂。2016 年第三季度该矿选矿厂日处理矿石为 391t，选矿回收率为：Sb 95.69%，Au 90.13%。

图 12-8 Costerfield 锑金矿 Brunswick 选矿厂

12.6 全球锑矿资源开发利用趋势

12.6.1 全球锑矿资源的供给变化趋势

全球锑矿资源主要分布在环太平洋成矿带、地中海成矿带和中亚天山成矿带这三大成矿带上，热液层状锑矿床和热液脉状锑矿床是最重要锑矿床类型。热液层状锑矿床往往形成大型单一锑硫化物矿床，热液石英脉状锑矿易与金、汞、银、铅、锌等共（伴）生。

2016年全球锑矿金属产量为13.1万吨，全球探明锑矿储量（金属计）为150万吨，静态可保障年限仅为12年。欧盟已将锑矿列为紧缺矿产。

全球生产锑矿的主要国家有15个，近几十年中国的产量一直位居第一，2016年中国锑矿产量占到全球的76%，排名第二的俄罗斯仅占6.87%，之后是塔吉克斯坦占6.11%，玻利维亚占3.05%。中国的锑矿储量仅占全球探明储量的35.22%，锑矿开采强度明显偏大。

全球锑矿产量在2011年达到历史最高的18.7万吨，随着中国经济增速放缓，锑价格回落，市场低迷，锑矿产量在随后连续5年下降，2016年全球锑矿产量下降到13.1万吨。

近几十年来，全球锑矿勘探工作没有取得重大进展，几乎没有发现新的超大型锑矿床，新发现的大型锑矿床也比较少，全球矿产资源长期供给不足的局面已经形成。

中国是锑矿资源大国，经过20世纪八九十年代以及21世纪初的大规模开采，中国锑矿资源的保障程度正在不断下降，后续接替资源不足。随着经济高速发展，中国国内锑产品需求旺盛，中国锑下游粗产品如锑锭、氧化锑产品加工产业能力发展很快，国内锑矿已不能满足锑行业的需求，2000年左右中国已成为一个锑矿净进口国。2015年中国累计进口锑精矿4.27万吨，折金属量2.1万吨左右，2016年的锑精矿进口量增加到5.4万吨，折合金属量2.6万吨左右，其中从塔吉克斯坦、澳大利亚、俄罗斯、吉尔吉斯斯坦、缅甸五国进口的锑精矿占锑精矿进口总量的95%。

全球的著名超大型锑矿都有悠久的开采历史，如全球最大的锑矿——中国的锡矿山锑矿发现于16世纪，100多年前就已规模化开采；澳大利亚的Costerfield锑矿1860年开始开采；南非的ConsMurch锑矿1934年开始开采。这些大型矿山历经多年开采，资源接近枯竭，缅甸、洪都拉斯、老挝、土耳其、泰国等国的一些脉状锑矿，规模较小，经常使用人力开采，矿山寿命一般只有几年。近几年锑矿价格下降，全球锑矿勘探投入不足，锑矿资源长期供给堪忧。

未来为满足世界锑矿资源的需求增长，一方面需要加强地质勘探工作寻找锑矿接替资源，另一方面，开采一些国家未被计入储量统计小矿山，也可以增加锑矿资源的供给。

100年来，全球锑矿产量在波动中增长，从1900~1985年，除了第一次世界大战期间，锑合金被用作军火，使锑产量短期大幅增长外，锑矿产量一直维持较低的增长率。1985年后无毒锑阻燃剂和高性能免维护铅蓄电池开始大量使用，从1985~2011年世界锑矿产量维持了较高的增长率，此后阶段增长停滞，2008~2014年，全球锑矿产量年均增长率仅为0.9%（源于Roskill），2016年全球锑矿年产量从2015年的14.2万吨减少到13.1万吨（源于USGS）。

全球锑矿百年产量变化趋势如图12-9所示，中国锑矿产量与世界锑矿产量历史变化趋势如图12-10所示。

12.6.2 全球锑矿的需求和价格变化趋势

锑是一个产量较小的金属，需求量和价格受市场波动影响较大。目前锑的最大用途是在塑料、纺织、橡胶等行业作为阻燃剂，锑的第二大用途是用于铅蓄电池，其次是催化

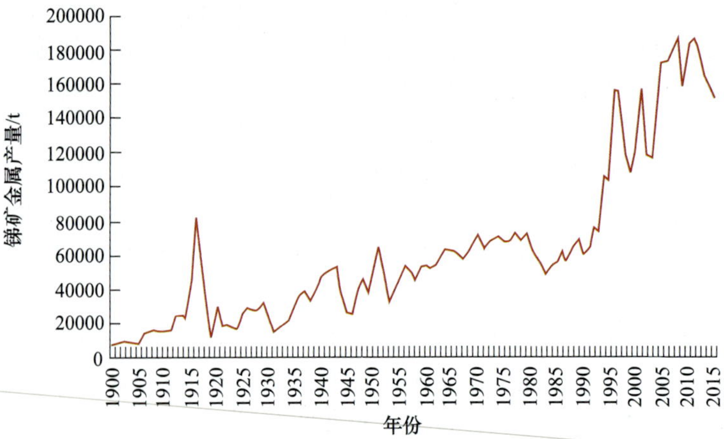

图 12-9　百年全球锑矿金属产量变化趋势

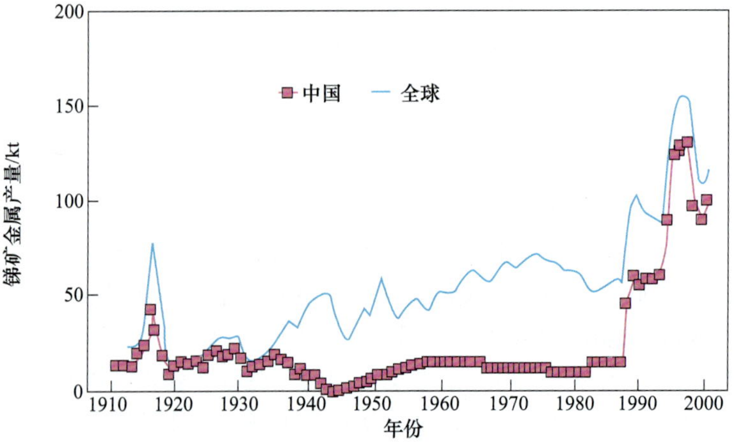

图 12-10　中国锑矿金属产量与全球锑矿金属产量历史变迁

（资料来源：USGS 2004 Antimony）

剂、合金、陶瓷、玻璃、颜料、半导体元件、医药及化工等领域。

100 多年来，以美元计价的锑价格在波动中不断上升，2011 年达到了历史最高位。历史上锑的需求和价格经历了三次大的波动。1913~1918 年，第一次世界大战期间，由于军火用锑量大增，锑价暴涨，战争结束后，锑价恢复平稳，1968~1982 年，由于一些新法规实施，塑料行业氧化锑阻燃剂需求量大增，导致锑价暴涨，随后锑价稍有回落，市场呈现供应过剩，锑价进一步回落。随着中国政府出口配额制度的实施和 2009 年开始实施锑矿开采总量控制的调控措施，锑矿价格从 2005 年开始上涨，随着中国经济发展速度加快，需求增加，锑价在 2011 年达到历史高位，随后市场供应过剩，中国经济发展速度放缓，锑价在 2011~2015 年内连续下跌，直到 2016 年 5 月锑价开始反弹。2016 年中国国内 2 号锑锭年均价为 40292 元/吨，同 2015 年相比下降了 8.6%，但 2016 年 12 月均价为 47833 元/吨，较 2016 年 1 月上涨了 39.9%。国际市场 MMAT 标准Ⅱ级锑年均价为 6546 美元/吨，同 2015 年相比价格下降了 9.5%，分季度看，2016 年 1~4 季度标准Ⅱ级锑均价分别为 5347

美元/吨、6177 美元/吨、7229 美元/吨、7432 美元/吨。

锑价触底反弹的原因主要有以下几个方面：(1) 供给有所收缩，供需关系在一定程度上得以修复；(2) 锑价长期低位运行，有色金属价格普涨，锑价出现恢复性上涨；(3) 中国打击走私的力度不断加大，非正规渠道锑的出口量有所减少，出口秩序有所好转；(4) 中国采取限产、收储等产业政策，帮助全球锑矿市场恢复，市场预期改善。

以美元计价的全球锑价格百年变化趋势如图 12-11 所示；由于美元贬值，按 1998 年物价指数修正的 1998 年美元价格能更准确的反映锑价的实际变化规律，以 1998 年美元指数计价的全球锑价百年变化趋势如图 12-12 所示；最近 5 年以人民币计价的中国锑精矿价格变化趋势如图 12-13 所示。

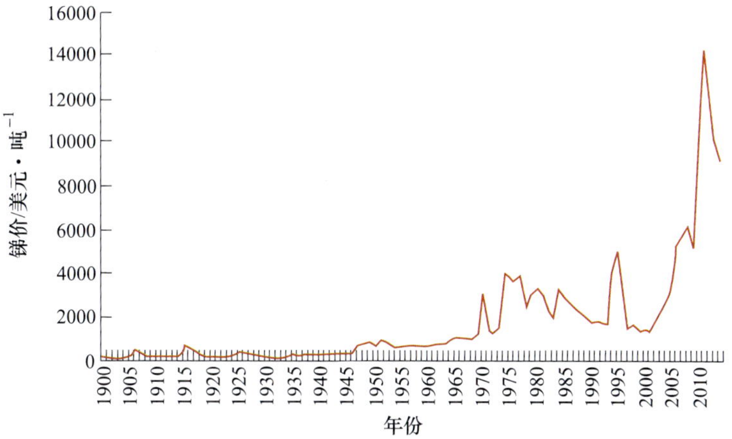

图 12-11　以美元计价的全球锑价百年变化趋势

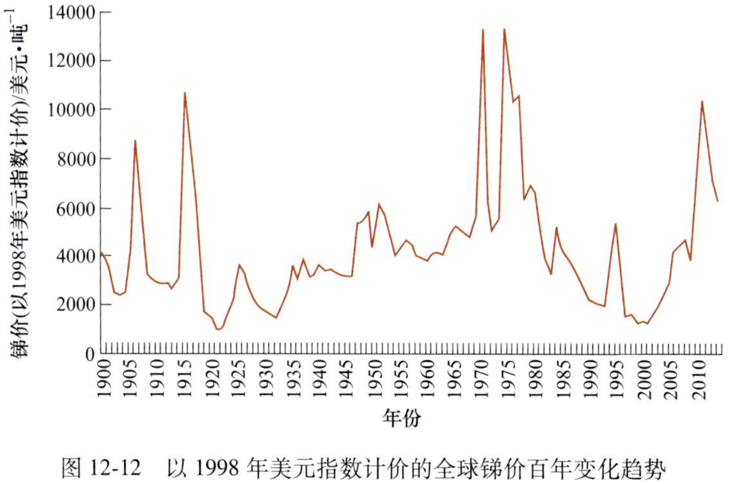

图 12-12　以 1998 年美元指数计价的全球锑价百年变化趋势

随着全球社会经济发展，人类对锑矿资源的需求会有所增长，全球锑矿资源长期供给保障程度较低，未来锑价有上升的空间。另一方面，中国作为锑矿第一生产大国，锑初级产品加工能力过剩，造成短期市场价格低迷。锑的一些成熟应用领域，如铅酸蓄电池、电力电缆、化学纤维以及塑料制品等，增速出现放缓甚至下降，给锑的未来消费带来一定压

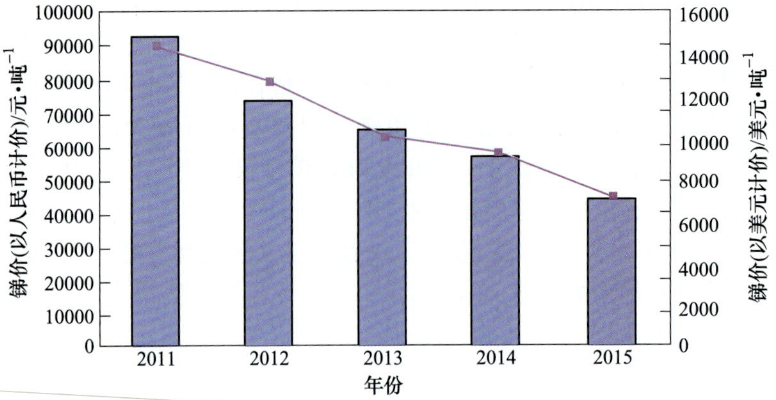

图 12-13　最近 5 年中国锑价变化趋势

力，锑阻燃剂的替代品——低成本的无卤阻燃剂如磷酸酯、三聚氰胺、氢氧化铝、氢氧化镁等也挤占了锑阻燃剂市场，造成锑市场用量减少。另一方面，锑也在不断开拓新的应用领域，锑是半导体和热电装置的理想材料，这种材料可以用于生产二极管、红外线探测器和霍尔效应元件，锑在太阳能光伏发电等新兴领域的应用也有所进展，在新技术领域的用量份额正在不断增长。

综上所述，从长远观点来看，锑的市场需求增长可期，锑的价格也会逐步稳定增长。

12.6.3　全球锑矿资源开发利用技术发展趋势

锑矿是一个小矿种，锑矿的开发利用技术随着其他矿种的采、选技术进步而进步。全球锑矿床多数采用地下采矿，少数采用露天采矿，锑矿采矿技术主要围绕安全、节能、自动化、提高生产效率和资源利用率发展，比较突出的是各国都采用了充填法采矿，提高了地下采矿的安全性和资源利用率。锑矿选矿主要采用重选和浮选，新型高效浮选药剂开发和高效浮选设备应用是锑矿选矿技术的发展方向。

参 考 文 献

[1] Mineral Commodity Summaries 2016，2017，USGS.

[2] Minerals Yearbook Antimony 2014，USGS.

[3] Antimony：Changes in the pattern of supply and demand，Roskill，26th April 2012，by Judith Chegwidden and Jack Bedder.

[4] Report on Critical Raw Materials for the EU，European Commission.

[5] 索洛任金．金锑矿石和精矿的选矿与处理工艺 [J]．国外金属矿选矿，2001，11.

[6] http：//www. geoprömining. com/en/gpm-in-the-media/geoprömining-looks-downstream-in-exciting-antimony-market/.

[7] http：//www. smiibawresources. com/.

[8] The Mineral Industry of Tajikistan by Richard M. Levine.

[9] Tajikistan mineral resources，by Jeffrey Hedenquist，Research Gate，2003.

[10] Beneficiation of Antimony Tailings，by Onur Güven，Research Gate，2011.

[11] Mandalay Resources Investor Presentation，Nov 2016.

预言，在21世纪六大新技术领域——信息、生物、新材料、新能源、空间和海洋，稀土这个元素大家族一定会作出显赫的贡献。

直到1948年前，世界上大多数的稀土矿产自于印度和巴西的砂矿矿床。20世纪50年代，南非发现了大型稀土独居石矿床，并成为世界最大的稀土生产国。从20世纪60年代开始，直到20世纪80年代，美国加利福尼亚的芒廷帕斯稀土矿成为全球最大的稀土生产矿山，自20世纪90年代起，中国逐渐成为全球最大的稀土生产国和出口国，到2010年，中国供应了全球稀土需求量的95%，2016年中国稀土矿产量占到全球稀土矿产量的83%，稀土的应用领域也越来越广泛，需求量不断增长。

13.1.4 稀土的用途

稀土元素具有独特的4f电子结构、大的原子磁矩、很强的自耦合等特性，与其他元素形成稀土配合物时，配位数可在6~12之间变化，并且稀土化合物的晶体结构也是多种多样的。这使其具有诸多其他元素所不具备的光、电、磁特性，被誉为新材料的“宝库”。稀土是发展高新技术的战略性元素，在新能源、新材料、节能环保、航空航天、电子信息等领域的应用日益广泛。2015年世界稀土各领域消费量分布如图13-2所示。

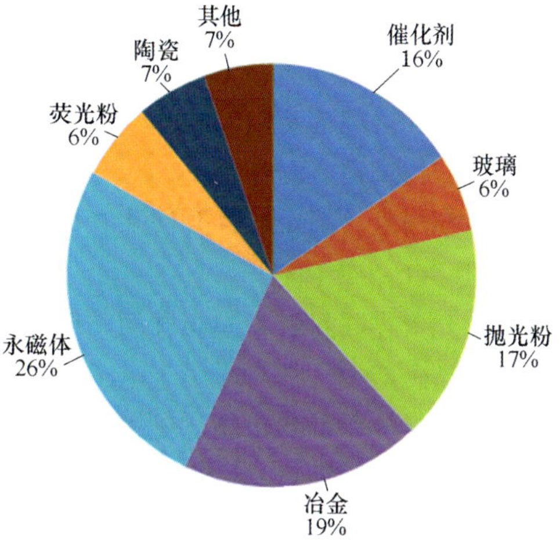

图13-2 全球稀土消费领域分布（2015年）

13.1.4.1 军事

稀土元素是国防领域不可或缺的重要原料之一，稀土在高端武器和装备上的应用大大提高了其性能。稀土元素的添加能使制造飞机、坦克、导弹的钢材和合金材料既轻便又坚固，还可以抵御高温和腐蚀。据报道，美国的“爱国者”导弹在其制导系统中将稀土钐钴磁体和钕铁硼磁体用于电子束聚焦，所以能更加精准地拦截来袭的导弹。在军事工业中常用的水下探测、卫星通讯、电磁干扰等领域，稀土材料都是不可替代的。

13.1.4.2 冶金工业

稀土金属或氟化物、硅化物加入钢中，能起到精炼、脱硫、中和低熔点有害杂质的作用，并可以改善钢的加工性能。稀土硅铁合金、稀土硅镁合金作为球化剂生产稀土球墨铸铁，由于这种球墨铸铁特别适用于生产有特殊要求的复杂球铁件，被广泛应用于汽车、拖拉机、柴油机等机械制造业。稀土金属添加至镁、铝、铜、锌、镍等有色合金中，可以改善合金的物理化学性能，并提高合金室温及高温机械性能。

13.1.4.3 石油化工

用稀土制成的分子筛催化剂，具有活性高、选择性好、抗重金属中毒能力强的优点，因而取代了硅酸铝催化剂用于石油催化裂化过程；在合成氨生产过程中，用少量的硝酸稀土作为助催化剂，其处理气量比镍铝催化剂大1.5倍；在合成顺丁橡胶和异戊橡胶过程中，采用环烷酸稀土-三异丁基铝型催化剂，所获得的产品性能优良，具有设备挂胶少、运转稳定、后续处理工序短等优点；复合稀土氧化物还可以用作内燃机尾气净化催化剂，环烷酸铈还可用作油漆催干剂等。

13.1.4.4 玻璃及陶瓷

稀土氧化物或经过加工处理的稀土精矿，可作为抛光粉广泛用于光学玻璃、眼镜片、显像管、示波管、平板玻璃、塑料及金属餐具的抛光。在熔制玻璃过程中，可利用二氧化铈对铁的强氧化作用，降低玻璃中的铁含量，以达到脱除玻璃中绿色的目的。添加稀土氧化物可以制得不同用途的光学玻璃和特种玻璃，其中包括能通过红外线、吸收紫外线的玻璃、耐酸及耐热的玻璃、防X射线的玻璃等。在陶釉和瓷釉中添加稀土，可以减轻釉的碎裂性，并能使制品呈现不同的颜色和光泽。

13.1.4.5 农业

给农作物施用微量稀土，可以明显提高农作物生理活性，起到增产和改善品质的作用，从而获得可观的经济效益。研究结果表明，微量稀土对植物来说是优良的生长调节剂，稀土元素可以提高植物的叶绿素含量，增强光合作用，促进根系发育，增加根系对养分的吸收。稀土还能促进种子萌发，提高种子发芽率，促进幼苗生长，提高生物酶。除了以上主要作用外，稀土还具有使某些作物抗病、抗寒、抗旱能力增强的作用。

13.1.4.6 新材料

稀土元素在新材料不同领域的应用见表13-2。稀土钕铁硼永磁材料，具有高剩磁、高矫顽力和高磁能积，被广泛用于电子及航天工业；纯稀土氧化物和三氧化二铁化合而成的石榴石型铁氧体单晶及多晶，可用于微波与电子工业；用高纯氧化钕制作的钇铝石榴石和钕玻璃，可作为固体激光材料；稀土六硼化物可用于制作电子发射的阴极材料；镧镍金属是在新能源中广泛应用的贮氢材料；铬酸镧是高温热电材料。近年来，世界各国采用钡钇铜氧元素改进的钡基氧化物制作的超导材料，可在液氮温区获得超导体，使超导材料的研制取得了突破性进展。此外，稀土还广泛用于照明光源、投影电视荧光粉、增感屏荧光粉、三基色荧光粉、复印灯粉等领域。

表13-2 稀土元素在新材料各领域的应用

应用领域	所需稀土元素	应用产品
磁性材料	钕、镨、镝、铽、钐	硬盘驱动器、永磁电机、电子驱动装置
贮氢合金电池材料	镧、铈、镨、钕	动力电池、消费电池
尾气净化剂	铈、镧、钕	汽、柴油添加剂
石化催化剂	镧、铈、镨、钕	石油生产
发光材料	铕、钇、铽、镝、镧、铈、镨、钆	LCD电视、显示器、节能灯
抛光粉	铈、镧、镨、混合金属	LCD电视、显示器、节能灯、硅晶片、芯片
玻璃添加剂	铈、镧、钕、钆、镱、铒	数码产品中的光学玻璃、光纤

综上所述，稀土不仅在国民经济传统和基础产业的发展中具有基础性的作用，而且在高新技术和国防工业的发展中也是必不可少的，它已成为关系经济发展和国家安全的最重要战略性资源之一。

13.2 稀土矿物与矿床

13.2.1 稀土矿物

稀土元素在地壳中主要以矿物形式存在，目前已经发现的稀土矿物在250种以上，但能够用于生产稀土的工业矿物仅有10余种。主要稀土矿物包括独居石、氟碳铈矿、磷钇矿和黏土离子吸附型稀土矿等。

13.2.1.1 *独居石*（Monazite）

独居石又名磷铈镧矿，化学式为（Ce，La，Y，Th）[PO_4]，矿物成分中稀土氧化物含量可达50%~68%，类质同象混入物有Y、Th、Ca、[SiO_4] 和 [SO_4]。独居石溶于$HClO_4$、H_2SO_4、H_3PO_4。

独居石为单斜晶系，斜方柱晶类，晶体成板状，晶面常有条纹，有时为柱、锥、粒状。

独居石呈黄褐色、棕色、红色，间或有绿色，半透明至透明，具有强玻璃光泽，硬度5.0~5.5，性脆，密度为4.9~5.5g/cm^3，电磁性为中弱。

独居石主要产于花岗岩及花岗伟晶岩、稀有金属碳酸岩、云英岩与石英岩、云霞正长岩、长霓岩与碱性正长伟晶岩、混合岩及风化壳与砂矿中。

具有经济开采价值的独居石主要资源是冲积型或海滨沙矿床，最重要的海滨沙矿床在澳大利亚沿海、巴西以及印度等沿海。此外，斯里兰卡、马达加斯加、南非、马来西亚、中国、泰国、韩国、朝鲜等地都有含独居石的重砂矿床。独居石的生产近几年呈下降趋势，主要原因是由于矿石中钍元素具有放射性，对环境有害。

13.2.1.2 *氟碳铈矿*（Bastnaesite）

化学性质：（Ce，La）[CO_3]F，机械混入物有SiO_2、Al_2O_3、P_2O_5。氟碳铈矿易溶于稀HCl、HNO_3、H_2SO_4、H_3PO_4。

晶体结构及形态：六方晶系，复三方双锥晶类，晶体呈六方柱状或板状，细粒状集合体。

物理性质：黄色、红褐色、浅绿或褐色。玻璃光泽、油脂光泽，条痕呈白色、黄色，透明至半透明。硬度4~4.5，性脆，密度为4.72~5.12g/cm^3，有时具放射性，呈弱磁性。

生成状态：主要产于稀有金属碳酸岩，花岗岩及花岗伟晶岩，花岗正长岩有关的石英脉，石英-铁锰碳酸盐岩脉以及砂矿中。

产地：已知最大的氟碳铈矿位于中国内蒙古的白云鄂博矿，作为开采铁矿的副产品，它和独居石一道被开采出来，其稀土氧化物平均含量为5%~6%。品位最高的工业氟碳铈矿床是美国加利福尼亚州的芒廷帕斯矿，开采以氟碳铈矿为主的稀土资源。

13.2.1.3 *磷钇矿*（Xenotime）

化学性质：Y[PO_4]，成分中Y_2O_3占61.4%，P_2O_5占38.6%。有钇族稀土元素混入，其中以镱、铒、镝、钆为主。尚有锆、铀、钍等元素代替钇，同时伴随有硅代替磷。一般来说，磷钇矿中铀的含量大于钍，其化学性质稳定。

晶体结构及形态：四方晶系，复四方双锥晶类，呈粒状或块状。

物理性质：黄色、红褐色，有时呈黄绿色，亦呈棕色或淡褐色。玻璃光泽，油脂光泽。硬度为4~5，密度为4.4~5.1g/cm^3，具有弱的多色性和放射性。

生成状态：主要产于花岗岩、花岗伟晶岩中，亦产于碱性花岗岩以及有关的矿床中，在砂矿中亦有产出。

13.2.1.4 离子吸附型稀土矿（Ion absorpt clays）

离子吸附型稀土矿产于风化壳淋积型稀土矿床，是中国和东南亚国家特有的新型稀土矿物。所谓“离子吸附”系稀土元素不以化合物的形式存在，而是呈离子状态吸附于黏土矿物中。这些稀土易为强电解质交换而转入溶液，不需要破碎、选矿等工艺流程，而是直接浸取即可获得混合稀土氧化物。这类矿的特点是：重稀土元素含量高、经济价值大、品位低、覆盖面大、多在丘陵地带、开采和浸取工艺简单。

13.2.2 稀土矿床

全球稀土矿床类型众多，按其成因主要分为内生矿床、变质矿床、外生矿床三大类，按其工业意义分类的矿床类型没有统一的标准，国内外有多种分类方法。

中国是稀土资源最丰富的国家，稀土矿床类型众多，其稀土矿床分类可以代表全球稀土矿床的基本类型。因稀土元素常与稀有元素共生在一起，故具有工业意义的矿床分类常以稀有、稀土矿床表示。《中国矿床》（中册）推出的稀有、稀土矿床分类方案见表13-3。

表13-3 稀土矿的主要矿床类型

矿床类型	主要矿物	储量规模	可选性	典型矿床
白云鄂博型铁铌稀土矿床	独居石、氟碳铈矿、氟碳钙铈矿、铌铁矿	超大型，品位高	一般	白云鄂博
花岗岩型铌稀土矿床	独居石、磷钇矿、铌钽铁矿、锆英石	大型，品位稳定	矿物粒度细，难选	姑婆山褐钇铌矿花岗岩、蒙古巴尔哲碱性花岗岩铌稀土矿床
花岗伟晶岩型稀土矿床	褐钇铌矿、铌钽铁矿、细晶石、含钽锡石及锂云母	小型，品位较高	矿物粒度较大，易选	江西雅山花岗岩型细晶石铌钽铁矿矿床
稀土氟碳酸盐热液脉状型矿床	氟碳铈矿	大型，品位高	矿物粒度较大，易选	美国芒廷帕斯、四川牦牛坪
含铌稀土正长岩碳酸岩型矿床	独居石、氟碳铈矿、氟碳铈钙矿等，烧绿石、铌铁矿、铌铁金红石	大型，品位较低	共（伴）生矿物多，选矿难度较大	湖北竹山庙垭大型铌稀土矿床
化学沉积型含稀土磷块岩矿床	钇族稀土胶磷矿、微晶磷灰石类质同象	大型，共（伴）生矿品位较低	不可选，磷酸生产中回收难度大	织金县新华磷矿床

续表 13-3

矿床类型	主要矿物	储量规模	可选性	典型矿床
沉积变质型铌稀土矿床	铌铁矿、铌易解石、铌铁金红石、独居石、磷灰石	中型、大型，品位较低	稀土和磷可综合回收利用	甘肃北部和内蒙古西部
混合岩型稀土矿床	含独居石、磷钇矿、褐帘石和锆石	中型、大型，品位中	可综合回收	广东五和稀土混合岩矿床，辽宁翁泉沟混合岩
风化壳稀土矿床	褐钇铌矿、磷钇矿、独居石、稀土离子吸附型黏土	大型，品位中等	可选性好，离子吸附型易回收，成本低	广西富贺钟三县的风化壳花岗岩，江西赣南离子吸附型稀土矿
冲积砂矿和海滨砂矿	钛铁矿、金红石、锆石、独居石、磷钇矿	小型为主，海滨砂矿规模较大	易采选	中南、滇西南、广东、海南、东南亚

全球稀土矿床主要分布在中国、澳大利亚、俄罗斯、美国、巴西、加拿大和印度等国，近年来在越南也发现了大型稀土矿床。另外，南非、马来西亚、印度尼西亚、斯里兰卡、蒙古、朝鲜、阿富汗、沙特阿拉伯、土耳其、挪威、格陵兰、尼日利亚、肯尼亚、坦桑尼亚、布隆迪、马达加斯加、莫桑比克、埃及等国家和地区也发现具有一定规模的稀土矿床。世界上最重要的稀土矿床包括：

（1）中国内蒙古白云鄂博铁铌稀土矿床；

（2）中国四川冕宁“牦牛坪式”单一氟碳铈矿矿床；

（3）中国南方风化淋积型稀土矿床；

（4）澳大利亚韦尔德山碳酸岩风化壳稀土矿床；

（5）澳大利亚东、西海岸的独居石砂矿床；

（6）美国芒廷帕斯碳酸岩氟碳铈矿矿床；

（7）巴西阿腊夏、塞斯拉估什碳酸岩风化壳稀土矿床；

（8）俄罗斯托姆托尔碳酸岩风化壳稀土矿床，希宾磷霞岩稀土矿床；

（9）越南茂塞碳酸岩稀土矿床等。

这些稀土矿床的稀土矿产资源量均大于 100 万吨稀土氧化物，有的矿床达到上千万吨，成为世界稀土资源的主要供给源。中国已探明稀土资源量居世界首位，主要分布在内蒙古、江西、广东、广西、四川、山东等地。自 1927 年丁道衡教授发现白云鄂博铁矿，1934 年何作霖教授发现白云鄂博铁矿中含有稀土元素矿物以来，中国地质科学工作者不断探索和总结中国地质构造演化、发展的特点，运用和创立新的成矿理论，在全国范围内发现并探明了一批重要稀土矿床。20 世纪 50 年代初期发现并探明了超大型白云鄂博铁铌稀土矿床，20 世纪 60 年代中期发现江西、广东等地的风化淋积型（离子吸附型）稀土矿床，20 世纪 70 年代初期发现山东微山稀土矿床，20 世纪 80 年代中期发现四川凉山“牦牛坪式”大型稀土矿床等。这些发现和地质勘探成果为中国稀土工业的发展提供了最可靠的资源保证，同时还总结出了中国稀土资源具有成矿条件好、分布面广、矿床成因类型多、资源潜力大、有价元素含量高、综合利用价值大等最基本的特点。

中国稀土资源的时代分布，主要集中在中晚元古代以后的地质历史时期，太古代时期很少有稀土元素富集成矿，这与活动的中国大陆板块演化发展历史有关。中晚元古代时期华北地区北缘西段形成了巨型的白云鄂博铁铌稀土矿床；早古生代（寒武系）形成了贵州织金等地的大型稀土磷块岩矿床；晚古生代有花岗岩型和碱性岩型稀土矿床形成；中生代花岗岩型和碱性岩型稀土矿床广布于中国南方；新生代（喜山期）有碱性花岗岩和英碱岩稀土矿床的形成；第四纪有中国南方风化淋积型稀土矿床的形成。中国稀土矿床成矿时代之多、分布时限之长是世界上其他国家所没有的。但中国稀土资源最主要的富集期是中晚元古代和中新生代，其他时代的稀土矿床一般规模较小。

13.3 全球各国稀土储量与产量

13.3.1 全球各国稀土矿资源储量和产量

根据美国地质调查局统计，截至2016年年底，全球探明的稀土氧化物储量为1.21亿吨，其中，中国4400万吨、巴西2200万吨、越南2200万吨、俄罗斯1800万吨、印度690万吨、澳大利亚340万吨。储量排名前四的国家为中国（占全球稀土储量的36.35%）、巴西（占18.17%）、越南（占18.17%）、俄罗斯（占14.87%），这四个国家的稀土储量占到全球稀土储量的87.5%，可见尽管全球稀土资源储量丰富，分布广泛，但稀土资源储量分布不均。2016年全球稀土氧化物产量为12.6万吨，比2015年的14万吨略有减少。产量前三的国家为中国（10.5万吨）、澳大利亚（1.4万吨）、俄罗斯（0.3万吨），分别占全球产量的83.2%、11.09%和2.38%。表13-4、图13-3和图13-4给出了全球各国稀土储量和产量份额情况，从图13-3和图13-4中可以看出，全球稀土资源的储量和产量均呈现非常集中的特点。近年来，西方国家渲染稀土资源供应安全的议题，激发了世界各国稀土矿资源勘探工作的热潮，东南亚、非洲、南美洲不少国家不断传来探明新的稀土矿床的消息。

表13-4 2016年全球各国稀土储量和产量份额

国家	2015年产量(REO)/t	产量份额/%	2016年产量(REO)/t	产量份额/%	储量(REO)/t	储量分布/%
美国	5900	4.55	0	0.00	1400000	1.16
格陵兰	0	0.00	0	0.00	1500000	1.24
澳大利亚	12000	9.25	14000	11.09	3400000	2.81
印度	1700	1.31	1700	1.35	6900000	5.70
俄罗斯	2800	2.16	3000	2.38	18000000	14.87
巴西	880	0.68	1100	0.87	22000000	18.17
越南	250	0.19	300	0.24	22000000	18.17
中国	105000	80.90	105000	83.20	44000000	36.35
其他国家	1260	0.98	1100	0.92	1856000	1.53
全球	129790	100	126200	100	121056000	100

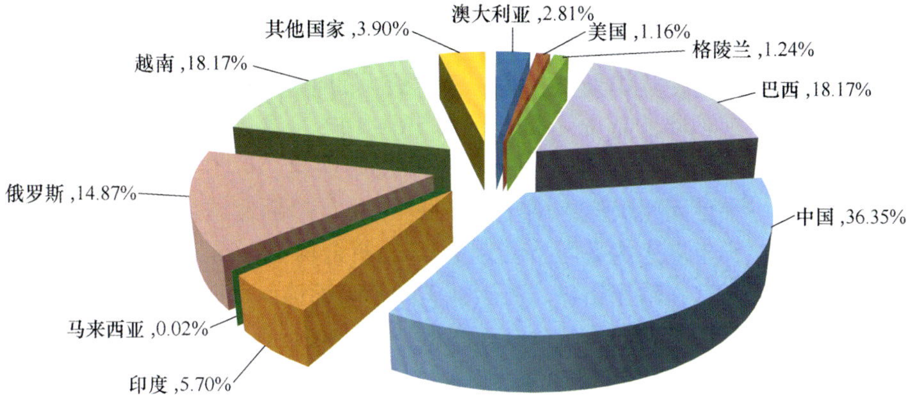

图 13-3　2016 年全球稀土储量分布

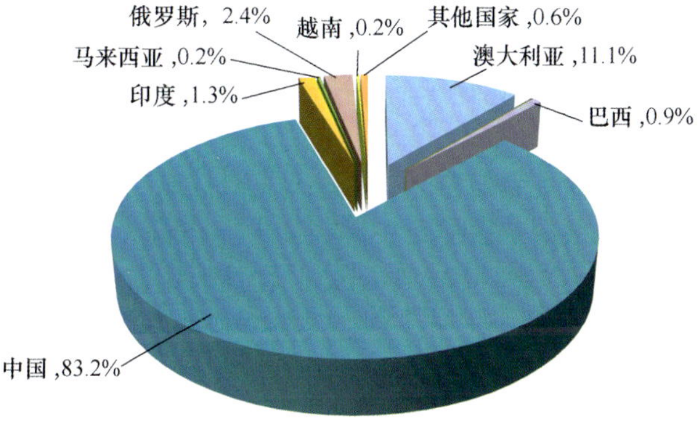

图 13-4　2016 年全球各国稀土产量份额

13.3.2　世界主要稀土资源国资源概况

中国的稀土矿储量占全球稀土矿储量的 36%，产量占全球稀土产量的 83.2%，均居世界第一位。中国的稀土资源类型多、储量大、种类丰富，并且稀土元素较为齐全。主要稀土矿有白云鄂博稀土矿、山东微山稀土矿、冕宁稀土矿、江西风化壳淋积型稀土矿、湖南褐钇铌矿和漫长海岸线上的海滨砂矿等。白云鄂博稀土矿与铁共生，所含主要稀土矿物有氟碳铈矿和独居石，比例为 3：1，都达到了稀土回收品位，故称混合矿，稀土总储量（REO）达到 3500 万吨，堪称世界第一大稀土矿。微山稀土矿和冕宁稀土矿均以氟碳铈矿为主，伴生有重晶石等，是矿物构成相对简单的一类易选的稀土矿。江西风化壳淋积型稀土矿是一种新型稀土矿种，它的选冶相对简单，且中重稀土含量较高，是一类很有市场竞争力的稀土矿。

中国的海滨砂矿也极为丰富，在整个南海的海岸线及海南岛、台湾岛的海岸线可称为海滨砂矿存积的黄金海岸，有近代沉积砂矿和古砂矿，其中独居石和磷钇矿作为海滨砂矿回收钛铁矿和锆英石时的副产品加以回收。

2015 年之前，美国的稀土储量一直占全球稀土储量的 10%左右，由于美国稀土矿物认定标准的调整，2016 年美国稀土储量份额下降为 1.13%。美国稀土资源主要有氟碳铈矿、独居石，也有选别其他矿物时作为副产品回收的黑稀金矿、硅铍钇矿和磷钇矿。位于加利福尼亚圣贝迪诺县的芒廷帕斯矿，是世界上最大的单一氟碳铈矿，该矿山 1949 年勘探放射性矿物时被发现，稀土品位（REO）为 5%~10%，储量达 500 万吨之多，多年开采后于 2002 年停产，此外，北卡罗来纳州、南卡罗来纳州、佐治亚州、爱达荷州和蒙大拿州也有砂矿分布。怀俄明州贝诺杰稀土矿 2009 年公布的勘探结果在该矿区圈定的稀土资源量为 980 万吨，稀土氧化物平均品位为 4.1%，折合稀土金属量 36.3 万吨，稀土元素以轻稀土为主，主要赋存在磷锶铬矿、氟碳铈矿和氟磷钙铈矿等矿物中。

印度主要的稀土资源是独居石，分布在海滨砂矿和内陆砂矿中。印度的独居石生产从 1911 年开始，最大矿床分布在喀拉拉邦、马德拉斯邦和奥里萨拉邦。有名矿区是位于印度南部西海岸的恰瓦拉和马纳范拉库里奇被称为“特拉范科”的大矿床，它在 1911~1945 年间的供矿量占世界的一半，现在仍然是重要的产地。1958 年在铀、钍资源勘探中，在比哈尔邦内陆的兰契高原上发现了一个新的独居石和钛铁矿矿床，规模巨大，据报道每平方英里有 3500t 独居石。印度独居石钍（以 ThO_2形式存在）含量高达 8%。在马纳范拉库里奇采的重砂独居石占 5%~6%，钛铁矿占 65%，金红石 3%，锆英石 5%~6%，石榴石 7%~8%。

俄罗斯的稀土储量很大，主要是位于科拉半岛的伴生矿，稀土矿物存在于碱性岩中的磷灰石矿物中。俄罗斯主要从磷灰石矿石中回收稀土。在磷灰石矿石中，可回收的稀土矿物有铈铌钙钛矿，稀土含量为 29%~34%。另外，在赫列比特和森内尔还有氟碳铈矿。

澳大利亚的稀土矿物主要为独居石，大部分是从生产金红石、锆英石和钛铁矿的副产品中加以回收，主要矿床包括韦尔德山碳酸岩风化壳稀土矿床和澳大利亚东、西海岸的砂矿床。此外，澳大利亚的稀土矿物还包括磷钇矿和位于昆士兰州中部艾萨山的采铀尾矿。

加拿大独立的稀土矿床较少，主要从铀矿开采的副产品中回收稀土，其中位于安大略省布莱恩德里弗-埃利特湖地区的铀矿，是其稀土的主要来源。该矿区主要由钛铀矿、沥青铀矿、独居石和磷钇矿组成，在湿法提铀的同时把稀土作为副产品提取出来。此外，位于纽芬兰岛和拉布拉多省境内的斯特伦奇湖矿，拥有丰富的钇和重稀土资源，位于魁北克省奥卡地区的烧绿石矿，也是一处很大的潜在的稀土资源。

南非是非洲地区最重要的稀土生产国，其稀土资源主要为独居石。世界上唯一的单一脉状型独居石稀土矿就位于开普省的斯廷坎普斯克拉尔，是非洲地区主要的独居石产地。此外，在布法罗萤石矿中伴生有氟碳铈矿和独居石，在东南海岸的查兹贝的海滨砂矿中也有丰富的稀土资源。

马来西亚主要从锡矿的尾矿中回收独居石、磷钇矿和铌钇矿等稀土矿物，曾一度是世界重稀土和钇的主要来源。

埃及从钛铁矿中回收独居石。矿床位于尼罗河三角洲地区，属于河滨砂矿，矿源由上游风化的冲积砂沉积而成，独居石储量约为 20 万吨。

巴西的主要稀土资源为独居石，从 1884 年就开始向德国输出独居石，是世界上生产稀土的最古老国家。巴西的独居石资源主要为碳酸岩风化壳稀土矿床，集中于东部沿海，其巨大的矿床从里约热内卢延伸到北部的福塔莱萨，长达 643km，地区矿床规模大，由核能和独居石联合有限公司负责采选。近年来在莫鲁杜费鲁发现含有氟碳铈矿和褐铈石的重要稀土矿床，稀土氧化物品位为4%。

越南是探明稀土矿资源储量较大的国家，越南稀土资源大部分属轻稀土。越南莱州（lai chau）和安沛（yen bai）两省的 nam xe 地区、muong hum 地区及 yen phu 地区拥有丰富的稀土矿产资源，此外位于越南北端的 dong pao 地区也有储量丰富的稀土矿。越南的稀土矿资源多为独居石和氟碳铈矿，矿山所在地多为山区，加上独居石具有放射性，开采难度和风险很大。日本自 2009 年开始已加紧开发越南的稀土矿产，2010 年日本的丰田通商和双日商社与一家越南公司三方合作开发越南 dong pao 小型氟碳铈矿，计划每年为日本供应 5000t 稀土矿。

13.3.3 世界主要稀土矿床

目前全球稀土生产地主要集中在中国内蒙古包头、四川凉山、山东微山、澳大利亚的 Mount Weld、俄罗斯的 Karnasurt、中国南方 7 省众多的离子吸附型矿、东南亚国家众多的冲积砂矿和海滨砂矿，未来可能还会有加拿大 Ashram 稀土矿项目和其他国家的稀土项目。具体见表 13-5。

表 13-5 世界主要稀土矿床资源及生产概况

矿床位置	占全球产量份额/%	矿床类型	矿物类型	原矿品位（REO）/%	精矿品位和回收率（REO）	备 注
中国白云鄂博	45~50	碳酸盐型	氟碳铈矿、独居石	1~6	55%~65% 和 35% 两种精矿产品，选矿总收率 60%	控制全球产量的决定因素，为铁矿共（伴）生矿，尾矿库中稀土矿石储量 1489 万吨，品位 6.65%（REO）
中国四川凉山	15~20	碳酸盐型	氟碳铈矿	3~5	精矿产品 60%~70%，选矿回收率大于 80%	全球稀土产量第二大的地区
中国微山	<2	碳酸盐型	氟碳铈矿	1~3	60% 和 35% 两种精矿产品，选矿回收率 80%	原矿平均品位（REO）为 3.13%，开采品位降低，产量逐年下降
澳大利亚 Mount Weld	5~10	碳酸盐型（红土型）	独居石	7~11	精矿产品 35%~40%，选矿回收率 70%	红土碳酸盐型稀土矿给选矿带来重大技术挑战
东南亚冲积矿	众多小矿 <3	冲积砂矿（重砂）	独居石，磷钇矿	<0.2	精矿产品 50%~60%，选矿回收率大于 80%	稀土、重稀土产品与钛、锆矿物一同产出
俄罗斯 Karnasurt	<3	花岗岩型	铈铌钙钛矿	0.9	精矿产品 30%，选矿回收率 70%	俄罗斯唯一的钽、铌、金红石共（伴）生稀土矿
中国南方离子吸附型	15~20	离子吸附型	重稀土或轻稀土离子吸附	0.05~0.2	混合稀土产品 75%~92%，原地浸出收率 85%	中国中重稀土的主要来源

续表 13-5

矿床位置	占全球产量份额/%	矿床类型	矿物类型	原矿品位(REO)/%	精矿品位和回收率（REO）	备注
加拿大 Ashram	筹建阶段预设计 1.69 万吨 REO 约占全球 14%	碳酸盐型	独居石，氟碳铈矿	2	精矿产品 45%~50%，选矿回收率大于 75%	精矿中镨、钕、镝、铽得到富集

13.4 国外稀土矿业公司

全球稀土矿业公司主要有包钢集团、中国铝业集团、广晟有色集团、五矿集团、美国贝尔罗奇山稀有元素资源公司、澳大利亚 Lynas Corp、澳大利亚 Afrafura 资源公司、俄罗斯 TriArkMining 公司等。中国的北方稀土（集团）高科技股份有限公司是世界稀土资源储量最丰富、产量最大的公司，旗下的包钢集团是全球最大的稀土矿生产公司，公司拥有的白云鄂博稀土矿稀土总储量（REO）达 3500 万吨，约占世界储量的 29%，年产量占到全球稀土产量的 40%~50%，本书主要介绍国外稀土矿资源和利用现状，因此对我国稀土矿资源不多做介绍。表 13-6 介绍了 2010~2012 年间全球主要稀土公司资源和生产概况，也列出了部分国外稀土待建项目的情况。

美国 TMR 公司 2012 年的研究报告显示，除中国之外，在建和规划建设的稀土项目主要集中在美洲、欧洲和非洲。共有 37 个国家和地区 261 家公司的 429 个稀土项目处在勘探、规划、筹建过程中。其中，美国、澳大利亚、巴西等 13 个国家的 38 个项目进展较快。分布在美国、澳大利亚、加拿大、格陵兰岛及南非等地的其他 9 个稀土矿山项目可能在 2013~2016 年间陆续投产，加上芒廷帕斯和韦尔德山两个项目，总储量（REO）约为 2235 万吨。上述稀土项目产品以轻稀土为主，重稀土只有澳大利亚都保矿（能生产少量钇）、加拿大内查拉口矿（能生产少部分铽、镝和钇等重稀土）与南非赞德科普斯·德瑞福特稀土项目能有少量生产。2012 年后，由于稀土价格的快速下跌，各主要稀土生产国均对本国稀土政策进行了调整，如我国坚决取缔中小稀土生产企业，组建六大全国性稀土集团，严格控制稀土生产配额，美国国内 2016 年稀土矿生产完全停止，全球稀土行业正在发生变化，因此表 13-6 的数据仅代表 2010~2012 年间全球各大稀土矿山和稀土企业的生产情况。

表 13-6 世界主要的稀土矿山和稀土公司

国家	矿山	主要参与公司	储量（REO）/万吨	品位(REO)/%	轻稀土含量/%	产能建设计划
中国	白云鄂博稀土矿	包钢集团	3500	3~5	—	稀土类产品年产能 53997t/a
	8 家稀土企业	广晟有色	713	—	—	不足 2 万吨/年
	江西离子吸附型稀土矿	五矿集团	占中国离子型稀土矿的 40%	—	—	7000t/a

续表 13-6

国家	矿山	主要参与公司	储量（REO）/万吨	品位(REO)/%	轻稀土含量/%	产能建设计划
美国	芒廷帕斯山	钼业公司	207	6.57	98.60	2012 年底 1.9 万吨/年，2013 年二期项目将达 4 万吨/年，实际停产
	贝尔罗奇山	稀有元素资源公司	114	3	93.33	预可研阶段，预计 2015 年后投产，年产能 1 万吨/年，实际推后
澳大利亚	韦尔德山	莱纳斯公司	189.42	7.91	两个矿段分别为 94.71 和 86.87	2012 年 1.1 万吨/年，2013 年扩张至 2.2 万吨/年
	诺兰稀土矿	Afrafura 资源公司	123.5	2.62	84.37	可研阶段，预计 2017 年后投产，年产能 2 万吨/年
	都保稀土矿	艾尔肯资源公司	65.15	0.89	74.55	可研阶段，预计 2017 年后投产，轻稀土 3540t/a，中重稀土 1070t/a
加拿大	内查拉口	阿瓦隆资源公司	563.91	1.14	82.42	可研阶段，计划 2016 年投产，产能 1 万吨/年，实际推后
	奇异湖	奎斯特稀有矿物公司	209.8	0.91	58.27	预可研阶段，预计 2017 年后投产，年产能 1.2 万吨/年
	霍益达斯湖	大西矿物公司	6.7	2.4	96	可研阶段，2020 年后投产，产能 5000t/a
南非	赞德科普斯·德瑞福特稀土项目	边远公司	94.83	2.23	89.92	可研阶段，2015 年产出，产能 2 万吨/年
	斯丁克雷姆斯卡尔	大西矿物公司	2.80	16.54	89.35	预计 2013 年后投产，年产能 5000t/a
格陵兰	科威恩夫耶尔德	矿业与能源公司	654.69	1.06	86.60	计划 2018 年投产，设计产能 3.3 万吨/年精矿，最终冶金产品 2.3 万吨/年
坦桑尼亚	Wigu Hill	蒙特罗矿业和勘探公司	8.55	2.59	99.23	计划 2014 年后投产，实际推后
	Ngualla	Peak Resources	90	4.89	96.5	计划 2018 年后投产，产能 28000t/a 稀土精矿（45% REO）
纳米比亚	Lofdal	Namibia Rare Earths Inc	1	0.59	13.39	计划 2020 年后投产，产能为 1500t/a 稀土精矿（REO）

13.4.1 澳大利亚莱纳公司

澳大利亚莱纳公司（Lynas Corporation）是一家在澳大利亚证券交易所（ASX）上市的公司。公司矿山和选厂位于西澳大利亚，另外有一个技术办公室在珀斯。公司的稀土材料生产厂位于马来西亚关丹县附近的工业园区，还有一个销售公司在吉隆坡。Lynas 公司可以为客户提供稳定和高质量的稀土产品，特别是有重要战略作用的镨、钕和某些重稀土材料。

莱纳公司拥有韦尔德山稀土矿权，并于 2002~2008 年间对韦尔德山的稀土和稀有金属开展了补充勘探、资源评价和矿石选冶试验。根据莱纳公司网站公布的数据，以 4%的 REO 为边界品位，韦尔德山中央稀土区共圈定探明+控制级别的资源量 620 万吨，推断级别的资源量 150 万吨，稀土氧化物平均品位为 11.9%，折合稀土金属量为 92 万吨。2008 年，莱纳公司委托澳大利亚矿山设计和开发公司对韦尔德山中央稀土区进行露天采矿设计和优化，并于 2008 年 6 月开展了第一阶段的采矿活动，共采出矿石 77 万吨，平均品位（REO）为 15.4%。莱纳公司已在韦尔德山矿山建立了稀土选矿厂，选出 40%REO 的精矿运往设在马来西亚关丹市的稀土分离厂冶炼。稀土分离厂一期设计规模为稀土氧化物 10500t/a，二期扩建至 22000t/a。2014 年，韦尔德山稀土矿生产了 8470t 稀土精矿，折合 REO 为 3230t。公司位于马来西亚的稀土冶炼厂利用来自公司澳大利亚矿山的稀土精矿生产了 7200t 稀土精炼产品（REO），2016 年公司的钕镨稀土产品产量达到 3897t。

13.4.2 美国稀有元素资源公司

稀有元素资源有限公司（Rare Elements Resources Ltd.）成立于 1999 年，是一家在纽约证券交易所上市的矿产资源公司，专注于战略材料技术的开发，公司总部位于俄亥俄州东北部。2011 年，美国地质调查局确认稀有元素资源公司拥有北美最大的稀土矿床。

稀有元素资源公司通过旗下子公司获得了美国贝诺杰稀土矿区 100%矿权权益，并在 2004~2008 年间开展了针对该区稀土矿床的勘探和选冶研究。综合该区稀土矿的勘探数据，采用 1.5%的 REO 为边界品位，在该区圈定资源量 980 万吨，其中氧化带矿石量 456 万吨，过渡带和非氧化带矿石量 526 万吨，稀土氧化物平均品位为 4.1%，折合稀土金属量 36.3 万吨。目前，稀有元素资源公司正在针对不同类型的矿石开展选冶试验。

13.4.3 阿瓦隆稀有金属公司

阿瓦隆稀有金属公司（Avalon Rare Elements Inc.）是一家加拿大矿产开发公司，主要专注于稀有金属的开发，总部设在加拿大多伦多。公司为客户提供锂、锡、铟、钽、铌、锆以及稀土元素产品。

阿瓦隆稀有金属公司拥有加拿大托尔湖稀土矿（ThorLake）项目 100%的权益，在对以前的钻探样品重新取样分析的同时，开展了新一轮的勘探活动，并开展了小规模的冶金试验。2009 年 3 月发布估算报告，以 1.6%的 REO 为边界品位，Lake 区拥有控制+推断级别的资源量 6521 万吨，稀土氧化物平均品位为 2.05%，折合稀土金属量 133 万吨，其中重稀土氧化物占全部稀土氧化物的 15%左右。

物。大西矿物公司于 2012 年 1 月与我国赣州虔东稀土集团签订合作协议，在稀土矿附近建立稀土分离厂等项目，并将规划产能从 2700t/a 提高到 5000t/a。

13.6 全球稀土矿资源开发利用趋势

13.6.1 全球稀土矿资源的供给和价格变化趋势

全球稀土产量在 1966 年以前较低，年产量均没有超过 1 万吨/年，1966 年后随着稀土用途的不断扩展，全球稀土产量迅速增加，截至 1989 年全球稀土产量达到 6 万吨。自 1990 年以来，全球稀土矿产品产量逐年递增，至 2006 年全球稀土矿产品产量达到历史最高值 13.7 万吨/年，与 1987 年相比增长了 3 倍多，造成市场过剩，随后稀土价格下跌，2007 年、2008 年开始全球稀土产量有所下降，2016 年全球稀土产量恢复到 12.6 万吨/年，产量前三的国家为中国（10.5 万吨）、澳大利亚（1.4 万吨）、俄罗斯（0.3 万吨）。1900~2016 年全球稀土产量变化趋势如图 13-8 所示。预计未来全球稀土产量仍将保持增长，我国以外地区的稀土产能扩大将成为全球稀土产能增加的主要推动力，我国在全球稀土产能中所占比例会有一定程度的减小，但减小幅度不大，仍将是世界稀土资源的主要供给国。

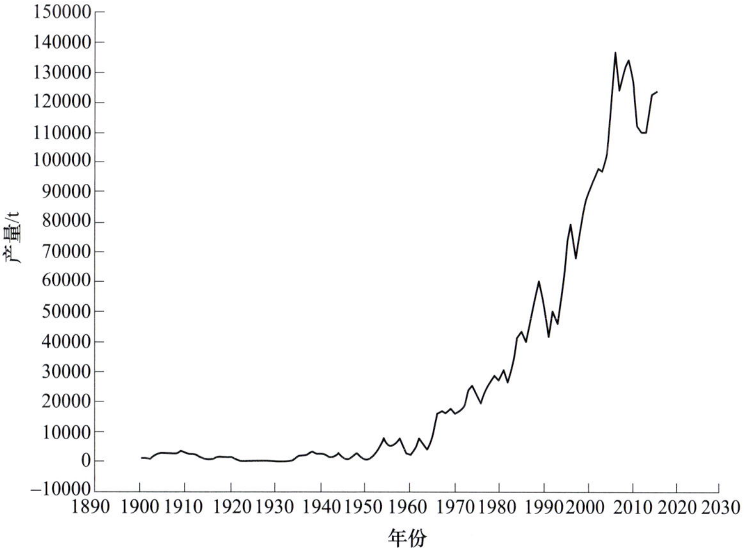

图 13-8 全球 1900~2016 年稀土产量变化趋势

1998 年以前全球从事稀土开采和稀土矿产加工的国家主要有中国、美国、印度、俄罗斯、马来西亚，随着美国关闭芒廷帕斯稀土矿，1998 年之后全球从事稀土开采和矿产品生产的国家主要是中国、印度、马来西亚等。1987~2011 年全球稀土矿产品产量地区分布情况见表 13-7，从中可以看出，1990 年以来，全球稀土矿产品产量呈逐年增长的态势，2006 年全球矿产品产量达到峰值，与 1987 年相比，全球稀土矿产品产量增长了 3 倍多，2007 年、2008 年开始有所下降，从 2003 年开始中国的稀土矿产品产量占世界总产量的 95%以上，中国稀土矿产品的生产情况基本代表了世界稀土矿产品状况。

表 13-7　1987~2011 年全球各国稀土矿产品产量　（t/a）

年份	中国	印度	俄罗斯	马来西亚	南非	斯里兰卡	巴西	美国	合计	中国占比/%
1987	21438	1100	—③	1500	600	55	2150	15000	41843	51.23
1988	29640	2000	—③	1500	600	100	1300	9000①	44140	67.15
1989	25220	1150	—③	1540	600	100	1250	17000①	46860	53.82
1990	16480	2250	—③	1700	650	100	800	18000①	39980	41.22
1991	16150	2250	—③	1000	650	100	800	13000①	33950	47.57
1992	21340	2250	—③	800	650	100	800	17000①	42940	49.70
1993	22100	2550	—③	700	650	100	800	16000①	42900	51.52
1994	30650	2250	—③	600	—③	100	600	15000①	49200	62.30
1995	48002	2700	2000	400	—③	100	400	22200	75802	63.33
1996	55373	2700	2000	300	—③	100	200	20400	81073	68.30
1997	53250	2700	2000	400	—③	100	400	20000	78850	67.53
1998	65000	2700	2000	400	—③	100	—③	10000	80200	81.05
1999	70000	2700	2000	600	—③	100	—③	5000	80400	87.06
2000	73000	2700	2000	600	—③	100	—③	5000	83400	87.53
2001	80600	2700	4000	500	—③	100	200	5000	93100	86.57
2002	88400	2700	4000	500	—③	100	200	5000	100900	87.61
2003	92000	1500	2000	250	—③	—③	—③	—③	95750	96.08
2004	98300	2700	2000	250	—③	—③	—③	—③	103250	95.21
2005	118709	2700	2000	750	—③	—③	—③	—③	124159	95.61
2006	132506	2700	2000	430	—③	—③	527	—③	138163	95.91
2007	120800	2700	2000	380	—③	—③	645	—③	126525	95.48
2008	124500	2700	—③	120	—③	—③	460	—③	127780	97.43
2009	129405	2700	—③	13	—③	—③	170	—③	132000	98.03
2010②	89259	2800	—③	400	—③	—③	550	—③	93009	95.96
2011②	84943	3000	—③	30	—③	—③	550	—③	88523	95.95

资料来源：Mineral Commodity Summaries，January 1996~2012，美国地勘局（USGU）数据。

①表中的数据只包括氟碳铈矿，不包括独居石，1988 年后的精矿数据是库存（因 Mountain Pass 矿山 1998 年停止了矿山开采）；

②表中的数据是中国公布的数据，而美国地勘局估计中国 2010 年与 2011 年产量是 130000t；

③表中“—”表示未统计该数据。

中国稀土矿产品主要由混合型稀土矿、离子型稀土矿和氟碳铈矿构成，1988~2012 年，我国稀土矿产品产量与储量情况见表 13-8，从表 13-8 中可知，1988~2011 年，混合型稀土矿占开采总量的 35%~65%，离子型稀土矿占开采总量的 11%~37%，氟碳铈矿占开采总量的 1%~37%，混合型稀土矿、离子型稀土矿和氟碳铈矿占我国稀土资源总储量的比例分别是 84%、3%和 10%左右，可以看出，三大种类矿产品开采量与储量之间存在严重不平衡问题，离子型稀土矿仅占中国总储量的3%，其开采量却占10%以上，有的年份高达37%，离子型稀土矿显然过度开采，正在使中国的资源优势逐渐丧失。

表 13-8 1988~2011 年我国稀土矿产品生产与储量结构情况

年份	混合型稀土矿		离子型稀土矿		氟碳铈矿		其他		稀土矿产量合计/t	混合型稀土矿储量占比/%	离子型稀土矿储量占比/%	氟碳铈矿储量占比/%	其他矿种储量占比/%
	产量/t	占比/%	产量/t	占比/%	产量/t	占比/%	产量/t	占比/%					
1988	10280	34.68	8500	28.68	250	0.84	10610	35.80	29640	83.65	2.88	10.58	2.88
1989	11410	45.24	6100	24.19	750	2.97	6960	27.60	25220	83.65	2.88	10.58	2.88
1990	8240	50.00	2920	17.72	1610	9.77	3710	22.51	16480	83.65	2.88	10.58	2.88
1991	7700	47.68	3801	23.54	2998	18.56	1651	10.22	16150	83.65	2.88	10.58	2.88
1992	9000	42.17	2970	13.92	5120	23.99	4250	19.92	21340	83.65	2.88	10.58	2.88
1993	9200	41.63	2920	13.21	8330	37.69	1650	7.47	22100	83.65	2.88	10.58	2.88
1994	15743	51.36	5855	19.10	8458	27.60	594	1.94	30650	83.67	2.88	10.57	2.88
1995	26905	56.05	9770	20.35	9643	20.09	1684	3.51	48002	83.69	2.87	10.56	2.88
1996	34359	62.05	7473	13.50	13451	24.29	90	0.16	55373	83.72	2.85	10.55	2.88
1997	35000	65.73	6000	11.27	12200	22.91	50	0.09	53250	83.74	2.84	10.53	2.89
1998	41500	63.85	12000	18.46	9815	15.10	1685	2.59	65000	83.76	2.83	10.52	2.89
1999	42000	60.00	13000	18.57	15000	21.43	—	0.00	70000	83.78	2.81	10.51	2.89
2000	40600	55.62	19500	26.71	12900	17.67	—	0.00	73000	83.82	2.79	10.50	2.89
2001	46600	57.82	19200	23.82	10400	12.90	4400	5.46	80600	83.86	2.76	10.49	2.90
2002	55400	62.67	20000	22.62	13000	14.71	—	0.00	88400	83.90	2.73	10.48	2.89
2003	54000	58.70	23000	25.00	15000	16.30	—	0.00	92000	83.93	2.69	10.48	2.90
2004	46600	47.41	30000	30.52	21700	22.08	—	0.00	98300	83.98	2.65	10.47	2.90
2005	49000	41.28	44000	37.07	25709	21.66	—	0.00	118709	84.05	2.60	10.44	2.91
2006	50377	38.02	45129	34.06	37000	27.92	—	0.00	132506	84.15	2.52	10.42	2.92
2007	69000	57.12	45000	37.25	6800	5.63	—	0.00	120800	84.27	2.44	10.37	2.92
2008	66000	53.01	36000	28.92	22500	18.07	—	0.00	124500	84.33	2.35	10.38	2.93
2009	65000	50.32	32695	25.27	31710	24.50	—	0.00	129405	84.41	2.29	10.37	2.94
2010	49900	55.90	14722	16.49	24637	27.60	—	0.00	89259	84.50	2.23	10.33	2.94
2011	49960	58.82	10214	12.02	24769	29.16	—	0.00	84943	83.70	2.90	10.57	2.90

资料来源：1996~2011 年期刊《稀土信息》整理的数据和《世界稀土经济》10、11 和 12 版。

稀土产业是中国具有优势的特色产业，但是自 20 世纪 90 年代后期，中国的稀土资源开始过度开采，资源不断流失。2002 年以前购买中国稀土产品的国家只集中在美、日、法等少数几个国家，到 2004 年购买中国稀土产品的国家和地区达到了 74 个。而且公开的数据表明：20 世纪 80 年代，中国的稀土储量还占世界储量的 85%左右，而后就一直下降至 40%左右。伴随着中国稀土资源加速流失的还有中国生态环境的持续恶化和稀土行业的低水平重复建设，以及众多出口企业的竞相杀价和恶意竞争。而一些发达国家则乘机加快了稀土战略储备和对本国资源的保护，以及通过技术封锁，继续加强对稀土资源的控制。例如：日本是无稀土资源的国家，其83%的稀土资源都来自中国。早在20世纪80年代，日本就把从中国进口的稀土用钢板焊封沉入海底以备不时之需。1983年，日本出台了稀有矿产战略储备制度，储备对象为镍、铬、钨、钴、钼、钒、锰等7种重要金属，其进口依赖度超过90%；美国曾经是世界上主要的稀土资源生产和应用国，在1980年之前，美国是世界上最大的稀土生产国，其年产量占全球总产量的半数以上。自2002年起受到中国廉价稀土的影响，主要生产矿山被关闭，90%以上的稀土改由中国进口。近年中国相继出台了稀土生产配额、调整出口关税等政策，加强了稀土产业的管理，在一定程度上促进了稀土市场秩序改善和稀土价格的回升。

1922~2016年全球稀土氧化物价格变化趋势如图13-9所示。全球稀土贸易从18世纪末就已开始，巴西从1884年就开始向德国输出独居石。世界稀土氧化物价格在1933~1936年达到了第一个高峰，为1.17万美元/吨，随后价格出现波动，并于1948年达到1.47万美元/吨的高值。从1970年开始，中国稀土的生产和出口开始增加，但稀土氧化物价格却不高，从1960~1988年之间，稀土产品氧化物的价格一直低于5000美元/吨。随后稀土氧化物价格开始攀升，在1990年达到1万美元/吨，之后虽有回落，但一直保持在5000美元/吨以上。在2006年之后，世界稀土氧化物的价格急速升高，从2010年的2万美元/吨暴涨到2011年的历史最高值5.8万美元/吨，但之后稀土价格全线下滑，无论是经济价值较高的重稀土，还是供应充足的轻稀土，2014年稀土氧化物平均价格下跌到5000美元/吨，2015年轻稀土氧化物价格最低下降到2000美元/吨，稀土价格整体比2011年下降了80%以上，2016年稀土氧化物价格继续保持低位，仅在2016年年底有所反弹。2015年，我国稀土出口量达到3.48万吨，同比增长25.2%，出口均价10.7美元/千克，同比下降20.7%，2016年我国稀土的出口总量为47227t，同比增长35.6%；平均出口价格为7.3美元/千克，同比下跌31.8%。根据智研研究机构预测，2017年全球稀土价格整体保持回升的态势，受到我国“收储”和“打黑”等政策端预期的影响，将有助于消化和规范稀土过剩产能，供给收缩或将带来行业集中度上升，预计中、重稀土价格抬升将较为明显，均价将比2016年上升20%~25%；氧化镨、氧化钕价格将上升10%~15%。

过去几年，由于稀土原材料价格的上涨以及我国逐年递减出口配额的数量，致使美国、澳大利亚、加拿大等国重开或新开了一些稀土项目，以应对变局。澳大利亚莱纳斯公司在2011年投产，年生产能力为1.1万吨，在2012年底将稀土生产量增至2.2万吨/年，澳大利亚有可能在未来的几年间成为全球主要稀土生产国之一。美国政府于2010年9月30日宣布，将在今后几年内迅速恢复和扩大国内的稀土生产，以摆脱对中国的过度依赖。2010年12月23日美国钼公司宣布Mountain Pass于当日恢复开采，重返稀土舞台。日本则谋求稀土原料的供应源多元化，越南、蒙古、哈萨克斯坦和印度尼西亚等拥有稀土资源的国家受到日本的重视，日本通过政府开发援助，在越南北部稀土矿周边地区修建道路等基础设施，以谋求合作开发稀土资源。日本也与蒙古国就稀土等稀有金属、煤炭、铀等矿产资源共同开发领域加强合作达成了共识。另外，日本还拟实施替代铈等6种稀土元素材料的开发计划，并提供补贴，以鼓励开发能减少稀土使用量的技术。然而随着稀土供给过剩造成的稀土价格不断下跌，多数国外稀土项目被推迟或搁置，美国国内2016年竟然完

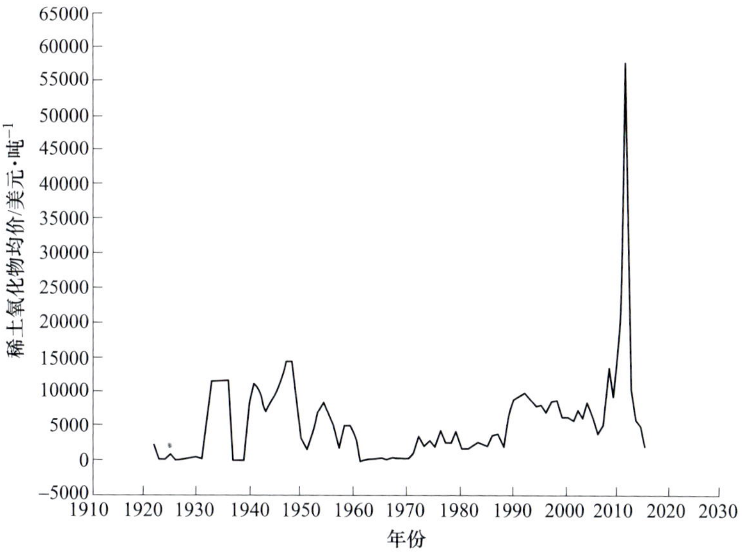

图 13-9　1922~2016 年全球稀土氧化物价格变化趋势

全停止生产稀土矿。

由世界稀土生产与消费数据可以看出，中国稀土开采量与储量之间存在严重的不平衡，主要体现在以下两个方面：一是中国稀土生产量在世界总产量的占比与中国稀土资源储量在世界总储量占比存在严重不平衡，世界稀土的产量95%以上来自中国，中国的稀土资源显然已经过度开采，尤其是中重稀土。二是中国主要矿种开采量占比与矿种储量的占比存在严重不平衡，离子型稀土矿过度开采，未来保障能力下降，使中国优势资源逐渐丧失。未来中国稀土产量占世界产量的比重有望降低，据美国地质调查局预测，在不久的将来，世界生产依赖中国单边供应格局将会改变，中国稀土产量占世界的总产量有望降到70%左右。

13.6.2　全球稀土矿资源的需求变化趋势

在世界产业经济技术快速演化的背景下，尤其在后工业化时代，世界发达工业国家将工业经济增长的引擎转向了高新前沿技术与国防工业领域，而稀土作为“工业黄金”在高新技术与国防的 30 多个工业领域有着不可替代的重要作用。在全球经济增长中，航空航天、新材料、电子信息产业、节能环保、绿色汽车、新能源等产业以及农轻纺领域都将极大地推动世界各国对稀土产品的需求。“十二五”期间，全球稀土需求以年均 7.1%的速度增长，2015 年达到 18 万吨。其中，永磁铁将是全球最大的稀土消费行业；铈及其氧化物 2015 年将占全球稀土需求量的近 1/3；全球绿色汽车工业 2015 年对氧化钕的需求至少增加 5 倍，对氧化镝及氧化镨的需求增加 10 倍；在新能源领域，到“十三五”末期，全世界 2000 亿瓦的风能电机增长量，需要增加 13.4 万吨金属钕。

根据美国地质调查局统计数据，分析 1997~2010 年间世界在催化剂、玻璃、抛光粉、冶金、磁体、荧光粉、陶瓷及其他共 8 个应用领域的稀土消费数据，对比 2015 年世界稀土在各终端领域的消费数据，可以看到，2010 年前稀土用量最大的领域是催化剂，但其消费量和比重呈逐年下降趋势，其次是永磁体，其消费量和比重呈逐年上升趋势。2010 年后，稀土永磁体的稀土消费量成为第一，占全球用量的 21%，2015 年永磁体稀土消费比重上升到全球稀土用量的 26%。

从世界稀土生产量消费量数据来看，全球未来稀土市场的需求呈增长趋势，其需求主要来自以下几方面：一是随着混合动力汽车、计算机电子和便携式设备需求的增加，将需要大量的混合及高纯度分离稀土产品；二是用于石油精炼炼油厂的催化剂和汽车生产催化转化器的增加，预计铈和钕的需求将持续增长；三是稀土磁性材料需求快速增长，由于钕铁硼永磁材料含有 33%左右的金属钕，2%~3%的铽，还有少量的镨和镝，随着全球钕铁硼产量的持续增加，对钕、铽、镝的需求量也相应增大；四是在纤维光学，医学上包括外科和牙科激光器、磁共振成像、医学造影剂、医用同位素和正电子发射断层闪烁探测器的应用，预计医疗用发光与永磁合金将继续增加。

基于以上分析预测数据以及美国地质调查局的预测报告，预计未来的 10~15 年世界稀土消费，每年对稀土元素钕、镝、铕、铽以及钇将分别以约 16%、16%、27%、30%和 30%的速度增长，可以预测这些元素将面临供应短缺，这些稀土元素供求的不平衡将加剧。

13.6.3 全球稀土矿资源开发利用技术发展趋势

相对于其他矿种而言，稀土是一个很小的矿种，全球稀土氧化物精矿的年产量以 REO 计仅为 13 万吨。中国的稀土矿产量占到全球稀土矿产量的 83%，其稀土开发利用技术代表了全球稀土矿资源开发利用技术的发展方向。稀土矿资源的开发利用技术包括稀土矿的采、选、冶技术，这些技术围绕着环保、节能、高效、提高资源利用率的方向发展。

13.6.3.1 稀土采选技术

由于稀土矿床的成矿地质特点，全球稀土矿采矿普遍采用传统的露天开采技术，少量稀土矿山采用传统的地下采矿技术。全球最大的稀土矿内蒙古白云鄂博铁铌稀土多金属矿采用露天采矿技术，四川牦牛坪稀土矿床也将完全采用露天开采技术采矿。

包头白云鄂博铁铌稀土多金属矿中的稀土矿是作为铁矿的共（伴）生资源回收的，尽管白云鄂博矿区稀土矿矿石工艺性质复杂，但经过我国科技人员的努力，白云鄂博稀土选矿技术不断取得进步。科研人员加强了对白云鄂博稀土矿矿物组成、矿物赋存状态、矿物的特征及嵌布关系的研究，制定了相应的选矿工艺；通过综合应用浮选、弱磁-强磁-浮选、弱磁-浮选等工艺研发了新型浮选药剂，应用了新型浮选机和浮选柱等设备，提高了白云鄂博稀土矿的选矿回收率，减少了选矿能耗。

对于品位较低的稀土矿，预选技术是降低选矿成本，减少尾矿排放的重要方法。纳米比亚稀土有限公司的 Lofdal 稀土项目，对稀土 REO 含量 0.3%的原矿，采用德国 Tomra X 射线拣选机预选，可以抛掉矿石量 50%以上的废石，将入选品位提升到 0.6%进入磨矿工序，降低了选矿成本，扩大了矿山资源量，如图 13-10 所示。

中国的南方离子型稀土矿大多产于海拔高度小于 550m，主要是由裸露于地面的花岗岩或火山岩经长期强烈风化而形成的，矿床一般呈面形分布，以凸透镜状覆盖在未风化的花岗岩或火山岩岩体上，其结构自上而下可分为腐殖层、残坡积层、表土层、全风化层、半风化层和基岩，其中全风化层的厚度最大、稀土元素的含量最高，矿床的厚度一般为 5

~30m。经过中国科技人员40多年的三次技术升级，中国南方离子型稀土推广了原地浸出工艺，在不破坏矿区地表植被、不开挖表土与矿体的情况下，将浸出剂（硫酸铵溶液）由高位水池注入经封闭处理的注液井内，浸出剂向矿体中的孔隙渗透扩散，将吸附在黏土矿物表面的稀土离子交换解吸下来回收。这种方法的最新技术进展是通过网井布液集液巷道和密集导流孔人工底板收液进一步提高浸出率，减少漏液。原地浸出技术是离子型稀土的高效绿色回收技术，不仅提高了资源利用率、降低了开采成本，而且保护了环境，成为离子稀土开发利用技术的发展方向。

图13-10　纳米比亚Lofdal稀土项目应用德国Tomra X射线拣选机工业试验现场

13.6.3.2　稀土冶炼工艺发展趋势

我国的稀土冶炼分离技术主要是传统的萃取和离子交换技术，对这些传统技术的改进和应用方面，居于世界领先地位，我国的稀土分离技术向环保、高效方向不断发展，具体如下：

（1）稀土模糊萃取、联动萃取分离工艺得到推广应用。为了降低萃取分离过程酸、碱消耗，中国研究人员应用稀土串级萃取理论进行优化设计，开发出联动萃取分离新工艺，使稀土萃取分离过程酸碱消耗减少了30%以上。

（2）非皂化或镁（钙）皂化清洁萃取分离技术。中国研究人员针对不同稀土资源和萃取体系，开发了酸平衡技术、浓度梯度技术、协同萃取技术等多项非皂化萃取分离技术，消除了氨氮污染，并大幅降低了生产成本。

（3）包头稀土研究院和内蒙古包钢稀土（集团）高科技股份有限公司研发了以CTL-SOOFB型离心萃取机和数字化流量系统设备为核心的稀土萃取分离生产线，实现了稀土萃取分类过程的自动控制，可以完成各类稀土原料的萃取分离。萃取生产线具有效率高、稳定性好、分离速度快、自动化程度高等优点。该萃取分离生产线由多台新型离心萃取机、自动控制系统和全自动流量系统三部分组成，多台离心萃取机采用逆流串联，设置旁路管道连接并与自控相结合。与传统的箱式萃取分离技术相比，项目生产线极大地提高了搅拌强度，因而传质效率高、处理能力大；同等生产量的情况下，萃取剂用量少、产品压槽量小；萃取剂的水溶损失显著减小；工艺平衡时间短，开停车对生产影响小；生产体系全封闭，无稀释剂挥发损失，极大地减少消耗，生产环境大为改善；操作自动化的实现使工序减少，运行成本降低。

（4）复杂地质条件下离子型稀土矿原地浸出新工艺。原地浸出工艺不需要开挖矿体，对生态环境影响小，资源利用率高，但早期开发的原地浸出工艺仅适用于矿体底板完好的矿山，对于地质条件复杂的矿山，经常出现浸矿液泄漏，导致稀土回收率大幅度降低。研究人员开发的适用于复杂地质条件下的原地浸出技术，其中浸出液导流、人造底板全面截流的技术的应用，避免了浸出液的泄露，稀土综合利用率达到75%以上。

参 考 文 献

[1] Mineral Commodity Summaries，2016 ，2017，USGS.

[2] 2014 Minerals Yearbook Rare Earth，USGS.

[3] Namibia Rare Earths Inc. Corporate Overview and PEA Update the Lofdal Heavy Rare Earth Project December 2014.

[4] Peak Resources Ngualla Rare Earth Project Investor Report，2017，1.

[5] Nolans Rare Earths Project Arafura Resources Limited，2016，2.

[6] Bear Lodge Critical Rare Earth Project Overview NE Basin Advisory Group，2013-4-25.

[7] Rare Earth Metals Current Status & Future Outlooki NEMI Rare Earth Metals Project Team Second Quarter，2014.

[8] QRM Corporate Presentation . Developing a World-Class Rare Earth Project in Canada，2014，10.

[9] Rare Earth Element Mines，Deposits，and Occurrences by Greta J. Orris1 and Richard I. Grauch2 USGS 2002.

[10] 周宝炉，李仲学，赵怡晴．世界稀土市场动态及产业对策建议［J］．中国稀土学报，2016，34（3）：257-264.

[11] 杨斌清，张贤平．世界稀土生产与消费结构分析［J］．稀土，2014，35（1）：110-118.

[12] 李俊，李怀仁，冀成庆．稀土开发应用现状与出路［J］．云南冶金，2015，44（3）：32-36.

[13] 杜晓慧．全球稀土矿产资源分布、开发现状以及未来发展格局［J］．资源与产业，2014，16（6）：21-28.

[14] 姚钰．世界稀土市场综述［J］．稀土，1994，15（4）：71-73.

[15] 任旭东．我国稀土矿产资源开采利用现状及发展策略浅析［J］．轻金属，2012，9：8-11.

[16] 熊家齐．全球稀土市场现状及发展趋势［J］．稀土，2006，27（3）：98-101.

[17] 郑明贵，陈艳红．世界稀土资源供需现状与中国产业政策研究［J］．有色金属科学与工程，2012，3（4）：70-74.

[18] 陈健，吴楠．世界稀土资源现状分析及我国稀土资源可持续发展对策［J］．农业现代化研究，2012，33（1）：74-77.

[19] 谢锋斌，李颖，陆挺，等．未来全球稀土供需格局分析［J］．中国矿业，2014，23（10）：5-8.

[20] 熊家齐．世界稀土市场的分析与展望［J］．稀土信息，2008，6：6-10.

[21] 刘跃，谢丽英．全球稀土消费现状及前景［J］．稀土，2008，29（4）：98-101.

[22] 陈靖．美国及世界稀土现状及未来预测［J］．稀土信息，2014，3：35-37.

[23] 李进．世界稀土资源竞争格局分析［J］．世界有色金属，2013，4：60-63.

[24] 陶春．我国稀土资源产业发展问题及其对策研究［J］．稀土，2011，32（3）：98-101.

[25] 王同涛，富贵，孔江涛，等．我国稀土产业发展的问题及对策建议［J］．有色金属工程，2013，3：23-26.

[26] 周浩，张蓬．我国稀土资源概况及其可持续发展浅析［J］．资源与产业，2011，13：95-100.

图 14-4　黄金作为饰品

美元脱钩后，黄金的货币职能虽然有所减弱，但仍保持一定的货币职能。目前许多国家国际储备中，黄金仍占有相当重要的地位（见图 14-5）。

图 14-5　黄金作为货币和储备

（3）在工业与科技上的应用。黄金具备优良的物理化学性质，例如极高的抗腐蚀性；良好的导电性和导热性；原子核具有较大捕获中子的有效截面；对红外线的反射能力接近 100%；合金中具有触媒催化性能；良好的工艺性能，极易加工成超薄金箔、微米金丝和金粉；很容易镀到其他金属和陶器及玻璃的表面上，在一定压力下容易被熔焊和锻焊；可制成超导体与有机金等。

正因为有这些优良性质，黄金在一些高技术领域得到了广泛应用。例如在各种精密自动化仪器上使用的黄金及其合金制备的电子元件，可以满足电子行业对材料稳定性、导电性、韧性、延展性等各方面的要求，因而黄金在电子工业方面的用量占其工业用量的 90% 以上，而且用量一直在增长。

金在导电材料方面也得到了广泛应用。金丝、金箔、用金粉压制成的部件、金的合金、包金合金材料（如包金玻璃、包金陶瓷、包金石英）等被作为导体材料广泛用于电子设备、半导体器材和微型电路、半导体集成电路中。集成电路引线框架是用引线框架材料经高速冲床冲制而成，合格的引线框架经清洗、局部镀金（镀金层厚度不小于 1μm）、装入芯片、键合引线、封装等工序才能制成半导体集成电路。金及其合金还用于电子行业作内引线和外引线，如半导体器件键合金丝。除此之外，黄金还广泛用在电触点材料、金基焊料、电子浆料、宇航工业、润滑材料、化学工业、光学和医学等方面。

14.2 金矿物和矿床

14.2.1 金矿物

金在地壳中的丰度很低，尽管在不同的地质环境中产生的很多种岩石都含有可商业开采的金矿物，自然界常见的金矿物仅有20余种，这20余种金矿物大致可以分六组，见表14-1。

表14-1 自然界常见金矿物

第一组	自然金-银矿物
第二组	金与Cu、Pd、Bi、Pt、Hg互化物
第三组	金的碲化物
第四组	金的锑化物
第五组	金的硫化物
第六组	金的硒化物

在此六组矿物中，前三组矿物是能提供具有商业价值的黄金资源的主要矿物，其中，最重要的矿物是第一组自然金-银矿物。自然金-银矿物按金银比例主要包含以下两类：（1）自然金类：自然金，Au含量大于80%，Ag含量小于20%；银金矿，Au 50%~80%，Ag 20%~50%。（2）自然银类：金银矿，Au 10%~50%，Ag 50%~90%；自然银矿，Au含量小于10%，Ag含量大于90%。

14.2.2 金矿石

按照金矿石的物质组成、结构状态及氧化程度等不同因素，一般将金矿石分为表14-2所示六种自然类型。

表14-2 金矿石分类

矿石类型	矿石性质	可选性	回收方法
贫硫化物含金石英脉矿石	硫化物含量0.5%~5%；金以独立矿物为主	好	选矿单一回收金
多硫化物含金石英脉矿石	硫化物含量10%~20%，可选性较好，一般金与包裹其的黄铁矿或毒砂一同选出	较好	金与包裹其的黄铁矿或毒砂一同选出，再冶金处理
多金属硫化物矿石	硫化物含量在20%以上，金与其他矿物关系复杂，除黄铁矿外，可能有黄铜矿、方铅矿等	较差	回收的矿物多，需冶金处理
含金铜矿石	金含量低，金与铜矿物关系复杂	较差	大部分金随铜精矿选出，冶炼时回收

续表 14-2

矿石类型	矿石性质	可选性	回 收 方 法
含碲化金金矿石	金仍然以自然金状态者为多，但有相当一部分金赋存在金的碲化物中	较差	需阶段磨矿阶段选别
含金氧化矿石	主要金属矿物为褐铁矿，金大部分赋存于主要脉石及金属氧化物裂隙中	好	以重选和氰化法为主

14.2.3 金矿床

金矿的成矿地质作用主要分为三类：

（1）岩浆成矿作用：金在岩浆中含量甚微，在基性岩浆熔离作用中，金与铜有较大的亲和力，金可进入铜镍硫化物矿石，个别品位达 10g/t。金在酸性岩浆中的行为主要是由于挥发分的影响进入热液中，金在热液中以配合物等形式搬运，然后由于 FeS_2 的还原作用，可使其中金大部分沉淀。

（2）变质热液成矿作用：主要是绿岩型金矿，其机制可能是变质-侧分泌作用。

（3）外生（风化-沉积）成矿作用：主要是由于金的大密度、高稳定和不溶于水的特点，易风化形成残积砂金矿床（红土型）和冲积砂金矿床。

在以上三种成矿地质作用下主要形成以下七种金矿床类型，见表 14-3。

表 14-3 金矿床主要类型

矿床名称	成 因	主要金矿物
变质热液型/太古代绿岩型金矿	由区域变质作用过程中产生热液所形成的金矿床，以中温热液为主	金主要以自然金和银金矿形式赋存，黄铁矿是最常见的硫化物，磁黄铁矿和毒砂也较常见，矿脉以金-石英-硫化物矿脉和金-石英矿脉为主
岩浆热液型（中温热液脉型）金矿	与岩浆热液有关的中温热液脉型金矿	大多包含于黄铁矿或黄铜矿中，呈包裹金产出，金矿物主要为银金矿
斑岩型金（铜）矿床	金品位大于 0.1g/t 的斑岩铜矿	金主要以自然金和银金矿形式赋存，与铜矿物关系密切
浅成低温热液型金矿	形成深度小于 1km 和温度低于 300℃的一类金矿床	低硫化型矿石矿物：黄铁矿、银金矿、自然金、闪锌矿、方铅矿、毒砂等以脉状、网脉状构造为主，孔洞充填状与脉石矿物石英、玉髓、方解石、冰长石、伊利石、碳酸盐等交接；高硫化型矿石矿物：黄铁矿、硫砷铜矿、黄铜矿、砷黝铜矿、铜蓝、自然金、碲化物等与浸染状构造为主与脉石矿物石英、明矾石、重晶石、高岭石、叶蜡石交接
卡林型金矿	产于碳酸盐岩建造中的微细浸染型金矿床	金主要呈显微-次显微形式分散产出，普遍发育中低温热液矿物组合以及 Au、As、Hg、Sb、Ti 等微量元素组合
古沉积砾岩型金矿/含金-铀砾岩型矿床	具有沉积和变质热液成矿的双重特征	古沉积砾岩型金矿石中金多呈微粒状（0.01~0.06mm），自然金与黄铁矿、磁黄铁矿等硫化物一起散染于胶结物中
现代沉积砂金矿床	金的来源为原生含金矿脉和岩体，或来自古砂金矿床	含金矿脉和岩体

上述 7 种金矿床具体介绍如下：

（1）变质热液型/太古代绿岩型金矿床。是由区域变质作用过程中产生的热液所形成的金矿床，以中温热液为主。绝大多数该类矿床产于中到高级绿片岩相的变质体中，可呈透镜状、板状或不规则状，由具有复杂矿物组合的含金石英脉和含金石英-铁白云石/方解石构成。金主要以自然金和银金矿形式赋存，黄铁矿是最常见的硫化物，磁黄铁矿和毒砂也较常见，发育强烈而广泛的硅化、碳酸盐化、绿泥石化、绢云母化等围岩蚀变。与晚期变形作用和峰期变质作用有关，年龄在 26 亿~27 亿年之间。金主要以自然金和银金矿形式赋存，黄铁矿是最常见的硫化物，磁黄铁矿和毒砂也较常见，矿脉以金-石英-硫化物矿脉和金-石英矿脉为主。

该类型金矿常形成大型矿化集中区，单个金矿区储量常达 1000t，许多产在太古代绿岩带内的中温热液脉型金矿床，都是世界级的典型超大型矿床。如加拿大苏比利尔省 Abitibi 绿岩带的 Timmins 金矿，截至 20 世纪 90 年代初已经生产了 1800t 金。西澳大利亚 Yilgarn 地块 Kalgoorlie（卡尔古利）矿田中的 Golden Mile（金英里）金矿，截至 20 世纪 90 年代初已经生产了 1150t 金，占澳大利亚金产量的一半以上。印度 Dharwar 克拉通内的 Kolar 金矿，截至 20 世纪 80 年代中期，已经生产了大约 790t 金。

（2）岩浆热液型（中温热液脉型）金矿。是成因上与岩浆热液有关的中温热液脉型金矿。含矿围岩主要为显生宙长英质侵入体和前寒武纪变质岩，断裂构造控矿作用明显，断裂构造往往也表现为脆韧性变形特点，金矿床既可产在区域性的剪切带中，也可赋存于区域构造的次级构造中。岩浆热液型（中温热液脉型）金矿矿床分为石英脉型矿床和蚀变岩型矿床两类：石英脉型矿床的主要矿物成分是石英，硫化物有黄铁矿、黄铜矿、方铅矿、闪锌矿、磁黄铁矿，金矿物大多包含于黄铁矿或黄铜矿中，呈包裹金产出，金矿物主要为银金矿；蚀变岩型矿床含金硫化物呈细脉状或浸染状分布于蚀变岩中，金矿物大多包含于黄铁矿或黄铜矿中，呈包裹金产出，金矿物主要为银金矿。

该类型矿床储量居全球第三位，分布十分广泛，典型矿床如乌兹别克斯坦的穆龙套金矿（储量 6100t）。我国这类金矿主要形成于中生代，主要分布在具有古老的前寒武纪基底地区，储量居首位，广泛分布于胶东招掖金矿带和小秦岭金矿带。

（3）斑岩型金（铜）矿床。一般是指金品位大于 0. 1g/t 的斑岩型铜矿。该类矿床以规模较大、埋藏浅、易开采且伴生铂族元素（PGE），而成为综合开采铜、金及 PGE 元素的重要工业类型。发育于大陆和岛弧造山带，主要形成于新生代和中生代，控矿岩浆岩主要为中酸性钙碱性和富钾钙碱性斑状侵入体，与典型斑岩铜矿床不同的是：RAPO 成矿与 Ⅰ 型、磁铁矿系列（IMS）碱性-钙碱性中酸性斑岩更为密切。围岩蚀变同早期核部的钾化，岩体末端的似千枚岩化，晚期的绢云母化、高级和中级泥化蚀变发育。矿体主要受与侵入体有关的脆性构造控制，矿石以浸染状、细脉状构造为主，少量为角砾状。斑岩型金（铜）矿床中金属矿物包括早期的斑铜矿-磁铁矿、中期黄铜矿-黄铁矿、晚期黄铁矿-赤铁矿、黄铁矿-硫砷铜矿或黄铁矿-斑铜矿，金主要以自然金和银金矿形式赋存，与铜矿物关系密切。

典型矿床：美国的宾汉姆/宾厄姆（Bingham，Au 为 933t）；印度尼西亚的格拉斯堡（Grasberg 富金斑岩型铜矿床，Au 为 1599t）；我国德兴、紫金、多宝山等金铜矿床。

（4）浅成低温热液型金矿。是形成深度小于 1km 和温度低于 300℃ 的一类金矿床。浅

14.4.2 加拿大 Goldcorp 公司

Goldcorp 公司（Goldcorp Inc.，TSX：G，NYSE：GG）成立于 1954 年，其总部在加拿大温哥华，现拥有 6052 名员工，连同其附属公司，在加拿大、美国、墨西哥、中美洲和南美洲从事贵金属的收购、勘探、开发和运营业务。Goldcorp 金矿公司是世界上产量最大的黄金生产企业之一，并且也是全球黄金公司中产量增长最快、生产成本最低的企业之一。作为多伦多证券交易所（TSX）和纽约证券交易所（NYSE）的双上市公司，Goldcorp 公司目前在美洲开采 11 个金矿和 6 个储备开发项目，在全球有雇员 9000 多人。2014 年，Goldcorp 公司黄金产量达到 89.72t，黄金储量为 1550t，公司总资产达到 278.66 亿美元，总收入达到 45.19 亿美元。2015 年，Goldcorp 公司黄金产量达到 107.7t，总收入达到 52.14 亿美元，相比 2014 年有较大提升。

表 14-7 给出了 Goldcorp 公司矿山开发利用基本情况。从表 14-7 中可看出：Goldcorp 公司品位高于 2g/t 的金矿根据矿石性质不同，采用了重选、CIP、浮选、加压氧化、氰化、锌置换等工艺组合，金回收率为 92%～96%；采取堆浸工艺的金矿品位为 0.55～0.77g/t，回收率为 48%～78%；斑岩型铜矿金品位为 0.4g/t，采用浮选工艺将金回收至铜精矿中，回收率为 71%；硫多金属矿含金 0.44g/t，银 24.94g/t，采用浮选工艺选至铅精矿中和锌精矿中，回收率为 69%（源于 Goldcorp 公司报告）。

表 14-7 加拿大 Goldcorp 公司主要矿山开发利用情况

矿山名称（国家）	储量/t	品位 /g·t^{-1}	矿石性质	产量/t	回收率/%	采矿方法	选矿工艺	产能 /t·d^{-1}
Red Lake（加拿大）	Au 64.69	18.44	少硫化物石英脉金矿	11.68	96	地采（充填法）	重选、CIP、浮选、加压氧化	1769
Porcupine（加拿大）	Au 66.24	2.12	贫硫化物石英脉金矿	8.53	90	地采（充填法）	重选、CIP	11000
Musselwhite（加拿大）	Au 53.49	7.15	贫硫化物石英脉金矿	8.41	97	地采（充填法）	重选、CIP	3312
Alumbrera（阿根廷）	Au 3.73	0.27	斑岩型铜矿	2.29	67	露采	重选、浮选铜金精矿	39087
Marlin（危地马拉）	Au 4.04	4.12	贫硫化物金银矿	5.24	97	露采、地采	氰化、锌粉沉淀	3589
Pueblo Viejo（多米尼加）	Au 185.67	4.94	低温热液高硫多金属矿	11.87	87	露采	加压氧化、沉铜、CIL	20185
Penasquito（墨西哥）	Au 316.29	1.00	低温热液硫多金属矿	25.90	72	露采	浮选	107066
Los Filos（墨西哥）	Au 45.41	0.76	少硫化物石英脉金矿	8.49	58	露采、地采	堆浸	51337

资料来源：Goldcorp annual report 2015。

14.4.3 澳大利亚 Newcrest Mining Limited

Newcrest Mining Limited 是一家从事黄金资源勘探、开发、生产和经营的公司，是世界上最大的黄金开采公司之一。Newcrest 的历史可以追溯到 1966 年，为发现和开发澳大利亚黄金资源，Newmont Mining Limited 在澳大利亚成立了 Newmont Holdings Limited。1990，Newmont Australia Limited 收购了 Australmin Holdings Limited 和 merged with BHP Gold Limited，合并后的公司更名为 Newcrest Mining Limited。在 2010 年与 Lihir Gold Limited 成功合并，Newcrest 也在莫尔斯比港证券交易所上市。2012 年 3 月，Newcrest 成功申请在多伦多证券交易所挂牌。Newcrest Mining Limited 在四个国家从事黄金开采业务，其主要业务在澳大利亚和南太平洋地区。该公司的主要优势是安全、运营纪律、现金增值和利润增长。2014 年，Newcrest Mining Limited 公司黄金产量达到 74.875t，黄金储量为 2187.5t，总收入达到 40.4 亿澳元（29.96 亿美元）。2015 年 Newcrest Mining Limited 公司黄金产量为 75.36t，总收入为 43.4 亿澳元（32.21 亿美元），相比 2015 年稳定增长。

表 14-8 给出了 Newcrest 公司主要矿山开发利用情况，从表 14-8 可以看出，Newcrest 公司的斑岩型铜金矿含金 1.09g/t，采用重选金，浮选铜金精矿的工艺，金的总回收率可达 82%；贫硫金矿品位为 10.31g/t，采用重选、氰化工艺，金选冶回收率可达 96.3%；硫多金属金矿品位 0.88g/t，采用重选回收部分金，浮选回收部分铜金精矿，尾矿浮选黄铁矿，黄铁矿精矿氰化回收部分金，共三个步骤回收金，总的选冶回收率为 81.5%；高硫金矿品位为 2.48g/t，采用浮选、加压氧化、CIL 工艺回收金，金选冶回收率达 80.6%（源于 Newcrest 公司网站和公司报告）。

表 14-8 澳大利亚 Newcrest 公司主要矿山开发利用基本情况

矿山名称（国家）	储量/t	品位 $/g \cdot t^{-1}$	矿石性质	产量/t	回收率/%	采矿方法	选矿工艺	产能 $/t \cdot d^{-1}$
Cadia（澳大利亚）	Au 715.3	1.09	斑岩型金铜矿	20.76	82	露采、地采	重选金、浮选铜金精矿	64592
Gosowong（印度尼西亚）	Au 23.64	14.49	低温热液贫硫金矿	10.31	96.3	露采、地采	重选、氰化	1962
Telfer（澳大利亚）	Au 34.21	0.88	中流多金属石英脉金矿	16.18	81.5	露采、地采	重选、浮选、黄铁矿氰化	47293
Lihir（巴布亚新几内亚）	Au 870.8	2.47	低温热液高硫金矿	21.42	80.6	露采	浮选、加压氧化、CIL	18142

资料来源：Newcrest 公司报告。

14.4.4 南非 Gold Fields Limited

Gold Fields Limited 是一家全球性多元化的黄金生产公司，在澳大利亚、加纳、秘鲁和南非拥有 8 个矿山，员工 8954 人。Gold Fields Limited 由 Cecil John Rhodes 和 Charles Rudd 于 1887 年在南非建立。1932 年，该公司开始开采矿产资源丰富的 West Rand，在那里发现了高产的金矿。1998 年南非 Gold Fields 公司和 Gencor 公司合并为 Gold Fields Limited。2014 年，Gold Fields Limited 公司黄金产量达到 69.34t，黄金储量为 1503.8t，总收入达到 28.69 亿美元。2015 年，Gold Fields Limited 公司黄金产量为 69.54t，总收入为 10.11 亿美元，黄金产量与 2014 年持平，但是经济收入大幅下降。

表 14-9 给出了南非 Gold Fields 公司矿山开发利用基本情况。从表 14-9 中可以看出，Gold Fields 采用 CIP、CIL 或重选-CIP，重选-CIL、堆浸工艺处理的金矿入选品位为 1.2~6.4g/t，金的回收率为 94.3%~98%，斑岩型金矿品位为 1.07g/t，浮选铜金精矿中，金选矿回收率达 98%（源于 Gold Fields 公司网站和公司报告）。

表 14-9　南非 Gold Fields 公司矿山开发利用基本情况

矿山名称（国家）	储量/t	品位 /g·t^{-1}	矿石性质	产量 /t	回收率 /%	采矿方法	选矿工艺	采选产能 /t·d^{-1}
South Deep（南非）	1160.3	5.4	贫硫沉积型石英脉金矿	6.16	96.0	地采	CIP	4099
Tarkwa（加纳）	209.93	1.3	贫硫沉积型石英脉金矿	18.22	96.8	露采	CIL、堆浸	37041
Damang（加纳）	31.1	1.2	贫硫热液及沉积型金矿	5.2	90.9	露采	重选：CIP	11767
St Ives（澳大利亚）	97.68	2.72	太古绿岩贫硫型金矿	11.56	94.6	露采、地采	重选：CIP、堆浸	10594
Agnew（澳大利亚）	20.84	6.4	太古绿岩贫硫型金矿	7.36	94.3	地采	重选：CIP	5310
Cerro Corona（秘鲁）	46.65	1.07	斑岩型铜金矿	4.94	98	露采	浮选	35500

资料来源：Gold Field 公司 2015 年报告。

14.4.5　加拿大 Kinross Gold 公司

Kinross Gold 公司成立于 1993 年，总部设在加拿大多伦多。Kinross Gold 公司是一家在美国、巴西、智利、加纳、俄罗斯等国家拥有多个金矿矿山和金矿勘探项目的大型金矿开采公司，公司在全球的员工约 9300 人。在过去几年的大范围重组中，Kinross Gold 公司的财务状况有了显著的好转，2013 年的现金流入量将达到 2.35 亿美元。2014 年，Kinross Gold 公司的黄金产量达到 84.69t，总收入达到 34.66 亿美元。2015 年，Kinross Gold Corporation 公司的黄金产量达到 81.48t，总收入为 30.52 亿美元，与 2014 年相比变化不大。

表 14-10 给出了加拿大 Kinross Gold 公司矿山开发利用基本情况。从表 14-10 中可以看出，Kinross Gold 公司有三个矿山部分矿石采用堆浸工艺，金矿品位为 0.75~2.17g/t，金的选冶回收率为 75.6%~90.5%；采用重选、CIP 工艺，浮选、CIP 工艺，重选、浮选、CIP 工艺，CIP 工艺及传统全泥氰化锌置换工艺处理的金矿入选品位为 0.44~13.52g/t，金的回收率为 75.4%~95.4%（源于 Kinross Gold 公司网站和公司报告）。

表 14-10 加拿大 Kinross Gold 公司矿山开发利用基本情况

矿山名称（国家）	储量/t	品位 /g·t^{-1}	矿石性质	产量 /t	回收率/%	采矿方法	选矿工艺	采选产能 /t·d^{-1}
Fort Knox（美国）	62.8	0.76	贫硫石英脉金矿	12.4	82.9	露采	堆浸、重选、CIP	62359
Kettle River（美国）	1.46	7.75	贫硫石英脉金矿	3.03	92.3	地采	浮选、CIP	1197
Kupol（俄罗斯）	59.06	13.52	低硫热液金银矿	23.59	95.4		重选、氰化锌置换	5197
Paracatu（巴西）	299.96	0.44	少硫（3%）微细粒金矿	14.86	75.4	露采	重选、浮选、CIP	130822
Maricunga（智利）	32.41	0.75	贫硫石英脉金矿	6.60	75.6（2012 年）	露采	堆浸	33592
Tasiast（毛里塔尼亚）	255.61	2.17	贫硫石英脉金矿	6.81	90.5	露采	CIP：堆浸	14233
Chirano（加纳）	35.30	2.51	贫硫石英脉金矿	7.96	90.6	地采、露采	CIP	8345

资料来源：2015 年度公司报告。

14.4.6 俄罗斯 Polyus Gold International Ltd

Polyus Gold International Ltd 是俄罗斯最大的黄金生产商，也是全球十大黄金生产企业之一。该公司从 2006 年开始，黄金产量增长 17%，达 37.8t，跻身全球十大黄金生产企业后，黄金产量一直稳步增长。Polyus Gold International Ltd 公司拥有俄罗斯位于 Krasnoyarsky、Irkutsky、Magadansky 和布拉戈维申斯克（Amurskiy）地区以及萨哈（Sakha Republic）地区的金矿床。公司 2014 年黄金产量达到 53t，总收入达到 22.39 亿美元。2015 年黄金产量为 54.83t，总收入为 21.89 亿美元，与 2014 年相比变化不大。

表 14-11 给出了俄罗斯 Polyus 公司矿山开发利用基本情况。从表 14-11 中可以看出，Polyus 公司主要金矿入选品位为 1.31~3.95g/t，根据矿石性质不同（主要是矿石中硫化物的状态和含量不同），采取重选、浮选、生物氧化、CIL，重选-浮选 CIL，重选-尾矿氰化，重选-浮选-氰化，重选-氰化的工艺，金的回收率为 79.6%~88.4%，硫化物含量高的矿石金回收率较低。Alluvial 砂金矿区采用采金船重选回收金，砂金矿品位 0.66g/m^3，回收率不详（源于 Polyus Gold 公司网站和公司报告）。

表 14-11 俄罗斯 Polyus 公司矿山开发利用基本情况

矿山名称（国家）	储量/t	品位 /g·t^{-1}	矿石性质	产量 /t	回收率 /%	采矿方法	选矿工艺	选冶产能 /t·d^{-1}
Olimpiada（俄罗斯）	905.01	2.67	少硫和中硫化物金矿	23.11	79.6	露采	重选、浮选、生物氧化、CIL	26043
Blagodatnoye（俄罗斯）	255.02	1.97	贫硫石英脉金矿	13.21	87.8	露采	重选、浮选、CIL	20581

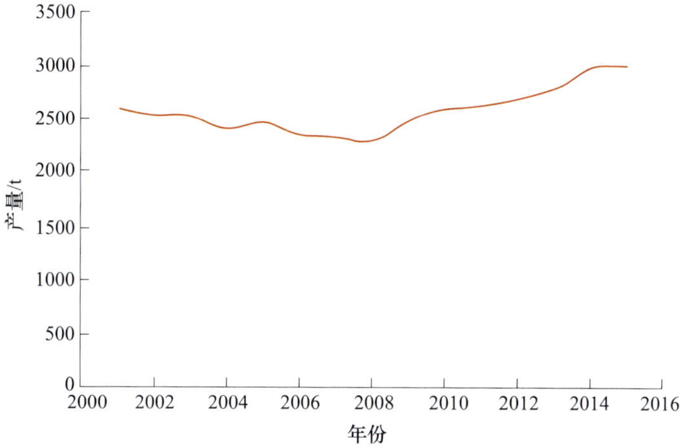

图 14-13　2000 年以来全球黄金产量趋势
（资料来源：USGS）

显下降，分别是 1914~1918 年第一次世界大战、1939~1945 年第二次世界大战、20 世纪 70 年代石油危机引起的经济危机以及 21 世纪初爆发的经济危机，这些事件均造成国际黄金生产能力严重下滑，从而导致黄金产量下降，说明黄金产量与国际时局关系密切。从图 14-13 可以看出，2000~2008 年，黄金产量呈下降趋势，2008 年后黄金产量呈增长趋势，这与 21 世纪初爆发的经济危机至 2008 年后缓慢度过经济危机相一致。

14.6.1.2　黄金矿床储量规模及品位

2013 年，Visual Capitalist 组织对全球 580 个主要金矿床的金矿品位分布情况进行了统计，统计结果如图 14-14 所示。在 Visual Capitalist 的研究结果中，全球 580 个主要金矿床的金矿石平均品位为 1.01g/t，其中 199 个在产金矿的金矿石平均品位为 1.18g/t，381 个未投产金矿的金矿石平均品位为 0.89g/t。说明随着金矿资源的开采，高品位金矿逐渐减少，低品位金矿的开发利用问题已经摆在人们面前。

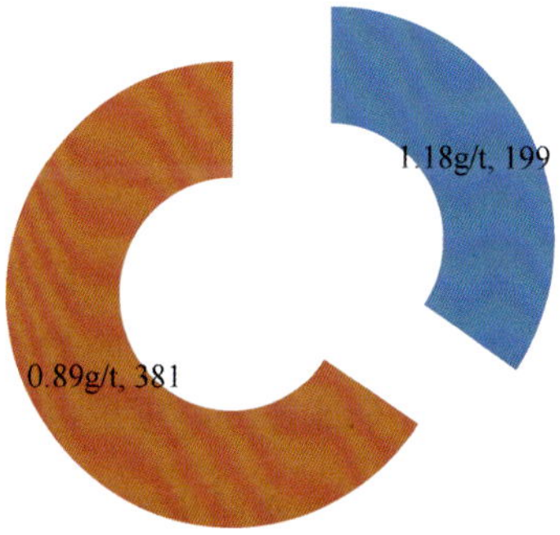

图 14-14　全球在产金矿床和未开发金矿床品位分布情况
（资料来源：http://www.visualcapitalist.com/category/gold/）

图 14-15 给出了全球十大金矿近年开采品位变化情况。由图 14-15 可以看出，随着优质金矿资源的消耗和黄金开采及生产技术的提高，黄金资源开采品位呈逐渐降低的趋势。

虽然金矿资源在全球分布广泛，但经过多年开采，目前的全球金矿资源呈现出大型矿床减少、小型矿床增多的趋势，图 14-16 给出了世界不同储量规模的金矿床分布情况。从图 14-16 中可见，储量在 30~150t 的金矿床占到所有金矿的 69.0%，储量大于 1500t 的金矿仅占现有金矿总数的 1.4%。根据美国地调局的统计数据，虽然历经多年高强度开采，全球金矿储量仍然呈现缓慢增长的趋势，储量增长的因素主要包括勘探技术提高、金矿采选技术进步、共（伴）生资源中金的储量增长。

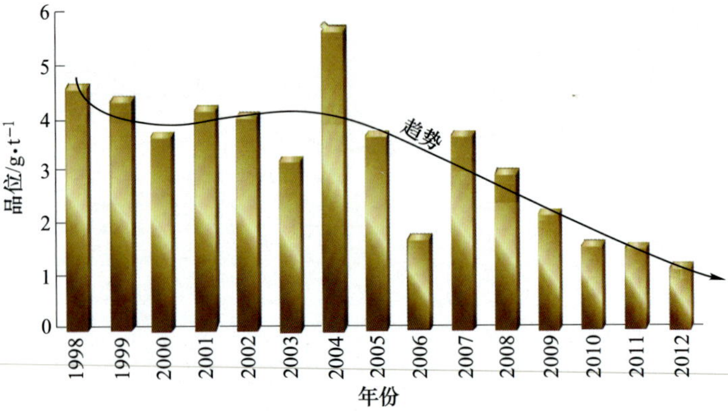

图 14-15　近年全球大型金矿资源开采品位变化情况

（资料来源：http：//www. visualcapitalist. com/category/gold/）

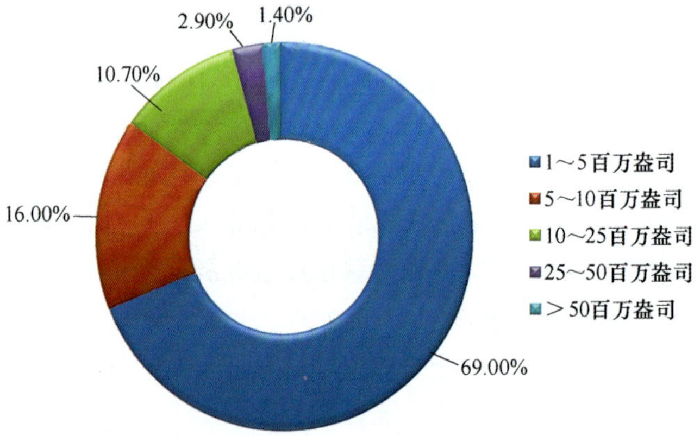

图 14-16　全球不同储量规模金矿分布情况

截至 2016 年，全球金矿探明储量为 57000t，按 2015 年和 2016 年全球黄金产量（3100t）计算，黄金矿产的静态可保障年限为 18 年，全球黄金矿产资源储备不够充分。另一方面，全球黄金需求量也有可能下降。

14. 6. 2　全球黄金价格百年变化趋势

黄金是非常特殊的商品，除了商品属性外，在人类社会中黄金很早就被赋予了货币属性。在现代社会中，黄金价格受到供需关系、原油价格、美元汇率、国际局势等方面因素的影响，呈现波动性。图 14-17 和图 14-18 分别为近百年来黄金价格趋势和 2000 年以来黄金价格趋势。20 世纪以来，黄金价格变化大致可以分为五个阶段。

第一阶段，黄金价格稳定阶段（1910～1968 年）：以美元计价的国际黄金价格在 1910～1968 年间只变动过一次。1934 年，美国总统罗斯福将联储储备局买卖黄金的官价升至 35 美元/盎司，并且联邦储备局与欧洲的中央银行一直致力于维持这个兑换价，直到美元-黄金本位的弊端逐渐显现，1968 年美国放弃美元-黄金本位，转而采取双价制，这就意味着黄金固定价格时期的终结。

第二阶段，黄金趋势上涨阶段（1968～1980 年）：上涨阶段是指从 1968～1974 年，

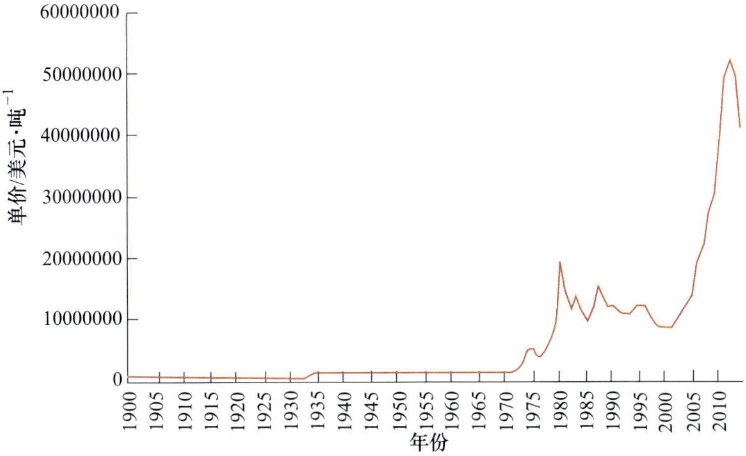

图 14-17 全球黄金百年价格变化趋势
（资料来源：USGS）

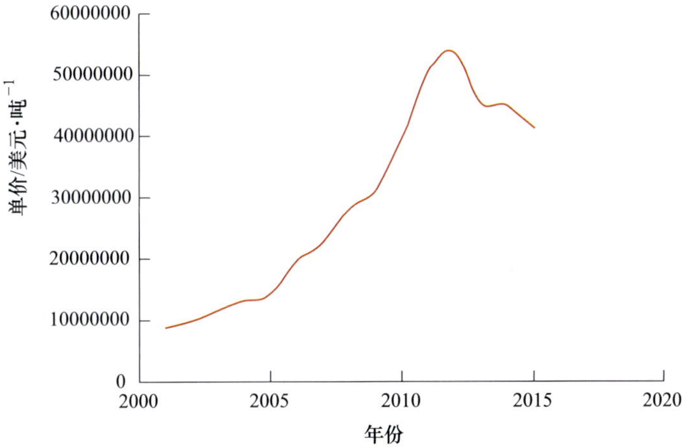

图 14-18 2000 年以来全球黄金价格趋势
（资料来源：USGS）

自 1968 年美国宣布实行黄金双价制以后，国际黄金价格由 35 美元/盎司一直上涨到 1974 年的 197. 5 美元/盎司。1975~1980 年黄金价格由 1974 年的 197. 5 美元/盎司降到 103. 05 美元/盎司。这是由于 1975 年美国宣布实行“黄金非货币化”政策，造成美国和国际货币基金组织大量拍卖黄金，导致市场上黄金供给突然增大，拉低了黄金价格，并且在这两年，美元地位相对稳定，黄金保值功能减弱，也降低了黄金的需求。1977~1980 年，黄金国际价格再度上涨，由 1976 年的 103. 05 美元/盎司升高到 244 美元/盎司。主要原因是 1978 年，美国通货膨胀加剧，黄金保值功能得到体现，黄金市场需求增加。并且美国这两年国际收支与对外贸易收支均产生巨额逆差，导致美元贬值，这也推动了黄金价格上升。

第三阶段，黄金价格震荡下跌阶段（1980~2001 年）：20 世纪 80 年代初的国际金价暴涨刺激了全球黄金勘探开发，黄金产量大幅增长，同时由于布雷顿森体系解体导致“黄金非货币化”，加上电子化进程的发展，使得黄金在国际清算中的作用日渐下降。值得一提的是，90年代以后，官方售金成为压制黄金价格的最主要因素。据统计，世界官方黄金储备从1990年的35582t减少到32737t。

第四阶段，黄金价格飞速上涨阶段（2002~2012年）：2002年后国际黄金价格强势反弹，由309美元/盎司上涨到1895美元/盎司。这主要是由于美国2001年“9·11事件”后加大反恐力度，国际时局动荡，黄金保值功能得到重视，并且战争造成原油价格上涨，推动黄金价格上升。另一方面，21世纪初经济危机和美国在此期间采取的量化宽松政策均刺激黄金价格持续增长。

第五阶段，黄金价格迅速下降阶段（2012年至今）：2012年以来由最高1652美元/盎司下降到1100美元/盎司。主要是因为进入2012年，为应对经济危机，官方大量售金，造成黄金供应大于需求的局面，原油价格大幅下降也是导致黄金价格下降的一个重要原因，另一方面，这也是前一阶段黄金价格过度上涨的一种回调。受到黄金产能及美元贬值影响，2012年后黄金价格持续下滑，2015年黄金价格降至1170美元/盎司，最低下滑至1100美元/盎司左右，2016年年黄金价格有所回升，2016年年底黄金价格回升到1200美元/盎司附近。2017年继续回升至1200美元/盎司以上。

14.6.3 国外金矿开采提取技术发展趋势

全球金矿资源类型众多，提取工艺各不相同。近年来，全球金矿提取技术在许多关键领域正在取得进步。低品位金矿处理技术、含碳质、含砷、含硫、含碲等难选冶金矿处理技术，含铜、含铅、含锌等多金属难选冶矿石中综合回收金的技术成为行业热点。各国环保和节能要求的提高，欧洲和部分其他地区全面禁止使用氰化物的呼声高涨，也从另一方面推动了金矿开采和选冶技术在节能和环保方面的提升。

全球黄金采选行业技术发展趋势主要围绕着节能、环保、扩大资源量几个方面进行。实现金矿石加工利用技术进步的主要手段有：将地质学和冶金学紧密结合指导工艺流程的选择和工厂运营的最佳控制；应用矿石预选处理技术；改进难选冶金矿回收技术；研制新设备和选冶设备的大型化、智能化；氰化废水处理回收技术不断完善、非氰工艺开发，选冶工艺过程精密监测控制技术应用等。金矿开发利用工艺技术进展主要包括：

（1）高压辊磨技术。高压辊磨技术的发展使得多碎少磨成为可能，作为一种细碎设备，高压辊磨的入矿粒度通常为50~60mm，出矿粒度通常为10~12mm。经过不断改进的高压辊磨机成功应用于硬岩矿物细碎，高效节能，并使磨矿介质消耗减少。高压辊磨占地面积小，可以使碎磨工序配置更加灵活。

在金矿选冶流程中使用HPGR高压辊磨技术配合球磨机取代圆锥破碎机，配合SAG半自磨机的磨矿工艺可节能并提高回收率，设备效率可从75%提高到92%（Ajax铜金矿项目研究结果）。使用高压辊磨技术可以减小金矿堆浸矿石粒度，提高金的回收率，缩短堆浸周期，但细粉的增多可能增加造粒工作量。世界最主要的高压辊磨（HPGR0）供应商为德国的克虏伯公司（Thyssen Krupp）和洪堡公司。图14-19为高压辊磨原理图，图14-20为澳大利亚Boddington金矿四台高压辊磨机现场。

（2）热压氧化技术及设备。热压氧化技术是在高温和高氧压力条件下，氧通过酸或碱

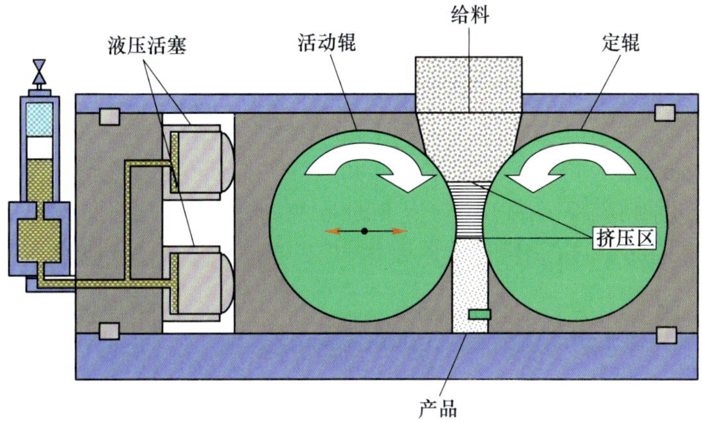

图 14-19 高压辊磨原理

图 14-20 澳大利亚 Boddington 金矿四台高压辊磨机使用现场
（该高压辊磨机是世界上金矿使用的最大的高压辊磨机，辊直径 2.4m，辊宽 1.65m，每台由 2×2800kW 的调速装置提供动力，该厂每日处理 30000t 矿石）

介质对难处理金矿中的砷化和硫化物进行氧化分解的工艺，氧化分解使金颗粒暴露出来，便于随后的氰化法浸金。世界上第一个在工业上采用加压氧化法预处理难浸金矿的是美国加州 Homestake 公司 McLaughlin 炭浆厂，该厂的加压氧化预处理车间于 1985 年投产，采用酸法加压氧化工艺，日处理硫化物金精矿 3000t，由制氧 $300m^3/d$ 的制氧机提供氧气，使用直径 4.1m、长 16m 的 4 室卧式机械搅拌高压釜，操作温度为 190℃，压力为 2200kPa。美国犹他州的 Barrick Mercur 金矿中的金与黄铁矿和白铁矿共生，还含有活性有机碳，该厂采用碱法加压的方式氧化金矿的原矿石，操作温度 220℃、压力 3200kPa，目前世界上共有 10 余个采用加压氧化工艺预处理难浸金矿的工厂在运行中。热压氧化预处理工艺的优点是：反应速度快（一般反应 60~75min 即可），对环境的污染小，适应性较强，对锑、铅等有害杂质的敏感性低。其缺点是操作技术条件要求较高，对含有机碳较高的物料处理效果不理想，对设备材质的要求较高，投资费用较大。根据上述特点，加压氧化法较适用于处理规模大或品位高的大型金矿，用规模效益来弥补较高的投资及成本费用。

图 14-21 为 Barrick 公司位于多米尼加共和国的 Pueblo Viejo 金银矿热压氧化预处理工艺回收金银和铜的原则流程，图 14-22 为 Pueblo Viejo 金银矿热压氧化处理现场及技术指标，图 14-23 为 Pueblo Viejo 金银矿热压氧化 2012 年扩产采用的大型热压氧化釜。

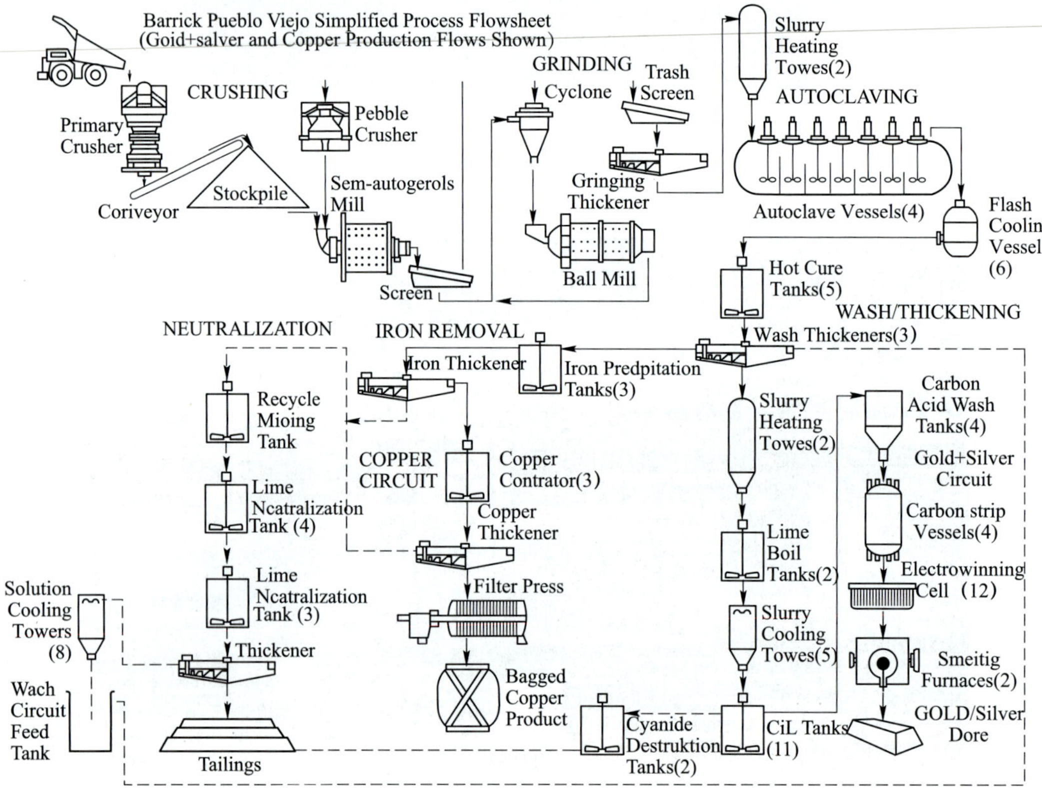

图 14-21　Barrick 公司 Pueblo Viejo 金银矿加压氧化工艺原则流程

（3）生物氧化技术。生物氧化（BIOX）技术是为了使难选冶金矿能正常进行常规氰化而发展起来的金矿预处理工艺，BIOX 过程破坏了包裹在金矿物表面的硫化物矿物如黄铁矿、砷黄铁矿和磁黄铁等，使金暴露，使后续的氰化成为可能，从而增加金的回收率。与焙烧和加压氧化工艺相比，BIOX 工艺有以下优点：多数情况下，金回收率高；投资和生产成本低；技术简单易掌控，操作简单，适合偏远地区；环保，环境友好。

BIOX 工艺是由南非 Gold Fields 公司研发的金矿预处理技术，到 2011 年，BIOX 工艺处理难选冶硫化矿已成功商业化运营 25 年。到目前为止，10 个采用 BIOX 工艺的生产厂和 1 个示范厂已在正常运营。这个工艺使用的菌种是氧化亚铁硫杆菌、氧化硫硫杆菌、氧化亚铁钩端螺旋菌、嗜酸喜温硫杆菌、嗜铁钩端螺旋菌、嗜酸铁原体菌等众多菌种的混合物，在 BIOX 反应器中，通过精密控制和调节矿浆 pH 值及温度在规定的很窄范围内，使

图 14-22 Pueblo Viejo 金银矿热压氧化车间和选冶指标
（设计处理量 2.4 万吨/天；给矿品位：Au 4.70g/t，Ag 28.83g/t，Cu 0.20%；
金平均回收率 93.5%；成本吨矿 50 美元）

图 14-23 Pueblo Viejo 金银矿 2012 年扩产采用的有效容积 568m^3 的大型热压氧化釜
（使用纯氧为氧化剂，工作温度 230°C，工作压力 4MPa，矿浆氧化时间 60~75min，
单釜日处理量 6000t，2012 年投产）

得细菌菌种保持平衡，从而保证最佳的氧化速度。截至 2012 年，全球采用 BIOX 工艺已投产的工厂，金精矿处理能力达到 5740t/d，处理金矿或金精矿硫含量为 4.5%~30%，平均为 16.7%，2011 年采用 BIOX 工艺生产黄金 46.6t。

图 14-24 为生物氧化工艺处理金矿典型流程图；图 14-25 为 Eldorado 黄金公司控股的贵州金峰矿业公司采用生物氧化工艺的工厂现场。

（4）高压氰化工艺提取湿法炼铜渣中的金银。加拿大 CESL 有限公司开发了从湿法炼铜渣中有效回收金银的氧压氰化工艺，该工艺采取 3.5MPa 高压氧氰化工艺，氰化钠用量从 30kg 减少到 2kg，由铜和硫消耗的氰化物的主要副反应得到控制，氰化物消耗大大减少。又从氰化液中回收铜和氰化物。氧压氰化反应时间为 60~90min，金银回收率为 90%

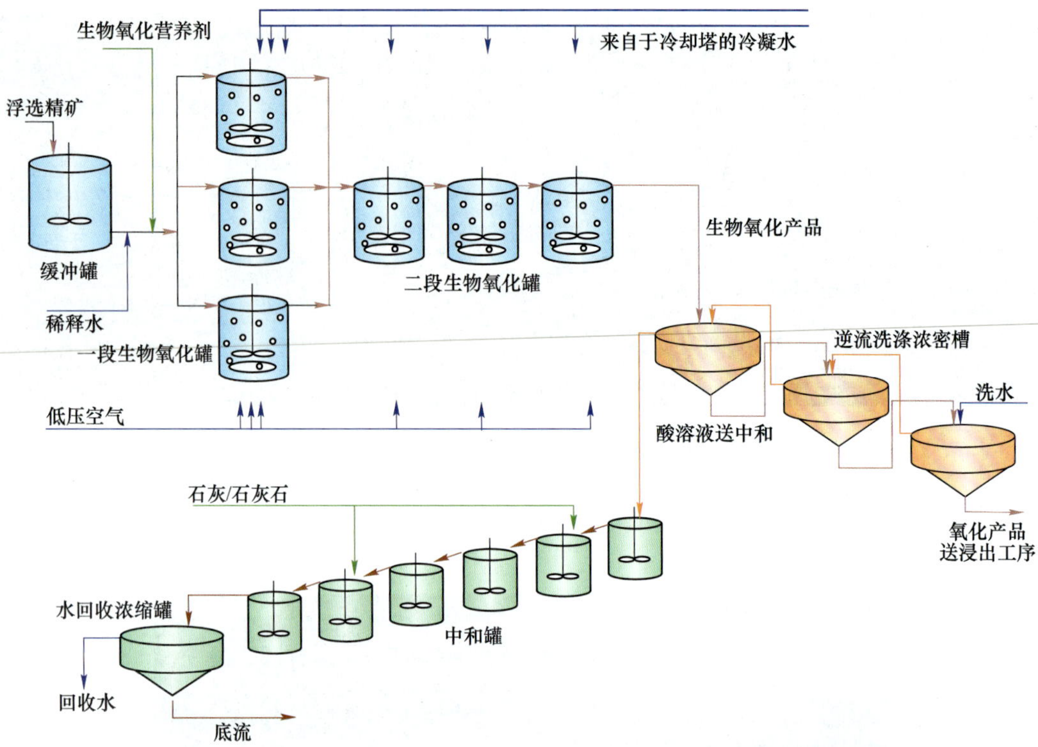

图 14-24 生物氧化工艺处理金矿典型流程

图 14-25 Eldorado 黄金公司贵州金峰矿业采用生物氧化工艺处理难选冶金矿的工厂

左右，贵金属回收成本大大下降，使得湿法回收贵金属可以在经济上与火法回收金银竞争。图 14-26 为湿法炼铜渣中回收金银的工艺流程。

（5）氧化焙烧工艺。1970 年前，焙烧工艺是处理难选冶金矿的唯一方法。焙烧工艺在含碳、硫、砷尤其是同时含碳、硫或碳、硫、砷的难选冶金矿处理方面获得了成功的工业应用，但是因为各国对环保要求的提高，焙烧工艺越来越不受欢迎。然而有些含碳、

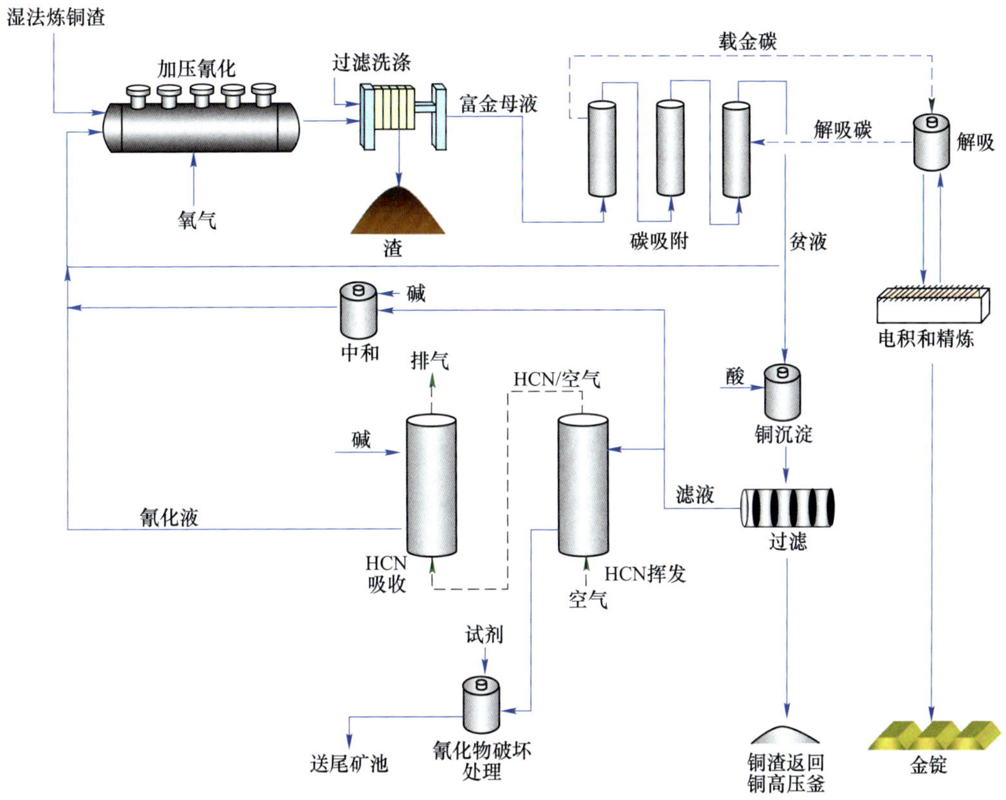

图 14-26 CESL 湿法炼铜渣中回收金银的工艺流程

硫、砷的金矿仍必须采用焙烧工艺。焙烧工艺的特点如下：设备处理量大；操作配置灵活；可干式或湿式给料；可适应各种给料粒度；可适应多种杂质成分的难处理矿石；氧化焙烧程度可调，可部分氧化，可完全氧化，也可硫酸化焙烧；工艺可靠性高，可保证较高的金回收率；环保要求不断提高对工艺设备要求提高；建设成本高；建设周期长达 2~3 年；金矿含砷时处理工艺复杂，需两段焙烧。焙烧工艺的发展方向：完善气体净化技术和粉尘控制技术；不断提高自动化程度，实现焙烧过程精确控制。

最近采用焙烧工艺的大型金矿为 2009 年澳大利亚雷索卢特矿业有限公司（Resolute Mining），其在马里的 Syama 金矿采用焙烧工艺处理硫化矿，2012 年入选品位 3. 25g/t，金选冶回收率达到 83. 1%，2012 年生产黄金 4. 51t。图 14-27 为 Barrick 公司位于美国内华达 Goldstrike 金矿处理含碳硫化矿的焙烧装置。

（6）Leachox 金矿处理工艺。英国 Maelgwyn 矿业服务公司（ MMS），是一个在矿物和废物处理方面卓有建树的科技创新公司，持有多项专利技术，这些技术主要致力于环保、节能和提高企业效益。MMS 发明的 Leachox 金矿处理流程，可以设计为处理难选或者双重难选（ 含有劫金物质）矿石，也可以更为经济地处理常规、非难浸浮选和重选金精矿，Leachox 工艺主要包括以下内容，采用创新的 Imhoflot 离心充气浮选技术选别低品位金硫化矿得到金精矿；将金精矿超细磨矿到 20μm 甚至到 5μm 以下，采用 Aachen 反应器进行氧化预处理；采用 MMS 氰化反应器氰化浸出。一般而言，Leachox 工艺处理难选冶金矿的回

图 14-27　美国 Goldstrike 金矿处理含碳硫化矿的焙烧装置

收率一般小于焙烧和加压氧化工艺通常大于 90%的回收率，接近生物氧化工艺的回收率，但该工艺投资和生产成本都比较低。

Leachox 工艺已经成功地应用于南非两座难选金矿石矿山，取得了很好的效果。目前 MMS 在哈萨克斯坦正在建设一座应用 Leachox 工艺的选冶厂，一旦落成将是世界上最大的难处理金矿石氰化厂。

Leachox 工艺处理难选冶金矿及氰化废水原则工艺流程如图 14-28 所示；Leachox 工艺使用的 Imhoflot 离心充气浮选设备如图 14-29 所示；Leachox 工艺处理难选金矿使用的 Aachen 氧化反应器如图 14-30 所示；Leachox 工艺使用的 MMS 氰化反应器如图 14-31 所示。

（7）Xstrata 公司的难选冶金矿 Albion 处理工艺。总部位于瑞士的英国斯特拉塔（Xstrata）公司研发的 Albion 工艺处理难选冶金矿的流程：使用公司研发的卧式搅拌磨 IsaMill 将含有黄铁矿、砷黄铁矿、碲金矿的难选冶金精矿细磨至小于 10～12μm 占 80%，使用公司研发的 Albion 浸出反应槽配合 Hyper 气体喷射枪以超音速喷入氧气，氧化反应温度可以达 90～98℃，通过石灰石控制 pH 值为 5～5.5，实现氧化反应，氧化后的料浆冷却进入氰化流程，流程如图 14-32 所示。

第一个采用 Albion 工艺处理难选冶金矿的是多米尼加的 Las Lagunas 金矿，该矿项目建设在 2012 年第一季度完成，主要处理该矿尾矿，尾矿浮选后得到金、银硫化精矿，含金 14g/t，含银 125g/t，含硫 16% 。Albion 工艺处理难选冶金银矿现场如图 14-33 所示。

浮选精矿的产率为 28t/h，该工艺配套的设备有：一台 M5000Isa 卧式搅拌磨机，功率为 1500kW；5 个 $600m^3$ 的 Albion 不锈钢浸出反应器，每台反应器配套 12 个 Hyper Sparge 超音速氧气喷射枪，每天该装置可将含硫矿物中 80～85t 的硫氧化为硫酸盐，氧化后的矿浆进入沉降槽浓缩到 45%的矿浆浓度，再进入冷却塔冷却到 45℃，送入氰化工序。该工艺金银实际回收率大于 80%。在同等条件下，Albion 工艺的经济优势要高于加压氧化和生

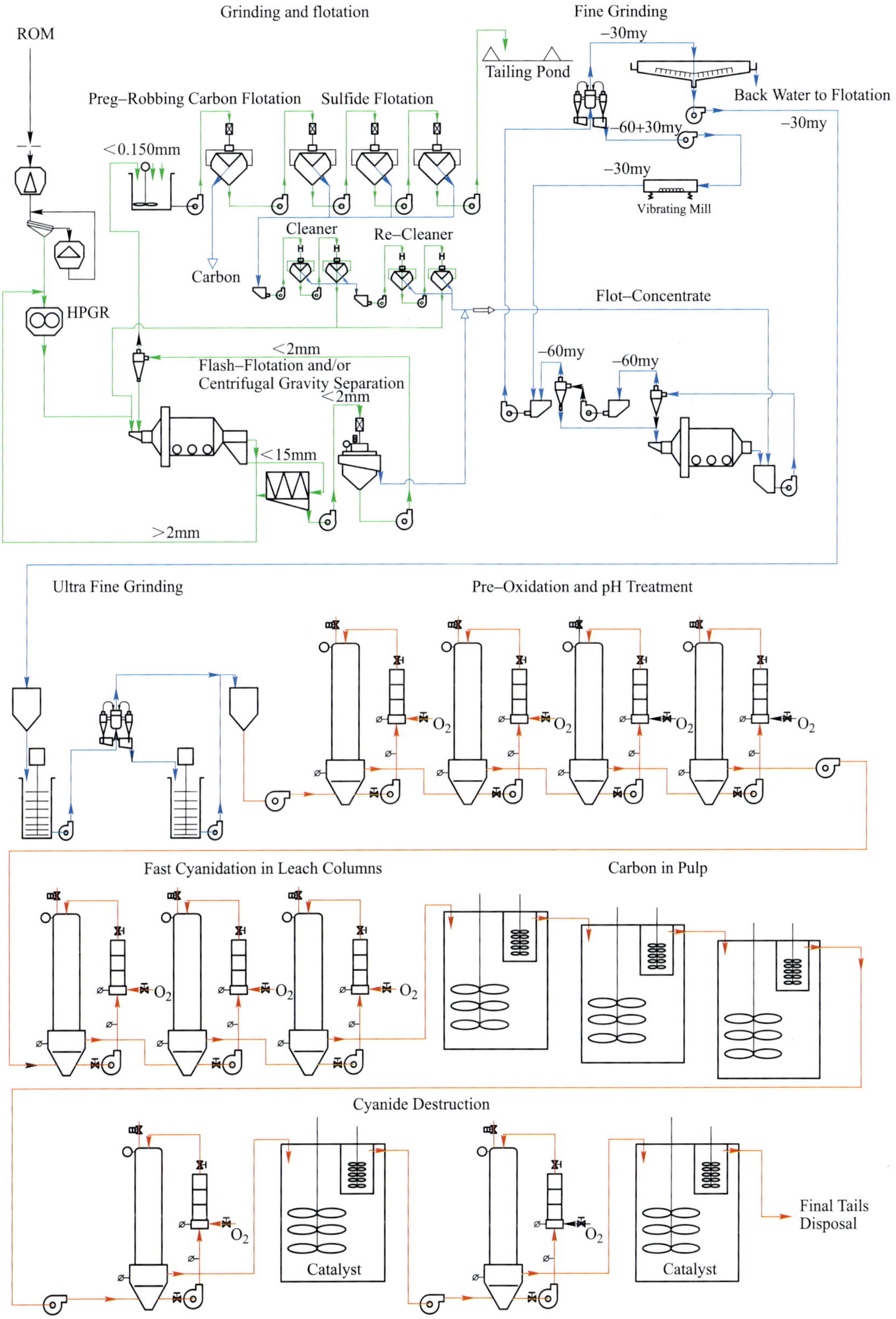

图 14-28 Leachox 工艺原则流程

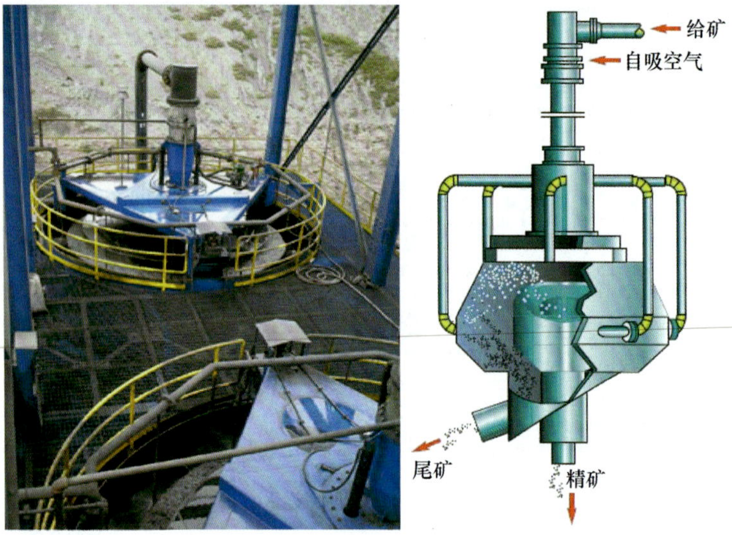

图 14-29　Imhoflot 离心充气浮选设备

（在浮选过程中可以产生非常小的气泡，浮选速度快，高效且可保证高回收率，没有移动部件，保养维修容易，节能高效，可适应小于 20μm 的微细粒矿的浮选，也可适应大于 350μm 粗颗粒矿物的浮选，设备占地面积小，可节省选厂空间）

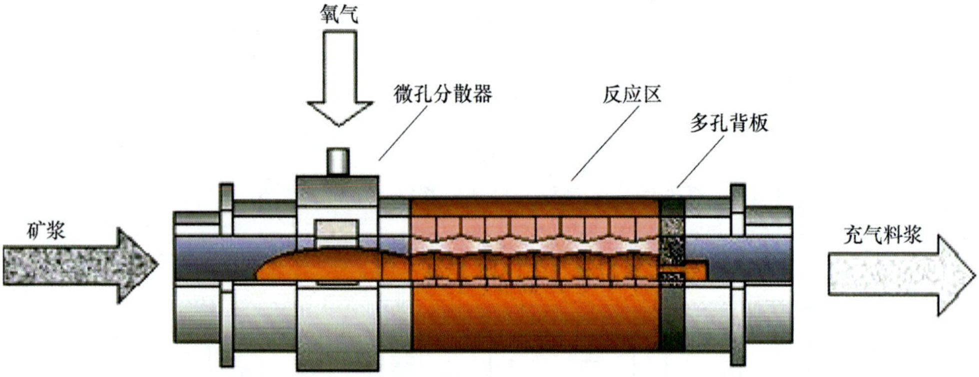

图 14-30　Leachox 工艺使用的 Aachen 氧化反应器

（通过采用特殊的微孔材料输送气体，并采用特殊的反应器腔体设计，使得气体在液体或矿浆中以微泡的形式在气穴作用的原理下充分溶解接触，极大地改善了气体利用效率，提高了反应速率，使得氧化和氰化过程得到强化）

物氧化。目前，亚美尼亚的 Zod 金矿正在该国 Ararat 地区建设采用 Albion 工艺处理 Zod 金矿含硫的难选冶金矿。

（8）氰化物在线分析和自动控制系统。近年来氰化物在线分析和控制系统开始应用于金矿氰化过程和含氰废水处理过程的监控控制，该系统的应用极大地提高了氰化工艺和含氰废水处理工艺的效率。

（9）含氰废水处理工艺。加拿大百泰环保科技有限公司（BioteQ）开发的酸化硫化沉降回收氰化贫液中的氰化物和铜、锌等金属，该技术可环保处理氰化废液，降低生产成

[16] Polyus Gold Annual Report 2015.
[17] Yamana Gold Annual Report 2015, 2016.
[18] Eldorado Gold Year in Review and Financials 2015.
[19] http://en.wikipedia.org/wiki/Largest_gold_companies.
[20] http://www.visualcapitalist.com/category/gold/.
[21] http://www.ibtimes.com/10-biggest-gold-mines-world-photos-553223.
[22] www.usgs.gov/.
[23] http://technology.infomine.com/articles/1/761/grinding.rolls.pressure/application.of.high.aspx.
[24] Barrick Gold Corporation Pueblo Viejo Mine Tour-February 28, 2013.
[25] http://www.goldfieldsbioxonline.co.za/biox/technology.html.
[26] The New Cesl Gold Process, Presented by David Jones, ALTA 2007, Perth, WA, Australia.
[27] http://www.albionprocess.com/EN/installations/Pages/PanTerraGoldProjectLasLagunas.aspx.
[28] Gold Technology Developments and Trends, Presented by Alan Taylor, ALTA 2010, Metallurgical Services, Australia.
[29] In place leaching of oxidized gold deposits. A new method forrecovering stranded gold resources? By P. A. ROBERTS, H. ZHANG, H. PROMMER, C. D. JOHNSTON, M. I. JEFFREY, B. BENVIE, R. G. JEFFREY, I. D. GIPPS, and R. R. ANAND, World Gold Conference 2009, The Southern African Institute of Mining and Metallurgy, 2009, 43-50.
[30] http://www.anglogoldashanti.com/en/Pages/default.aspx.
[31] http://www.newcrest.com.au/our-business/technology.
[32] http://kghm.com/en/our-business/projects-under-development.
[33] 宋强. 国际黄金价格百年变动分析 [C]. 北京：中央财经大学，2011.

15 国外银矿资源及利用现状

15.1 概　　述

15.1.1 银的性质

银（Ag）属于贵金属元素，原子序数为 47，相对原子质量为 108。自然界中的银主要以化合物的形式存在，只有很少量的自然银以游离态单质存在。纯银为银白色金属，熔点 960.8℃，沸点 2210℃，密度 10.49g/cm^3。银具有很好的导电性、延展性和导热性、化学稳定性，在常温下不氧化。但在所有贵金属中，银的化学性质最活泼，它能溶于硝酸生成硝酸银；易溶于热的浓硫酸，微溶于热的稀硫酸；与硫化物接触时，会生成黑色硫化银。银能与任何比例的金或铜形成合金，与铜、锌共熔时极易形成合金，与汞接触可生成银汞齐。由于银具有优良的性质，又比金易于得到，历史上人们曾赋予银金属货币和装饰双重功能。

15.1.2 全球银矿资源概况

银比金活泼，虽然它在地壳中的丰度大约是黄金的 15 倍，约为 7×10^{-8}，但它很少以单质状态存在，因而它的发现要比金晚。世界银矿资源分布广泛，各大洲都有银矿床分布。世界银矿资源最丰富的国家包括秘鲁、澳大利亚、波兰、智利、中国、墨西哥等国家，这些国家多数位于环太平洋成矿带上。根据美国地质调查局数据，截至 2016 年，全球银矿资源金属储量为 57 万吨，产量（金属计）为 2.68 万吨，全球银矿资源储量静态保障年限约为 21 年，全球银矿资源保障程度较高。全球银矿资源主要以伴生银形式产出，约有 2/3 的银资源与铜、铅、锌、金等有色金属和贵金属矿共（伴）生产出，未来全球可能发现的新的银矿资源主要仍是与铅、锌、铜、金等矿产共（伴）生的银矿资源。

15.1.3 银的历史

银是人类最早使用的金属之一，排在其之前的是金和铜。在公元前 4000 年前的迦勒底，美索不达米亚、埃及、希腊的古墓中就已发现了最早的银制品餐具和装饰品，公元前 3000 年的安纳托利亚 Anatolia 地区（现在的土耳其）被认为是人类首个规模化开采白银的地区，公元前 2500 年，成熟的银提取加工技术被发现，占星家使用“灰吹法”从铅银矿中回收银，1492 年哥伦布发现了新大陆，继而发现了储量巨大的墨西哥、玻利维亚和秘鲁地区的银矿，因此带来了世界白银生产快速增长的巅峰时期。这段巅峰时期伴随着以汞齐法为代表的白银提炼技术的升级，从质和量上提高了银矿开采的效率。19 世纪晚期和 20 世纪初期，世界银生产技术的创新促使全球白银生产呈现爆炸式增长，19 世纪最后 25 年内全球白银年产量是前 75 年平均产量的 4 倍，达到近 1.2 亿盎司。

15.1.4 银的用途

现代社会中，白银的用途非常广泛，白银的主要应用领域包括电子电器、珠宝及装饰品、货币、投资、器皿、感光材料等方面，具体见表 15-1 和图 15-1。

表 15-1 银的主要用途

应用领域	主要用途
银器、首饰、造币	纯银 99.9%不容易失去光泽，但为了增加耐用性，制作首饰时通常加入少量的铜；纯度为 92.5%的银是制作银器的标准材料，尤其是制造餐具的材料
电子电器材料	广泛应用于电气产品中，尤其是用于半导体元件、印刷线路板、开关、触点、保险丝和厚膜浆料等方面
感光材料	目前生产和销售量最大的几种感光材料是摄影胶卷、相纸、医用 X 光胶片、工业用 X 光胶片等。由于数码技术的广泛应用，该领域的白银需求呈大幅下降趋势
化学化工材料	催化剂中有许多特别的应用，如：Ag/Al_2O_3用于石化行业氧化乙烯制造环氧乙烷或乙二醇
医药与抗菌材料	目前在这些医疗领域的应用数量并不算广泛，但是前景仍被看好
光伏产业	光伏电池主要分为厚膜和薄膜两类，厚膜约占 80%；薄膜中白银的使用量较少，但目前正在逐渐增加。据估算，生产 1MW 厚膜浆料所需白银约为 114kg。2009 年厚膜光伏电池的产量达到 7.6kMW，占总产量 9.3kMW 的 81%，相当于 870t 的白银产量。

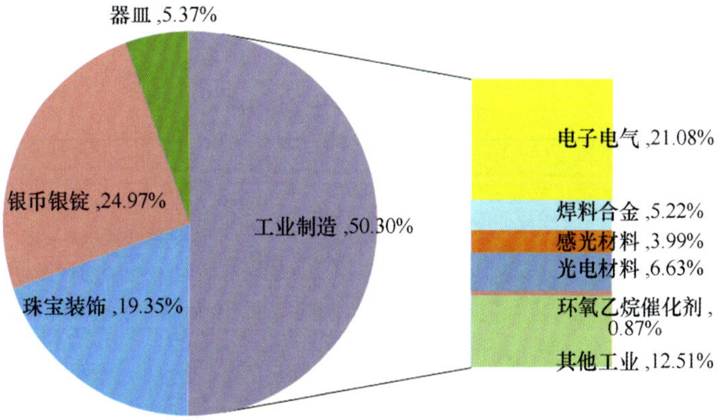

图 15-1 全球 2015 年白银终端用途分布
（资料来源：silverinstitute 2016 报告）

银的第一大工业用途是制造电子电器产品，约占整个白银工业用途的 21%。在银的终端电子产品消耗中，智能手机、太阳能电池、汽车、光伏产业对白银消耗量最大，并且在未来一段时间内，仍将是白银的重要消费领域，见表 15-2。

表 15-2 终端电子产品对银的消耗量

类别	每个单位的银的消耗	产品数量需求
手机（部）	0.05~0.25g	16 亿
汽车（辆）	10~30g	8000 万
太阳能电池	70~80kg/MW	16MW

续表 15-2

类别	每个单位的银的消耗	产品数量需求
电脑显示屏（台）	0.3~0.5g	36100 万
电视机液晶屏	0.05~0.4g	22800 万
iPhone 手机	0.058g	14000 万
平板电脑	0.02~0.05g	12000 万
iPad	0.047g	4500 万

15.2 银矿物和银矿床

15.2.1 银矿物

目前自然界中所发现的银矿物大约有 200 种。就银矿物的种类而言，银的自然金属与金属互化物有 9 种，碲化物、锑化物、硒化物和砷化物有 23 种，硫化物有 11 种，硫盐矿物有 60 种，卤化物有 10 种，硫酸盐矿物有 2 种。在众多含银矿物中，具有重要经济价值，作为目前白银生产主要原料的矿物有以下 12 种：自然银（Ag）、银金矿（AgAu）、辉银矿（Ag_2S）、深红银矿（Ag_3SbS_3）、淡红银矿（Ag_3ASS_3）、角银矿（AgCl）、脆银矿（Ag_2SbS_3）、锑银矿（Ag_3Sb）、硒银矿（Ag_3Se）、碲银矿（Ag_2Te）、锌锑方辉银矿（$5Ag_2Sb_2S_3$）、硫锑铜银矿（$8(AgCu)SSb_2S_3$），见表 15-3。

表 15-3 银的主要矿物

类别	矿物名称	化学式	特 征	成 因
自然银	自然银	Ag	自然银的颜色与条痕均为银白色，表面因氧化而呈灰黑的锖色，是电和热的良导体，密度为 10.1~11.1g/cm^3	热液成因的自然银见于一些中低温热液矿床。外生成因的自然银见于硫化物矿床氧化带，其成因类似于外生成因的自然铜
	银金矿	AgAu（其中 Ag 含量 10%~15%）	主要呈粒状，部分为树枝状、脉状和片状，其赋存状态主要是晶隙金，其次是裂隙金和少量包体金	
硫化物	辉银矿	Ag_2S	硬度为 2~2.5，密度为 7.2~7.4g/cm^3，铅灰色、不透明、金属光泽、具延展性	与其他含银硫化物、自然银、方铅矿等共生，见于某些热液矿床中，形成于 179℃以上
	螺状硫银矿		辉银矿的同质多象变体。在常温下虽然还会保持着辉银矿的结晶形，但最后都会变成螺状硫银矿	以 173℃为临界点，更高温时形成等轴的辉银矿，低温时则形成斜方晶系的螺状硫银矿
	深红银矿	Ag_3SbS_3	为晶体柱状或偏三角面体，也呈块状、致密状集合体产出。微透明到不透明，金刚光泽到金属光泽，脆性。溶于硝酸	与银以及其他矿物如黄铁矿、方铅矿、石英、白云石和方解石共生于热液矿脉
	脆银矿	Ag_4AgSbS_4	晶体短柱状或板状，硬度 3.5~4.5，比重 6.47g/cm^3，不透明，金属光泽，矿相显微镜下，反射色灰色带粉红紫罗兰色调	

15.4 国外主要银矿生产公司

15.4.1 全球主要银矿生产企业

全球的银矿生产分布在多个国家，根据全球白银协会（Silver Institute）和各矿业公司2016年年报发布的数据统计，全球银矿产量排名靠前的公司主要集中在中美洲和南美洲等银矿资源丰富的区域，这些公司中将银矿作为铜、铅、锌、金矿的共（伴）生矿开采的占了大多数，只有少数公司纯粹开采银矿或银金矿，这种现象也是世界银矿资源赋存状态所决定的。

墨西哥弗雷斯尼罗公司（Fresnillo）多年来一直是世界最大的银矿生产公司，排在其后的有瑞士嘉能可公司（Glencore）、波兰铜业公司（KGHM）、澳大利亚必和必拓公司（BHP Billiton）、加拿大黄金公司（Goldcorp）、俄罗斯多金属国际公司（Polymetal）、加拿大泛美白银公司（Pan American）、秘鲁火山矿业公司（Volcan）、秘鲁布埃纳文图拉矿业公司（Buenaventur）、美国心脏矿业公司（Coeur）等。全球主要银矿生产企业银矿资源和生产状况见表15-6。

15.4.2 墨西哥弗雷斯尼罗公司

墨西哥弗雷斯尼罗公司（Fresnillo）多年来一直是全球最大的银矿生产企业，在2016年公司共生产白银1564t。该公司旗下共有5座银矿山和2个待开发银矿项目，公司的银矿资源储量达到16476t，Ag平均品位高达224g/t，公司拥有的银矿资源以铅锌银多金属矿为主。公司还拥有墨西哥最大面积的贵金属资源勘探区域，银矿资源和产能潜力巨大（见表15-6）。

15.4.3 嘉能可斯特拉塔公司

作为全球最大的矿产资源公司之一，嘉能可斯特拉塔公司（Glencore Xstrata）在2016年共生产白银1251t，嘉能可公司的白银生产比较分散，银矿生产均是以公司铜、铅、锌矿生产过程的共（伴）生资源回收的，公司的银矿生产项目分布在非洲、南美洲和澳大利亚等地，公司最高产的矿区是安塔米娜（Antamina）铜锌银矿。截至2016年年底，公司拥有的银矿储量为22833t，Ag平均品位9.74g/t（见表15-6）。

15.4.4 波兰铜业公司

波兰铜业公司（KGHM）在2016年共生产白银1191t，公司是世界著名的铜业公司，在波兰拥有鲁宾（Lubin）、朗德纳（Rudna）以及伯克维斯西洛维斯（Polkowice-Sieroszowice）三大铜银多金属矿山，银矿储量高达52388t，Ag平均品位45.6g/t，公司生产包括铜、银、镍、钴和钼等金属矿产品（见表15-6）。

15.4.5 必和必拓公司

矿业巨头必和必拓公司（BHP）在2016年共生产白银1075t，公司的白银生产主要由位于智利的埃斯科迪达（Escondida）铜金银矿、位于秘鲁的安塔米娜（Antamina）铜锌银矿，和公司拆分出来的South32公司位于澳大利亚昆士兰州的坎宁顿（Cannington）铅锌银矿生产，Cannington铅锌银矿是全球最大的银矿之一，银的品位高达206g/t。BHP公司拥有的银矿资源储量为12452t，公司还拥有美国的平托谷（Pinto Valley）铜银矿项目（见表15-6）。

15.4.6 加拿大黄金公司

加拿大黄金公司（Goldcorp）是全球黄金产量排名前10位的公司之一，该公司同时也是全球最大的白银生产公司，Goldcorp公司在2016年共生产白银879t。加拿大黄金南美多国拥有六个银矿山，公司的矿山都是金银矿山或银金矿山。公司在墨西哥拥有的佩纳斯奎托（Penasquito）银金矿是墨西哥最大的银矿。公司旗下项目还包括位于危地马拉的马林（Marlin）金-银矿和普布洛维基（Pueblo Viejo）金-银矿等，公司探明的银矿储量为21510t，Ag平均品位27.2g/t（见表15-6）。

15.4.7 俄罗斯多金属国际公司

俄罗斯多金属国际公司（Polymetal International）在2016年共生产白银908t。公司旗下拥有俄罗斯最大的银矿——杜卡特（Dukat）银金矿，杜卡特银矿是世界著名的第三大银矿床，平均品位高达327g/t。多金属国际公司共拥有5大银矿床，共有18座矿山，以银金矿和金银矿为主，也有部分铜金银矿山，公司探明的银矿资源储量为5069t，Ag平均品位110g/t，公司主要在俄罗斯和哈萨克斯坦进行贵金属的开发和生产（见表15-6）。

15.4.8 加拿大泛美白银公司

加拿大泛美白银公司（Pan American Silver Corp）在2016年共生产白银790t。泛美白银公司的银矿项目主要分布在美国、墨西哥、秘鲁、玻利维亚和阿根廷。公司拥有三座银金矿，三座铅锌铜金银多金属矿，一座铅锌金银多金属矿，其中产量最高的矿山是位于墨西哥的La Colorada银铜铅锌多金属矿，该矿的Ag平均品位高达396g/t，截至2016年年底，公司拥有的银矿资源储量为8888t，Ag平均品位83g/t（见表15-6）。

15.4.9 秘鲁火山矿业公司

秘鲁火山矿业公司（Volcan Cia. Minera）在2016年共生产白银771t，火山矿业公司旗下的矿区、选矿厂和加工设施均位于秘鲁，公司的四大矿区均是锌铅银铜多金属矿，以地下开采为主，也有少量露采矿山，公司拥有的银矿储量为8303t，Ag平均品位为108g/t，公司正在秘鲁多地推进银多金属矿项目的勘探和开采工作，预计公司在未来几年的白银的储量和产量将进一步提高（见表15-6）。

15.4.10 秘鲁布埃纳文图拉矿业公司

秘鲁布埃纳文图拉矿业公司（Cia. de Minas Buenaventura）在秘鲁拥有多个银矿项目，在2016年共生产白银647t。该公司共有八座矿山，其中三座铅锌银矿山，四座银金矿和金银矿山，一座铜铅金银矿山，均采用地下开采方式，其中银产量最大的矿山是乌春茶夸

(Uchucchacua) 银铅锌矿，该矿 Ag 平均品位高达 442g/t。截至 2016 年年底，公司探明的银矿储量为 4507t，Ag 平均品位为 23.5g/t。公司的产品包括金、银、铜、铅、锌等矿产品（见表 15-6）。

表 15-6 全球主要银矿公司 2016 年产量和矿山银矿资源储量

公司（国家）	产量/t	矿山	Ag 储量/t	Ag 品位 /g·t^{-1}	Au 品位 /g·t^{-1}	Pb 品位 /%	Zn 品位 /%	Cu 品位 /%	矿石储量 /万吨
Fresnillo（墨西哥）	1564.33	Fresnillo	6390.4	258	0.75	1.57	3.25		2478
		Saucito	3829.3	245	1.72	1.37	2.5		1563
		Ciénega	2057.4	162	2	0.64	1.03		1270
		SanJulián 脉状	1035.2	161	1.82				643
		SanJulián 细粒	3164.6	228	0.08	0.61	1.44		1388
		合计	16476.9	224.4					7342
Glencore（瑞士）	1215	Antamina	6072	11			1.01	0.95	55200
		Mount Isa, Ernest	5850	75		4.1	8.2		7800
		Kazzinc	1547	17	0.3	1.4	4	0.2	9100
		McArthur River	5265	45		4.5	9.4		11700
		其他南美铜矿	1228.5	0.9	0.07			0.45	136500
		澳洲铜矿	95.4	0.9	0.28			1.59	10600
		北美锌铜	492	41	0.2		5	1.7	1200
		其他锌	2288	104		1.6	7.1	0.1	2200
		合计	22837.9	9.74					234300
KGHM（波兰）	1191	Lubin	13575.6	40.05				0.95	33913.3
		POLKOWICE-SIEROSZOWICE	19415.6	45.13				1.83	43053.9
		Rudna	19396.8	51.24				1.68	37875.1
		合计	52388.2	45.62					114842.3
BHP（澳大利亚）	1065.4	Cannington	4242	202		5.73	3.69		2100
		Olympic Dam 高	2020	4	0.71			1.96	50500
		Olympic Dam 低	70	2	0.47			1.03	3500
		小计	2090	3.9	0.68			1.9	54000
		AntaminaCu	2536	8			0.16	1.01	31700
		AntaminaCu-Zn	3584	14			2.03	0.89	25600
		合计	12452	10.78					115500
Polymetal International	908.1	Dukat	4428.3	326.8	0.76				1355
		Tarutin	8.4	13	0.1			1.62	66
		Omolon	452.1	36.46	3.26				1240
		Voro	66.3	6.11	2.15			0.17	1084
		Okhotsk	113.7	13.27	3.07				856
		合计	5068.8	110.2	2.17				4601

续表 15-6

公司（国家）	产量/t	矿山	Ag 储量/t	Ag 品位 /g·t^{-1}	Au 品位 /g·t^{-1}	Pb 品位 /%	Zn 品位 /%	Cu 品位 /%	矿石储量 /万吨
Goldcorp（加拿大）	873.9	Los Filos	302.8	7.44	1.12				4071
		Peñasquito	17699	30.05	0.52	0.28	0.69		58900
		Peñasquito 堆浸	236.4	22.56	0.4				1047
		Cerro Negro	1111.2	66.7	9.06				1666
		Marlin	96.4	191	4.1				50
		Pueblo Viejo	991.2	17.33	2.93			0.10	5721
		Camino Rojo	1073	14.22	0.7				7552
		合计	21510	27.23					79007
Pan American Silver Cor	790	Morococha	852.1	178		1.42	4.01	0.52	480
		Huaron	1598.5	168		1.52	3.05	0.37	950
		La Colorada	3050.9	396.2	0.32	1.47	2.22		770
		Dolores	1679	26.2	0.73				6410
		La Bolsa	139.9	8.9	0.62				1570
		Manantial Espejo	367	135.9	1.57				270
		San Vicente	1200.4	480.1		0.4	2.9	0.48	250
		合计	8887.8	83	0.7	1.36	3.06	0.43	10700
Volcan Cia. Minera	771	Yauli	3794.2	109.5		0.85	4.91	0.2	3463.1
		cerro	3265.5	111.7		0.78	1.99	0.06	2792.3
		chungor	995.2	88.4		1.49	4.86	0.14	1128.1
		Alpamarca	248	80.2		0.73	1.13	0.07	305.6
		合计	8302.9	108		0.91	3.69	0.14	7689.1
Cia. de Minas Buenaventura	647.2	Uchucchacua	2057.8	442.2		1.87	1.42		465.3
		Julcani	192.3	651.9	0.28		2.3	0.49	29.5
		Mallay	46.4	286.1	0.47	7.69	4.65		16.2
		Orcopampa	36	47.3	14.68				76.4
		Tambomayo	638.6	300.1	8.74	2.41	1.2		212.8
		La Zanja	129.3	8.4	0.53				1511.6
		Tantahuatay Oxidos	655.5	8.05					8126.7
		Yanacocha	751.2	8.7	0.63				8747
		合计	4507.1	23.49					19185.5
Coeur Mining	459.8	Palmarejo	1269	145.2	2.11				874.3
		Rochester	3484.6	14.3	0.09				24480.4
		San Bartolomé	657.6	103.9					632.8
		Endeavor	81.8	66.6					122.9
		合计	5493	21					26110.4

15.4.11 美国心脏矿业公司

美国心脏矿业（Coeur Mining）是一家稀贵金属矿业公司，在 2016 年公司共生产了 460t 白银。心脏矿业公司最主要的银矿资源包括位于墨西哥的帕玛瑞罗（Palmarejo）的银-金矿、位于玻利维亚的圣巴托洛梅（San Bartolome）的银矿和位于美国内华达州罗切斯特的（Rochester）银-金矿及位于澳大利亚新南威尔士的 Endeavor 银矿。该公司的银矿资源均以银矿为主，公司探明的银矿资源储量为 5493t，银矿平均 Ag 品位仅为 21g/t，但是墨西哥的帕玛瑞罗（Palmarejo）的银-金矿 Ag 平均品位达到 145g/t，玻利维亚的圣巴托洛梅（San Bartolome）的银矿 Ag 品位达到 104g/t，美国内华达州罗切斯特的（Rochester）银-金矿 Ag 品位较低，仅为 14.3g/t，拉低了公司银矿资源的平均品位。

15.5 国外典型银矿

15.5.1 世界十大银矿资源和开发利用指标概况

全球银矿资源主要分布在环太平洋成矿带，美洲的秘鲁、智利、墨西哥、玻利维亚都是银矿资源丰富的国家，形成了很多大型的银矿床；波兰东南部的页岩铜矿区也是铜矿和共伴生银矿资源丰富的地区，形成了三大铜银矿床；澳大利亚银矿资源丰富，Cannington 铅锌银多金属矿是澳大利亚最大的银矿。目前已知的全球十大银矿中，有三个位于墨西哥，三个位于波兰，其余的位于玻利维亚、秘鲁、土耳其和澳大利亚，这些银矿的储量、品位、选矿工艺指标见表 15-7。

表 15-7 全球十大银矿资源及开发利用概况

矿山名称（国家）	所属公司	储量/t	品位 /g·t^{-1}	年产量（产能）/t	选矿工艺	回收率 /%	备注
Polkowice-Sieroszowice（波兰）	KGHM	Ag 19416 Cu 789 万吨	Ag 45.1 Cu 1.83%	Ag 301.5 Cu 17.74 万吨	浮选 Cu-Ag	Ag 86 Cu 89	位于 Legnica-Glogów 铜矿带，铜硫化矿，地采，采选处理能力 1100 万吨/年。产量来自 KGHM 公司 2016 年报告，储量来自 2014 年报告
Rudna（波兰）	KGHM	Ag 19397 Cu 637 万吨	Ag 51.2 Cu 1.68%	Ag 468 Cu 17.96 万吨	浮选 Cu-Ag	Ag 86 Cu 89	位于 Legnica-Glogów 铜矿带，铜硫化矿，地采，采选处理能力 1250 万吨/年。产量来自 KGHM 公司 2016 年报告，储量来自 2014 年报告

续表 15-7

矿山名称（国家）	所属公司	储量/t	品位 /g·t^{-1}	年产量（产能）/t	选矿工艺	回收率 /%	备注
Penasquito（墨西哥）	Goldcorp	Ag 17699 Au 307.6 Pb 165 万吨 Zn 406 万吨	Ag 31 Au 0.52 Pb 0.28% Zn 0.69%	Ag 548.2 Au 14 Pb 7.89 万吨 Zn 11.94 万吨	硫化矿浮选 Zn-Ag Pb-Ag 精矿 氧化矿堆浸 Au、Ag	Ag 79 Au 63 Pb 72 Zn 77	墨西哥最大银矿，复杂银多金属矿，以硫化矿为主，露天采矿。选矿处理能力为 13 万吨/日（硫化矿），氧化矿采用堆浸工艺，处理能力达 2.5 万吨/日。储量、产量来自 Goldcorp 2016 年报
Pitarrilla（墨西哥）	Silver Standard	Ag 15466 Pb 52.8 万吨 Zn 137.6 万吨	Ag 96.7 Pb 0.33% Zn 0.86%	Ag 314 Pb 1.8 万吨 Zn 4.6 万吨	硫化矿浮选 Zn、Pb，尾矿氰化，氧化矿氰化置换	Ag 69.6 Pb 57.4 Zn 61.3	银多金属矿，由氧化矿和硫化矿构成，露采，选厂能力为硫化矿 580 万吨/年，氧化矿 440 万吨/年，产能收率来自公司 2012 年 43-101 可行性报告，储量来自公司 2016 报告
San Cristobal（玻利维亚）	Minera. SanCristobal（MSC）	Ag 15120 Pb 137 万吨 Zn 402 万吨	Ag 53 Pb 0.48% Zn 1.41%	Ag 542 Pb 6.1 万吨 Zn 18.3 万吨	硫化矿浮选 Zn、Pb-Ag	Ag 70 Pb 87 Zn 89	细脉浸染状低品位银多金属矿矿床。硫化矿为主，露天采矿。剥采比 2.2∶1，选矿处理能力 4 万吨/日，储量、产量来自公司网站 2014
Lubin（波兰）	KGHM	Ag 13576 Cu 322 万吨	Ag 40.5 Cu 0.95%	Ag 266.5 Cu 5.85 万吨	浮选 Cu-Ag	Ag 86 Cu 89	位于 Legnica-Glogów 铜矿带的硫化铜矿，地采，采选处理能力 725 万吨/年。产量来自 KGHM 公司 2013 年报告储量来自 2014 年报告
Gumuskoy（土耳其）	Eti Mine Works	Ag 10420	Ag 95	Ag 325	氰化锌粉置换	Ag 52	高黏土难处理矿，露采，储量品位来自于 2013 国外采矿技术网，产量来自于 DMT GmbH

续表 15-7

矿山名称（国家）	所属公司	储量/t	品位/$g \cdot t^{-1}$	年产量（产能）/t	选矿工艺	回收率/%	备 注
Fresnillo（墨西哥）	Fresnillo plc	Ag 6390.4 Au 18.58 Pb 38.9 万吨 Zn 80.5 万吨	Ag 258 Au 0.75 Pb 1.57% Zn 3.25%	Ag 493 Au 1.32 Pb 2.13 万吨 Zn 2.59 万吨	浮选 Pb-Ag、Zn 精矿，尾矿继续浮选 Ag	Ag 86.3 Au 67 Pb 89 Zn 64.2	银多金属矿，地采，选厂处理能力 264 万吨/年，储量品位产量来自公司 2016 年报，收率来自 John Chadwick2008 年考察报告
Antamina（秘鲁）	BHP，Xstrata，Teck	Ag 6120 Cu 550 万吨 Zn 578 万吨 Mo 12.6 万吨	Ag 10.7 Cu 0.96% Zn 1.01% Mo 0.022%	Ag 665 Cu 43.38 万吨 Zn 16.41 万吨 Mo 0.11 万吨	浮选 Cu-Ag、Zn、Pb、Mo、Bi、Ag	Ag 65 Cu 89~95 Zn 80~86 Mo 65~70	矽卡岩型铜多金属矿，银储量约为 28570 万盎司，2016 年银产量 1988 万盎司，矿石性质复杂，露采。选厂处理能力 3250 万吨/年。产量储量品位源自 BHP 公司 2016 年报，收率源自 canadianminingjournal
Cannington（澳大利亚）	BHP South32	Ag 4326 Pb 120.82 万吨 Zn 77.5 万吨	Ag 206 Pb 5.76% Zn 3.69%	Ag 665.2 Pb 17.3 万吨 Zn 7.9 万吨	浮选 Pb-Ag、Zn-Ag 浸出脱氰	Ag 87 Pb 86 Zn 79	高品位铅锌银多金属硫化矿，地采。采选能力为 340 万吨/年。储量品位回收率产量源于 South32 公司 2016 年报

15.5.2 国外典型银矿山

15.5.2.1 澳大利亚坎宁顿铅锌银矿

坎宁顿（Cannington）铅锌银多金属矿是澳大利亚最重要的银矿，该矿隶属于必和必拓公司（BHP），因铅锌银储量大，出产的白银质地优、杂质少而闻名于世。数据显示，2004 年坎宁顿矿山白银产量高达 1428t，占澳大利亚当年白银总产量的 2/3 左右。该矿位于昆士兰州西北部的历史悠久的采矿小镇芒特艾萨（Mount Isa），如图 15-6 所示。特艾萨构造岩带的芒特艾萨铜-铅锌-银矿带，是一个盲矿床，埋深 10~60m。该矿铅+锌储量达到 718 万吨，银储量达到 2.3 万吨，1997 年 3 月开始开采。坎宁顿矿平均含铅 10.7%、锌 4.6%、银 470g/t。2003 年产铅 23.3 万吨，锌 50.3 万吨，银 1100 吨，2014 年产银 782.6t，占世界矿山银产量的 7%。该矿同时也是世界上最大、生产成本最低的铅锌生产矿山。坎宁顿矿所在的芒特艾萨铜-铅锌-银矿带是世界上最大的锌成矿带，该带的沉积岩中赋存了 7 个世界级元古代金属矿床：麦克阿瑟河、“世纪”、dugald 河、希尔顿、芒特艾萨、Lady Loretta 和坎宁顿（以上矿床含锌量均为 200 万吨或更多）。2008 年北京奥运会和残奥会奖牌的原材料（13kg 黄金、1.3t 白银、6.9t 铜）的一部分就采自坎宁顿矿。

坎宁顿矿是一个地下开采的矿床，采矿坑道规格为 5250m 长，5.2m 高，5.5m 宽，矿区的主要矿体是通过深井（其开采井口见图 15-7）横向倾斜开采的，坎宁顿矿也是澳大利亚第一座采用充填法开采的矿山，采出矿石经过破碎之后，用卡车和提升机运到地表。提升机将破碎后的矿石从井下 600 多米的地方以 12m/s 的速度由竖井提升到地面，然后再用 50t 卡车运至选矿厂原料堆场储存。选矿厂磨矿采用闭路半自磨流程，具体磨矿流程如图 15-8 和图 15-9 所示，开采后的采场使用固体含量为 80%的选矿尾矿及废石，其中添加水泥在 3%~8%之间的填充料充填采场，在这一过程中，60%尾矿被回收利用。

图 15-6　坎宁顿银矿地理位置

图 15-7　坎宁顿矿区开采井口

16.1.3 钾盐的历史

公元前500年，人们就通过草木灰获得碳酸钾漂白纺织品，制作陶瓷和玻璃制品，我国古人利用天然硝酸钾制造火药。14世纪初，埃塞俄比亚的Tigray′s Dallol地区开始了规模化的钾盐矿产开采。1807年，英国化学家humphreydavy通过电解氢氧化钾制备了一种金属，命名为钾。1767年，加拿大开始大规模出口从林木灰中提取的碳酸钾。1858年，德国发现了位于萨克森-安哈尔特州的Staßfur大型钾盐矿床，并于1863年开始规模化开采，成为现代钾盐开采业先驱。直到20世纪初，德国仍是唯一个工业化生产钾盐的国家，后来美国、加拿大、俄罗斯相继发现了钾盐矿床，并开始了工业化开采。

16.1.4 钾盐的用途

钾盐矿产资源最主要的用途是制造植物生长必不可少的钾肥。世界上约90%的钾盐用于制造化肥料，10%的钾盐用于工业用途的钾化合物制造（见图16-1）。钾能帮助植物长出强壮的茎，抵抗杂草、昆虫、疾病和温度的变化。钾元素占一般植物干物质重量的0.2%~4.1%，仅次于氮。在植物的生长发育过程中，钾可以促进光合作用和光合产物的运输，提高光合效率；调节植物气孔的开闭，控制CO_2和水的进出；促进碳水化合物的合成，增强植物的抗逆性，促进植物纤维素增长。钾盐可以改善农作物产品品质，提高粮食作物蛋白质的含量，增加纤维作物如棉花的纤维长度、强度、细度；调整水果的糖酸比，改善果菜的形状、大小、色泽和风味，增强其耐贮性。

钾盐生产的钾肥主要有氯化钾（MOP）、硫酸钾（SOP）和硫酸钾镁肥（SOPM）等品种。氯化钾用量最大，硫酸钾次之。氯化钾适用于水稻、麦类、玉米、棉花等作物，氯对它们没有妨害；硫酸钾适于麻类、烟叶、甘蔗、葡萄、柑橘、甜菜、茶叶等经济作物；硫酸钾镁肥适用于钾镁缺乏的土壤。钾肥在农业领域的应用如图16-2所示。

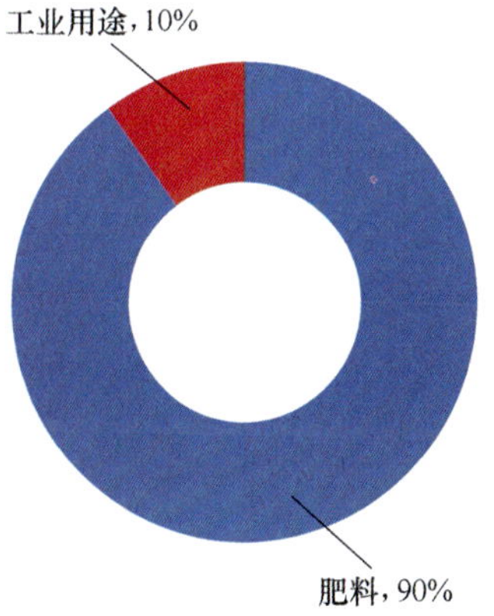

图16-1　全球钾盐的主要应用领域

（资料来源：加拿大potashcorp）

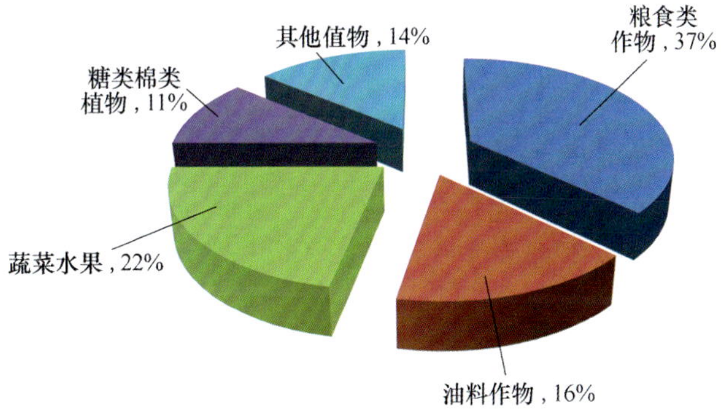

图16-2　钾肥在农业领域的应用

（资料来源：International Fertilizer Industry Association）

在工业领域应用的钾化工品主要有30多种，主要有氯化钾、氢氧化钾、硫酸钾、碳酸钾、氰化钾、高锰酸钾、溴化钾、碘化钾等。工业领域钾用量的35%用于生产洁净剂、25%用于玻璃和陶瓷工业中、20%用于纺织和染色、13%用于化学药品，其余用于罐头、皮革、电器和冶金等行业（见图 16-3）。

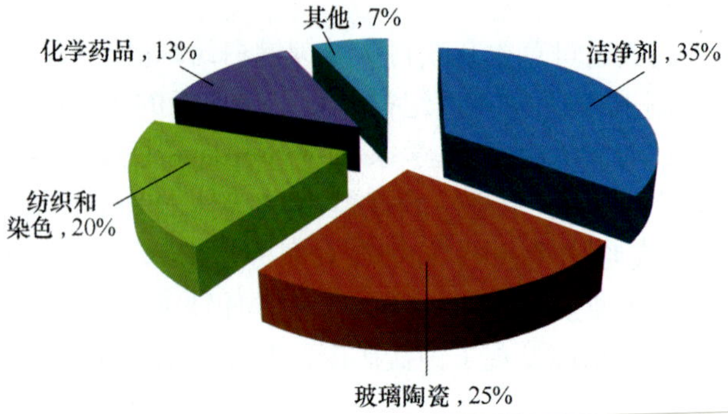

图 16-3　钾在工业领域应用分布
（资料来源：中国选矿技术网）

16.2　钾盐矿物和钾盐矿床

16.2.1　钾盐矿物

钾盐矿物主要有两种矿物类型，即可溶性钾盐矿物和不溶性含钾硅酸盐矿物。可溶性钾盐矿物主要包括钾盐矿（KCl）、光卤石（$KCl \cdot MgCl_2 \cdot 6H_2O$）、杂卤石（$2CaSO_4 \cdot K_2SO_4 \cdot 2H_2O$）、软钾镁矾（$K_2Mg(SO_4)_2 \cdot 6H_2O$）等；不溶性的含钾硅酸盐矿物主要包括钾长石 $K[AlSi_3O_8]$、云母（$KAl_2(AlSi_3O_{10})(OH)_2$）、海绿石、霞石等。主要含钾矿物种类见表 16-1。

表 16-1　钾盐矿物主要种类

类别	矿物名称（英文）	化学成分	纯矿物 K_2O 含量/%
可溶性钾矿物	钾石盐（sylvite）	KCl	63.1
	光卤石（carnallite）	$MgCl_2 \cdot KCl \cdot 6H_2O$	17.0
	钾盐镁矾（kainite）	$KCl \cdot MgSO_4 \cdot 3H_2O$	18.9
	无水钾镁矾（langbeinite）	$K_2SO_4 \cdot 2MgSO_4$	22.6
	杂卤石（polyhalite）	$K_2MgCa_2(SO_4)_4 \cdot 2H_2O$	15.5
	钾镁矾（leonite）	$K_2Mg(SO_4)_2 \cdot 4H_2O$	25.5
	软钾镁矾（picromerite）	$K_2Mg(SO_4)_2 \cdot 6H_2O$	23.4
	钾石膏（syngenite）	$K_2SO_4 \cdot CaSO_4 \cdot H_2O$	28.7
不溶性钾矿物	钾长石（potassium feldspar）	$K_2O.Al_2O_3.6SiO_2$	16.8
	海绿石（glauconite）	$K^{1-x}(Al, Fe)_2[Al^{1-x}Si^{3+x}O_{10}](OH)_2$	2.3~8.6
	明矾石（alunite）	$KAl_3(SO_4)_2(OH)_6$	11.4
	霞石（nephelite）	$KNa_3[AlSiO_4]_4$	8
	云母（mica）	$KAl_2[AlSi_3O_{10}][OH]_2$	11.8

除了上述固体矿物外，还有大量的钾矿物以液态形式存在于海水、盐湖卤水、地下卤水中，并常常共（伴）生有钠、镁、锂、硼、溴、铷、铯等有益组分。

16.2.2 钾盐矿床

钾盐矿床是溶解在地表水体中的盐类在封闭、半封闭盆地中蒸发、浓缩、沉积而成，按其成因类型可以分为海相沉积型和陆相盐湖型两大类，这两大类型根据钾盐赋存状态可以进一步细分为盐湖型矿床、岩盐-钾盐-光卤石型矿床、杂卤石型矿床、天然卤水型矿床等类型（见表16-2）。

从工业应用角度，按钾盐的赋存状态可以将钾盐矿床划分为地下固体层状矿床盐湖及地下卤水液体钾盐矿床两种类型。

表16-2 钾盐矿床类型

矿床类型	成矿地质特征	矿体形态规模	矿石矿物结构、构造特征	主要组分	矿床价值	典型矿床实例
陆相盐湖矿床（液固相并存）	产于第四纪至当代，形成于干旱、半干旱气候带，由内陆不泄湖和海滨半封闭泄湖浓缩、蒸发而形成	固相：层状，似层状、透镜状扁豆状等。 液相：（指地下卤水和晶间卤水）其储量规模由几百吨到几千吨，大的可达数亿吨	固相：主要矿石矿物为光卤石，具有层状及条带状构造。有些硫酸盐型盐湖可获得钾盐镁矾和软钾镁矾 液相：包括地表卤水，底部卤水、晶间卤水、湖下水及边缘水	KCl、NaCl共（伴）生：$MgCl_2$、$MgSO_4$、$CaSO_4$、B_2O_3、LiCl、Br、I等	除钾外其他伴生组分均可利用，经济价值较大	察尔汗、死海、犹他州大盐湖、罗布泊、玻利维亚乌尤尼盐湖
海相沉积矿床（地下固相）	矿床产于第四纪之前的远古海滨泻湖沉积岩系中，其总成分与海水相似，由于海水蒸发较完全，故大部分盐类依不同溶解度按一定次序沉淀而形成，最后为钾盐与镁盐	矿层为层状，石盐、光卤石、杂卤石成互层沿走向延长数公里，总厚度数十米到数百米	带状、层状构造、结晶粒状等结构	KCl、NaCl、$MgCl_2$、$MgSO_4$ 锶、硼、溴、铷、铯	多为规模巨大的钾盐矿床，是最重要的钾盐资源经济价值巨大	德国斯孚特、加拿大萨斯喀彻温、俄罗斯乌拉尔
天然卤水矿床	一部分是原生的即古代残余卤水保存在地层中，一部分是次生的即固相盐类矿床被地下水溶解而形成。这类矿床的规模大小不一，成分变化很大	卤水赋存于有封闭条件的地层中，受构造控制	液相卤水	卤水成分：钠、钾、铷、铯、镁、锂、钙、溴、碘、硼、锶等	规模大小不一，经济价值有限	自贡黑卤、美国安纳达科盆地地下卤水

16.2.3 钾盐矿石类型

固体钾盐的矿石类型按照其主要含钾矿物可以分为钾石盐型、光卤石型、硫酸盐型三种类型；盐湖卤水依照盐湖卤水化学组成将其分为三类，即氯化物类型、硫酸盐类型和碳酸盐类型。其工艺特性和典型矿区见表 16-3。

表 16-3 钾盐矿石类型和典型矿区

矿石类型	可选性	典型矿区
钾石盐型（sylvite，一般 KCl 品位 10%~40%）	品位高、易选矿和加工可用浮选或溶解结晶法提纯，是全球钾盐的主要矿石类型	加拿大萨斯喀彻温、俄罗斯乌拉尔、白俄罗斯 Starobin、法国阿尔萨斯、中国云南
光卤石型（carnallite，一般 KCl 品位 15%左右）	吸湿性强，不便运输，加工工艺较复杂，可用浮选和溶解结晶法提纯。钾资源的重要矿石类型	德国布莱谢罗德 中国柴达木
硫酸盐型 （钾盐镁矾（kainite）、无水钾镁矾（langbeinite）、杂卤石（polyhalite）为主）	成分复杂，加工工艺复杂，一般加工为硫酸钾类钾盐产品	德国斯塔斯孚特、乌克兰喀尔巴阡山、中国四川
混合型 （由钾石盐和其他硫酸盐类钾矿石共同构成）	成分复杂，加工工艺复杂，一般加工成氯化钾和硫酸钾盐类产品	德国部分地区、中国罗布泊
氯化物型盐湖卤水	成分复杂，一般盐田分离及浮选工艺或溶解结晶工艺	约旦和以色列死海、中国察尔汗
硫酸盐型盐湖卤水	成分复杂，一般需要盐田工艺、浮选和化工工艺提纯	南美阿塔卡玛盐湖、中国罗布泊、犹他大盐湖
碳酸盐型盐湖卤水	成分复杂，一般需要盐田分离工艺、浮选工艺和溶解结晶法提纯	美国西尔兹盐湖、中国扎布耶盐湖

16.2.4 全球重要钾盐矿床分布

全球重要钾盐矿床分布广泛，最重要的矿床分布在加拿大、俄罗斯、白俄罗斯、德国、美国、中国、以色列、约旦、智利等国（见图 16-4）。

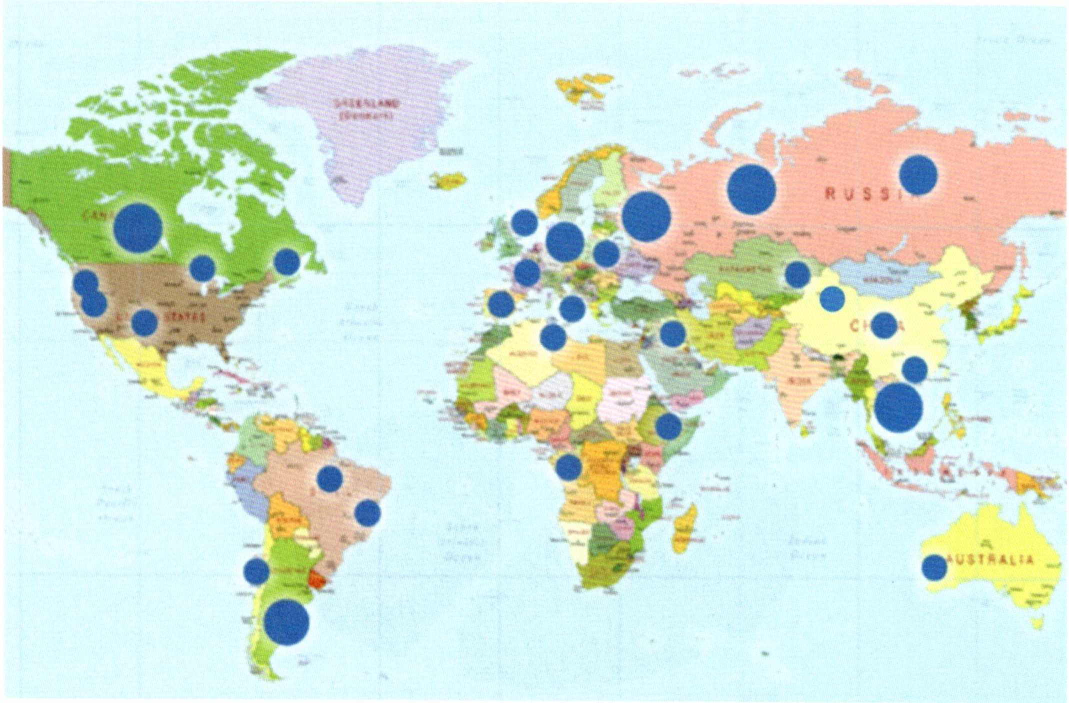

图 16-4 全球重要钾盐矿床分布
（资料来源：K+S 公司报告）

16.3 全球各国钾盐储量和产量

根据美国地质调查局 2016 年的统计结果，世界钾资源探明储量达到 42.7 亿吨（以 K_2O 计），2016 年全球共生产了 3852 万吨钾矿（以 K_2O 计），产量比 2015 年下降了 5%。全球各国钾盐产量和储量见表 16-4，全球各国钾资源储量分布如图 16-5 所示，全球主要钾盐生产国 2016 年产量份额如图 16-6 所示。

表 16-4 2016 年全球主要钾盐生产国产量和储量

国家	2015 产量（K_2O）/万吨	产量份额/%	2016 产量（K_2O）/万吨	产量份额/%	储量（K_2O）/万吨	储量份额/%
加拿大	1140	28.04	1000	25.96	100000	23.40
俄罗斯	699	17.19	650	16.87	86000	20.13
白俄罗斯	647	15.91	640	16.61	75000	17.55
中国	620	15.25	620	16.10	36000	8.42
美国	74	1.82	52	1.35	27000	6.32
以色列	126	3.10	130	3.37	27000	6.32
约旦	141	3.47	140	3.63	27000	6.32

续表 16-4

国家	2015 产量 (K_2O)/万吨	产量份额/%	2016 产量 (K_2O)/万吨	产量份额/%	储量 (K_2O) /万吨	储量份额/%
智利	120	2.95	120	3.12	15000	3.51
德国	310	7.62	310	8.05	15000	3.51
其他国家	189.3	4.66	190	4.93	19300	4.52
合计	4066.3	100	3852	100	427300	100

资料来源：美国地质调查局。

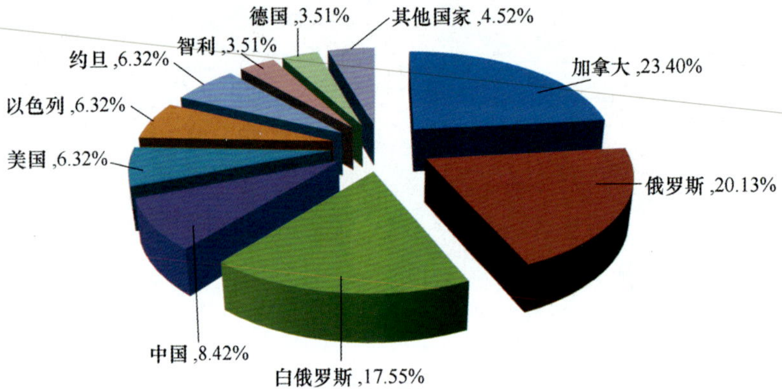

图 16-5　全球各国钾盐资源储量分布（2016 年）

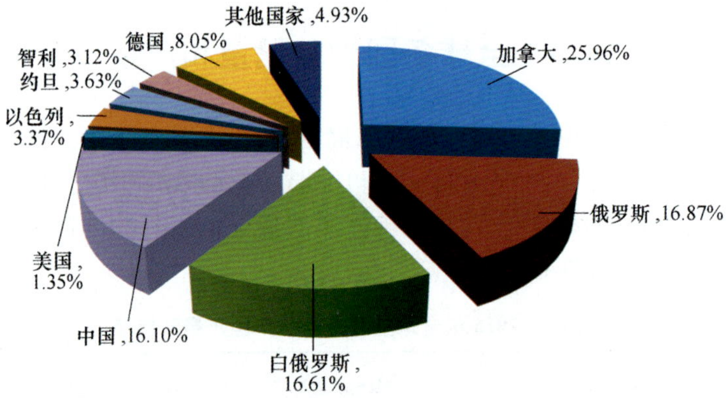

图 16-6　全球各国 2016 年钾盐产量份额

钾矿资源在全球的分布比磷矿资源在全球的分布更加不均衡，加拿大、俄罗斯白俄罗斯、中国、美国、以色列和约旦 7 个国家的钾盐储量占全球钾盐储量的近 90%，尤其是加拿大、俄罗斯白、俄罗斯三国占了全球钾盐储量的 60%以上，而钾资源是全球农业国家都需要的重要资源。由于资源分布不均，全球的钾盐生产也比较集中，全球仅有十多个国家开采钾盐矿产。2016 年加拿大是全球钾盐产量最高的国家生产了 1000 万吨钾盐（K_2O），占全球产量的 25.96%，其次是俄罗斯占全球产量 16.87%、白俄罗斯占全球产量的 16.61%、中国占全球产量的 16.10%、德国占全球产量的 8.05%，这 5 个国家的钾盐产量占到全球产量的83%。最近几年，由于全球农产品价格低迷，钾盐供应过剩，全球钾盐产能过剩越发严重，钾盐主要生产国加拿大、俄罗斯等国的钾盐生产在2016年出现了下降。

未来相当长的时间内，加拿大、俄罗斯、白俄罗斯这三个钾盐储量最大也是产量最大的国家，仍将主宰世界钾盐的供给。

16.4 国外主要钾盐生产企业和典型矿山

16.4.1 全球主要钾盐生产企业资源和生产情况

全球钾盐开采业最重要的公司包括俄罗斯的Uralkali公司、白俄罗斯的JSC Belaruskali公司 、加拿大的Potash Corp公司、美国的Mosic公司、德国的K+S公司、以色列的ICL公司、约旦的APC公司、加拿大的Agrium以及我国的青海盐湖股份有限公司和国投罗钾公司等，这些公司都拥有丰富钾盐矿产资源，加拿大Potash Corp公司、俄罗斯Uralkali公司、白俄罗斯JSC Belaruskali公司是世界钾盐生产能力最大的三家公司，Potash Corp公司的氯化钾产能达到1900万吨/年，占到全球氯化钾产能的20%，公司拥有的钾盐可采储量达到4亿吨。

这些钾盐生产商中有些是综合性的化肥公司，Potash Corp公司、Mosic公司、Agrium公司除了生产钾肥外还生产磷肥甚至氮肥。全球主要钾盐开采企业资源和开采情况见表16-5，全球主要钾盐公司钾盐（所有品种）销量占全球钾盐销量份额如图16-7所示。

表16-5　2015年全球主要钾盐开采企业资源和开采情况

公司	地区	矿石储量（资源量）/Mt	K_2O品位/%	K_2O矿物量/Mt	KCl产量（产能）/Mt	主要产品	其他
Potash Corp	加拿大	1716	23.3	400.2	9.1（19.1）	钾肥 磷肥 氮肥	六座矿山和加工厂
Mosic	美国	2022	21.1	426.6	8.4（12.6）	钾肥 磷肥	四座矿山和四座加工厂
Uralkali	俄罗斯	1102	17.1	188.4	10.4	钾肥	五个矿山，六个钾肥厂，一个光卤石加工厂
JSC Belaruskali	白俄罗斯	1989	20.9	415	10.3（12.6）	钾肥 复合肥 氯化钠	六座矿山，四个加工厂

续表 16-5

公司	地区	矿石储量（资源量）/10^6t	K_2O 品位/%	K_2O 矿物量/10^6t	KCl 产量（产能）/10^6t	主要产品	其他
K+S	德国	311.1	16.2	50.4	3.2（KCl）+3.6（其他钾肥）	钾肥 镁产品 氯化钠	六座矿山和九个加工厂正新开加拿大982万吨资源量17%品位产能2.8百万吨钾盐项目
青海盐湖股份有限公司	中国	30647	0.85	260.5	3.9（KCl）	钾肥 镁产品 氮肥	盐湖卤水、盐田、加工厂
国投罗钾		15058	1.08	162.62	1.47（K_2SO_4）+0.7其他（1.70）	钾肥	盐湖卤水、盐田加工厂
Agrium	加拿大	316	24.4	77.1	2.1（3.02）	钾肥 磷肥 氮肥	一座矿山，一座加工厂
ICL	以色列死海	5000	0.8	40	4.2	钾肥 镁制品 溴化合物	死海、西班牙 Iberia 钾盐矿两座矿山
	西班牙 Iberpotash	162.8	15.91	25.9			
APC	约旦	5000	0.8	40	2.35（2.5）	钾肥 镁制品 溴化合物	死海卤水、盐田、加工厂

资料来源：公司公开报告等资料。

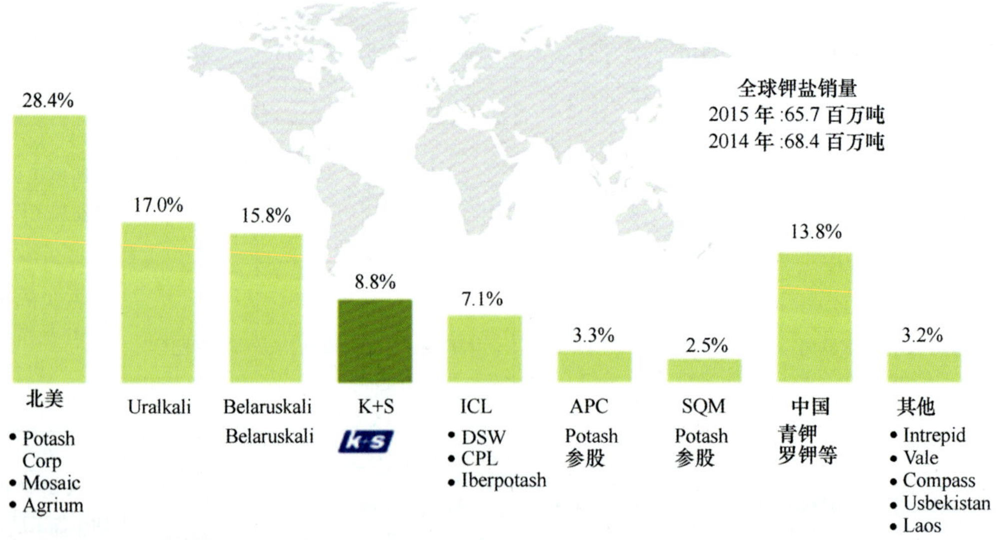

图 16-7　全球各地钾盐公司钾盐（所有品种）销量占全球钾盐销量份额（2015 年）

（资料来源：德钾 K+S 公司报告）

在运矿点位置，连续采矿机也可以继续采矿而不受影响。乌拉尔矿主要有新、老两种型号的连续采矿设备，分别是25t和15t；15t的采矿设备正在逐渐淘汰，并将被25t的所代替。

选矿工艺：钾盐矿的富集过程采取两种不同的工艺路线：（1）采取化工热浸再结晶工艺生产含量为97%的白色氯化钾产品，具体工艺流程如图16-11所示；（2）采取浮选的工艺路线生产含量为95.6%粉红色氯化钾产品，具体工艺流程如图16-12所示。化工流程的回收率一般大于90%，而浮选流程的回收率只有85%～88%。

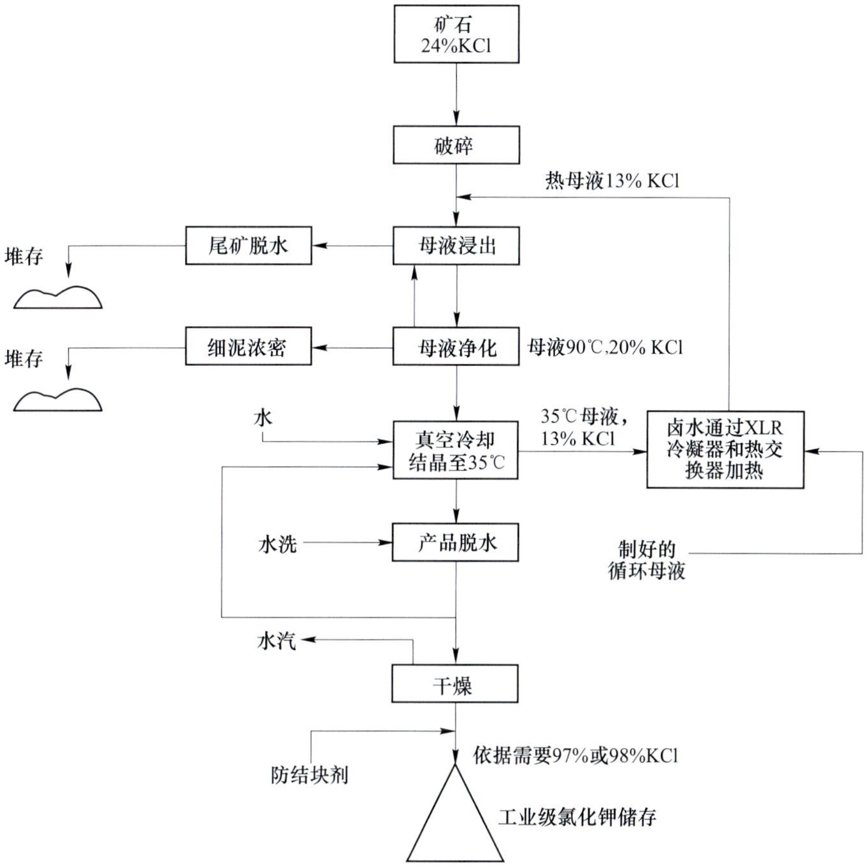

图16-11　乌钾钾盐化工生产工艺流程

2001～2010年，乌钾改善了所有工厂的选冶回收率，钾回收率提高了2.0%～3.0%，选冶平均回收率在2010年达到86.75%。乌钾在未来几年将通过投资改善选矿技术和选矿设备提高选矿回收率2%～3%，将选矿回收率从目前的85%提高到87%～88%。

16.4.5　约旦阿拉伯钾盐公司

约旦阿拉伯钾盐公司（APC）钾盐资源丰富，主要蕴藏于死海之中。公司成立于1956年，获约旦政府授予的死海矿产独家经营权，为期100年。该企业是目前约旦从事钾盐开发、生产和销售的唯一企业，也是世界第八大钾盐生产商。阿拉伯钾盐公司2011年生产226万吨钾盐（KCl计），创造了2360个直接就业岗位以及超过600个间接工作岗位。美国地质调查局把死海中的钾盐资源的一半归约旦所有，一半归以色列所有，故该公司的钾

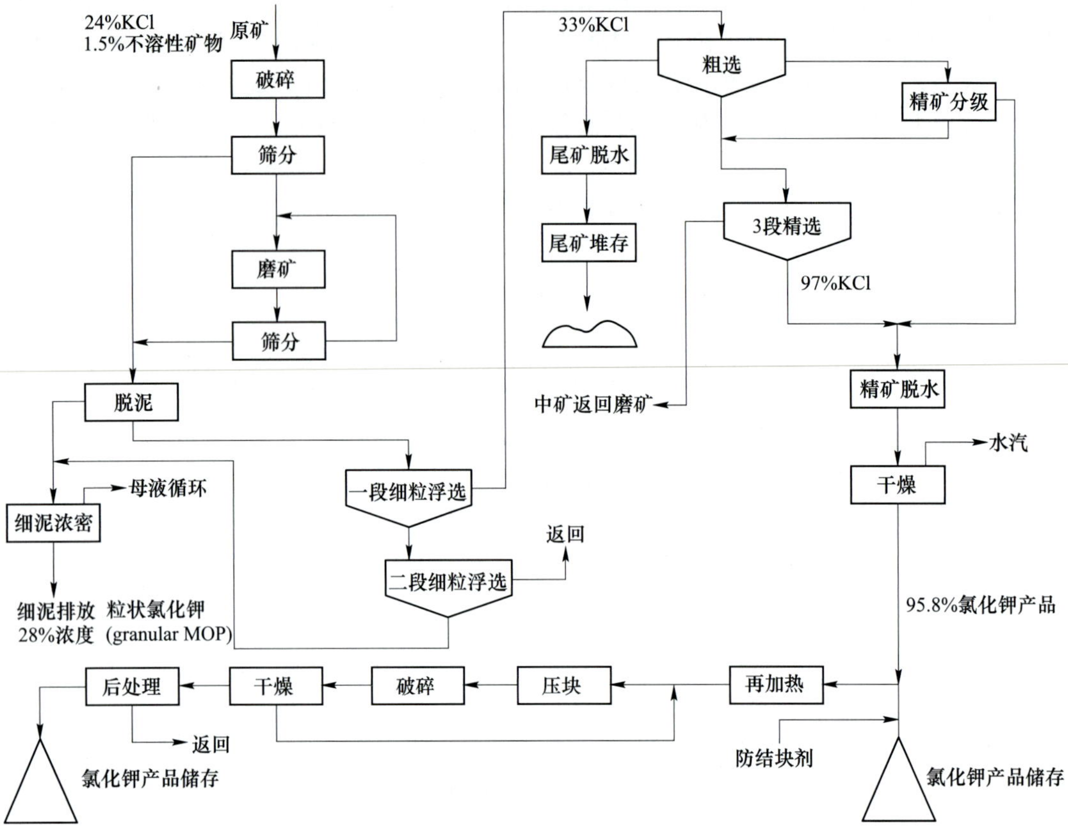

图 16-12　乌钾钾盐浮选生产工艺流程

资源有 2.7 亿吨 K_2O。

APC 的工厂位于安曼以南 110km，亚喀巴以北 200km。工厂由面积 150km^2 的盐田和盐矿石加工厂构成，公司死海钾盐开发项目于 1976 年开始，首先通过实验和测试确定恶劣环境下的各种工艺技术参数。基建始于 1979 年，于 1982 年底建成了顶部宽超过 8m，长 117km 的防渗堤坝，钾肥生产开始于 1983 年，设计的产能 120 万吨，通过不断工艺优化和改进，尤其是盐田太阳能蒸发关键工艺的改进，在 80 年代末，产能达到了 140 万吨，1994 年建立了第二个不同工艺的产能为 40 万吨的工厂，使总产能力达 180 万吨。在 2008 年通过进一步优化现有的工厂，并扩大太阳能蒸发系统和新建第三个工厂，产能扩大到 240 万吨（KCl）。APC 目前有 4 个工厂，分别为热浸出工厂（HLP），冷结晶工厂（CCP）、工业钾盐厂（IPP）和新的冷结晶工厂（CCP Ⅱ）。生产的四种规格的产品为标准钾肥，HLP 生产；细粒钾肥，HLP、CCP、CCP Ⅱ生产；工业钾产品，IPP 生产；粒状钾肥，HL、PCCP Ⅱ生产。公司的生产过程始于死海泵站吸入死海卤水，以上述四种产品装载发货终结。其基本工艺流程如下：

（1）盐田太阳能蒸发系统：卤水从死海抽出通过 APC 的盐田太阳能蒸发系统，盐田留下沉积出来的盐类矿物，12 个月的旅行后母卤回到死海。盐田太阳能蒸发系统始于位于 Lisan 半岛的泵站，四台流量约 18m^3/s 的水泵每年输送 2.5 亿～3 亿吨的死海卤水进入盐田太阳能蒸发系统系列盐池中的第一个氯化钠盐池。系统的设计保证最高的太阳能蒸发效率，盐田是钾盐回收的关键因素。死海卤水的密度约 1. 235g/L，盐度是海水的十倍，通过盐田蒸发系统将卤水的密度蒸发到 1. 300g/L，同时大部分氯化钠沉淀到池底，每年 1600 万~1800 万吨氯化钠盐沉积到盐池中。积盐在一部分在盐池出现盐蘑菇和盐礁，它们减少了蒸发面积，需要机械疏浚处理。APC 有 5 条采盐船组成的采盐船队。公司雇佣一个国际承包商来采盐，并管理和优化盐田系统的正常运作。在氯化钠盐池塘之后，卤水通过自流被转移到光卤石调整池 PC-2，这个池塘充当一个控制器，卤水成分在这里开始达到光卤石形成点，卤水的密度在这一阶段达到 1. 303g/L，氯化钾浓度达到大约 2%。从氯化钠盐池开始到光卤石调整池的卤水成分和浓度必须连续监控，以达到生产光卤石的要求。经过光卤石调整池后，卤水泵入两个系列的光卤石池。第一个系列始于光卤石池塘 C-3，然后自流到其余的光卤石池（C-2、C-1、C-5、6-C、C-7 ）。而第二个系列开始于 C-8，然后自流到 C-9、C-10、C-11、C- 7。C-7 是最后一个光卤石池，在 C-7 池析钾后的卤水，包含了大约 0. 3%氯化钾（平均密度为 1. 345g/L），被排到洪水通道流回到死海。C-4 池建造面积达 $5km^2$ 专门用于回收从四个精炼厂排出的尾液中的钾。从 C-1 到 C-11 池沉淀的盐平均含有 84%的光卤石和 16%的氯化钠，沉淀厚度为 30~60cm。整个盐田系统年产光卤石约为 1200 万吨。

（2）光卤石采收系统：光卤石是以矿浆的形式由采矿机于卤水下采收后通过浮管送到在堤坝上泵加压再送到精炼厂。光卤石由八个浮动履带采矿机是用来收集光卤石（见图 16-13）。这些采矿机能够浮在 1m 深的卤水中通过四履带系统推动。采矿机采用载波相位实时动态差分技术进行相对定位的 GPSRTK 高技术装备进行控制，进行精确的运转，确保了最佳的光卤石采收率。

图 16-13　APC 公司盐田采盐船

（3）热浸出工艺：热浸出工艺由光卤石加工—钾石盐加工—氯化钾结晶—产品脱水、干燥、筛分构成。由盐田输送到厂的光卤石浆，脱卤水后用水分解，分解过程通过两级搅拌罐完成，分解产生的固体是氯化钾和氯化钠的混合盐钾石盐。钾石盐脱水和洗涤后，滤饼进入钾石盐加工工序。钾石盐滤饼浸出使用六个搅拌罐，两级浸出。浸出液是结晶工序返回的热的贫卤水。浸出得到的饱和的氯化钾浸出液卤水在澄清热浓密机中澄清，浓密机溢流由泵送往结晶工序，浓密机的底流浆主要含氯化钠晶体进行脱水，用废卤水制浆后泵入尾矿区。热的浓密机溢流卤水，含有饱和钠和钾的氯化物，依次通过六个阶段的冷却-真空结晶，卤水温度从 93℃降到 42℃。通过冷却，氯化钾在控制的条件下结晶析出，溶液中氯化钾浓度下降，成为贫卤水。

结晶工序得到的氯化钾料浆先通过脱水旋流器部分脱水，然后通过离心机进一步脱水，得到滤饼。滤饼通过一个燃油的旋转干燥机脱除最后的水分，随后通过流化床冷却并进入筛分工序，筛分工序得到两种产品，标准产品和细粒产品。所有的产品都需要加入抗黏结剂，控制产品的结块倾向，方便钾肥的储存和运输。

（4）冷结晶工艺：冷结晶工艺由光卤石预处理、反浮选、冷结晶、冷浸出、干燥筛分5个步骤构成。

送入工厂的光卤石料浆先湿筛，筛上分选出约1/4的高品位光卤石，这部分光卤石可直接进入后续的冷分解工序；筛下的料浆与冷结晶工序的溢流混合。这种溢流是接近饱和的卤水，混合在带有导流筒的反应器中进行。这两种卤水的混合由于混合卤水成分达到光卤石相产生的条件，导致了光卤石沉淀的产生，反应完全后，反应器中排出的料浆进入光卤石浓密机，浓密机溢流返回盐田蒸发池，光卤石底流进入浮选工序。光卤石底流进入浮选槽通过反浮选分离氯化钠，浮选出的氯化钠泵入尾矿池，选完氯化钠的料浆进入浮选浓密机，浓密机溢流补充浮选槽用液体，多余部分泵入光卤石浓密机，浮选浓密机的底流由离心机脱水，得到细粒的光卤石滤饼，送入冷结晶工序，滤液返回浮选浓密机。

筛分得到粗光卤石和浮选得到的细光卤石的结晶过程中分两步进行，在水的存在下光卤石分解，然后在结晶器中，氯化钾晶体生成，结晶器排出的料浆通过湿筛，筛上的大颗粒光卤石或氯化钠和浮选溢流一起被排入到尾矿池。筛下的氯化钾粗产品部分被送入浸出工序。为了消除结晶工序的氯化钾粗产品中的附着的高氯化镁卤水，通过两段浸出和离心脱水确保最终干燥产品中的$MgCl_2$含量小于0.7%。冷浸出的离心机滤饼通过一个燃油的旋转干燥机脱除水分，保证水分含量小于0.1%，随后通过逆流旋转筒冷却器冷却后并进入筛分工序，筛分工序得到两种产品，标准产品和细粒产品。

16.5 全球钾盐开发利用趋势

16.5.1 全球钾盐资源供给变化趋势

全球钾资源储量丰富，按全球目前的钾盐消费量，全球钾盐资源的静态保障年限可达100年以上。全球钾资源分布极不平衡，根据美国地质调查局2016年的统计结果，加拿大、俄罗斯、白俄罗斯三国钾盐储量占世界总储量的60%以上，加拿大、俄罗斯、白俄罗斯、中国、德国五国的钾盐产量占全球钾盐产量的80%以上。全球仅十多国生产钾盐，有100多个国家需要进口钾肥，钾盐资源生产地区和钾盐资源消费地区严重错位。中国、拉美、东南亚、北美、印度等地是全球钾盐消费量最大的地区。我国的钾盐储量仅占世界总储量的8%左右，产量占到全球钾盐产量的16%，每年的钾盐需求量占到全球钾盐产量的30%左右。同我国一样，农业人口大国巴西的钾盐消耗量的90%、印度钾盐消耗量的100%都需要进口。全球钾盐矿产资源集中在少数国家，多数农业人口大国对钾盐进口的依赖性很强，造成全球钾盐市场容易形成行业垄断。

最近100年来，全球钾盐产量随人口的增加，从很低的产量基数持续增长（见图16-14），主要分为三个阶段：1915~1950年，全球钾盐产量缓慢稳定增长；1951~1990年随

钾矿开采方法示意性对比

湿式溶解采矿法	干式竖井采矿法
• 开采摘要：热盐水(氯化钠水溶液)通过钻井注入到矿床上	• 开采摘要：采掘机通过竖井下沉到矿床上，破碎并选取矿石
• 矿藏特征：位置较深/矿床形状不规则	• 矿藏特征：位置较浅至深
• 矿床埋深：0～3000m	• 矿床埋深：0～1000m
• 典型开采方法：盐溶解并抽取盐水至地面进行处理	• 典型开采方法：(1)房柱式开采；(2)钻孔爆破法

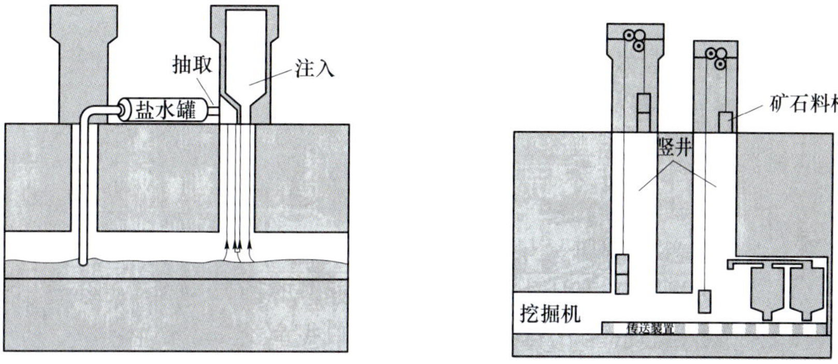

湿式溶解采矿法	干式竖井采矿法
✓ 相对低的资本支出	✓ 低的营运成本
✓ 相对短的投产时间	✓ 经验更丰富、认识更深刻
✓ 环境影响较小	· 加拿大最盛行的钾矿开采方式
✓ 对劳动力需求低	· 开采了当今钾碱产量的绝大部分
✓ 允许更弹性化的营运	× 需要更大的资本投入
✓ 能够开采更深或形状不规则的矿床	
× 营运中的使用溶解采矿法的钾矿较少	

图 16-20　钾盐开采方法对比

解。通过胺类浮选药剂正浮选氯化钾与氯化钠分离（少数采用磁铁矿重介质旋流器或跳汰分离氯化钾和氯化钠），产品离心脱水后在 200℃ 温度下干燥，筛分分级后再通过压实和整形成为最终产品。

（2）冷分解-热溶结晶法

主要工艺流程为：破碎—磨矿—冷分解—热溶解氯化钾—分离氯化钠—冷却结晶氯化钾—洗涤脱水—干燥。

该工艺根据光卤石混合液中各组分随着温度的变化溶解度各不相同的原理，分解光卤石，热溶氯化钾后，分离固体氯化钠，溶液冷却结晶氯化钾，母液循环返回热溶工序。

浮选法钾回收率一般为 85%～88%，该法能耗低、生产成本低、产品纯度不高、颗粒细、需要后处理。热溶结晶法钾的回收率一般为 90%～95%，该法生产氯化钾产品粒度大、纯度高而且均匀、物理性能好，且设备投资少，但是能耗大、成本高、设备耐腐要求高、工艺操作也比较复杂，一般适合在能源较廉价的地区使用。

16.5.3.3　盐湖卤水钾盐开采工艺

全球盐湖卤水钾盐主要由中国、以色列、约旦、智利等国开采，国外盐湖卤水提钾以

图 16-21　固体钾盐连续采矿设备和矿石运输设备

死海为代表，死海卤水的氯化钾含量为 16～17g/L，主要生产工艺为化工工艺和反浮选工艺。具体工艺流程如下：

（1）化工工艺。抽卤—盐田蒸发—氯化钠分离—光卤石采收—光卤石冷分解—热溶解氯化钾—分离氯化钠—冷却结晶氯化钾—洗涤脱水—干燥。

（2）反浮选工艺。抽卤—盐田蒸发—氯化钠分离—光卤石采收—光卤石预处理—浓密—反浮选氯化钠—分解冷结晶—氯浸出除杂—离心脱水—干燥—压块整形（详细工艺内容参见阿拉伯钾盐公司 APC 简介）。

（3）采用溶解采矿工艺采出的卤水一般采用盐田法或化工蒸发冷却结晶分离的方法分离出氯化钾产品。

盐湖卤水钾盐开采工艺技术主要的发展趋势是自动化。以色列和约旦的死海盐田实现了远程测控盐田生产。在光卤石采收方面，约旦阿拉伯钾盐公司使用美国制造的水采机，使用实时动态 RTK 测量系统精确控制采收过程；以色列死海工程公司使用的是用电缆牵引的浮动式采收机（水采船），所采物料为含固体量约40%~50%的光卤石料浆，然后用管道输送到加工厂。光卤石加工方面，以色列死海工程公司逐步用“冷结晶—反浮选”工艺取代了热溶解法。该工艺回收率可提高到76%，耗能低、产品质量高。

国投新疆罗布泊钾盐公司利用新疆罗布泊硫酸盐亚型含钾晶间卤水资源，自主研发了盐田混合转化工艺和化工工艺，建成了全球最大的硫酸钾肥生产厂，硫酸钾生产能力达到150万吨/年。该工艺具有收率高、产品品质好、能耗低等优点，已成为全球该类型盐湖资源利用的领先技术，澳大利亚Lake Mackay硫酸盐型盐湖钾盐项目也计划采用类似技术生产硫酸钾。

参考文献

[1] Mineral Commodity Summaries 2016, 2017, USGS.

[2] Minerals Yearbook Potash 2014, USGS.

[3] Potash Corp 2015 Annual Integrated Report.

[4] Potash Corp Annual Report on Form 10-K for the Year Ended December 31, 2015.

[5] Mosic Annual Report 2015.

[6] Mosaic 2015 Form 10-K.

[7] Uralkali Integrated Report 2015.

[8] Uralkali Investor Presentation, December 2015.

[9] JSC Uralkali Final Prospectus for Admission to Listing on the Official List and to Trading on the London Stock Exchange of Global Depositary Receipts.

[10] K+S Annual Report 2015.

[11] Compendium Facts worth knowing about K+S, June 2016.

[12] Agrium Annual Report 2016.

[13] A Future Vision for Agrium, 2016 Agrium Investor Day.

[14] Agrium Inc Annual Information Form Year Ended 2010, February 24, 2011.

[15] ICL 2015 Corporate Review.

[16] ICL Investor Presentation 2016, June 2016.

[17] ICL Q4 2016-Fact Sheet.

[18] Sustainability of phosphate and potash reserves in Jordan, International Journal of Sustainable Economy 6 (1): 45-63. January 2014, by Rami Alrawashdeh.

[19] Potash, BGS, 2008.

[20] The Observer's Guide to Potash! by Mark Arundell, IMEx Consulting, 2015.

17 国外磷矿资源及利用现状

17.1 概　　述

17.1.1 磷的性质

磷（P）原子序数为15，相对原子质量为31，位于元素周期表的第三周期、第ⅤA族，是一种非金属元素。单质磷有多种同素异形体，其中常见的有白磷和红磷。白磷是无色或淡黄色的透明结晶固体，密度1.82g/cm^3，熔点44.1℃，沸点280℃，着火点是40℃。放于暗处有磷光发出，有恶臭，剧毒，几乎不溶于水，易溶解于二硫化碳溶剂中。白磷经放置或在250℃下隔绝空气加热数小时或暴露于光照下可转化为红磷。红磷是红棕色粉末，无毒，密度2.34g/cm^3，熔点590℃，升华温度416℃，沸点200℃，着火点240℃。不溶于水。在自然界中，磷不以单质形态存在，而以磷酸盐的形式存在。磷是构成生命体的重要元素，存在于细胞、蛋白质、骨骼和牙齿中。在含磷化合物中，磷原子通过氧原子而和别的原子或基团相联结。

17.1.2 全球磷矿资源概况

磷在地壳中的丰度为0.13%，在所有元素中排名第11。根据美国地质调查局2016年公布的数据，全球磷矿探明矿石储量为680亿吨，磷矿资源量为3000亿吨，按目前消耗速度，全球已探明磷矿储量可满足全球260年的需求。尽管地球的可用磷资源丰富，分布广泛（见图17-1），但全球磷资源分布极不均衡，由于地缘政治和易采高品质磷矿资源减少的原因，经常会有全球磷资源危机的舆论。固体磷矿石是目前人类开采利用的唯一磷矿资源，但研究表明通过资源节约利用和循环利用的途径，磷资源完全可以保障人类社会发展的基本需求。

海相沉积是磷矿资源的主要成因，全球大型沉积矿床主要分布于北非、中东、东亚和北美地区。火山岩型矿床主要分布在南美、北美、欧洲和南非部分地区。大西洋和太平洋大陆架和海底山脉也发现了不少大型磷矿资源。

17.1.3 磷的历史

1669年，德国人布朗特（Brand H）在强热蒸发人尿的过程中，意外地制得一种发出蓝绿色“冷光”的物质——白磷，并第一次以“冷光”的意思命名这种新发现的物质为“磷”。尽管磷元素的发现较晚，但人类实际早就开始使用动物骨骼、鸟粪石、粪便等作为磷肥，17世纪中叶，人们开始有意识地用酸处理动物骨骼和磷灰石以增加磷的可溶性，

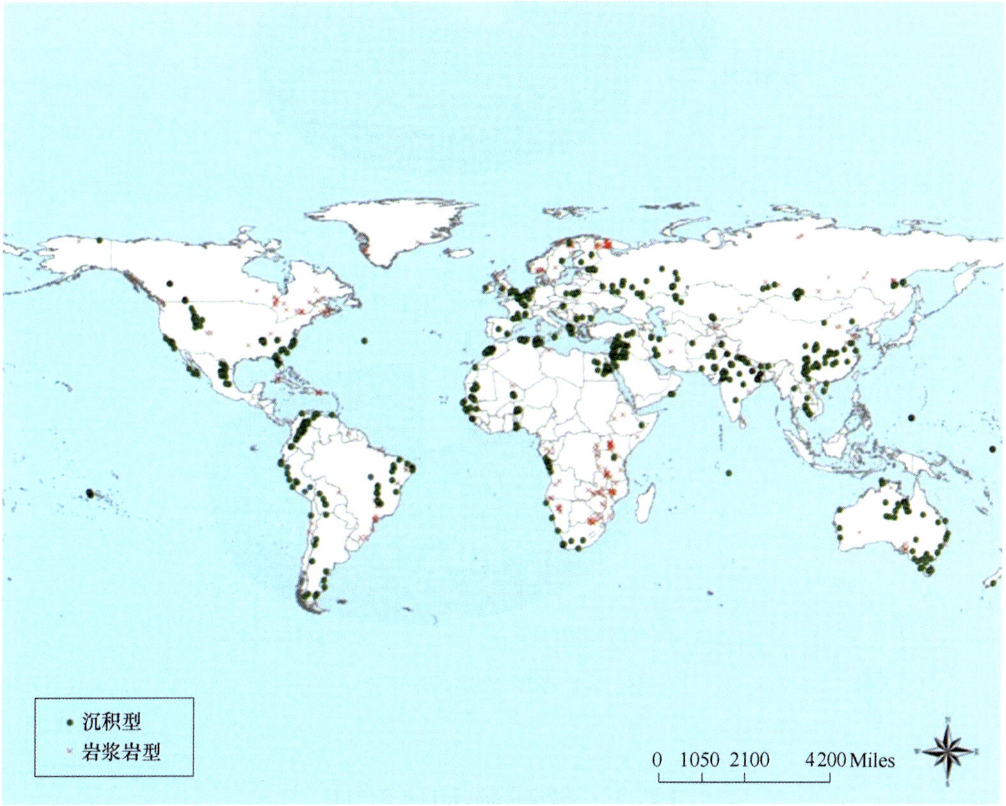

图 17-1 全球磷矿资源分布示意图

用于农业作为肥料。到了 17 世纪下半叶，规模化的磷灰石商业开采和磷肥生产在欧洲和美洲等地展开。

17. 1. 4 磷的用途

磷是植物和动物重要的营养元素，对于动物而言，磷是构成细胞的重要元素，也是构成骨骼和牙齿的必要物质，磷几乎参与所有的生理化学反应，帮助心脏有规律地跳动、维持肾脏机能、传达神经刺激。对于植物而言磷是维持生长必不可少的元素。磷肥是最重要的农业三大肥料之一，对绝大多数作物都有明显的增产效果。磷矿资源最重要的用途是做肥料，根据国际肥料发展中心（IFDC）2010 年的统计结果，全球 82%~86% 的磷矿用于生产各种磷肥，约 3. 3%用于生产饲料添加剂，约 4%用于生产洗涤剂，其余用于水处理、电镀、轻工、医药、冶金、材料等行业。由磷矿石生产的产品中，磷酸中间产品占 72%，过磷酸钙占 12%，重过磷酸钙占 2%，其他产品占 14%（见图 17-2 和图 17-3）。

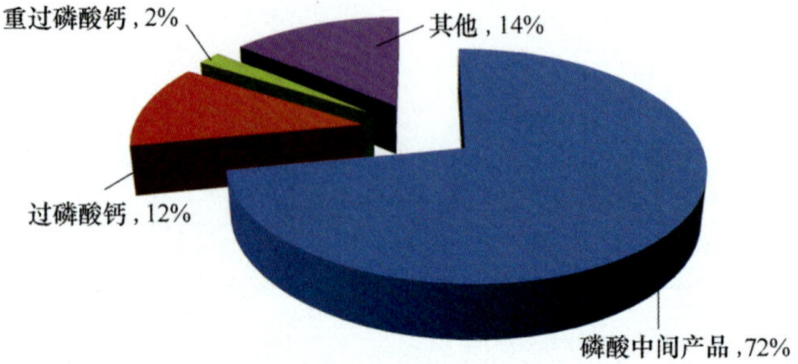

图 17-2 磷矿石初级产品用途

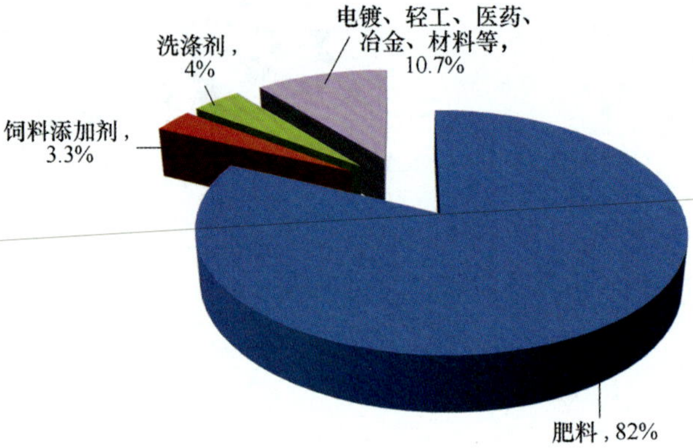

图 17-3 磷矿终端产品用途

17.2 磷矿物和磷矿床

17.2.1 磷矿物

自然界的含磷矿物种类很多，目前已发现的含磷矿物大约有 120 多种，这些矿物在地壳中分布广泛。地球上可以作为磷资源利用的磷矿物主要是磷灰石类矿物，这类资源占到磷矿资源的 95%。磷灰石类矿物可形成矿床的一般为五种矿物：氟磷灰石、羟基磷灰石、碳羟基磷灰石、细晶磷灰石、库尔斯克石。除此之外，还有硫磷铝锶石、鸟粪石和蓝铁石等重要含磷矿物。自然界中主要的含磷矿物见表 17-1。

表 17-1 自然界中主要的含磷矿物

类别	矿物名称	化学式	纯矿物 P_2O_5 含量/%	特征、成因
磷灰石	氟磷灰石	$Ca_{10}P_6O_{24}F_2$	42.23	磷灰石呈浅绿色、黄绿色、褐红色等，玻璃光泽，具不完全解理，断口不平坦，莫氏硬度为 5；磷灰石有三种生成方式：火成、沉积、变质
	羟基磷灰石	$Ca_{10}P_6O_{24}(OH)_2$	42.40	
	碳羟基磷灰石	$Ca_{10}P_5CO_{23}(OH)_3$	35.97	
	细晶磷灰石（碳氟磷灰石）	$Ca_{10}P_{5.2}C_{0.8}O_{23.2}F_{1.8}(OH)$	37.14	
	氯磷灰石	$Ca_5[PO_4]_3Cl$	34.52	

续表 17-1

类别	矿物名称	化学式	纯矿物 P_2O_5 含量/%	特征、成因
硫磷铝锶石	硫磷铝锶石	$SrAl_3(PO_4)_2(OH)_5 \cdot H_2O$	30.77	浅灰、灰、棕灰、猪肝色，块状构造，豆状、团絮状结构及隐晶质球粒状结构。为沉积含锶铝的矿石，矿石较难选
鸟粪石	鸟粪石	$Mg(NH_4)[PO_4] \cdot 6H_2O$	28.92	无色，有时为白、淡黄或棕色，玻璃光泽，硬度为 2，性脆，密度为 1.65～1.75g/cm³。主要产于鸟粪堆积中，为有机物经细菌作用而成，与镁磷石、水磷铵镁石等共生，是优良的氮磷肥料
蓝铁石	蓝铁石	$Fe_3(PO_4)_2 \cdot 8H_2O$	28.30	集合体呈肾状、球状及结核状；新鲜的无色，易氧化而变成蓝色、靛蓝或蓝黑色。玻璃光泽，解理面呈珍珠光泽。硬度 1.5～2。见于热液矿床和伟晶岩矿床的风化产物中，也见于沉积铁矿床中

17.2.2　磷矿床

磷矿床主要有岩浆岩型、沉积岩型和变质岩型三种类型。全球已探明的沉积岩型磷矿资源储量占到全球磷矿资源的 90%，目前工业开采的磷矿约 85%是沉积岩型磷矿，其余主要为岩浆岩型磷矿；岩浆岩型或变质岩型磷矿的原矿品位一般比较低，但矿石的可选性更好，选矿产品的品质也更好。

磷矿资源主要是由海相沉积而成，已发现的最大的沉积岩型矿床产于非洲北部、中国、中东和美国等国家和地区；已发现的重要的岩浆岩型矿床主要位于巴西、加拿大、芬兰、俄罗斯和南非，大西洋、太平洋大陆架上和海底山脉中也已发现了大型磷矿资源。

世界磷矿资源丰富但分布极不均衡，非洲的摩洛哥和西撒哈拉占据了全球探明磷矿储量的 72%，全球各大洲磷矿床主要分布在以下国家和地区：

美洲：磷矿资源主要分布在美国、巴西和秘鲁。美国磷酸盐岩资源量 90 亿吨多，其中佛罗里达州占 45%，北卡罗来纳、爱达荷州和犹他州等占 55%。巴西已发现的大型矿床有塔皮拉、阿拉萨和雅库皮兰卡。秘鲁著名的塞丘拉矿床，磷酸盐岩资源达 100 亿吨，贝奥瓦（Bayovar）矿床磷酸盐岩储量 8.16 亿吨。

非洲：主要分布在摩洛哥的乌拉德、阿布顿高原和干图尔高原及梅斯卡拉，总资源量超过 500 亿吨；西撒哈拉的布克拉磷酸盐矿床，储量高达 17 亿吨；还有突尼斯的加夫萨，塞内加尔的泰巴和帕洛，多哥的哈霍托-阿库马佩，埃及红海区域的萨法加和库塞尔，南非的帕拉博拉矿床。

欧洲：主要分布在俄罗斯和哈萨克斯坦，俄罗斯科拉半岛（Kola）的特大型磷酸盐岩矿床，是磷酸盐岩与霞石正长岩复合矿体，资源量估计达 32 亿吨。

亚洲和太平洋地区：中东主要在以色列、沙特阿拉伯、约旦以及伊拉克靠近约旦边境的 Akashat 地区，沙特阿拉伯东北部磷酸盐岩远景资源达 17 亿吨，Sirhan-Turaf 磷酸盐矿床带延伸至约旦、伊拉克，以色列的内格夫沙漠是重要的含磷盆地，知名矿山有奥隆矿和纳哈尔金磷酸盐岩矿；东亚主要在我国南部省份；大洋洲主要在澳大利亚、法属 Makatea 岛、瑙鲁以及基里巴斯的巴纳巴岛，澳大利亚最大的浅海相磷酸盐岩矿床位于乔治纳盆地，磷酸盐岩资源量约 20 亿吨，最大的磷酸盐岩矿床在西北磷酸盐岩丘陵，证实储量达 2350 万吨。

太平洋和大西洋海底：蕴藏大量磷酸盐岩资源，已知五个成矿带为：加利福尼亚浅海磷矿带、秘鲁-智利浅海磷矿带、美国东南部大陆架磷酸盐岩矿带、摩洛哥-加纳陆棚磷酸盐岩矿带、纳米比亚-南非浅海磷矿带，但是当前技术多数还不能实现经济开采回收，近年来纳米比亚浅海区已开始工业化开采。

17.3 全球各国磷矿储量和产量

根据美国地质调查局的统计结果，截至 2016 年，全球磷矿矿石探明储量为 680 亿吨。从国家和地区分布看，世界磷矿资源主要集中在摩洛哥和西撒哈拉、中国、阿尔及利亚、叙利亚、南非、俄罗斯、约旦、美国、澳大利亚。这些国家的磷储量占全球磷资源总储量的 93%以上，其中储量排名第一的国家（地区）为摩洛哥和西撒哈拉，占全球磷矿储量的 73.72%；储量排名第二的国家为中国，占全球磷矿储量的 4.57%；储量排名第三的国家为阿尔及利亚，占全球磷矿储量的 3.24%。全球各国磷矿资源储量见表 17-2，储量分布如图 17-4 所示。

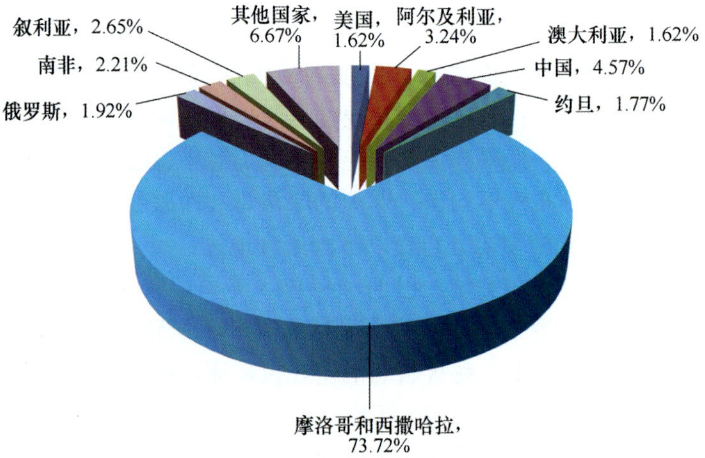

图 17-4　2016 年全球磷矿资源储量分布

全球磷矿石产量稳步增长，2016 年达到历史最高的 2.6 亿吨，比 2015 年产量增长了 8.3%。产量排名前三的国家（地区）为中国、美国、摩洛哥和西撒哈拉，分别占全球磷矿产量的 52.92%、10.66%和 11.5%，这三个国家的磷矿产量占到全球磷矿石产量的 75%以上，产业集中度很高。2016 年全球磷矿资源国和生产国产量见表 17-2，产量份额如图 17-5 所示。

表 17-2　2016 年全球各国（地区）磷矿储量和产量

国家	矿石储量/万吨	储量分布/%	矿石产量/万吨	产量份额/%
摩洛哥和西撒拉	5000000	73.72	3000	11.50
中国	310000	4.57	13800	52.92
阿尔及利亚	220000	3.24	150	0.58
叙利亚	180000	2.65	未生产	
南非	150000	2.21	170	0.65
俄罗斯	130000	1.92	1160	4.45
约旦	120000	1.77	830	3.18
美国	110000	1.62	2780	10.66
澳大利亚	110000	1.62	250	0.96
其他国家	452500	6.67	3936	15.09
全球总量	6782500	100	26076	100

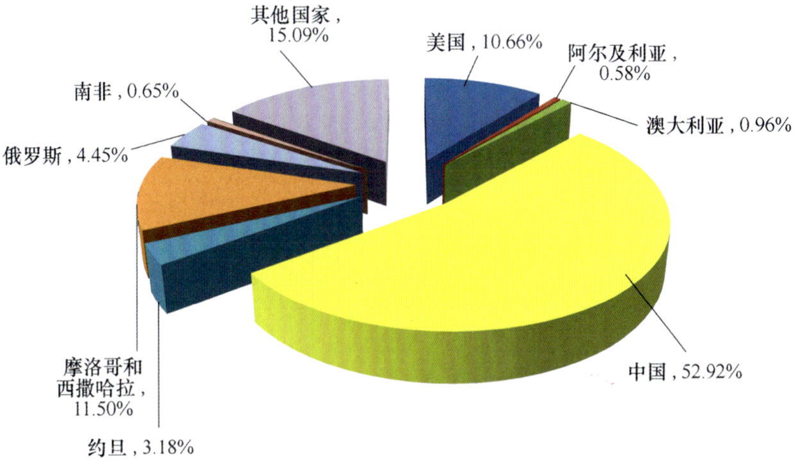

图 17-5　2016 年全球各国（地区）磷矿产量份额

17.4　国外主要磷矿石生产企业

最近 30 年，全球磷矿开采业发生了重大变化，一方面中国超越了传统的磷矿开采大国（美国）成为磷矿生产第一大国；另一方面全球的磷矿开采业由出售磷矿石为主演变为出售磷化工产品为主，磷矿开采企业普遍采取垂直整合上游磷矿开采和下游磷肥及磷化工产业链的模式，形成大型综合性企业，增强盈利能力。

目前全球知名的磷矿开采企业大多都是从磷矿开采到化工化肥生产的全产业链综合性企业。全球产能排名靠前的磷矿开采企业有摩洛哥的 OCP 公司、美国美盛 Mosaic 公司、中国云天化股份有限公司、俄罗斯 PhosAgro 公司、加拿大 Potash Corp 公司、约旦 JPMC 公司、巴西 Vale 公司、沙特 Maaden 公司、以色列 ICL 公司，无一例外，都是全产业链的大型化工或化肥企业。全球磷矿石资源地理分布不均衡，磷矿石生产企业众多，产量排名靠前的九大企业占全球产量的40%。全球大型磷矿企业资源和产量概况见表17-3，全球大型磷矿企业产量如图17-6所示。

表17-3　全球大型磷矿企业资源和产量概况

公司	国家	商品矿年产量（2014年）/Mt	占全球产量份额/%	公司年产能/Mt	储量/亿吨
OCP	摩洛哥	26.5	12.16	34 49（预计2019）	500
Mosaic	美国	14	6.42	15.9	9.6（P_2O_5 17.4%）
云天化	中国	9.1	4.17	8.2（擦洗） 8.5（浮选）	5.7 （P_2O_5 24%）
Vale	巴西	8.4	3.85	3.9（秘鲁） 4.6（巴西）	19.1 （P_2O_5 10.7%）
PhosAgro	俄罗斯	7.5	3.44	7.5	20.7 （P_2O_5 15.1%）
Potash Corp	加拿大	6.4	2.94	9.6 （美国北卡矿山）	1.16 （P_2O_5 30.7%）
JPMC	约旦	6.4	2.94	7	12.5
Maaden	沙特	3.8	1.74	5	5.34
ICL	以色列	3.4	1.56	4.5	0.75（P_2O_5 25%）
合计		82.1	39.22		
全球		218			680

资料来源：各公司年报、网站、报告等。

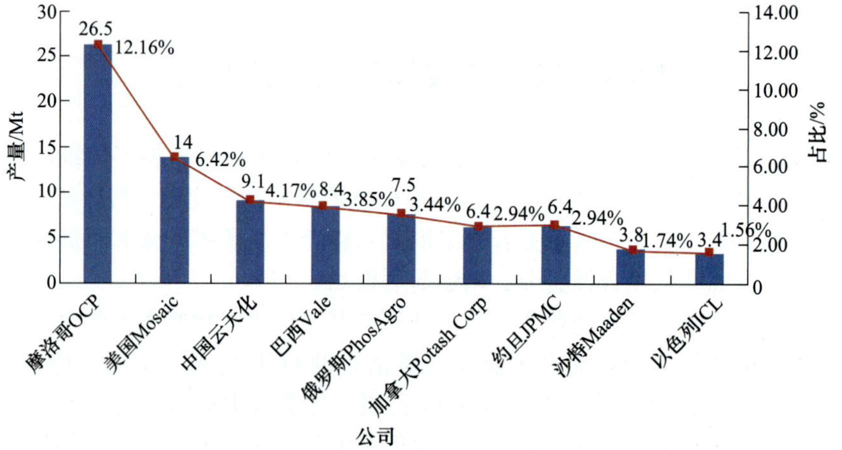

图17-6　全球大型磷矿企业磷矿产量

17.5 国外典型磷矿公司和磷矿矿山

17.5.1 国外部分典型（重点）磷矿山开发利用经济技术指标

全球磷矿开采主要采用露天采矿工艺。除了可以直接用于磷肥生产的高品位磷矿外，多数磷矿石需要进行选矿富集。磷矿选矿工艺主要采用擦洗、分级、重选和浮选工艺。表17-4收集了国外部分典型磷矿山的资源综合开发利用指标，包括资源储量、品位、矿石性质、采选回收率等。表17-5收集了世界肥料发展组织对全球重点磷矿产区开发利用情况的统计结果。图17-7收集了全球部分公司磷矿生产成本。这些指标可以全面地反映全球磷矿山的开发利用经济技术水平，对磷矿资源的评价和开发利用具有借鉴意义。

表 17-4 国外部分典型磷矿山采选指标

矿山（国家）	所属公司	储量/万吨	品位 (P_2O_5)/%	产量 (P_2O_5)/万吨	矿石性质	采矿方式	开采回采率/%	选矿工艺	入选品位/%	回收率/%
Martison（加拿大）	PhosCan Chemical	4800	22.4	43.5	沉积型	露采	78.9	浮选	22.4	80.7
Bomfim Agro Mineral（巴西）	Eagle Star Minerals	1827	6.32	9.24	沉积型	露采			6.32	53
Farim（几内亚）	GB Minerals	9260	28.7	36.2	沉积型	露采		浮选	28.7	72
Lac à Paul（加拿大）	Arianne Phosphate	59020	7.13	115.8	岩浆型	露采		浮选	7.13	86.84
TrêsEstradas（巴西）	Aguia Resources	880	5.03	5.88	沉积型	露采	95	脱泥—浮选—磁选	5.03	60
Paris Hills Lower Zone（美国）	StonegateAgricom	1670	29.53	26.67	沉积型	地采		不选	29.53	
Paris Hills Upper Zone（美国）	StonegateAgricom	6030	22.7		沉积型	地采		擦洗—脱泥—浮选	22.7	70
Paradise North（澳大利亚）	Legend International Holdings	900	27.6	29.5	沉积型	露采		干法筛分	27.6	80
Paradise South（澳大利亚）	Legend International Holdings	19620	14.6	32.5	沉积型	露采		擦洗—浮选	14.6	

资料来源：项目可行性报告和公司年报。

表 17-5 全球磷矿重点区域采选指标统计结果

国家或地区	给矿品位/%	精矿品位/%	选矿回收率/%	露采开采回采率/%	地采开采回采率/%
美国东南部	10.9	30.4	79	50~95	65~85（中国选矿工艺多采用各种浮选流程，选矿回收率平均可达 89.97%）
美国西部	22.2	31.2	71.3		
南非	9.6	33.8	58.6		
北非	26	32.2	69.8		
西非	27.1	33.3	40.5		
中东	24.7	31.4	71.4		
南美	9.6	33.8	58.6		
中国	约 19	29	89.97		

资料来源：世界肥料发展组织 IFDC 及中国“三率”调查。

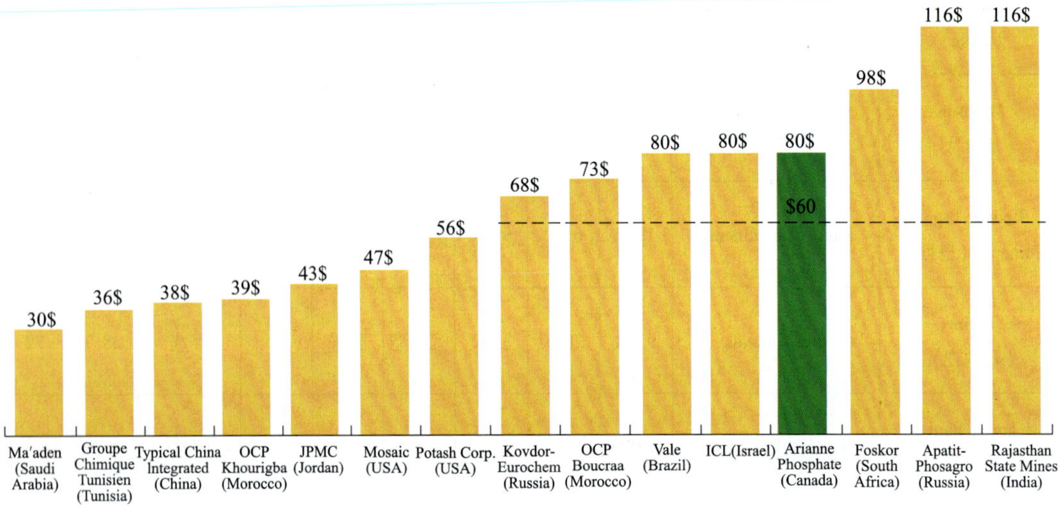

图 17-7 2012 年全球主要磷矿生产公司商品磷矿生产成本（美元/吨）
（资料来源：Arianne Phosphate Canada）

17.5.2 国外典型磷矿区

17.5.2.1 美国佛罗里达磷矿区

A 概况

佛罗里达磷矿区是全球最重要的磷矿区之一，美国美盛公司、加拿大钾肥公司都在佛罗里达磷矿区开采磷矿。佛罗里达磷矿是全球最易采和低成本的磷矿资源之一，这是因为佛罗里达磷矿矿床上部只有 4.5~15m 的软覆盖层，剥离容易，而且佛罗里达的基础设施和运输条件都很好。2005 年佛罗里达州生产的磷肥占到美国磷肥总需求量的 75%，并出口全世界，佛罗里达地区的磷肥产量一度占到全球磷肥产量的 25%以上。

2000 年佛罗里达停止出口磷矿石，所有的磷矿石都提供给美国公司生产价值更高的磷肥产品，从此仅出口加工后的肥料产品。

1992~2011 年美国磷矿的生产每年下降接近 2%，磷矿石产量从 1992 年的 4700 万吨减少到 2011 年 2700 万吨。有以下四个因素导致了美国磷矿石产量的减少：（1）中国国内产量大增导致美国出口量减少；（2）美国的磷下游衍生品产量下降；（3）2000 年美国终止了出口磷矿石；（4）针对矿业的环境法规更加严格。

B　矿区地质

佛罗里达的磷酸盐矿床是沉积岩型磷矿，大约有 1200 万年的历史。佛罗里达磷矿区面积很大，从佛罗里达一直延伸到北卡罗来纳，磷矿带像毯子一样覆盖着佛罗里达半岛，可经济开采的磷矿区磷矿厚度为 2~8m，上部有 4.5~9m 的覆盖层。截至 1999 年年底，佛罗里达共 54000 平方英里的土地上，有 460 平方英里的磷矿区被开采。随着开采矿区逐渐南移，矿石的质量也越来越差，选矿加工技术面临更大的挑战。

佛罗里达磷矿床构成特殊，砂与黏土覆盖层为 20m 左右，矿体厚度一般为 2~8m，底板为石灰岩和硬质黏土（见图 17-8），矿体主要由三种不同类型的矿物，即磷灰石、黏土、砂各占 1/3 构成，矿石中的不同矿物有不同的粒径分布。正是这种差异，使得佛罗里达磷矿比世界上多数地区的磷矿好选，磷灰石的粒径为 1~20000μm，黏土粒径小于 100μm，平均粒径为 10μm，砂的粒径为 1~1000μm。主要有害杂质矿物为碳酸盐，尤其是白云石，以及少量的铝、铁矿物。

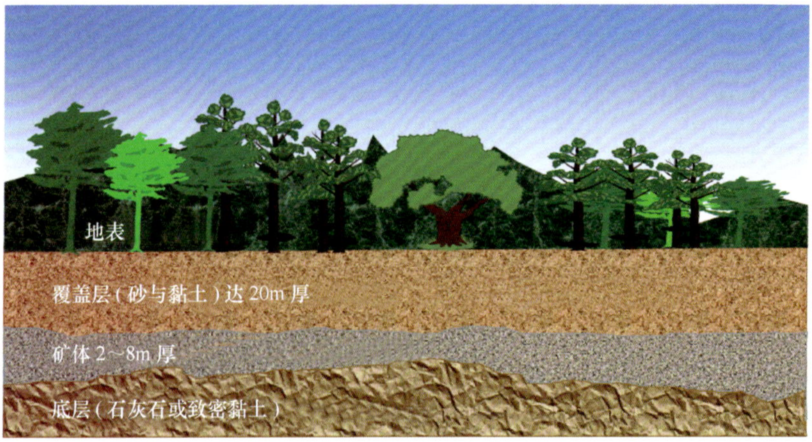

图 17-8　佛罗里达磷矿矿床构成

C　采矿工艺

佛罗里达磷矿区的采矿工艺为露采，一般使用大型电铲剥离覆盖层；使用小型电铲采矿装车或直接送到浆化池；用高压水枪制浆后用泵送入选矿厂。

D　选矿工艺

佛罗里达磷矿区的磷矿选矿工艺包括破碎—筛分—洗矿—筛选—浮选（见图 17-9），简述如下：

（1）破碎筛分：去除大块杂质，高压水制浆输送，在矿浆输送过程中黏土矿物已解离，矿浆先筛去大于 3cm 的杂质矿物，用于回填和复垦。

（2）洗矿和筛选：小于 3cm 的矿浆用滚筒洗矿机洗矿和振动筛筛分，先筛分分离出约占 5%～70%大于 1mm 的磷灰石精矿砂，再用旋流器或振动筛将小于 0.1mm 的黏土矿物分离，这部分小于 0.1mm 的黏土矿浆泵入黏土沉降池沉降，大于 0.1mm 的底流用水力分级设备分级后进入浮选工序。

（3）浮选：分级后的矿浆根据细度采用浮选机或浮选柱以脂肪酸为捕收剂浮选磷酸盐，浮选产品有时需要稀硫酸和清水洗涤，然后与前段产出粗磷精矿砂混合送往化工厂。浮选的尾矿砂被送回矿山现场用于复垦。有些区域的磷精矿矿砂需要采用跳汰除去白云石。

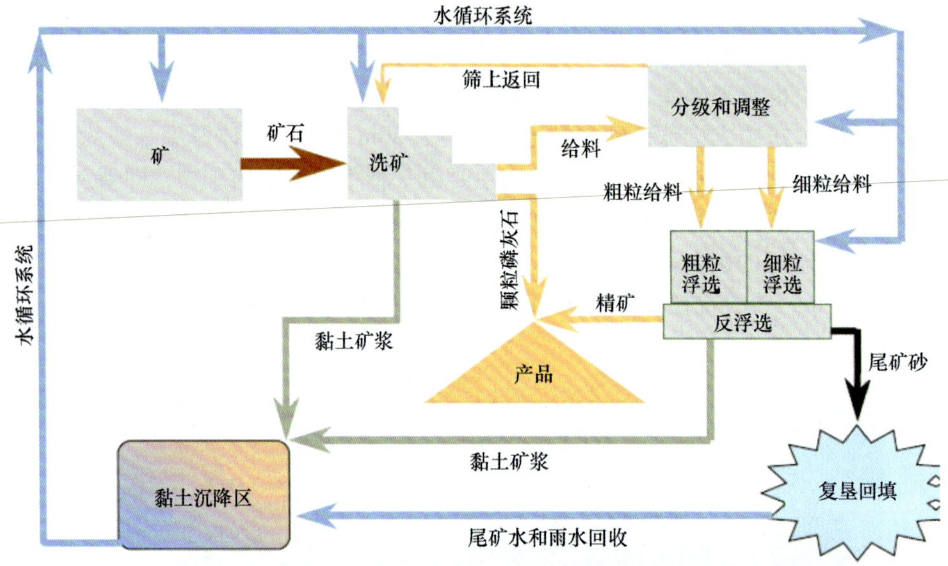

图 17-9 佛罗里达磷矿选矿工艺流程

17.5.2.2 摩洛哥 OCP 集团公司磷矿区

A 概况

OCP 集团公司成立于 1920 年，是摩洛哥最大的国有企业，也是世界上最大的磷酸盐出口企业，其经营业务涉及磷矿的开发、磷酸的加工和化肥的生产，公司拥有世界上近 40%的磷矿资源，有 90 多年的采矿经验和近 50 年的化工产品加工经验，为世界提供各种磷矿石、磷肥以及磷酸等磷的衍生产品。

摩洛哥和西撒哈拉拥有全球 70%的磷矿资源，OCP 集团拥有摩洛哥国家全部磷矿资源开采权，现开采规模 3000 万吨/年，拥有四大矿山基地，分别是胡里卜盖地区（OuladAbdoun）、在本杰里尔-优素菲耶地区（Gantour）、马拉喀什地区（Meskala）、在达赫拉-黄金谷地地区（OuedEddahab），储量分别达 373.5 亿立方米、310.9 亿立方米、159.5 亿立方米、11 亿立方米，合计储量为 855 亿立方米。按照该集团现在的开采速度，这样的磷矿储量可供其开采 2000 年。

B 矿床类型

摩洛哥的磷矿均是沉积型矿床，矿石为磷灰石，矿石的 P_2O_5 含量为 5%～45%。一般而言，摩洛哥磷矿品质优异，目前开采的品位（以 P_2O_5 计）基本都在 22%～28%以上，属于优质磷矿。

C 采矿工艺

1960 年在胡里卜盖矿区开始由地下开采转到露天开采，目前 OCP 的四大矿山基地全部采用露天开采，极大地改善了工作条件和采矿效率。露天开采工艺首先钻孔爆破，然后使用推土机和大型电铲剥离破碎的覆盖层；使用小型电铲、挖掘机或装载机采矿，并使用克虏伯颚式破碎机初碎后装入卡车运到筛分厂，运到筛分厂的矿石筛分除去尺寸大于 10mm 的低品位物料后堆存。

D 洗选工艺

经筛分后堆存的磷矿石用传送带或火车运送到洗选厂进行洗矿以除去细的黏土矿物，而后干燥；部分产品通过煅烧生产煅烧产品。洗选过的磷矿石精矿产品随后由铁路或管道运输到化工厂进行进一步化工处理或直接送到港口出口国外（源于联合国环境署资料）。正在建设扩产的洗选厂增加了中低品位磷矿的浮选工序。

OCP 集团正在计划投资开发四座新矿山和四大洗选矿厂，到 2019 年使磷矿石产能增加到 5000 万吨，选矿能力从 900 万吨扩大到 3800 万吨。OCP 集团 2015 年磷矿石产能达到 3660 万吨，实际磷矿石产量达到 2630 万吨，其中 850 万吨磷矿石用于出口，占到全球磷矿石出口市场份额的 29%，其余用于生产磷酸和磷肥。2015 年公司磷酸（P_2O_5 计）产能 470 万吨，实际磷酸产量 450 万吨，出口 200 万吨；磷肥（P_2O_5 计）产能 740 万吨，实际产量 520 万吨，出口 430 万吨。公司是世界最大的磷肥出口企业，为全球市场提供了稳定的磷矿资源和磷矿产品。

17.6 全球磷矿资源开发利用趋势

17.6.1 全球磷矿资源的供给变化趋势

17.6.1.1 全球产量不断增长创历史新高

在过去的 100 余年中，全球磷矿产量在波动中不断增长，1945～1989 年间，随着全球人口增长对化肥需求的增长，磷矿石产量增长速度很快，1988～1989 年全球磷矿石产量达到 1.6 亿吨。随着苏联解体，全球磷矿石产量出现下降和波动。2008 年全球金融危机后，中国、印度和南美地区肥料需求增长加速，全球磷矿石的产量恢复增长，2016 年全球磷矿石产量达到了 2.6 亿吨的历史新高。全球磷矿产量百年变化趋势如图 17-10 所示。

17.6.1.2 中国磷矿生产带动全球磷矿产量增长

全球磷矿产出国主要集中在中国、摩洛哥和西撒哈拉、美国、俄罗斯、阿尔及利亚、澳大利亚、巴西等国家和地区。2016 年，全球磷矿石产量最大的国家依次为中国（占全球产量 52.92%）、摩洛哥（占 11.5%）、美国（占 10.66%），这三国的磷矿石产量之和占到全球磷矿石产量的 75%。

根据国际肥料工业协会（IFA）的资料，最近 25 年全球磷矿生产格局发生了重大变化，中国产量不断增长，成为全球磷矿产业发展的主要推动力量。2000 年左右中国超越美

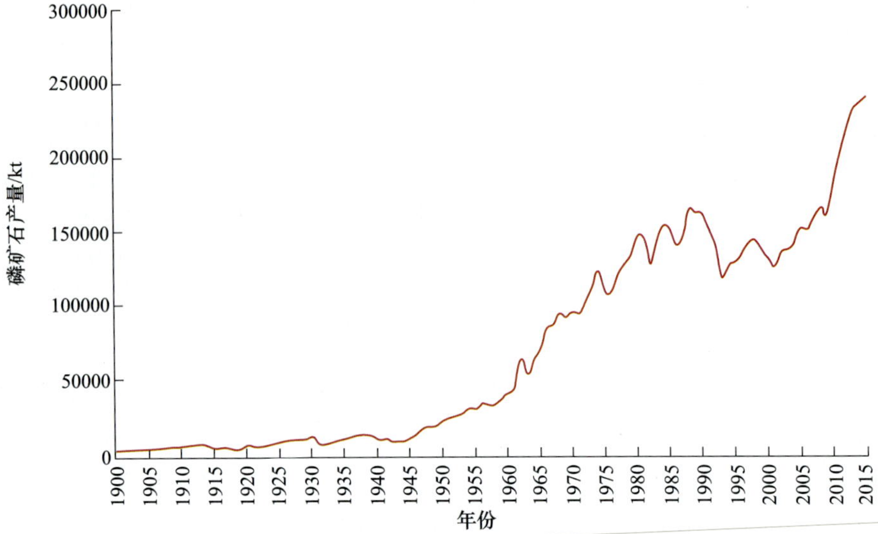

图 17-10　全球磷矿产量百年变化趋势

国成为了全球最大的磷矿生产国，美国磷矿产量呈现不断下降的趋势（见图 17-11），全球磷矿主要生产国产量份额变化趋势如图 17-12 所示。

2000~2011 年，全球磷矿产能年均增长率为 2.6%，这主要是由于中国的产能增长所带动的，在此期间中国以外的全球所有国家的磷矿产能年均增长率只有 0.8%。

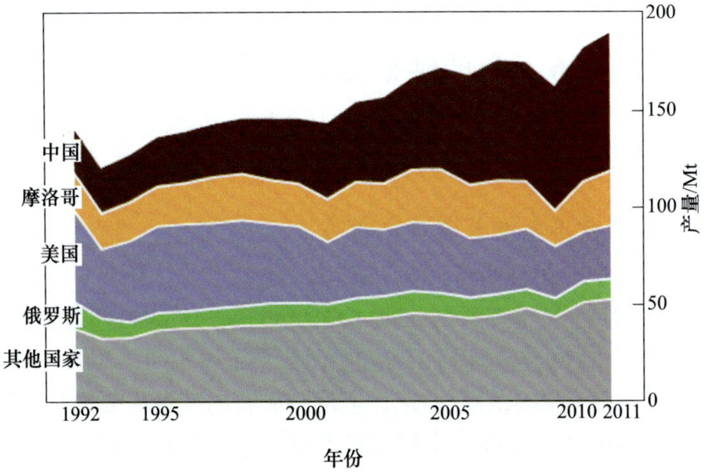

图 17-11　全球磷矿主要生产国产量变化趋势
（资料来源：IFA）

17.6.1.3　产业垂直整合成为主流

全球磷产业发展的另一趋势是产业垂直整合不断增加，越来越多的大型磷矿开采企业都发展为集矿产开发和磷化工产业上下游为一体的综合性企业，以获取更高的利润，抵御市场风险，带动当地就业和经济发展。综合性企业的磷矿产量占到全球总产量的 70%以上

整体十分丰富，北非及中东地区也在开发本国的磷矿资源，因此，全球磷矿价格出现大幅度增长的可能性不大。

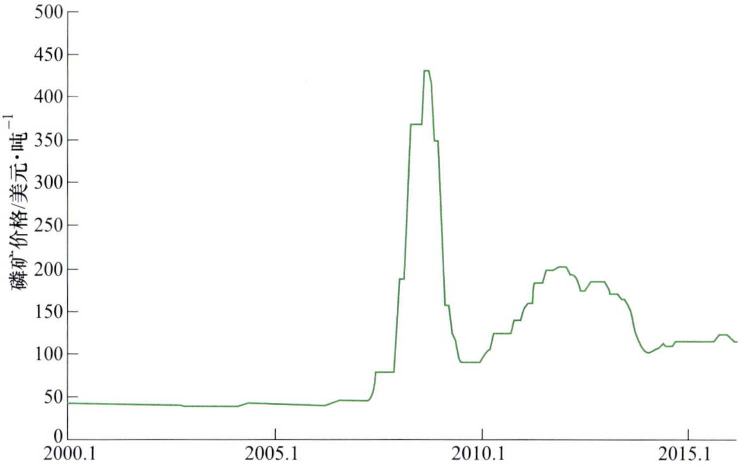

图 17-18　近 15 年国际市场磷矿价格趋势
（资料来源：加拿大 Arianne Phosphate Inc）

17.6.4　全球磷矿资源开发利用技术发展趋势

17.6.4.1　*采矿*

国外进行深部矿体开采的磷矿山较少，绝大多数国外磷矿山主要开采浅部矿体资源。美国、摩洛哥、巴西、突尼斯、澳大利亚、约旦、埃及、沙特、以色列、南非、秘鲁和委内瑞拉等国主要磷矿开采大国多采用露天开采方式；俄罗斯也主要采用露天开采方式，同时部分矿山深部矿体资源开采也采用地下开采的方式。

摩洛哥、美国等产磷大国以沉积型磷矿为主，矿床以大型为主，埋藏浅，开采条件好，适合采用露天开采方式。一般采用大型电铲、大型挖掘机、大型装载机等机械进行开采，机械化程度高，单个矿山的产量大，如摩洛哥库里布加磷矿年产量达到 1500 万～1600 万吨。全球磷矿资源的开采技术主要围绕着采运设备大型化、自动化、节能、环保、安全的方向发展。

17.6.4.2　*选矿*

国外磷矿选矿技术以摩洛哥和美国为代表，由于资源禀赋好，选矿工艺简单，资源选矿回收率较高。摩洛哥磷矿主要采取擦洗脱泥工艺提高品位，近年来在部分洗矿厂添加了浮选工艺，回收部分细粒低品位矿石，增加磷的回收率，提高磷精矿的品质。美国磷矿选矿一般采取擦洗脱泥、筛分、旋流器或水力分级机分级、浮选的选矿工艺；部分白云石含量高的磷矿产品，需用跳汰选别白云石。在综合回收方面，由于经济和技术原因，国外磷矿共（伴）生资源综合利用工作并不普遍，美国部分磷矿在磷酸生产过程中基于环境和经济原因主要回收了铀和氟。摩洛哥磷矿和美国磷矿都在研究从磷矿中回收稀土元素的可行性，同时也在研究磷石膏用于建材和修路覆盖垃圾填埋场的可能性，美国、巴西和摩洛哥在合作探索磷石膏回收硫和副产水泥的技术，硫和水泥都是巴西和摩洛哥需要进口的原料。

17.6.4.3 国外磷矿开发技术发展动向

A OCP 公司

选矿技术和水回收技术：MEA 洗矿厂 2010 年开始采用 OCP 公司研发的选矿浮选技术，与富矿同时采出的中低品位矿石通过浮选，改善了精矿质量，使磷矿资源实现了合理平衡的开采，目前该技术已向公司其他洗矿厂推广，此外，公司还在所有的洗选厂装备了大型沉降设施，使水的循环利用率达到了 85%。

管道输送技术：正在建设 200 多千米的管道，采用管道输送技术将胡里卜盖矿区的洗选精矿浆送往约夫拉斯法（JorfLasfar）的化工厂或港口，取代火车运输，运输成本从每吨 7~8 美元降到 1 美元以下，并且因为避免了为铁路运输而进行的脱水干燥过程，而实现了节能节水。研发了利用重力脱水和干燥的传送设备，管道输送来的矿浆一部分通过脱水干燥用于出口（资料来源于 OCP 公司网站及中国石油和化学工业联合会 2012 年访问摩洛哥报告）。

B 佛罗里达磷酸盐研究所

磷矿石和磷肥生产曾经是佛罗里达州最重要的支柱产业，现在磷矿生产和加工行业仍是佛罗里达州最重要的产业之一。佛罗里达磷酸盐研究所（FIPR）成立于 1978 年，作为佛罗里达州政府的一个机构，主要研究对佛罗里达经济、环境有重要影响的与磷酸盐有关的课题，并为政府收集相关的磷酸盐信息。2012 年研究所并入南佛罗里达大学，并将其研究范围扩大到磷矿以外的其他矿产的采矿和选矿技术研究，但其主要研究方向仍然是磷矿的开发利用。

FIPR 的主要研究方向包括：采矿技术、管道和矿浆泵输送设计、矿石运输、矿物成分在线分析、土地利用评价和规划、浮选效率研究、白云石分离技术研究、含磷酸盐黏土的脱水技术研究、采选过程自动控制。

随着佛罗里达州磷矿开采正在从波克县 Bone 峡谷核心区域南移，新采区的磷矿石含有更多的白云石，白云石严重影响现有的湿法磷酸生产工艺，这使得除去磷矿中白云石方法的研究成为 FIPR 研究所的优先研究方向。研究所的另一个研究焦点集中在如何优化选矿流程，降低用于分离磷灰石与黏土和砂的药剂用量，此外，FIPR 研究所也在研究使用计算机来控制选矿过程的技术。

处理与磷灰石分离后的黏土是 FIPR 研究所的另一个优先研究方向。大部分关于含磷酸盐黏土沉淀和储存的研究，都是由 FIPR 研究所提供资金支持。佛罗里达磷矿区的黏土废物倾倒区已超过 100000 英亩，磷矿开采区的 40%都最终变成黏土沉淀区，这些区域要经过 3~5 年才能恢复成为可用的土地，而且这些土地的用途有限，因为黏土沉淀区的硬壳表面下的黏土仍如黏稠的布丁一样。磷矿企业特别支持这个领域的研究工作，这个问题的解决有助于磷矿企业取得新的采矿许可证，并有助于减少公众对磷矿开发的反对意见。

FIPR 近年开展的科研项目包括：

“从佛罗里达磷酸盐矿中回收稀土元素（2012-04-02）”、“佛罗里达磷矿业的新型可移动预处理设备（2011-11-02）”、“创新性的旋转摩擦静电分离技术 RTS 高效分离磷灰石矿中的白云石（2011-04-14 ）”、“干粉样品制备的电子程序模块开发（2010-10-22）”、

“增强跳汰技术除去粗粒磷精矿中的白云石（2009-06-11）”、“黏土废料制备绿色建筑材料（2009-08-07）”、“黏性料浆深锥浓密机处理开发（2008-04-15）”。

FIPR 的最新研究成果包括以下几个方面：

（1）黏性料浆深锥浓密沉降技术（见图 17-19）：佛罗里达磷矿石是由磷酸盐、黏土、沙子约各 1/3 构成的混合物。为了提高矿石品位，采用浮选工艺前必须去除黏土，产 1t 磷精矿就要产大约 1t 的含磷黏土。这意味着每天约产生 100000t 的黏土尾矿，在当前的洗选厂实践中，含磷酸盐的黏土泥浆平均固体含量约 3%，通过庞大的沉降池慢慢沉降。这些池塘占据土地面积较大。

图 17-19　深锥浓密沉降技术工业试验现场

FIPR 研究所最近完成了第二期中试，表明深锥浓密沉降技术是目前最成功的含磷酸盐的黏土或含砂的磷酸盐黏土的脱水技术。它提供了最有希望不需长期大量占地的磷酸盐废物的处置方法。深锥处理技术先将阴离子聚合物和磷酸盐黏土矿浆混合，泵入深锥浓密机给料器，然后加入阳离子聚合物，最终得到浓缩的高固含量料浆。

中试测试评价了多种絮凝剂，中试规模为 2t/h，在两处工厂现场进行，得到了溢流清水和黏土与砂的浓密混合底流，这种技术有潜力给磷酸盐行业每年增收数千万美元，有利于企业获得新的采矿许可证，并留下更多的土地用于高值利用。

（2）在线激光诱导击穿光谱分析仪（见图 17-20）：在线分析和过程自动化是实现最优产业效率的强大工具。FIPR 研究所自成立以来，主持了五大项目评估在线分析系统。

研究突破始于 FIPR 研究所开始与以色列的迈克尔博士合作研究激光探测系统，合作研究的在线激光诱导击穿光谱 LIBS 远程实时分析原型机，可在 5～25m 的距离内实现磷酸盐矿物的化学成分即时分析。该设备可以用来远程即时分析矿体表面化学成分、铲入电铲内或装入矿车中的矿石的化学成分。它可以用于区分矿体表面覆盖层、矿体、底板，即时分析矿石样品的 P_2O_5 和 MgO 成分。这种技术有很大的潜力，可以极大地改善采矿和选矿效率。这些研究工作使得世界上第一个应用 LIBS 技术对湿矿物进行在线分析的技术开始商业化运营，一些磷酸盐企业和煤矿企业正在购买安装这种分析仪。据业内估计，每个安装 LIBS 分析仪的企业每年可以增加的经济效益约为 300 万美元。

（3）微泡浮选技术：泡沫有效捕获疏水颗粒是浮选的关键。一般认为，小泡在浮选过程中捕捉中小颗粒，而一些大型气泡捕捉较粗的颗粒。然而，大泡对粗颗粒的附着力较

图 17-20　在线激光诱导击穿光谱分析仪现场

弱，导致浮选过程中粗颗粒脱落损失。气泡尺寸小于 1μm，称为微泡，现已发现微泡可有效防止粗颗粒脱落，这些微泡浮起矿物颗粒需要更少的表面活性剂，从而有效减少浮选药剂的消耗。FIPR 研究所在实验室试验后，对微泡增强浮选技术应用于佛罗里达磷矿浮选进行了中试，中试结果表明微泡增强浮选技术可以减少浮选药剂脂肪酸用量达 50%，同时保持或增加高于 10%的磷矿浮选回收率。

（4）稀土元素回收：为促进佛罗里达磷资源利用的可持续发展，实现资源综合利用是 FIPR 研究所的努力方向，目前研究所正在探索从磷矿中回收稀土元素（RE）。第一阶段的研究工作重点为查明稀土元素在磷酸盐矿石中的赋存状态；查明稀土元素在磷矿加工过程中的走向和分布。初步的研究结论包括以下几点：1）数量可观的稀土元素存在于正在开采的佛罗里达磷酸矿石中；2）磷矿浮选精矿中的稀土元素富集最高超过了 900g/t；3）稀土元素主要与碳氟磷灰石（细晶磷灰石）共生，并在细颗粒中富集。这个项目将为未来从磷酸盐矿物中提取稀土元素奠定良好的基础。

（5）磷石膏的利用：FIPR 研究所通过国际合作研究磷石膏作为磷肥和土壤改良剂应用于农业；磷石膏用于道路建设和作为建材；从磷石膏中回收硫；磷石膏作为垃圾填埋场覆盖材料等方面的研究。FIPR 主持从磷石膏中回收硫，再以硫为燃料生产硫酸并发电的项目。目前正在建设一个示范厂作为下一步商业化的基础。磷石膏用于回收硫并副产水泥的前提是有廉价的能源，巴西和摩洛哥正在探索该工艺，硫和水泥都是巴西需要进口的原料。在 FIPR 研究所提供的技术援助下，巴西目前正在进行一个垃圾填埋场覆盖示范项目。

（6）JDC 公司窑法工艺评价研究：FIPR 研究所应 JDC 公司的要求对该公司的窑法工艺进行了评估（见图 17-21），该工艺使用石油焦、低品位磷矿和石英混料压块通过窑炉生产磷酸。该技术的优点有：1）能够利用低品位磷矿，可大大增加磷的资源量；2）适应性强，能够处理湿法磷酸技术无法处理的硅、有机质和镁杂质含量高的磷矿；3）渣可以作为建材使用，避免产生大量可能危害环境的磷石膏渣。FIPR 认为该方法是未来低品位磷矿利用的有效途径。

（7）铀的提取研究：FIPR 研究所一直专注于从磷酸中提取铀的技术和经济可行性研究。磷酸中含有痕量的铀，但这不是铀元素的主要来源，过去铀的提取只有在政府合同的支持下或市场铀价格高时才有意义。然而基于对食物安全的担忧和能源战略的需求，重新

图 17-21 JDC 公司窑法工艺处理试验现场

激起了全球从磷矿资源中回收铀的研究兴趣，FIPR 研究所也积极开展磷矿中提取铀的技术和安全性的国际合作研究。

参 考 文 献

[1] Mineral Commodity Summaries，2016，2017，USGS.

[2] Minerals Yearbook Phosphate Rock 2015，USGS.

[3] OCP Annual Report 2014，2015.

[4] Mosaic Annual Repor 2014，2015.

[5] Mosaic Form-10K Report 2014，2015.

[6] PhosAgro Integrated Report 2014，2015.

[7] Paris Hills phosphate project，Stonegate Agricom Ltd，2014.

[8] FIPR 2010-2011 Annual Report.

[9] Removal of Dolomite From Phosphate Pebble Concentrate by Eehanced Jigging，FIPR，March 2012.

[10] Comprehensive Recovery & Sustainable Development of Phosphate Resources，FIPR，2013.

[11] World Phosphate Pock Reserves and Resources，IFDC，September 2010.

[12] Risks and Opportunities in the Global Phosphate Rock Marked，The Hague Centre for Strategic Studies (HCSS)，Rapport No 17 | 12 | 12，ISBN/EAN：978-94-91040-69-6.

[13] Global Phosphate Rock Reserves and Resources，the Future of Phosphate Fertilizer，IFDC，U. S. Department of Agriculture 2014 Agricultural Outlook Forum February 20-21，2014.

[14] Recent revisions of phosphate rock reserves and resources：a critique，by J. D. Edixhoven，Earth Syst. Dynam.，5，491-507，2014.

[15] Phosphorus Fertilizer Production and Technology，IPNI，October 2010.

18 国外萤石资源及利用现状

18.1 概　　述

18.1.1 萤石的性质

萤石（CaF_2）是一种非金属矿物，也是最重要的天然氟化物。萤石矿物含氟 48.9%，含钙 51.1%，密度为 3.18g/cm^3，熔点为 1360℃，沸点为 2500℃，莫氏硬度为 4，性脆、玻璃光泽，透明至半透明。

纯净的萤石矿物为无色晶体，自然界中的萤石矿物中往往含有 Y、Ce 类稀土元素和 Al、Fe、Mg 等元素，造成萤石结构空位，产生色心而使萤石呈现多种颜色。萤石常见的颜色有浅绿色至深绿色、蓝色、紫色、紫罗兰色、玫瑰红色、深红色等。萤石在某些条件下具有发光性，在紫外光或阴极射线照射下萤石会发出紫红色荧光，某些种类的萤石在加热或太阳光下曝晒后可发出荧光，紫色萤石具有摩擦发光的特性。萤石可以和多种硅铝酸盐矿物和金属氧化物构成低熔点、高流动性物质，使其在冶金、玻璃、水泥、陶瓷等行业被广泛应用。

18.1.2 全球萤石资源概况

氟在地壳中的丰度为 0.08%，并主要以萤石矿物形式存在。全球萤石矿产资源丰富、分布广泛。目前世界上已发现的萤石矿床超过 9000 个。萤石矿多以脉状存在，并常与方铅矿、闪锌矿、钨矿、重晶石、石英和方解石矿等矿物共（伴）生。据美国地质调查局统计，截至 2016 年，全球探明萤石储量达到 2.6 亿吨，资源量约为 5 亿吨，按近年全球萤石年均产量 650 万吨计，全球萤石探明储量的静态保障年限高达 40 年。此外，全球 680 亿吨磷灰石资源中共（伴）生的氟资源折合萤石资源量约为 49 亿吨，但由于技术、经济等方面的原因，目前从磷灰石中回收的氟产品的总量还比较少。长期而言，全球萤石矿产资源充足，可满足全球经济发展的需求。

18.1.3 萤石的历史

萤石色泽艳丽，质地相对较软，可以发出荧光，在古代亚洲和欧洲等地就被用作观赏石、器皿等，16 世纪欧洲科学家记载了萤石在熔炼过程中的作用，在 1771 年，瑞典科学家 Carl Wilhelm Scheele 制备了氢氟酸。1886 年法国化学家 Henri Moissan 制备出了单质氟。1880 年后，随着全球铝冶金工业和钢铁冶金工业的发展，推动了萤石的规模化工业开采和应用。

18.1.4 萤石的应用

萤石是氟元素在地壳中的主要存在形式。萤石矿物主要在两个方面满足现代社会的需求：（1）以工业矿物的形式直接应用于冶金、陶瓷、玻璃、水泥等行业；（2）作为提取氟元素及制造氟化合物的主要矿物原料。在金属冶炼过程中，萤石具有优良的助熔性能，能够降低炉渣的熔点、改善炉渣流动性、脱硫、脱磷、增强金属的可煅性和强度。氟的化合物广泛用于建筑、电子、能源、环保、信息、等行业。氟的化合物具体用于铝电解、铀冶金、医药、制冷剂、聚合物材料、氟树脂、氟橡胶、氟涂料、耐腐材料、阻燃剂、含氟精细化学品、光伏发电材料和锂电池材料等领域，很多性能不可替代。

萤石的主要应用领域包括以下方面：

（1）钢铁冶炼。萤石可作为炼铁、炼钢的助溶剂、排渣剂，高质量的酸级萤石也可用于电炉生产高质量的特殊钢和特种合金钢，小部分用作钢铁铸造业的铸造助剂。

（2）铝冶炼。萤石制备氢氟酸用于生产人造冰晶石、氟化铝，用于铝电解。

（3）铀冶金。萤石制备氢氟酸用于铀矿的湿法冶金。

（4）化学工业。萤石可用来生产氢氟酸、碳氟化合物、石油化工助剂、氟聚合物、氟精细化工制品，用作制冷剂、空气清新剂、日用化工制品、耐腐材料、光伏薄膜、锂电池电解液等。

（5）玻璃业。用于降低玻璃熔融温度、改进熔融体流动性、加速熔融、节能。还可作为生产乳化玻璃不透明玻璃和着色玻璃的原料。

（6）水泥。用于生产水泥熟料的矿化剂，可降低烧结温度、节能和提高设备效率。

（7）陶瓷。用于陶瓷、搪瓷制造过程的熔剂和乳浊剂和釉料原料。

全球萤石初级用途分布如图18-1所示。萤石的终端用途分布如图18-2所示。

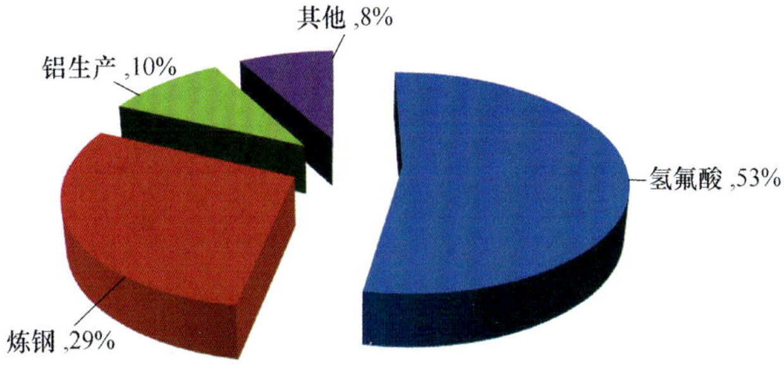

图 18-1　全球萤石初级用途分布

（资料来源：Ray Will Fluorspar Conference，2011）

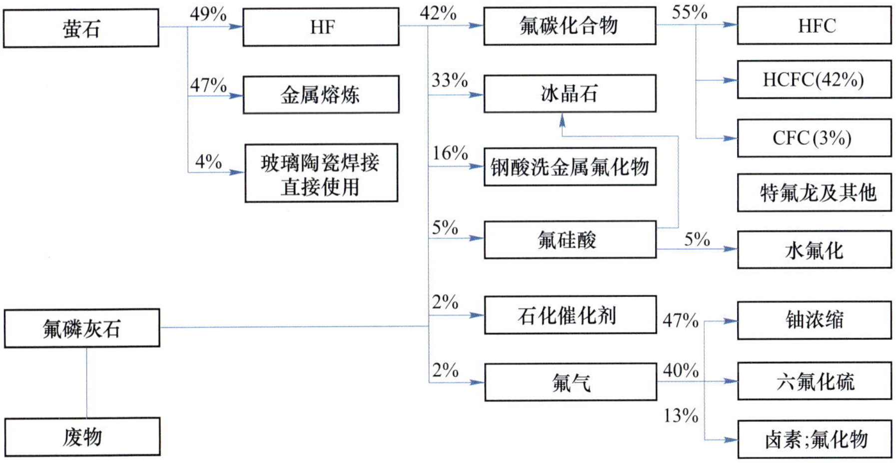

图 18-2　萤石的终端用途分布

（资料来源：Byron 公司 2013 年投资者报告）

18.2 萤石矿石和萤石矿床

18.2.1 萤石矿石

地球上的含氟矿物多达150多种，目前能够为我们提供商业化氟资源的矿物只有萤石和磷灰石，磷灰石矿中的共（伴）生的氟元素可以在磷肥生产中回收，但目前从磷肥生产中回收的氟占整个氟产品市场的比重很小。由于技术进步和环保要求的提高，从磷矿中回收氟化合物的量呈增长的趋势，美国2015年从五家磷酸厂回收了7万吨氟硅酸，相当于11.4万吨萤石。

自然界的萤石矿石和矿床存在形式多种多样，萤石的矿石类型是以矿石的矿物构成划分的，主要有单一萤石型、石英-萤石型、方解石-萤石型、碳酸盐-萤石型、硫化物-萤石型、重晶石萤石型、硅质岩萤石型、碳酸盐萤石型、钨锡-萤石型等。萤石的主要矿石类型见表18-1。

表18-1 萤石的主要矿石类型

矿石类型	矿石特征
单一萤石型	矿石几乎由单一萤石矿物组成，含少量石英、方解石，多呈脉状产出
石英-萤石型	主要矿物为萤石、石英，萤石含量可达80%~90%，含少量方解石、重晶石和硫化物
硫化物-萤石型	矿物组成基本与石英-萤石型相同，不同的是含较多的重金属硫化物，有时铅、锌矿含量可达工业品位
方解石-萤石型	主要矿物为萤石、方解石，方解石含量可达30%以上，硫化物有方铅矿、闪锌矿和黄铁矿。铅锌含量有时可达工业品位
重晶石-萤石型	主要矿物为重晶石，萤石，重晶石含量达10%~40%，在矿体中，重晶石和萤石呈垂直分带。伴生矿物有黄铁矿、方铅矿、闪锌矿和少量方解石
硅质岩萤石型	沉积成因的矿石，萤石呈细粒浸染状、胶结物状、条（纹）带-微层状、团块状及扁透镜状分布于页岩、云母石英片岩、石英岩等硅质岩中
碳酸盐萤石型	沉积成因的矿石，萤石呈细粒状分布于石灰岩、大理岩，与方解石或白云石组成粒状共结镶嵌结构或变晶结构，有的组成条纹、条带状、微层到薄层状构造
钨锡-萤石型	萤石与W、Mo、Bi矿化关系密切，常与白钨矿、辉钼矿、辉铋矿共生

18.2.2 萤石矿床

现行的《萤石矿地质勘探规范》DZ/T 0211—2002将矿床划分为萤石矿床和伴生萤石矿床两大类，这两大类又根据成因类型和共伴生类型细分为六种类型，具体见表18-2。

表18-2 萤石矿床类型

矿床类型	矿床特征
萤石矿床	各类岩石中以产出和利用萤石为主的矿床
硅酸盐岩中的充填型脉状矿床	多呈陡倾斜脉状产于沉积碎屑岩、变质岩、侵入岩构造中，从简单规则的单脉到各种不规则的复脉状和透镜状，并常成群成带出现

续表 18-2

矿床类型	矿床特征
碳酸盐岩中的充填交代型脉状透镜状矿床	产于碳酸盐岩层的断裂构造带中，形态复杂多样，常呈脉状、透镜状和囊状，甚至形成复杂的矿巢
碳酸盐岩中的层控型层状、似层状矿床	产于特定层位的碳酸盐岩层中，严格受层位或层间构造控制，呈层状、似层状或透镜体
伴生萤石矿床	萤石矿物以伴生组分产于铁、钨、锡、铍、稀土等多金属及铅、锌等硫化物矿床中
铅锌硫化物共、伴生萤石矿床	萤石与铅、锌矿伴生，三者经济价值接近
钨锡多金属伴生萤石矿床	萤石与主矿种钨、锡、钼、铋伴生，萤石呈分散状常与白钨矿、辉钼矿、辉铋矿共生
稀土元素、铁伴生萤石矿床	萤石与主矿种铁、铌及稀土元素伴生，萤石主要伴生于富铁矿石、中-贫铁矿石和钠辉石铁矿石中

18.2.3 萤石产品

全球萤石产品标准并不统一，国内外一般对萤石产品分为酸级、冶金级和陶瓷级三个级别，国外萤石产品的质量一般要求见表 18-3。

表 18-3 国外萤石产品质量要求

级别	CaF_2/%	SiO_2/%	Ca_2CO_3/%	S/%	As/ppm	P/ppm	Fe_2O_3/%	块度/mm
酸级	≥97	<1.5	<1.5	<0.03~0.10	<12	<100~550	无要求	无要求
冶金级	≥80	<15	无要求	<0.3	无要求	<0.5		10~75
陶瓷 1 级	≥95	<3	无要求	无要求	无要求	无要求	<0.12	无要求
陶瓷 2 级	≥85	无要求	无要求	无要求	无要求	无要求	<0.12	无要求

18.3 全球各国萤石储量和产量

全球萤石矿产资源分布广泛，世界各大洲各种不同地质环境均有萤石分布。从成矿地质环境来看，环太平洋成矿带的萤石储量最多，占全球已探明萤石储量的一半以上，世界已探明萤石储量分布在 40 多个国家，主要在亚洲的中国、蒙古，北美洲的墨西哥、美国、加拿大，非洲的南非、肯尼亚和欧洲的西班牙、法国等地。

据美国地质调查局统计，截至 2016 年年底，全球萤石矿产资源量约为 5 亿吨，探明储量为 2.64 亿吨，2016 年全世界共生产了 640 万吨萤石（以 CaF_2计）。全球主要萤石生产国产量和储量见表 18-4，全球萤石资源储量分布如图 18-3 所示，全球各国萤石产量份额如图 18-4 所示。

表 18-4 全球各国萤石储量和产量（2016 年）

国家	储量（CaF_2）/万吨	储量分布/%	产量（CaF_2）/万吨	产量份额/%
南非	4100	15.53	18	2.81
中国	4000	15.15	420	65.63
墨西哥	3200	12.12	100	15.63
蒙古	2200	8.33	23	3.59
西班牙	600	2.27	9.5	1.48
肯尼亚	500	1.89	2	0.31
伊朗	340	1.29	8	1.25
越南	NA	NA	17	2.66
其他国家	11458	43.40	42.4	6.63
全球总量	26400	100	640	100

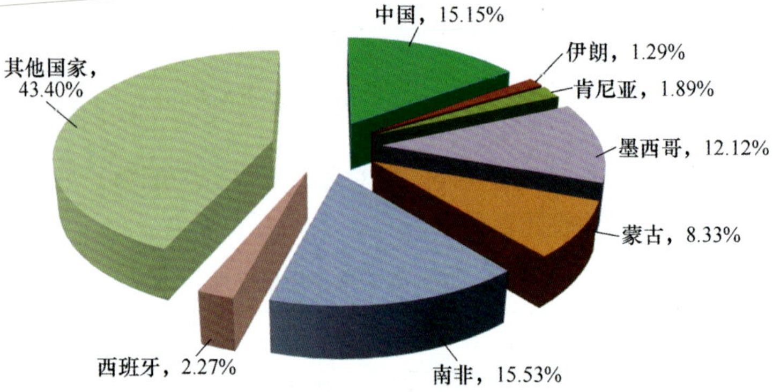

图 18-3 全球萤石资源储量分布（2016 年）

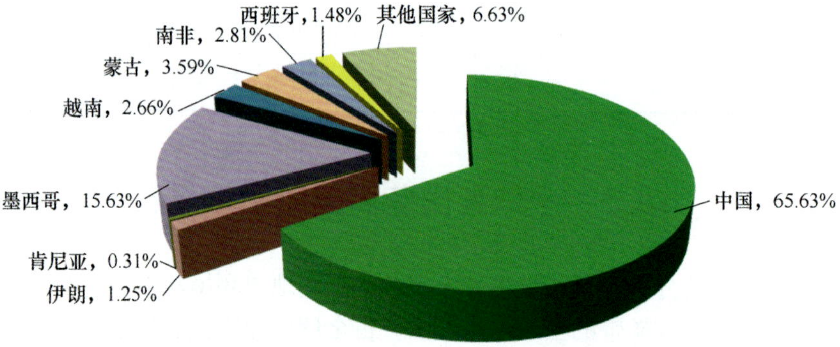

图 18-4 全球各国萤石产量份额（2016 年）

在全球探明的 2.64 亿吨的萤石矿储量中，南非、中国、墨西哥和蒙古是萤石储量最多的国家，分别占到全球储量的 15.53%、15.15%、12.12%和 8.33%，这四个国家拥有的萤石矿产储量占到全球萤石矿产储量的 51%。萤石矿产在全球分布广泛，很多国家都有萤石矿产，但储量不大。

2016 年全球共生产萤石 640 万吨，比 2015 年的全球产量 667 万吨减少了 27 万吨，连续三年减产。我国萤石产量于 1984 年超越墨西哥的萤石产量，成为世界第一（源于 IM）。近 30 年来，我国一直保持世界萤石生产第一大国的位置。2016 年，我国的萤石产量占到全球萤石产量的 65.6%，排在之后的是墨西哥占全球产量的 15.63%，蒙古占全球萤石产量的 3.59%，这三个国家的萤石矿产量占全球萤石产量的 85%，主导着全球萤石市场，其他国家的萤石产量份额都比较小。

在过去的几年里，不利的市场状况影响了许多采矿项目。保加利亚、肯尼亚、纳米比亚、俄罗斯和南非的一些萤石矿山已经被迫进入维护状态，或者永久关闭。

18.4　国外主要萤石公司资源及矿山开采情况

18.4.1　全球主要萤石生产企业萤石资源及生产概况

全球主要萤石矿业公司主要包括墨西哥的 Mexichem 公司、西班牙的 Minersa Group 公司、中国的湖南鑫源矿业有限公司、越南的 Masan Group 公司、肯尼亚的 KFC 公司、南非的 Sallies 公司、加拿大的 CFI 公司、英国的 Tertiary Minerals 公司、蒙古的 Berkh Uul JSC 公司等。这些公司中，墨西哥 Mexichem 公司、西班牙 Minersa Group 公司、英国的 Tertiary Minerals 公司和中国的鑫源矿业有限公司均掌控着巨大的萤石矿产资源储量，每家公司拥有的萤石矿产资源储量均达到数千万吨以上，越南的 Masan Group 集团的萤石资源为钨、铋、铜多金属萤石共（伴）生矿。

由于近几年全球萤石矿产价格低迷，一些公司由于拥有的萤石资源品位较低，开采成本高而暂停开采，一些公司的萤石项目推迟建设。全球主要萤石矿业公司资源及开采情况见表 18-5。

表 18-5　全球主要萤石矿业公司在产矿山和在建项目萤石资源及开采概况

<table>
<tr><th>公司（国家）</th><th>矿山</th><th>CaF_2 储量（资源量）/万吨</th><th>品位（CaF_2）/%</th><th>产量（产能）/万吨·年$^{-1}$</th><th>选矿回收率/%</th><th>采矿方法</th><th>选矿工艺</th></tr>
<tr><td rowspan="2">Mexichem（墨西哥）</td><td>Minera Las Cuevas</td><td>5000</td><td>84</td><td rowspan="2">47.5 冶金级、61.2 酸级、12 酸级</td><td>90</td><td>地采</td><td rowspan="2">擦洗、浮选
NA</td></tr>
<tr><td>Fluorita de México</td><td>1300</td><td>60</td><td>NA</td><td>NA</td></tr>
<tr><td rowspan="2">Minersa Group（西班牙）</td><td>Vergenoeg 南非</td><td>3660</td><td>30</td><td>24 冶金级、酸级</td><td>NA</td><td>露采</td><td>浮选</td></tr>
<tr><td>MPD 西班牙</td><td>NA</td><td>NA</td><td>12 酸级</td><td></td><td>地采</td><td>浮选</td></tr>
<tr><td>湖南鑫源矿业有限公司</td><td>界牌岭多金属矿</td><td>888.6</td><td>37</td><td>25.9 酸级、冶金级</td><td>75.5</td><td>露采</td><td>浮选</td></tr>
<tr><td>Masan Group（越南）</td><td>Nui Phao</td><td>734</td><td>7.61</td><td>20 酸级</td><td>76.5</td><td>露采</td><td>浮选</td></tr>
</table>

续表 18-5

公司（国家）	矿山	CaF_2储量（资源量）/万吨	品位（CaF_2）/%	产量（产能）/万吨·年$^{-1}$	选矿回收率/%	采矿方法	选矿工艺
内蒙古翔振矿业集团有限公司	四子王旗苏莫查干敖包萤石矿	33.1	61.2	10 酸级	83.6	地采	浮选
湖南旺华萤石矿业有限公司	双江口萤石矿	37.1	47.1	7.8 酸级	87.6	地采	浮选
KFC（肯尼亚）	Kimwarer	887	31.3	12.5（2015 年暂时停产）	70	露采	浮选
Sallies（南非）	Witkop	790	13.4	15.3 酸级、1（冶金级）已关闭	76	露采	浮选
CFI（加拿大）	St. Lawrence	411	40.9	13.1（可研）	84.8	地采	重介、浮选
Tertiary Minerals（英国）	Storuman 瑞典	282.8	10.21	10.3 酸级（建设）	81.9	露采	浮选
	Lassedalen 挪威	100.8	22.4	10 酸级（可研）	80.3	地采	浮选
	MB eureka 美国	924	10.7	（勘探）	NA	NA	NA
Berkh Uul JSC（蒙古）	Delgerkhan	324	33.7	17（可研）	NA	地采	浮选

注：NA 为未得到数据。

18.4.2 墨西哥 Mexichem 公司

墨西哥 Mexichem 公司是全球领先的氟化学品生产公司，有 50 多年的历史。该公司是一家从萤石矿产勘探、开采、加工到氟化工产品开发全产业链的氟化学公司，产品包括萤石、氢氟酸、氟系制冷剂、氟系药物、气雾剂等氟系列化工产品。公司是全球最大的萤石生产公司，其萤石产能占全球萤石产量的 20%左右，氢氟酸产能占全球氢氟酸产量的 10%左右。

Mexichem 公司拥有世界最大的单一萤石矿——Minera Las Cuevas 萤石矿（见图 18-5），该矿位于墨西哥 Salitrera、San Luis Potosi 地区，矿山萤石资源量达到 5000 万吨，萤石含量为 73%~95%，平均品位达 84%。该矿采用空场法地下采矿，选矿工艺为破碎、擦洗、筛分、细粒浮选生产冶金级萤石和酸级萤石，2011 年酸级萤石产量达到 61.2 万吨，冶金级萤石产量达到 47.5 万吨。其冶金级产品通常含 88%~90% CaF_2和 2%~3%的 SiO_2，酸级产品产品通常 CaF_2含量达 97.5%，由两座浮选厂生产，冶金级和酸级产品可根据市场状况灵活转换，但是该矿原矿砷含量高达 360ppm。

2008 年，公司收购了墨西哥 Fluorita de Río Verde 公司，增加了酸级萤石产能 16.5 万吨/年和冶金级萤石产能 11.5 万吨/年。

2011 年，Mexichem 公司收购了墨西哥另一萤石生产商 Fluorita de México 公司，该公司萤石资源量达 1300 万吨，CaF_2平均品位达 60%，低砷 2×10^{-6}、低磷 180×10^{-6}，酸级萤石产能 12 万吨/年。

图 18-5　Mexichem 公司 Las Cuevas 萤石矿
（资料来源：Roskill 萤石报告）

18.4.3　西班牙 Minersa 公司

Minersa 公司是生产工业矿物、化工产品、建筑产品的国际性集团公司，总部设在西班牙，有 70 多年的历史。该公司的多种矿产品在全球享有盛誉，公司的主要产品包括萤石、特种黏土、天然吸附剂、漂白黏土、氟化工产品、硬石膏、盐、硫酸钠等矿产品和矿产加工品。

Minersa 公司的萤石矿产开采主要集中在南非和西班牙，公司拥有的南非 VMC 公司的萤石储量达 3500 万吨，CaF_2品位为 15%，采用露天采矿、浮选选矿工艺，酸级萤石产能达 24 万吨/年。公司在西班牙的 MPD 公司，在西班牙西北 Asturias 地区拥有 5 座萤石矿山，酸级萤石产能达到 14 万吨/年。

18.4.4 越南 Masan Resources 公司

Masan Resources 公司在越南北部 Thai Nguyen 省拥有世界级的 Nui Phao 多金属矿床。Nui Phao 多金属矿是一个超大型的白钨、萤石、铋、铜多金属矿，共（伴）生的萤石资源量达到 734 万吨，CaF_2平均品位为 7.61%，采用露天采矿、重选钨、浮选萤石的采选工艺，矿山设计寿命 20 年，2014 年年底已全面投入生产，2016 年公司钨精矿产量达到了 6500t 金属，公司回收共（伴）生酸级萤石的设计产能为 20 万吨/年，2015 年萤石产量达到 12.5 万吨，2016 年公司酸级萤石产量比 2015 年增加了 34%，达到 16.7 万吨。

18.4.5 加拿大 Fluorspar Inc 公司

加拿大 Fluorspar Inc 公司在加拿大纽芬兰南部的 Burin Peninsula 半岛 St. Lawrence 地区进行了多年萤石矿勘探工作，St. Lawrence 萤石矿开采于 1937 年，1978 年由于墨西哥萤石矿开采导致萤石价格下跌而关闭，通过 Canada Fluorspar Inc 公司的多年努力，St. Lawrence 矿区确定的萤石资源量达到 411 万吨，CaF_2 平均品位达到 40%，公司正在积极推进 St. Lawrence 萤石项目的进行，计划建设年产能 18 万吨/年酸级萤石的工厂，采用露采工艺，正在建设采矿场和尾矿坝等设施，计划于 2018 年投产。

18.4.6 英国 Tertiary Minerals plc 公司

英国 Tertiary Minerals plc 公司是一家总部设在英国、在伦敦证券交易所上市的国际化矿产勘探和开发公司。公司致力于全球萤石矿产勘探和开发，力争在全球萤石行业取得重要的战略地位。

Tertiary Minerals plc 公司目前在瑞典、挪威和美国开展萤石勘探和开发工作。瑞典的 Storuman 萤石项目探明萤石资源量达 2770 万吨，萤石 CaF_2平均品位为 10.21%，设计酸级萤石产能 10.3 万吨/年，已进行到项目建设阶段；挪威的 Lassedalen 萤石项目，探明资源量 450 万吨，CaF_2平均品位达到 22.4%，设计酸级萤石产能 10 万吨/年，项目正在进行可行性研究；美国内华达州的 MB eureka 萤石项目，初步探明萤石资源量 924 万吨，CaF_2平均品位达到 10.7%，正在进行进一步勘探工作。

18.4.7 南非 Sallies 公司

Sallies 公司是南非一家有 100 多年历史的矿业公司，也是世界著名的萤石生产商。1999 年，Sallies 公司并购了 Witkop 萤石矿，Witkop 矿历史悠久，于 1917 年开始开采。该矿位于南非西北省 Zeerust 市南 18km，距离南非首都约翰内斯堡 250km，矿石类型以碳酸盐型萤石矿为主，矿体厚度大于 8m，矿体 CaF_2 品位一般为 10%~25%。

截至 2008 年 5 月，探明储量中 14.1%（CaF_2）品级的有 2071 万吨，15.7%品级的有 780 万吨，合计 2851 万吨；推断储量 620 万吨，平均品位 14.7%。Sallies 公司并购后的历史生产数据见表 18-6。

表 18-6　Witkop 萤石矿历史生产数据

年份	2001	2002	2003	2004	2005	2006（1~8 月）
采矿量/t	1220386	1270326	1287734	1260240	1652820	1064090
平均品位/%	13.68	11.5	11.01	11.23	10.66	9.3
采剥比	0.54	0.68	0.58	0.60	0.98	0.65
入选量/t	1055661	898561	1030314	1059105	1487036	872732
给矿品位/%	13.69	14.91	12.27	12	10.34	9.8
产量/t	112391	109984	99293	106610	134994	60740

采矿方式为露天开采，由四个采坑组成，分别是东坑、南岭坑、Marico 坑和 BH3 坑。采矿装运设备有小松 WA600 前端装载机、破碎机、转载机等，机械化开采提高了采矿整体作业效率。

从 20 世纪 70 年代开始，Witkop 选矿厂开始采用传统的浮选工艺进行选矿作业，选矿流程主要包括破碎、筛分、浮选、浓缩和过滤六个环节。破碎作业采用颚式破碎机和圆锥破碎机三段一闭路流程。Witkop 矿的萤石原矿品位较低，入选品位仅为 10%~15%，近年来，通过不断扩大规模、降低生产成本，并通过技术改造，将萤石的选矿回收率提高到 76%。改造后的选矿厂以生产酸级萤石为主。酸级选矿的工艺流程如图 18-6 所示。

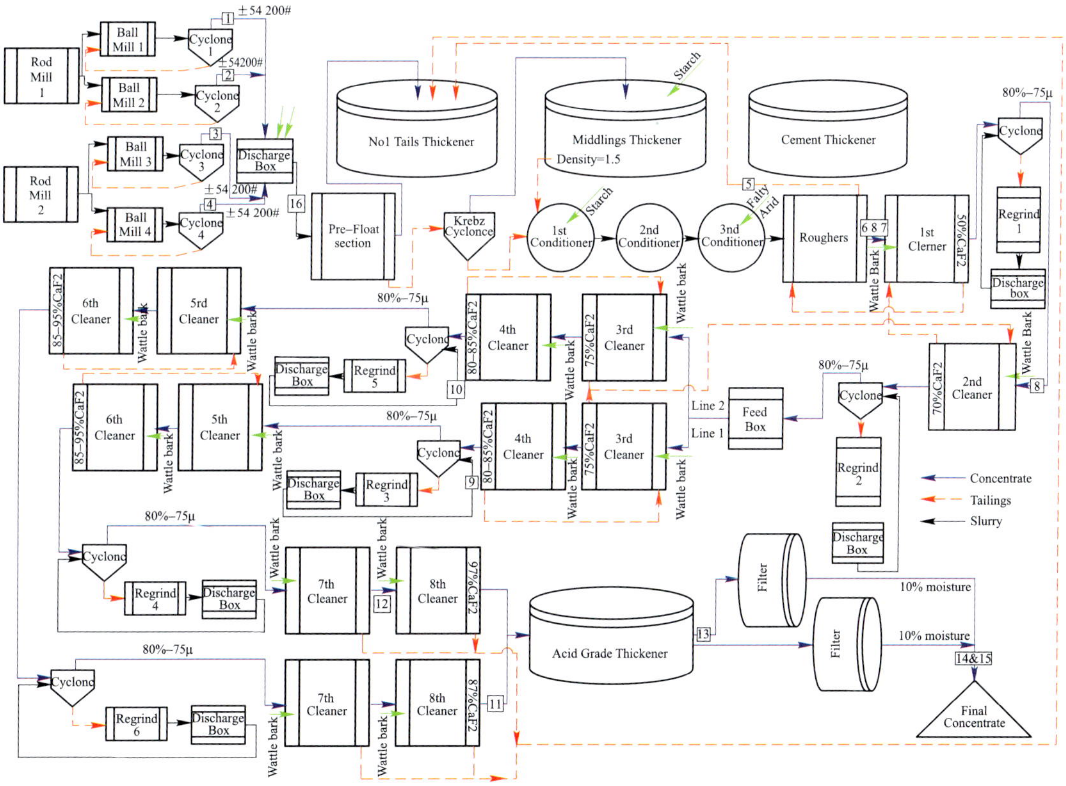

图 18-6　南非 Witkop 萤石矿酸级萤石选矿工艺流程

18.5 全球萤石矿产资源开发利用趋势

18.5.1 全球萤石矿产资源的供给和价格变化趋势

目前世界上约有50个国家开采和加工萤石矿产。截至2016年，全球探明萤石储量接近2.64亿吨，按2015年全球萤石产量640万吨计，全球萤石资源静态保障年达到40年。

2011年以来，萤石市场供应过剩，萤石价格逐渐低迷，抑制了全球萤石矿产资源的勘探工作，全球未查明的萤石矿产资源仍有巨大潜力。随着技术进步，从共（伴）生矿床中回收萤石资源不断取得进展，如中国的柿竹园钨多金属矿、白云鄂博稀土矿、越南Nui Phao钨多金属矿都是萤石共（伴）生储量巨大的矿床，近年都已开始规模化回收萤石产品，越南Nui Phao矿的酸级萤石产量2016年已达到16.7万吨，接近20万吨/年的设计产能，成为全球萤石市场的新兴力量。

全球磷矿中共（伴）生氟资源未计入萤石储量，据美国地质调查局估计，这些共（伴）生氟资源总量相当于49亿吨萤石，从磷肥生产中回收氟资源目前占到全球氟资源供应量的1%~2%。未来，随着技术水平提高和环保要求的提高，全球从磷矿石中回收氟资源的量会不断提高。

综上所述，全球萤石矿产资源充足，短期和长期供给都有保障。萤石矿物具有能降低难熔物质熔点的助熔性能，这一性能决定了其在冶金、水泥、玻璃、陶瓷等众多行业发挥着重要作用。萤石也是制备氟化合物的最重要原料，很多氟化合物是现代社会不可缺少甚至无法替代的重要原材料，萤石的主要应用领域有冶金、铝电解、水泥、玻璃、陶瓷、化工等。

作为一种工业矿物，萤石具有独特的优良助熔性能，萤石也几乎是氟元素和氟化合物的唯一供给源，很多氟化合物是现代社会不可缺少甚至无法替代的重要原材料。萤石的主要应用领域包括钢铁冶金、铝电解、有色金属冶金、水泥、玻璃、陶瓷、氟化工等，其中决定萤石需求的决定性因素为氟化工业、钢铁冶炼业、铝冶炼业，这三个行业的发展决定了全球萤石市场的需求量。

近百年来，世界萤石年产量随着全球钢铁、铝和氟化工业的发展呈现波动上升的态势，从1913年的17万吨增长到2016年的640万吨。2000年以来，全球萤石产量增速加快，从445万吨一路上涨到2011年创纪录的908万吨，造成了严重的市场供应过剩，从2012年开始，全球萤石产量开始暴跌，到2016年全球萤石产量回落到640万吨，全球萤石产量变化趋势如图18-7所示。

百年来，以美元计价的萤石价格在波动中不断上涨，其中既有市场需求因素也有美元货币币值变化因素的影响（见图18-8）。

2000年以来，全球萤石价格随着市场需求增长一直走高，酸级萤石从2000年的约100美元/吨上涨到2012年最高点接近500美元/吨。西方媒体和分析家把价格上涨的原因归为我国国内萤石消费增加和政府的调控政策导致萤石出口量减少。

由于萤石价格上升，刺激了萤石矿产资源的勘探开发活动，一些发达国家如加拿大、瑞典加强了萤石矿产的勘探和开发工作，墨西哥和南非等国增加了其萤石产量，南非、墨

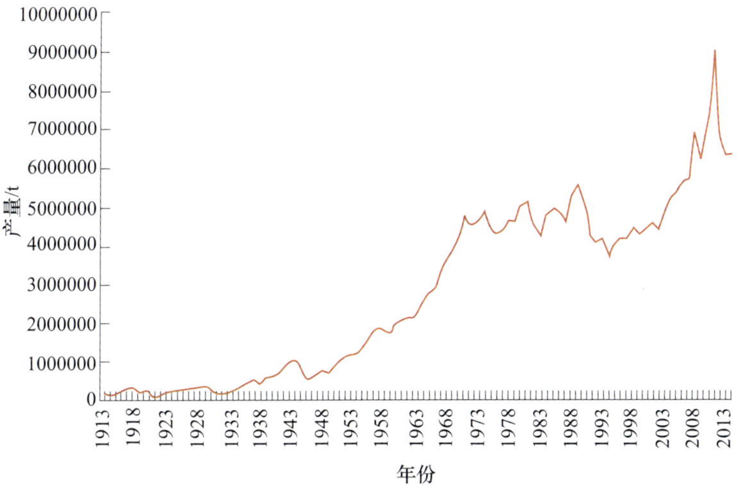

图 18-7 全球百年萤石产量变化趋势

（资料来源：USGS）

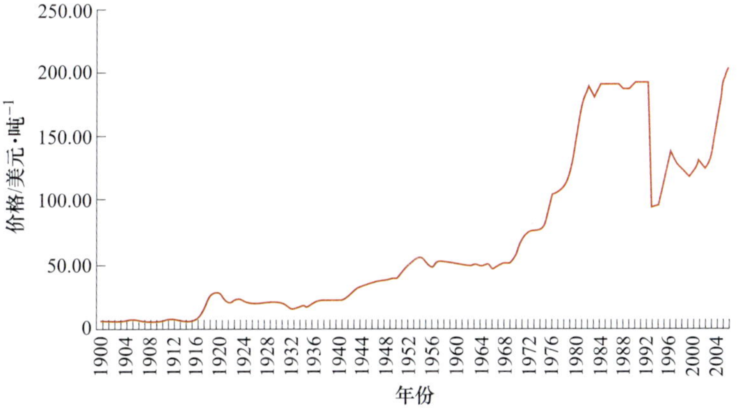

图 18-8 全球萤石价格百年变化趋势

（资料来源：USGS）

西哥、蒙古萤石资源储量巨大，具有很强的增长潜力。我国尽管减少了萤石矿产品的出口，但是氢氟酸和冰晶石、氟化铝的出口量却大大增加，2012 年，我国生产了全球 37%的氢氟酸。全球的电解铝产业已正在从北美、欧洲等地转移到亚洲，主要是我国，我国 2012 年生产了全球 44%的电解铝，生产了 54 万吨用于电解铝的铝氟化物。我国限制萤石原料出口的政策导致氟化工初级产品的出口急剧增加和氟化工初级产品的产能过剩。我国仅铝的氟化物产能就有 50%的闲置生产能力（约 50 多万吨/年）。全球萤石产量与各国消费量变迁趋势如图 18-9 所示。

2011 年后，我国经济发展增速放缓，由于价格高涨造成的全球萤石增产最终导致萤石产品市场过剩，价格下跌，直到 2016 年全球萤石市场价格才有所企稳。据工业矿物 IM 统计，全球酸级萤石 2015 年均价为 283 美元/吨，2016 年均价为 260 美元/吨，2016 年年底，国内外酸级萤石价格开始明显回升，我国的酸级萤石价格从 2017 年 1 月的 1500 元/吨涨

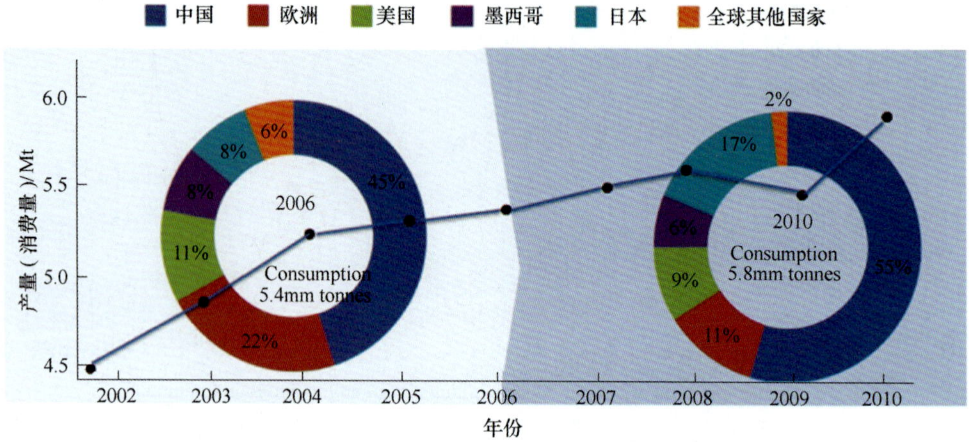

图 18-9　全球萤石 2002~2010 年产量与主要国家消费量变迁

（资料来源：加拿大 CFI 公司报告）

到 2017 年 5 月的 2240 元/吨，涨幅高达 50%。预计未来的萤石价格短期内将恢复性上涨。近十年全球萤石价格变迁如图 18-10 所示。

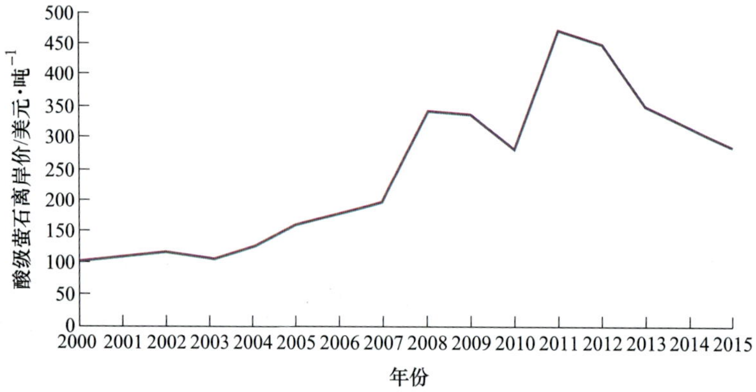

图 18-10　近十年全球萤石价格变迁

（资料来源：Tertiary Minerals 公司报告）

18.5.2　全球萤石矿产资源的需求变化趋势

2000~2012 年，全球萤石消费增长率平均为 3.4%，我国的萤石消费却达到了 9%的年增长率。1984 年以后我国成为了萤石行业生产的决定因素并逐渐成为消费的决定因素。据加拿大 Byron Capital Markets Ltd. 公司研究报告预测，到 2020 年，世界萤石市场需求年增长率可能达到 2%~3%左右。但是萤石长期需求受到以下因素的影响：世界经济的复苏进程缓慢、中国削减钢铁和铝过剩产能的步伐加快、欧盟禁止使用含氟温室气体法案生效并具有示范效应。这些因素都可能导致萤石需求停滞甚至减少。

萤石产业的发展趋势是产业集中度增加，市场垂直整合加强，全球十二家大型矿业公司占到全球萤石开采总能力的 56%，全球主要的大型含氟聚合物生产商为了保持自己的市场份额和竞争力，向上游发展，通过合资和收购萤石矿山，以降低生产成本。

18.5.3 全球萤石矿产资源开发利用技术发展趋势

18.5.3.1 萤石的开采

萤石矿开采根据矿床地质条件采用露天开采和地下开采两种开采方式。采用地下开采方式的矿山较多。相对于其他矿产，萤石矿床多数规模不大，无论露天采矿还是地下采矿都采用传统的露采和地采方法。萤石采矿技术跟随现代采矿技术发展的步伐，向机械化、自动化、安全、高效和环保方向发展，一些地采萤石矿采用了充填法采矿、使用液压钻机、精密爆破控制等设备和技术，实现了高效、安全和节能的目的。

18.5.3.2 萤石的选矿

萤石选矿主要采用重选和浮选工艺，萤石选矿技术主要围绕自动化、信息化、节能、环保、高效的方向发展。预选作为节能、降低成本的重要手段正在被一些矿山采用，如德国的 Erzgebirge 萤石矿和摩洛哥、加拿大的一些萤石矿将矿石破碎后，采用光电预选机预选取代传统的手选工艺；南非、意大利等国的萤石矿采用新型重介质旋流器对萤石进行预选，通过预选的方法抛掉大部分脉石矿物，减少后续磨矿量，实现了选矿工艺节能降耗，提高了资源利用率。

环保也是萤石选矿工艺的重要发展方向，2013 年建厂的德国 Erzgebirge 萤石矿将破碎和光电预选机预选工序放在地下采场，并将预选排出的脉石回填到采空区，减少了地面浮选厂占地和尾矿排放量，减轻了萤石采选对环境的影响。

萤石矿床产出的萤石矿石所含脉石矿物及结构不尽相同，浮选是分离萤石矿物和其他矿物的有效分选手段，面对复杂的矿物组成，研制和采用新型浮选药剂和采用浮选柱等新型浮选设备，强化浮选工艺自动控制成为萤石选矿工艺的发展潮流。如德国采用美狄兰为捕收剂回收方解石含量大于 6%的萤石矿，取得较好的分选效果。总之，节能、环保、高效成为萤石选矿技术发展的方向。

参考文献

[1] Mineral Commodity Summaries, 2016, 2017, USGS.

[2] Minerals Yearbook Fluorspar 2014, USGS.

[3] Nui Phao Project Presentation, Masan Resources, ITIA, September 2012.

[4] Nui Phao, Vietnam, Masan Resources, China Ferro-alloys Conference, 2016.

[5] Masan Group Annual Report 2015.

[6] Masan Resources Nui Phao Project, Newsletter-June 2016, ITIA.

[7] Fluorite from Las Cuevas, September 2008 International Mining 125-127.

[8] Kenya Fluorspar Company Presentation, by Andre DeSimone.

[9] Mine Planning—A Study in Developing a Life of Mine Plan for Kenya Fluorspar, by. Renier Visser, February 2011.

[10] Sallies Limited Integrated Annual Report 2011.

[11] Witkop Fluospar Mine, Prepared by RSG Global on Behalf of Sallies Limited, May, 2006.

[12] Canada Fluorspar Inc 2013 Presentation, CFI, August 2013.

[13] Tertiary Minerals Company Presentation, January 2017.

[14] Restarting the Delgerkhan Fluorspar Mine in Mongolia, Berkh Uul JSC.
[15] National Instrument 43-101 Standard Technical Report for Berkh Uul JSC, Micromine Proprietary Limited, August 17, 2012.
[16] Fluorspar, BGS. February, 2011.
[17] Fluorspar Illuminated, IM, October 2012 issue.
[18] World Fluorspar Resources, Market and Deposit Examples from British Columbia, Canada, by George Simandl, British Columbia Geological Survey, Information Circular 2009-4, 16 pages.
[19] Introduction to Fluorspar and an Acidspar Price Deck, Byron, Capital Market Ltd, August 1, 2013.
[20] Fluorspar 101, by Simon Moores, IM, October 2012.
[21] Fluorspar Industry Briefing Sample Issue No. 1, February 2015, Roskill.

19 国外石墨矿产资源及利用现状

19.1 概　　况

石墨是由单质碳元素构成的一种鳞片状矿物（其结构见图19-1），是单质碳元素在地球上的一种存在形式。单质碳以结晶态（石墨、金刚石、富勒烯等）和无定型态（煤炭、炭黑、泥炭、活性炭等）存在于地球上。碳元素的最大特点之一是结晶态单质碳存在着众多同素异形体，如人们熟悉的金刚石和石墨、以C_{60}为代表的富勒烯和碳纳米管以及最新发现的石墨烯（Graphene）。令人惊奇的是，这些碳材料的特性几乎可涵盖地球上所有物质的性质，甚至相对立的两种性质，如从最硬到极软、全吸光到全透光、绝缘体到半导体到导体、绝热到导热、高临界度的超导体等。

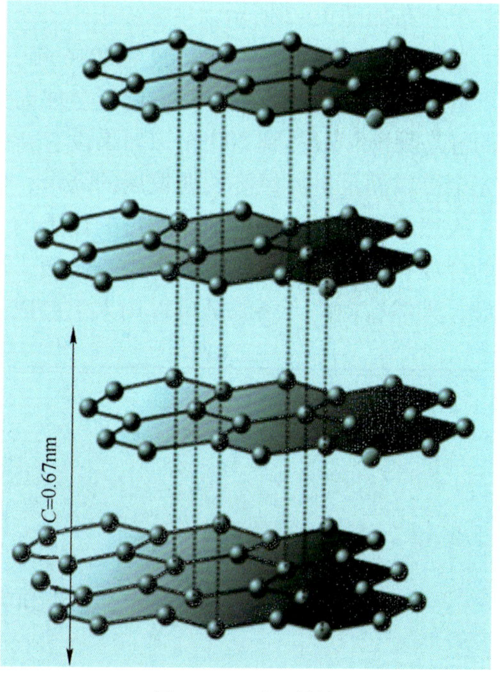

图19-1　石墨结构

19.1.1 石墨的性质

石墨是自然界中最软的矿物之一，是单质碳元素在自然界的一种存在形式。石墨的莫氏硬度为1~2，颜色由黑到铁灰，不透明，形状呈晶体状、薄片状、鳞状、条纹状、层状体或散布在变质岩中，密度为2.09~2.23g/cm^3。石墨矿物是层状混合晶体，每一层碳原子间以共价键的形式连接，故有原子晶体的特点，层与层之间以弱的范德华力连接，又有分子晶体的特点。由于其特殊结构，而具有很多特殊性质，具体如下。

（1）良好的耐高温性。石墨的熔点为3850±50℃，沸点为4250℃，强度随温度升高而增强，在2000℃时，石墨强度提高一倍。

（2）良好的导电、导热性。石墨的导电性比一般非金属矿高100倍。导热性超过钢、铁、铅等金属材料。导热系数随温度升高而降低，甚至在极高的温度下，石墨会变成绝热体。

（3）润滑性。石墨的片状结构使其具有很好的润滑性。

（4）化学稳定性。石墨在常温下有良好的化学稳定性，能耐酸、碱和有机溶剂的腐蚀。

（5）可塑性和延展性。石墨的层状结构使其具有良好的可塑性和延展性，通过插层等工艺进行膨胀处理的膨胀石墨，可塑性和延展性更好。

（6）良好的抗热震性。石墨在常温下使用时能经受住温度的剧烈变化而不致破坏，温度突变时，石墨的体积变化不大，不会产生裂纹。

19.1.2 全球石墨资源概况

石墨主要产于沉积变质岩中，也有少部分产于火成岩中。石墨矿产在全球分布广泛，但资源分布并不均衡，晶质石墨矿主要蕴藏在巴西、中国、印度、加拿大、斯里兰卡、马达加斯加等国，隐晶质石墨矿主要分布于中国、朝鲜、墨西哥、土耳其等国。全球在产石墨矿床分布如图 19-2 所示。

据美国地质调查局统计，截至 2016 年，全球石墨探明储量接近 2.48 亿吨，全球石墨矿产资源量估计超过 8 亿吨，按近年全球天然石墨年均产量 120 万吨计，全球石墨探明储量的静态保障年限达到 200 年，如果没有新的石墨应用领域爆发式增长，全球天然石墨资源完全可以满足世界经济长期发展的需求，但是优质的鳞片石墨资源储量较小。

天然石墨在石墨应用领域所占的比重约为 35%（源于 Roskill 报告），由石油焦人工合成的合成石墨占据着石墨市场的主要份额，不过人工合成石墨生产成本很高，从性能方面考虑，天然石墨矿产资源是可以用人工合成石墨替代的。

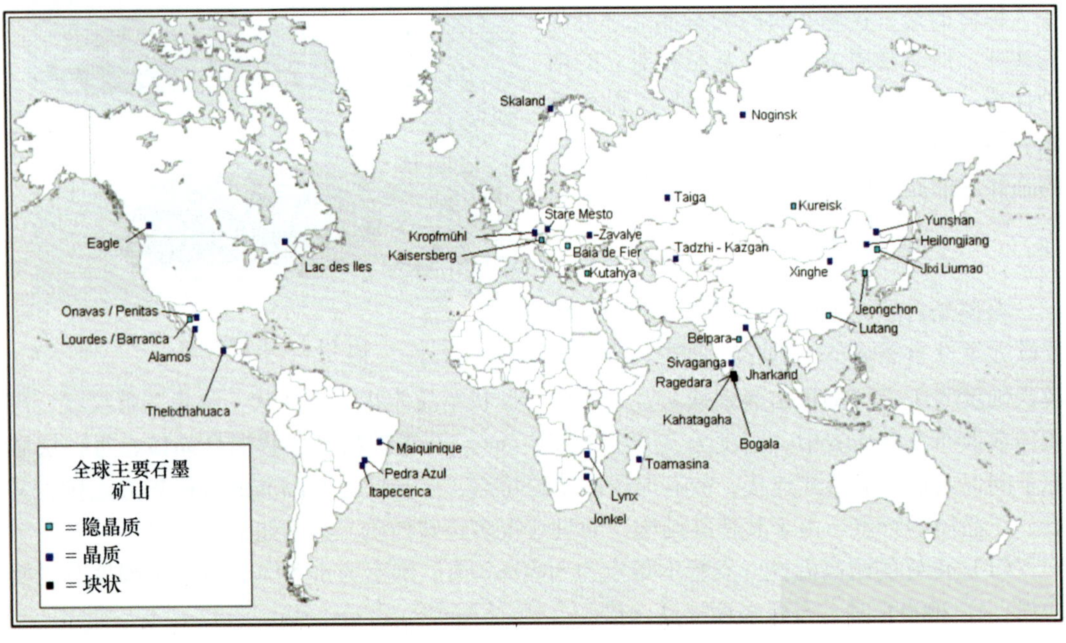

图 19-2 全球在产石墨矿床分布

（资料来源：http：//mineral-exploration.de/publications.htm）

19.1.3 石墨的历史

早在公元前 4000 年前的新石器时代，欧洲东南部就出现了使用石墨颜料装饰的陶器，人们已开始无意识的使用石墨矿物，公元1533~1603年在英格兰地区坎布里亚郡附近发现了一些石墨矿床，牧羊人用它作为颜料标记羊群，人们逐渐使用石墨作为颜料并制作铅笔，后来英国开始使用石墨作为耐火材料制造铸造模具的内衬，并用于钢铁冶炼和军火制备，开启了人类规模化应用石墨矿产资源的历史。1778年，瑞典化学家 Carl Wilhelm Scheele 确定了石墨的化学成分。

19.1.4 石墨的应用

石墨特有的结构使其具有特殊的物理化学性质，这些性质使其在冶金、机械、电气、化工、轻工、纺织、国防等众多领域得到了广泛应用，近年来随着石墨加工技术的进步及球形石墨、石墨烯等新材料的开发，石墨在高新技术领域和新能源领域的应用前景越来越好。石墨目前的主要应用领域包括：

（1）耐高温材料。石墨优良的耐高温性能使其被用于制造耐火砖、坩埚、连续铸造模压粉、铸模芯、铸模洗涤剂、塞头和喷嘴等。石墨耐火砖包括镁碳砖和铝碳砖两大类，炼钢炉内衬主要使用镁碳砖，连续铸造主要使用铝碳砖，石墨坩埚被广泛用于直接熔融金属的工艺中。

（2）炼钢增碳剂。石墨在炼钢工业中作为增碳剂可以调节钢的成分，隐晶质石墨的主要用途之一就是作为炼钢增碳剂。

（3）导电材料。石墨在电气工业中被广泛用做电极、电刷、碳棒、碳管、水银整流器的正极、垫圈等，其中以石墨电极应用最广，在冶炼各种合金钢、铁合金时，电弧炉使用石墨电极。此外，在电解金属镁、铝、钠时，电解槽的阳极也用石墨电极。生产金刚砂的电阻炉也用石墨电极作炉头导电材料。电气工业中所使用的石墨，对石墨粒度和纯度要求很高，以人造石墨为主。

（4）耐磨和润滑材料。石墨在机械工业中常作为润滑剂。润滑油往往不能在高速、高温、高压的条件下使用，而石墨润滑耐磨材料可以在-200~2000℃下工作。许多输送腐蚀介质的设备，广泛采用石墨材料制成活塞环、密封圈和轴承，它们运转时，无需加入润滑油。石墨乳也是许多金属加工（拔丝，拉管）时的良好的润滑剂。

（5）耐腐蚀材料。石墨具有良好的化学稳定性，经过特殊加工后，具有耐腐蚀、导热性好、渗透率低等特点，被广泛用来制作热交换器、反应槽、凝缩器、燃烧塔、吸收塔、冷却器、加热器、过滤器，泵体等设备。这些设备主要用于石油化工、湿法冶金、酸碱生产、合成纤维造纸等工业部门，可节省大量的金属材料。

（6）铸造、翻砂、压模及高温冶金材料。由于石墨的膨胀系数小，而且能耐急冷急热的变化，可作为玻璃器皿的铸模，也可作为脱模剂。使用石墨后，金属铸件尺寸精确、表面光洁、成品率高，生产硬质合金等粉末冶金工艺，通常用石墨材料制成压模和烧结用的舟皿。单晶硅的晶体生长坩埚、区域精炼容器、支架、夹具、感应加热器等，都是用高纯石墨加工而成的。此外，石墨还可以做真空冶炼的隔热板和底座、高温电阻炉炉管、石墨棒、石墨板、石墨格栅等耐热元件。

（7）原子能工业和国防工业。石墨具有良好的中子减速性能，最早作为减速剂用于原子反应堆中，“铀-石墨”反应堆是目前应用较多的一种原子反应堆。正在发展的石墨“球床”新型反应堆将更安全、更经济。国防工业中使用石墨制造固体燃料火箭的喷嘴、导弹的鼻锥。宇航设备隔热材料和防射线材料等也常用石墨制造。

（8）防锈及吸附材料。石墨涂料可用于金属部件的防腐和防锈。膨胀石墨还可以作为吸附剂吸附油类。

（9）制动摩擦材料。20世纪70年代以来，离合器和制动衬广泛使用半金属摩擦材料，半金属摩擦材料是将石墨和金属粉、钢纤维、陶土粉用合成树脂粘结而成。制动摩擦材料主要用于高速设备，如飞机、卡车以及越野车的刹车片和离合器片，近几年来，石棉逐渐被石墨所取代用于制造摩擦材料。

（10）柔性石墨密封材料。柔性石墨，是20世纪70年代开发的一种新型石墨制品，这种产品除具有天然石墨所具有的优良特性外，还具有特殊的柔性和弹性，因此，是一种理想的密封材料，广泛用于石油化工、原子能等工业领域。

（11）锂离子电池电极材料。球状石墨是重要的锂离子电池阳极材料，它是由天然鳞片石墨加工而成的。球状石墨非常符合锂离子电池阳极材料的要求，而目前的人造石墨成本和性能都无法完全满足锂离子电池的需求，锂电池成为石墨市场需求增长最快的行业。

（12）石墨烯。2004年科学家制备出了石墨烯材料，石墨烯特殊的结构形态，使其具有极高强度、特殊光电性能和导热性能，这些性能使其在超级蓄电池、超高效太阳能电池、透明导电膜、超级半导体材料等方面有着极大的潜在应用价值，因此石墨烯被称为“可能改变二十一世纪世界的材料”。采用天然鳞片石墨进行机械或化学剥离是制造石墨烯的方法之一，但石墨烯短期内难以解决规模化生产和产业化应用的难题。

天然石墨应用领域分布如图19-3所示。

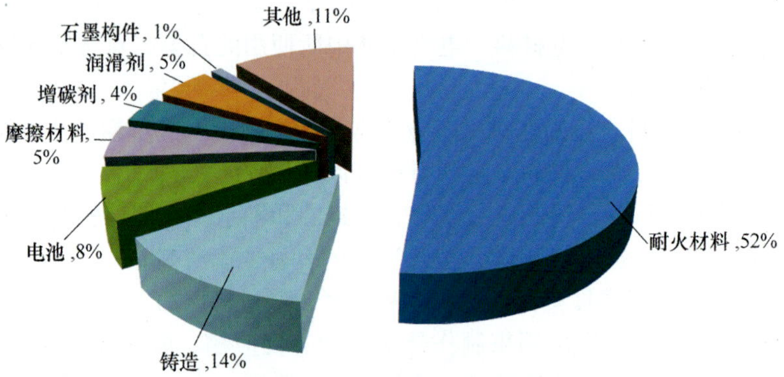

图19-3 天然石墨应用领域分布

（资料来源：Roskill 2015natural and Synthetic Graphite Global Market and Outlook）

19.2 石墨矿物和石墨矿床

19.2.1 石墨矿物

天然石墨的化学成分为碳元素，为鳞片状晶体结构，自然界中没有纯净的石墨矿物，天然石墨矿物往往含有SiO_2、Al_2O_3、Fe_2O_3、CaO、P_2O_5等杂质，这些杂质常以石英、黄铁矿、碳酸盐等矿物形式出现。石墨矿物通常分为块状石墨、鳞片状石墨和隐晶质石墨三大类型。

天然石墨的矿物类型是根据其结晶形态和聚集状态来划分的，石墨的工艺性能主要取决于它的结晶形态。结晶形态不同的石墨矿物，具有不同的工业价值和用途。从工业应用角度出发，根据石墨矿物结晶形态和聚集状态的不同，将天然石墨分为以下三类。

（1）块状石墨，又称为致密结晶状石墨。此类石墨结晶明显，晶体肉眼可见。颗粒直径大于0.1mm，比表面积为0.1~1m^2/g，晶体排列无序，呈致密块状构造。这种石墨的特点是原矿品位高，一般含碳量为60%~65%，有时达80%~98%，但其可塑性和润滑性不如鳞片石墨好。致密结晶状石墨被认为源于石油，经过长时间的温度和压力作用后转化为石墨。虽然世界各地都有这种形式的石墨资源，但是只有斯里兰卡的该类资源能形成商业开采，开采采用传统的竖井地下开采或露天采矿技术。

（2）鳞片状石墨，晶体呈鳞片状，晶体大小一般为（1.0~2.0）mm×（0.5~1.0）mm，片厚0.02~0.05mm，大的鳞片可达5mm以上。鳞片状石墨是在很高的压力下变质而成的，有大鳞片和细鳞片之分。此类石墨矿石的特点是原矿品位不高，一般含碳在2%~3%，高的可达10%~25%，甚至35%。鳞片状石墨是自然界中可浮性最好的矿石之一，这类石墨的可浮性、润滑性、可塑性均比其他类型石墨优越，因此它的工业价值最大。

鳞片石墨存在于变质岩中，通常在矿体中分布均匀，或集中于透镜状矿体的凹处。鳞片状石墨在世界各地的变质岩如大理岩、片麻岩和板岩中都有分布，鳞片石墨产量在全球天然石墨产量中占到60%以上。

（3）隐晶质石墨，又称微晶石墨或土状石墨，这种石墨的晶体直径一般小于1μm，比表面积为1~5m^2/g，往往以集合体形态存在，只有在电子显微镜下才能见到晶形。此类石墨的特点是表面呈土状，缺乏光泽，润滑性比鳞片石墨稍差，品位较高，一般含碳量为60%~85%。少数高达90%以上。隐晶质石墨矿通常存在于煤矿顶底板或页岩中。随着这类石墨提纯技术的提高，土状石墨应用越来越广泛，该类石墨在全球天然石墨产品中约占30%~40%左右。

19.2.2 石墨矿床

具有工业价值的石墨矿床按其成因可分为：区域变质型石墨矿床、接触变质型石墨矿床及岩浆热液型石墨矿床三种类型。其中以区域变质型晶质石墨矿床最多，其次为接触变质型隐晶质石墨矿床，岩浆热液型晶质石墨矿床较少。石墨矿床类型、特征及典型矿床见表19-1。

表19-1 石墨矿床类型、特征及典型矿床

矿床成因类型	矿体特征	矿石特征	矿床规模	典型矿床
区域变质型石墨矿床	层状、似层状或透镜状，长几十至几千米、厚几十至几百米，倾角为陡至中等	岩性为片麻岩、片岩、透灰岩、石英岩及角闪岩等。石墨一般为大于0.1mm的鳞片状，碳含量3%~10%，高可达30%以上。可选性好	多为大中型	黑龙江柳毛、山东南墅、刘戈庄、内蒙古兴和、湖北三岔垭、加拿大安大略Kearney

续表 19-1

矿床成因类型	矿体特征	矿石特征	矿床规模	典型矿床
接触变质型石墨矿床	层状、似层状、带状或透镜状，长一般几十至几百米、厚1~3m，个别10m，倾角为陡-缓倾斜	呈土状、可选性差，固定碳含量高，一般为60%~80%，高可达90%以上。石墨的晶体直径一般小于1μm	多为中型	湖南鲁塘、吉林磐石、墨西哥Nuevo San Pedro
岩浆热液型石墨矿床	形态复杂呈不规则透镜体分布于含矿带或岩体中长几十至几百米	主要岩性为含石墨混染花岗岩等。石墨为鳞片状，直径中等，一般大于0.1mm，碳含量一般为3%~10%	一般不大	新疆苏吉泉、西藏左贡青谷

19.3 全球各国石墨储量和产量

石墨资源分布广泛，众多国家都已发现有石墨矿产，但具有一定规模可供工业利用的矿床并不多，石墨矿产资源相对集中分布于少数国家中。晶质石墨矿主要蕴藏在中国、斯里兰卡、马达加斯加、巴西、加拿大、俄罗斯等国，其中马达加斯加盛产大鳞片石墨，斯里兰卡盛产高品位的致密块状石墨；隐晶质石墨矿主要分布于土耳其、印度、韩国、朝鲜、墨西哥和奥地利等国。多数国家只产一种石墨，矿床规模以中、小型居多，只有中国等五个国家晶质和隐晶质石墨都有产出，大型矿床较多。根据美国地质调查局2016年的统计结果，全球主要石墨生产国石墨资源储量和产量见表19-2，各国储量产量占比如图19-4和图19-5所示。

表19-2　全球各国石墨储量和产量（2016年）

国家	储量/万吨	储量分布/%	产量/万吨	产量份额/%
土耳其	9000	36.32	3.2	2.71
巴西	7200	29.06	8	6.77
中国	5500	22.20	78	65.99
莫桑比克	1300	5.25	未生产	
印度	800	3.23	17	14.38
墨西哥	310	1.25	2.2	1.86
马达加斯加	160	0.65	0.8	0.68
其他国家	510	2.06	9	7.61
全球总量	24780	100	118.2	100

由表19-2中的统计数据可以看出，全球石墨储量2016年统计结果为2.48亿吨，比2014年统计的全球储量1.1亿吨增加了一倍，主要原因是美国地质调查局将土耳其的石墨储量大幅调升，并将巴西的储量数据也给予了更新和调增，使全球石墨探明储量大增。土

耳其的石墨资源以隐晶质石墨为主，储量数据可靠性也有待证实。根据石墨成矿地质条件，全球仍有不少地区具有发现石墨资源的潜力。

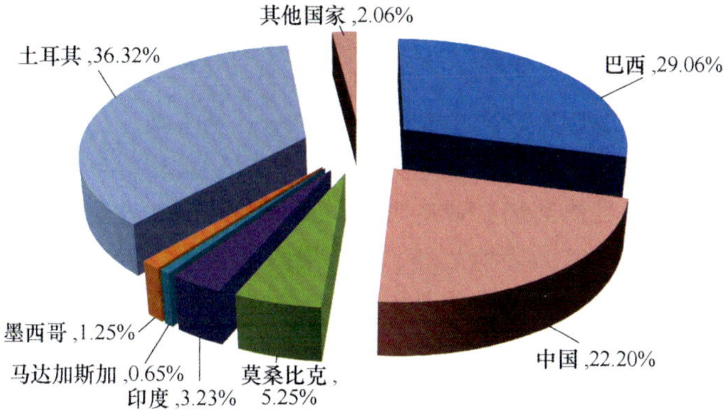

图 19-4 全球石墨资源储量分布（2016 年）

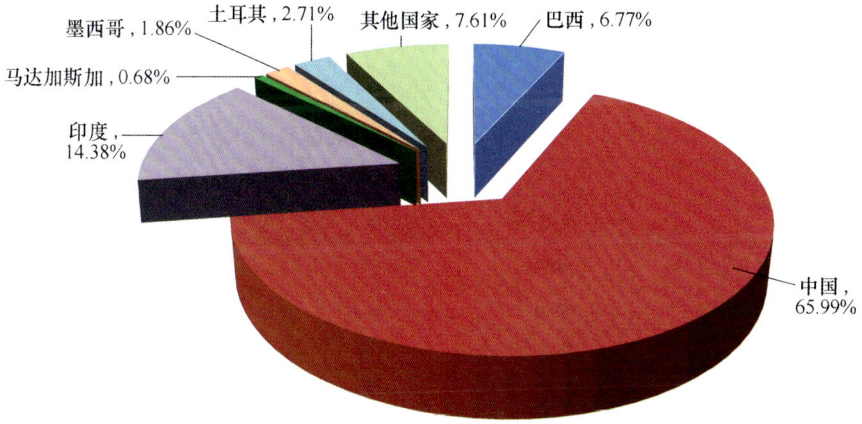

图 19-5 全球各国石墨产量份额（2016 年）

根据 2016 年的统计结果，土耳其石墨储量为 9000 万吨，占全球储量的 36. 3%，排在世界第一位，其次是巴西的 7200 万吨和中国的 5500 万吨，分别占全球储量的 29. 06% 和 22. 2%，排在世界的第二位和第三位，这三个国家探明的石墨资源量占全球石墨探明储量的 88% 左右。石墨是一个小矿种，美国地质调查局的统计数据有时也不够全面，但这一数据足以反映全球石墨资源高度分布不均的状况。

2016 年世界天然石墨产量为 118. 2 万吨，与 2014 年、2015 年产量持平。我国连续保持全球石墨产量第一大国的位置，生产石墨 78 万吨，占全球产量的 66%。印度排名第二，生产石墨 17 万吨，占全球产量的 14. 3%，其次是巴西占 6. 77%、土耳其占 2. 71%，这四个国家的石墨产量占世界总产量的 90%。根据中国地质调查局 2015 年石墨资源调查报告统计，中国的鳞片石墨产品产量占到中国天然石墨产量的 70% 以上。印度、巴西的石墨产品包括鳞片石墨和隐晶质石墨，土耳其以隐晶质石墨为主，加拿大以鳞片石墨为主。全球鳞片石墨的产量估计超过天然石墨产量的 60% 以上。

19.4 国外主要石墨矿业公司及矿山项目

19.4.1 全球主要石墨矿业公司资源及生产概况

全球生产石墨矿产的公司主要集中在中国、印度、巴西等国，全球多数鳞片石墨生产公司生产规模都不大。目前，我国的柳毛石墨资源有限公司和奥宇石墨集团是全球鳞片石墨产能最大的企业、扎鲁特旗兴塔矿业有限公司和南方石墨有限公司等公司是全球隐晶质石墨产能最大的企业。由于矿山环境治理、矿产资源整合等因素的影响，我国的石墨矿业发展也处在公司并购、资源整合的变化时期，各公司近年的资源、产量等变动较大。

除我国之外，印度、巴西和加拿土耳其是全球最主要的天然石墨生产国，加拿大、莫桑比克是最有可能给全球市场增加天然石墨供应量的国家。IM（Industrial minerals）认为印度的天然石墨产业基础设施陈旧，生产企业规模普遍较小，生产技术水平不高，产品基本国内消费，对全球市场影响不大。各国的石墨矿业公司的主要产品为各种规格的鳞片石墨精矿或者各种品位规格的隐晶质石墨原矿及隐晶质石墨精矿和压块的制品等。

根据工业矿物组织（IM）2013 年统计结果和各公司报告、公司网站等信息来源，全球主要石墨生产公司基本情况见表 19-3。

表 19-3 全球主要石墨矿业公司资源和生产情况

公司名称	矿物类型	矿物储量（资源量）/万吨	品位（C_g）/%	精矿产量（产能）/万吨·年$^{-1}$
鸡西柳毛石墨资源有限公司	鳞片	2110.6	10.32	6.8（8）
黑龙江奥宇石墨集团	鳞片	142.8	12.68	4（10）
扎鲁特旗兴塔矿业有限公司	隐晶质	418.6	76.91	8（15）
扎鲁特旗金辉矿业有限公司	隐晶质	754	72.75	3.5（30）
鸡西普晨石墨有限责任公司	鳞片	66	8.16	2（4.3）
南方石墨有限公司	隐晶质	1759	80	2（51）
Nacional de Graphite 巴西	鳞片	NA	4.5 7	5.7（7.2）
Grafite do Brasil 巴西	鳞片	700	11	3（5.4）
Oysu Graphite Mining Co 土耳其	隐晶质	13	20	0.5（5.5）
GrafitbergbauKaiserberg 奥地利	隐晶质	490	80	2.6（4.5）
Myeongji Mining 朝鲜	鳞片	NA	NA	4（7）
Tirupati 印度	鳞片	373.3	11	1.4（2）

注：C_g 为石墨碳。

资料来源：IM 2013 年报告。

19.4.2 全球在建石墨项目概况

近年来，伴随着被称为“世界的下一个神奇材料”的石墨烯的研究热潮，石墨高附加值产品开发不断取得技术进步，石墨在燃料电池、卵石床反应堆等新技术领域应用研究都取得了进展。以特斯拉为代表的电动汽车的快速发展，带动了锂离子电池产业的快速发展，也激起了全球天然石墨的勘探和开发活动的热潮，2012 年仅在加拿大就有多达 8 家企业投入资金在安大略和魁北克等地区进行石墨勘探工作，全球还有很多公司重新起用过去停产的老矿，不少公司计划扩大产能，如巴西的 Magnesita Refratarios SA 公司曾计划 2012 年新建一座年产 4 万吨石墨的新矿山。但 2012 年后，由于全球经济发展速度放缓，天然石墨供应过剩，石墨价格低迷，导致全球石墨资源勘探投入下降。

全球石墨矿产热中启动的石墨矿山项目基本都是鳞片石墨项目，很多项目经过多年勘探等工作已进入投产期，这些项目将会对全球天然石墨产业的长期发展产生深远的影响。全球天然石墨勘查和待建项目基本情况见表 19-4。

表 19-4　全球天然石墨勘查和待建项目基本情况

公司	项目	矿石储量（资源量）/百万吨	品位/%	矿物储量（资源量）/万吨	设计产品产能/万吨·年$^{-1}$	选厂处理量/万吨·年$^{-1}$	选矿收率/%	项目阶段
Northern Graphite	Bissett Creek 加拿大	28.3	2.06	58.3	2.08 (94.5%C_g)	100	94	可研
Flinders Resources	Woxna 瑞典	7.7	9.3	71.6	1 (94%C_g)	10	85	可研
Mason Graphite	Lac Guéret 加拿大	4.7	27.8	131.7	5.19 (97.5%C_g)	19	94	可研
Focus Graphite	Lac Knife 加拿大	9.57	14.77	141.4	4.43 (98%C_g)	32.37	91	可研
Valence Industries	Uley 澳大利亚	4.54	11.63	52.8	2.1 (96%C_g)	20.4	85	扩产
Energizer Resources	Molo 马达加斯加	22.43	7.02	156.8	5.3 (97%C_g)	85.67	87.8	可研
Kibaran Graphite	Mahenge 坦桑尼亚	13.11	7.9	219.5	4 (96%C_g)	42	93	可研
Magnis Resources	Nachu 莫桑比克	174	5.4	930	25 (98%C_g)	500	92	可研
Triton Minerals 澳大利亚	Nicada Hill Balama 莫桑比克	1443	11.11	16032	20 (97.7%C_g)	200	96	设计建厂
Talga Resources 澳大利亚	Nunasvaara 瑞典	9.8	25.3	247.9	4.6 (85%C_g) 0.1 (99.9%C_g)	25	77	预可研
Lincoln Minerals	Kookaburra Gully 澳大利亚	4.03	12.35	49.8	2.5~4 (93%~97%C_g)	25	90	可研

近年新开展的石墨矿产开发项目均为鳞片石墨项目，各项目都力图生产高品位、大鳞片的高端鳞片石墨产品，多数项目产品定位为锂电池球形石墨原料，有些项目甚至设计了石墨烯生产线。这些新项目的石墨矿物储量或资源量从 53 万吨到 1.6 亿吨不等，石墨品位低的为 2.02%，高的达到 28.3%，多数项目石墨品位达到 10%左右，整体上有很强的市场竞争力。

莫桑比克 Balama 石墨项目探明的石墨矿物资源量达到 1.6 亿吨、石墨品位达到 11%，并伴生有 0.27% V_2O_5的钒资源。澳大利亚 Triton Minerals 公司正在加紧 Balama 石墨项目的可行性研究和工程设计工作，该项目设计产能 5 万吨/年，逐步增加到 20 万吨/年，有可能成为全球最大的鳞片石墨生产项目之一。加拿大的 Lac Guéret 和 Lac Knife 石墨项目石墨矿物资源量均在 100 万吨以上，石墨品位分别达到 27.8%和 14.7%，这几个项目的选冶研究表明均可获得大鳞片石墨精矿。这些项目中加拿大的 Bissett Creek 石墨项目矿物储量为 58 万吨，石墨品位仅为 2.02%，但项目拥有方 Northern Graphite 公司进行了大量前期研究工作，利用该资源生产高品质的球形石墨等取得很好的进展技术。

19.4.3 国外典型石墨矿山项目

加拿大目前有 TIMCAL 和 Eagle Graphite Corp 两家公司进行天然石墨生产，通过勘探和资源整合，加拿大可能成为全球石墨增产潜力最大的国家之一。作为全球最大的矿业融资市场，加拿大近年来新开展了很多石墨项目的勘探和研究工作 Focus Graphite 公司的 Lac Knife 石墨项目和 Northern Graphite 公司的 Bissett Creek 石墨项目就是其中前期工作比较充分的石墨项目，目前两项目正在进行项目工程勘探和采选设计工作，Lac Knife 石墨矿和 Bissett Creek 石墨矿开发利用研究设计情况见表 19-5。

表 19-5 加拿大 Lac Knife 石墨矿和 Bissett Creek 石墨矿项目情况

企业基本情况	Focus Graphite 公司 Lac Knife 矿区	Northern Graphite 公司 Bissett Creek 矿区
所在地	魁北克	安大略
储量/万吨	493.8	1897.7
入选品位/%	15.76	1.89
矿石类型	鳞片石墨	鳞片石墨
采矿能力/万吨·年$^{-1}$	75（设计）	184（含剥离）
选矿能力/t·d^{-1}	830（30 万吨/年）	2500（84 万吨/年）
采矿方法	露采剥采比 1.12（预计）	露采剥采比 0.51（设计）
回采率/%	95（设计）	90（设计）
选矿工艺	阶段磨矿-浮选	阶段磨矿-浮选
选矿回收率/%	91.3（设计）	92.7~94.7（中试结果）

续表 19-5

企业基本情况	Focus Graphite 公司 Lac Knife 矿区	Northern Graphite 公司 Bissett Creek 矿区
产能/万吨·年$^{-1}$	4.7	1.6
主要产品	石墨精矿平均品位 92% +48 目占 16.2%　含 C 95.8% +80 目占 20.8%　含 C 94.9% +100 目占 7.1%　含 C 94.6% +200 目占 24.6%　含 C 93.2% -200 目占 31.4%　含 C 86.5%	石墨精矿平均品位 95% +48 目占 48.4%　含 C 95.1% +80 目占 28.2%　含 C 94.5% +100 目占 4.8%　含 C 97.3% -100 目占 18.6%　含 C 94.8%

Focus Graphite 公司 Lac Knife 石墨矿项目和 Northern Graphite 公司 Bissett Creek 石墨矿项目都是开发鳞片石墨，但两矿区的石墨资源品位差别很大，分别为 14.77%、2.06%，采矿都用露采工艺，设计回采率分别为 95%和 90%，选厂设计产能分别为 4.7 万吨/年和 1.6 万吨/年鳞片石墨精矿，原矿品位低的 Bissett Creek 矿区生产的石墨精矿中，大鳞片产品比例更大。两选矿均采用浮选工艺，设计选矿回收率分别为 91.3%和 92.7%。Focus Graphite 公司 Lac Knife 石墨矿选矿工艺流程分别如图 19-6~图 19-8 所示，Northern Graphite 公司的 Bissett Creek 石墨矿选矿工艺流程如图 19-9 所示。

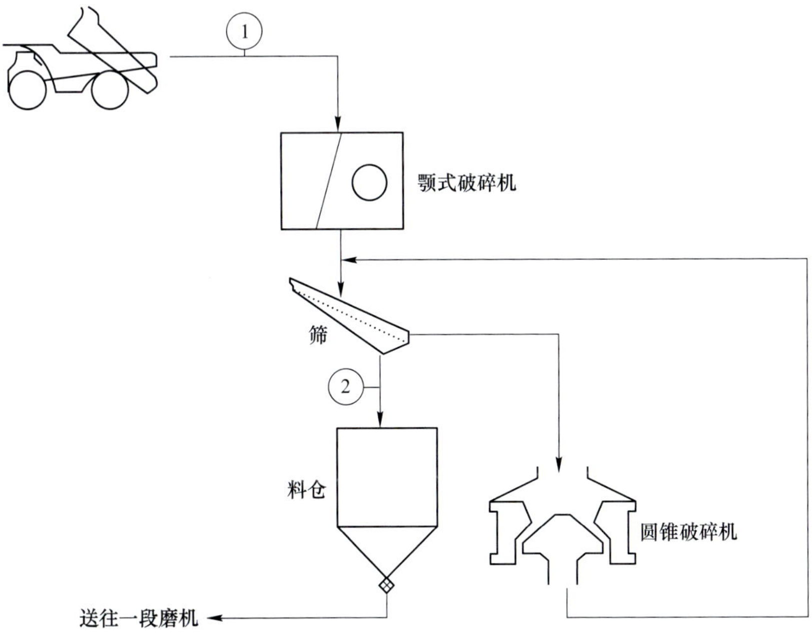

图 19-6　加拿大 Lac Knife 石墨矿选矿工艺流程（破碎）

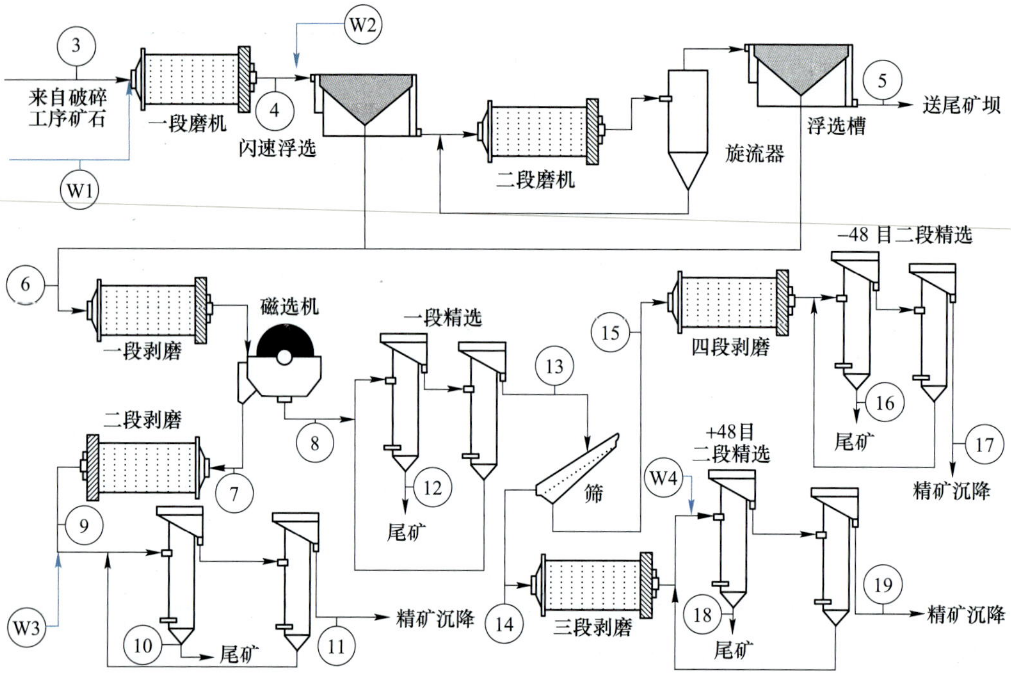

图 19-7　Lac Knife 石墨矿选矿工艺流程（磨矿浮选）

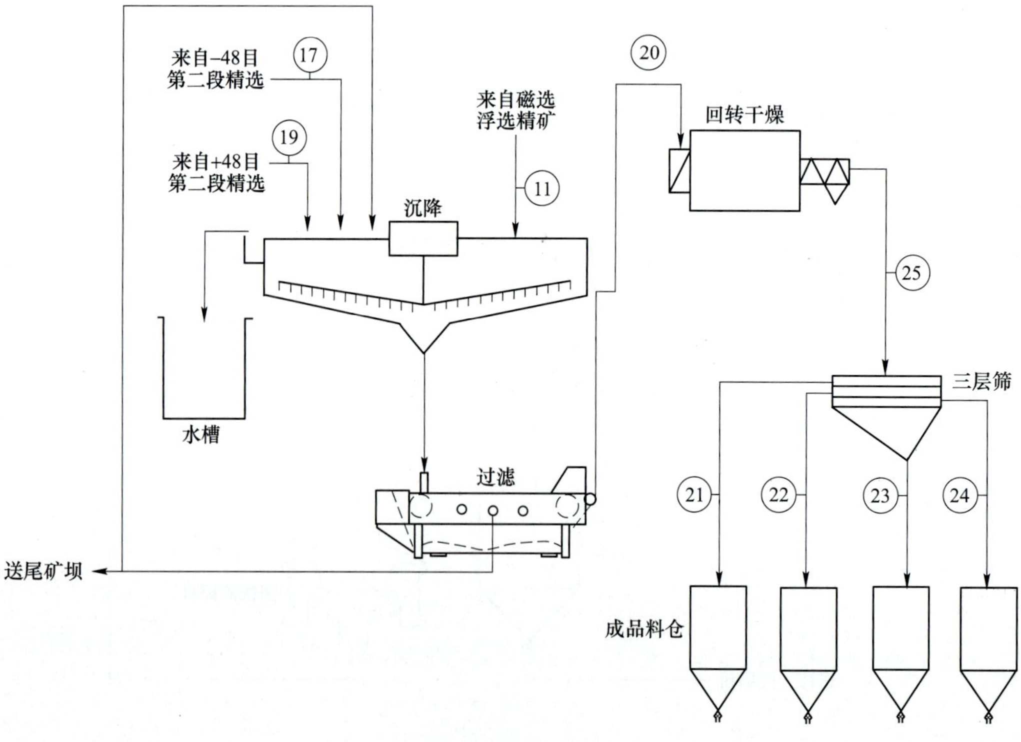

图 19-8　Lac Knife 石墨矿选矿工艺流程（浓缩压滤）

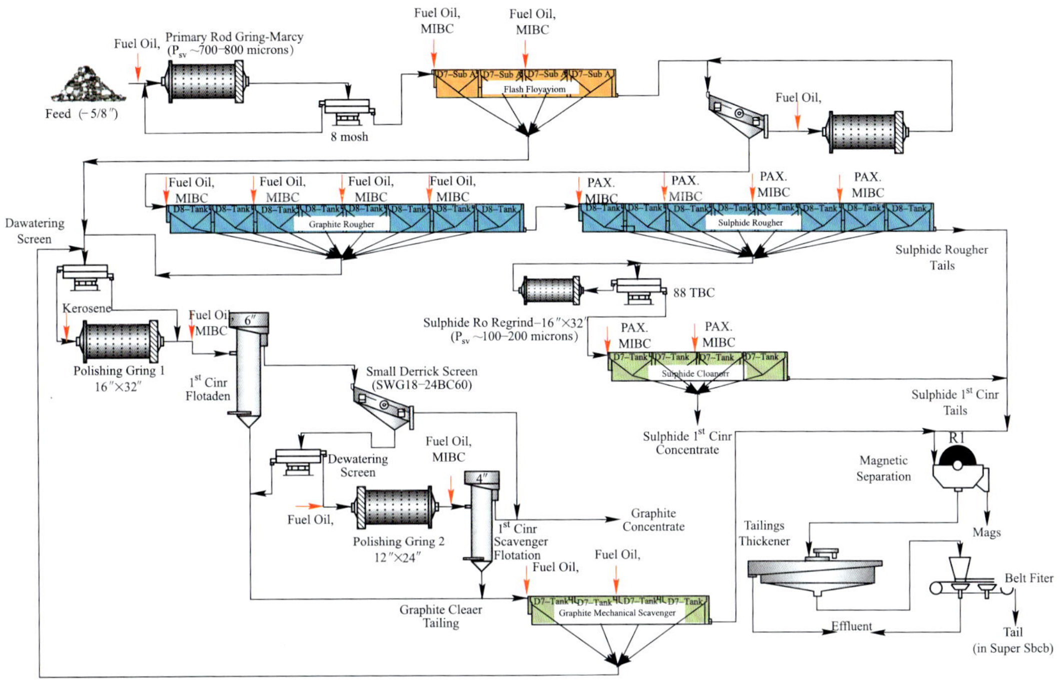

图 19-9 加拿大 Bissett Creek 石墨矿选矿工艺流程

19.5 全球石墨矿产资源开发利用趋势

19.5.1 全球石墨矿产资源供给变化趋势

根据美国地质调查局 2016 年公布的统计结果，全球石墨储量为 2.48 亿吨，从 2015 年起，我国不再是全球石墨储量第一大国，但仍是全球石墨生产第一大国，天然石墨产量占到全球石墨产量的 66%。

2016 年全球石墨产量为 118.2 万吨，估计 60%左右为鳞片石墨，40%为隐晶质石墨。按 2016 全球石墨产量静态计算，全球石墨储量静态可保障年限达到 200 年，石墨矿产资源可以满足全球经济长期发展的需求。

天然石墨是用途最广泛的工业矿物之一，66%的天然石墨作为耐火材料和铸造材料用于冶金行业，9%用于机械和汽车行业作为润滑材料和摩擦材料，8%用于电池行业。石墨市场主要取决于与全球经济发展密切相关的冶金和机械行业。近百年来，全球石墨产量随全球经济增长在波动中不断增长，在 20 世纪 50 年代以前，全球天然石墨产量增长比较平稳，20 世纪 50 年代以后，全球石墨产业随全球钢铁工业发展经历了三个快速增长和回落周期，目前处于由我国经济快速增长带动的第三个高速增长周期后的平台调整期，2011～2016 年间，全球天然石墨年产量维持在 110 万吨到 120 万吨之间。全球百年石墨产量变化趋势如图 19-10 所示。

我国长期作为全球石墨第一生产大国，鳞片石墨资源过度消耗，矿山环境治理欠账较多。2015 年我国的鳞片石墨储量与 2001 年相比下降了 67.3%。近年来，我国关闭了技术

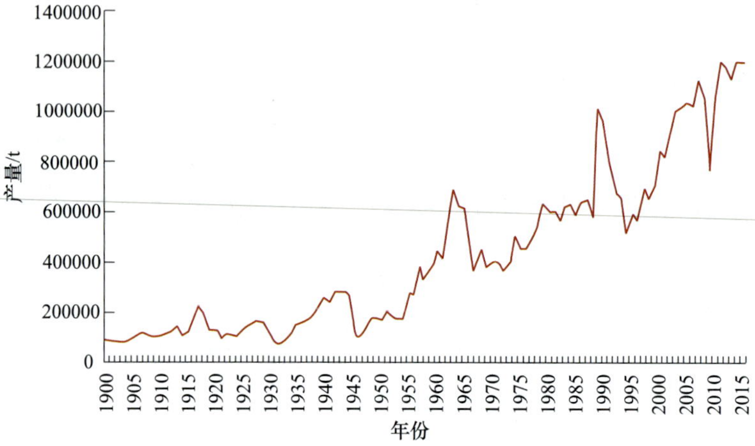

图 19-10 近百年全球石墨产量变化趋势

（资料来源：USGS）

落后的小型矿山，加强了矿山环境治理，通过整合矿产资源帮助石墨产业实现健康可持续发展，加上人力成本上升，导致我国的石墨产能有所下降，在全球石墨产量所占的份额也呈现下降趋势。印度、加拿大、巴西、澳大利亚、土耳其、马达加斯加、莫桑比克等国有可能成为新增石墨产能的供应国，填补我国消减的产能份额。从全球目前正在进行勘探和在建、待建的十多个石墨项目来看，这些项目均为鳞片石墨，项目确定的石墨资源量达到1.8亿吨，项目预计的远期产能接近70万吨，为未来全球天然鳞片石墨的供给提供了保障。隐晶质石墨的经济价值较低，主要用作耐火材料、炼钢增碳剂、摩擦材料等，全球隐晶质石墨资源储备充分，印度、土耳其、墨西哥、巴西等国都有增产潜力。

总之，全球天然石墨资源充分，短期和长期供给都有保障，全球还有不少地区具有发现石墨资源的潜力。

19.5.2 全球石墨矿产资源的市场和价格变化趋势

石墨是一个小矿种，目前全球每年消费量仅为120万吨，但石墨用途及其广泛，由于其主要用途在冶金、机械、汽车、电池行业，其消费量与全球经济发展密切相关。近百年来，全球石墨消费量稳步增长，以美元计价的石墨价格随市场需求波动稳定上涨。第一次世界大战期间，钢铁业快速发展导致石墨需求增加，价格暴涨，除此之外，1900~1970年间，石墨价格波动不大。20世纪70年代末期，世界经济增速加快，钢铁业的快速发展刺激石墨需求增长及美元货币贬值，导致石墨价格快速上涨，2005年后，我国钢铁业高速发展带动石墨价格暴涨，到2012年天然石墨的均价达到1200美元/吨，鳞片石墨均价达到2000~2500美元/吨，此后我国经济增速放缓，钢铁业去产能，天然石墨供给过剩，价格连续下跌，2016年天然石墨均价跌到700~900美元/吨。全球天然石墨价格百年变化趋势如图19-11所示，以1998年美元购买力为基准的全球石墨价格百年变化趋势如图19-12所示，1998年美元价格调整后可以更真实地反映石墨价格变化趋势，消除美元贬值对石墨价格的影响。近十年全球鳞片石墨价格变化趋势如图19-13所示。

从长远来看，随着世界经济的发展和改善，全球天然和合成的石墨的需求将继续增

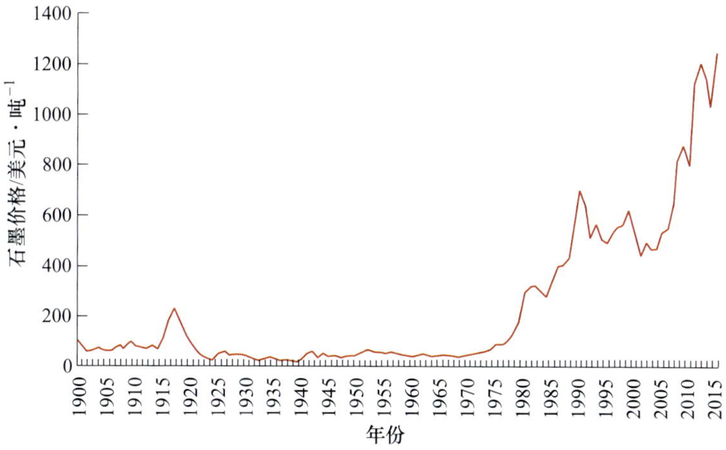

图 19-11　全球石墨价格百年变化趋势

（资料来源：USGS）

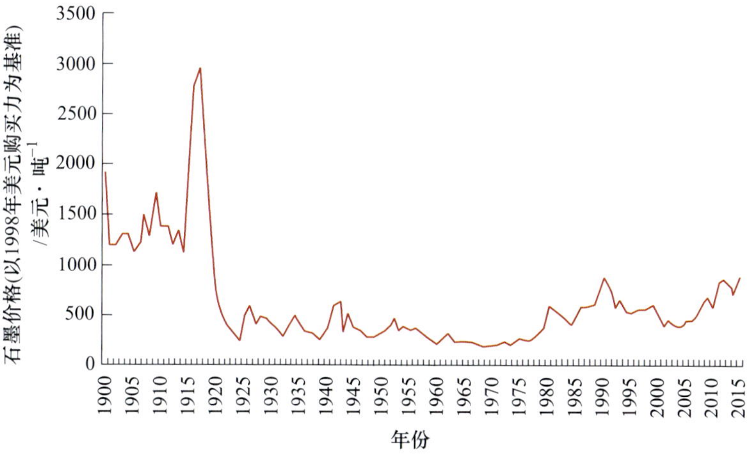

图 19-12　以 1998 年美元为基准的全球石墨价格百年变化趋势

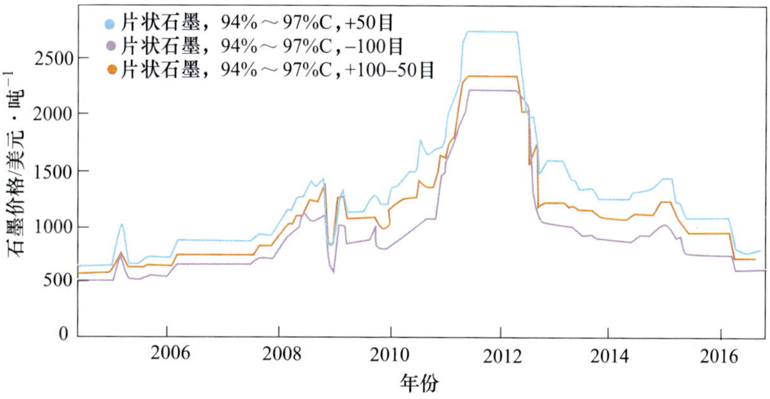

图 19-13　近十年全球鳞片石墨价格变化趋势

（资料来源：Masongraphite 公司报告）

加。Roskill 咨询公司估计，未来十年，耐火材料、电极电刷、铅笔、铸造、密封、摩擦、润滑等传统工业领域对天然石墨的需求量增长缓慢，增长率在 2%~3%左右，以锂电池为代表的新兴行业对石墨的需求增长率可能在 10%~15%左右。全球天然石墨各应用领域需求增长率预测如图 19-14 所示。

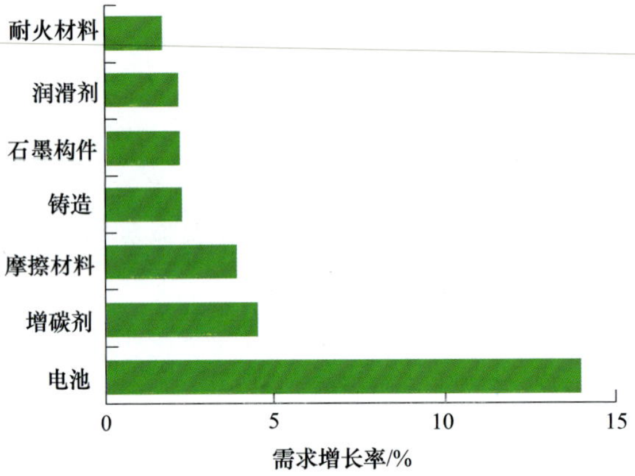

图 19-14　全球天然石墨应用领域需求增长率预测

未来一段时间，石墨耐火材料制品仍是将是天然石墨的最大用户，锂离子电池将成为对石墨需求增长最快的行业。一方面便携式电子产品，需要更大、更多、更高能量的电池；另一方面，以特斯拉为代表的电动汽车用锂电池将真正对石墨需求产生重大影响。

Roskill 公司的研究报告估计，2015 年全球电池行业石墨总消费量为 12. 5 万吨，其中天然石墨约占 70%~75%，人造石墨约占 25%~30%。使用石墨的电池主要分为两种类型：碱性电池和锂离子电池。合成石墨和天然石墨都可以满足电池的技术要求，但是合成石墨的价格要远远高于天然石墨。锂离子电池行业使用天然石墨制备的球形石墨作为负极材料；碱性电池传统上主要使用合成石墨作为阴极导电材料。直到最近，随着的天然石墨提纯新技术的发展应用，使得天然石墨的导电性能达到了碱性电池的要求，碱性电池也开始使用天然石墨，但其用量远小于锂离子电池行业。

随着汽车产量的增加，未来将需要更多的汽车配件。制动衬片及其他摩擦材料需求量有望持续增长，摩擦材料将使用更多的天然石墨。天然石墨（包括非晶质石墨和鳞片石墨）替代石棉用于生产重型卡车的制动衬片已成为发展趋势。

石墨材料如柔性石墨材料、碳-石墨复合材料、石墨密封材料等是石墨需求增长较快的领域。石墨润滑材料将维持增长，但与制动衬片和耐火材料相比，其使用石墨新材料的绝对使用量还很小。

未来燃料电池和储能电池也是一个潜在的石墨需求量高增长领域，将大量使用石墨（包括天然的和合成的）以满足市场发展，但目前燃料电池消耗石墨的份额很小，近期燃料电池不会占石墨消费市场太大的份额，但也许远期将会大量使用石墨。

第四代高温气冷球床反应堆核能技术更安全、更经济，是核电发展的重要方向之一，该反应堆石墨球可以使用人造石墨或天然石墨，此类核电技术的发展将会开辟新的天然石墨应用领域。

石墨烯作为可能改变世界的新材料，近年来成为各国研究的热点。天然鳞片石墨可以用于生产石墨烯，目前的石墨烯生产方法中有两种可以以天然鳞片石墨为原料。但天然鳞片石墨仅能用于生产石墨烯微粉，无法生产大尺寸石墨烯，并存在量产困难、无法保证品质的一致性等问题，石墨烯的应用还没有取得明显突破。从目前研究进展来看，天然鳞片石墨用于生产石墨烯不会成为石墨烯的主流生产方法，近几年，石墨烯也不会对天然石墨市场产生重大影响。

目前，亚洲是全球石墨消耗量最大的地区，其次是欧洲、北美和南美，我国是全球石墨消耗最多的国家，全球各地区不同领域石墨需求量如图 19-15 所示。

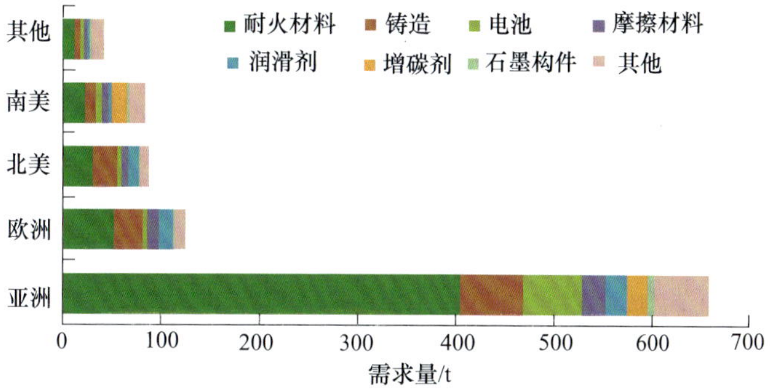

图 19-15　全球各地区不同领域石墨需求量

（资料来源：Roskill 2015 年报告）

中国地质调查局的一份研究报告认为全球新兴产业的快速发展将带动全球石墨消费增长，新兴产业的石墨消费的年均增幅将超过 9%。报告预测，到 2020 年，我国的石墨消费量将达到 95 万吨/年，其中新能源和新能源汽车领域消费约 23 万吨/年，核电领域消费约 13. 5 万吨/年，石墨烯、高端制造和电子信息等领域消费 10 万吨/年以上，与新兴产业相关的石墨消费占比将上升到 45%。但这一预测可能过于乐观。未来石墨需求增长取决于新兴产业的发展，鳞片石墨矿产品的价格主要取决于其纯度、粒度分布、鳞片尺寸等品质因素和市场需求情况。

工业矿物组织（IM）认为，世界天然石墨市场正在从过去的隐晶质石墨主导转向高纯度大鳞片石墨主导，以适应新技术行业的要求，全球正在勘探和建设的天然石墨项目印证了这一结论。

19. 5. 3　全球石墨矿产资源开发利用技术发展趋势

19. 5. 3. 1　全球石墨矿产采选技术发展趋势

与其他矿种相比，石墨矿床一般开采规模比较小，开采鳞片石墨矿，采用露天采矿工艺的矿山较多，隐晶质石墨采用地下采矿工艺的矿山较多，无论地采还是露采都采用传统工艺。与其他小矿种一样，石墨采矿技术围绕着安全、高效、节能、自动化方向发展。节能高效型采掘和运输设备的应用，采、运工艺自动化、信息化控制成为石墨采矿工艺的发展趋势。

石墨是可浮性很好的矿物，石墨选矿普遍采用浮选工艺。石墨的选矿工艺主要围绕节能、高效、环保、自动化控制方向发展，如加拿大 Ontario Graphite Ltd 公司采用的新型液压半自磨工艺提升了磨矿效率，降低了磨矿能耗。可以保护石墨鳞片的剥片磨机、浮选柱、充填式浮选机、新类型浮选药剂等设备和药剂在石墨矿山得到应用，阶段磨矿、阶段选别、保护鳞片的石墨选矿工艺已被石墨矿山广泛采用。

19.5.3.2 全球石墨矿产深加工工艺发展趋势

在石墨的终端应用市场中，发展最快的新能源、新技术行业和一些特殊行业对石墨的纯度要求很高，有些应用也对天然石墨的形貌和均一性要求很高。

国外很多石墨矿山项目从资源勘探开始就同步进行概略研究，并伴随项目进展同步进行项目可行性研究，这些研究非常的深入和超前，这些项目普遍定位高附加值石墨终端产品。例如加拿大 Focus Graphite 公司在 Lac Knife 石墨勘探阶段就对矿山样品进行了球形石墨生产技术和高纯石墨提取工艺研究，最近又进行了球形石墨包覆研究，并筹备建立锂电池用石墨负极材料生产线，公司还成立了石墨烯开发研究机构，研究石墨烯生产技术。加拿大 Northern Graphite 公司的 Bissett 石墨矿项目，投入巨资开发更环保、更经济的高纯石墨提取方法，已取得了多项专利，最近宣布研究出了更低温、更环保的石墨热法提纯技术，公司还根据 Bissett 石墨矿的特点研究出球形石墨球形化产率可达 70%的球形石墨生产技术，全球球形石墨产量最大的国家是中国，球形石墨球形化产率一般仅有 30%～35%。澳大利亚 Talga Resources 公司在瑞典的 Nunasvaara 石墨矿山项目，计划建设 1000t/a 石墨烯生产线，目前正在研究阶段。

除了石墨烯外，新型石墨材料如柔性石墨材料、碳-石墨复合材料、用于橡胶和塑料（包括聚苯乙烯泡沫涂层）的石墨材料的研究开发也成为了天然石墨深加工工艺发展的重要方向。

参考文献

[1] Mineral Commodity Summaries，2016，2017，USGS.

[2] Minerals Yearbook Graphite 2014，USGS.

[3] Feasibility Study Bissett Creek Project，Northern Graphite Corporation.

[4] NI 43-101 Technical Report on the Lac Knife Graphite Feasibility Study Focus Graphite Inc.

[5] Woxna Graphite Restart Project Preliminary Economic Analysis，Flinders Resources.

[6] NI 43-101 Report Technical Report on the Preliminary Economic Assessment，Lac Guéret graphite project，Mason Graphite.

[7] TALGA Resource Ltd Annual Report 2016.

[8] Triton Minerals Ltd Corporate Presentation 2016.

[9] Natural Graphite 2012 Production & Exploration，IM.

[10] Graphite demand growth：the future of lithium-ion batteries in EVs and HEVs，Roskill Information Services.

[11] The Natural Graphite Industry in 2012，IM.

[12] Natural and Synthetic Graphite global industry markets and outlook 9th Edition 2015 Roskil.

[13] Rank and file：Assessing graphite projects on credentials，IM August 2015，P50-55.

[14] Building a World-Class Graphite Project，Lincoln Minerals Limited，2015.